五燈會元校注

（四）

（宋）释普济 编撰

曾琦云 校注

HUALING PRESS 华龄出版社

图书在版编目(CIP)数据

《五灯会元》校注/(宋)释普济编撰;曾琦云校注. -- 北京:华龄出版社,2023. 12

ISBN 978-7-5169-2610-9

Ⅰ. ①五… Ⅱ. ①释…②曾… Ⅲ. ①禅宗-中国-北宋 Ⅳ. ①B946. 5

中国国家版本馆 CIP 数据核字(2023)第 185093 号

策划编辑 于建平　　**责任印制** 李未圻
责任编辑 郑　雍　　**装帧设计** 基正传媒

书　名	《五灯会元》校注	**编　撰**	(宋)释普济
出　版 发　行	华龄出版社 HUALING PRESS	**校　注**	曾琦云
地　址	北京市东城区安定门外大街甲 57 号	**邮　编**	100011
发　行	(010)58122255	**传　真**	(010)84049572
承　印	三河市南阳印刷有限公司		
版　次	2023 年 12 月第 1 版	**印　次**	2023 年 12 月第 1 次印刷
规　格	787mm × 1092mm	**开　本**	1/16
印　张	258	**字　数**	2414 千字
书　号	ISBN 978-7-5169-2610-9		
定　价	480.00 元(全 6 册)		

目 录

（四）

第十一章 南岳下四世——南岳下九世（临济宗）

第十二章　南岳下十世——南岳下十五世（临济宗）

第十三章 青原下四世——青原下六世（曹洞宗）

第十四章　青原下七世——青原下十五世（曹洞宗）

第十一章　南岳下四世——南岳下九世（临济宗）

人境俱不夺，思量意不偏。主宾言少异，问答理俱全。踏破澄潭月，穿开碧落天。不能明妙用，沦溺在无缘。（涿州纸衣和尚）

第一节　南岳下四世

黄檗运禅师法嗣

临济义玄禅师

镇州临济义玄禅师，曹州南华邢氏子。幼负出尘[1]之志，及落发进具，便慕禅宗。

初在黄檗会中，行业纯一。时睦州为第一座，乃问："上座在此多少时?"师曰："三年。"州曰："曾参问否?"师曰："不曾参问，不知问个甚么?"州曰："何不问堂头和尚，如何是佛法的的大意?"师便去，问声未绝，檗便打。师下来，州曰："问话作么生?"师曰："某甲问声未绝，和尚便打，某甲不会。"州曰："但更去问。"师又问，檗又打。如是三度问，三度被打。师白州曰："早承激劝问法，累蒙和尚赐棒。自恨障缘，不领深旨，今且辞去。"州曰："汝若去，须辞和尚了去。"师礼拜退。州先到黄檗处曰："问话上座，虽是后生[2]，却甚奇特。若来辞，方便接伊。已后为一株大树，覆荫天下人去在。"师来日辞黄檗，檗曰："不须他去，只往高安滩头参大愚，必为汝说。"

师到大愚，愚曰："甚处来?"师曰："黄檗来。"愚曰："黄檗有何言句?"师曰："某甲三度问佛法的的大意，三度被打，不知某甲有过无过?"愚曰："黄檗与么老婆心切，为汝得彻困[3]，更来这里问有过无过?"师于言下大悟，乃曰："元来黄檗佛法无多子[4]。"愚搊住曰："这尿床鬼子[5]，适来道有过无过，如今却道黄檗佛法无多子。你见个甚么道理？速道！速道!"师于大愚肋下筑三拳，愚拓开曰："汝师黄檗，非干我事。"

师辞大愚，却回黄檗。檗见便问："这汉来来去去，有甚了期?"师

曰：“只为老婆心切。”便人事了[6]，侍立。檗问：“甚么去来？”师曰：“昨蒙和尚慈旨，令参大愚去来。”檗曰：“大愚有何言句？”师举前话，檗曰：“大愚老汉饶舌，待来痛与一顿。”师曰：“说甚待来，即今便打。”随后便掌[7]。檗曰：“这风颠汉来这里捋虎须。”师便喝。檗唤侍者曰：“引这风颠汉参堂去。”

（沩山举问仰山：“临济当时得大愚力？得黄檗力？”仰云：“非但骑虎头，亦解把虎尾。”）

黄檗一日普请次，师随后行。檗回头见师空手，乃问：“䦆[8]在何处？”师曰：“有一人将去了也。”檗曰：“近前来，共汝商量个事。”师便近前，檗竖起䦆曰：“只这个天下人拈掇[9]不起。”师就手掣得，竖起曰：“为甚么却在某甲手里？”檗曰：“今日自有人普请。”便回寺。

（仰山侍沩山次，沩举此话未了，仰便问：“䦆在黄檗手里，为甚么却被临济夺却？”沩云：“贼是小人，智过君子[10]。”）

师普请锄地次，见黄檗来，拄䦆而立。檗曰：“这汉困那！”师曰：“䦆也未举，困个甚么？”檗便打。师接住棒，一送送倒。檗呼维那：“扶起我来。”维那扶起曰：“和尚争容得这风颠汉无礼？”檗才起，便打维那。师䦆地曰：“诸方火葬，我这里活埋。”

（沩山问仰山：“黄檗打维那意作么生？”仰云：“正贼走却，逻赃[11]人吃棒。”）

师一日在僧堂里睡，檗入堂见，以拄杖打板头一下。师举首见是檗，却又睡。檗又打板头一下，却往上间[12]，见首座坐禅，乃曰：“下间[13]后生却坐禅，汝在这里妄想作么？”座曰：“这老汉作甚么？”檗又打板头一下，便出去。

（沩山举问仰山：“只如黄檗，意作么生？”仰云：“两彩一赛[14]。”）

师栽松次，檗曰：“深山里栽许多松作甚么？”师曰：“一与山门作境致[15]，二与后人作标牓[16]。”道了，将䦆头㧻[17]地三下。檗曰：“虽然如是，子已吃吾三十棒了也。”师又㧻地三下，嘘一嘘。檗曰：“吾宗到汝，大兴于世。”

（沩山举问仰山：“黄檗当时只嘱临济一人，更有人在？”仰云：“有！只是年代深远，不欲举似和尚。”沩云：“虽然如是，吾亦要知，汝但举看。”仰云：“一人指南，吴越令行，遇大风即止。”）

黄檗因入厨下，问饭头：“作甚么？”头曰：“拣众僧饭米。”檗曰：“一顿吃多少？”头曰：“二石五。”檗曰：“莫太多么？”头曰：“犹恐少在。”檗便打。头举似师，师曰：“我与汝勘[18]这老汉。”才到，侍立，檗举前话，师曰：“饭头不会，请和尚代一转语。”檗曰：“汝但举。”师曰：“莫太多么？”檗曰：“来日更吃一顿。”师曰：“说甚么来日，即今便吃。”随后打一掌。檗曰：“这风颠汉，又来这里捋虎须。”师喝一喝，便出去。

（沩山举问仰山：“此二尊宿意作么生？”仰山云：“和尚作么生？”沩山云：“养子方知父慈。”仰山云：“不然。”沩山云：“子又作么生？”仰山云：“大似勾贼破家。”）

师半夏上黄檗山，见檗看经。师曰：“我将谓是个人，元来是唵[19]（或作揞）黑豆老和尚。”住数日，乃辞。檗曰：“汝破夏[20]来，何不终夏去？”师曰：“某甲暂来礼拜和尚。”檗便打趁令去。师行数里，疑此事，却回终夏。

后又辞檗，檗曰：“甚处去？”师曰：“不是河南，便归河北。”檗便打，师约住与一掌。檗大笑，乃唤侍者：“将百丈先师禅板[21]、几案来。”师曰：“侍者将火来。”檗曰：“不然，子但将去，已后坐断[22]天下人舌头去在。”

师到达磨塔头，塔主问：“先礼佛，先礼祖？”师曰：“祖、佛俱不礼。”主曰：“祖、佛与长老有甚冤家？”师拂袖便出。

师为黄檗驰书至沩山，与仰山语次，仰曰：“老兄向后北去，有个住处。”师曰：“岂有与么事。”仰曰：“但去，已后有一人佐辅汝。此人只是有头无尾，有始无终。”（悬记普化。）

师后住镇州临济，学侣云集。一日，谓普化、克符二上座曰：“我欲于此建立黄檗宗旨，汝且成褫[23]我。”二人珍重下去。三日后，普化却上来问：“和尚三日前说甚么？”师便打。三日后克符上来问：“和尚前日打普化作甚么？”师亦打。至晚小参，曰：“有时夺人不夺境，有时夺境不夺人，有时人境两俱夺，有时人境俱不夺。”（问答语具“克符”章。）

僧问：“如何是真佛、真法、真道？乞师开示。”师曰：“佛者，心清净是；法者，心光明是；道者，处处无碍净光是。三即一，皆是空名而无

实有。如真正作道人，念念心不间断。自达磨大师从西土来，只是觅个不受人惑底人。后遇二祖，一言便了，始知从前虚用工夫。山僧今日见处，与祖佛不别。若第一句中荐得，堪与祖、佛为师。若第二句中荐得，堪与人、天为师。若第三句中荐得，自救不了。”僧便问：“如何是第一句？”师曰：“三要印开朱点窄，未容拟议主宾分[24]。”曰：“如何是第二句？”师曰：“妙解岂容无著[25]问，沤和争负截流机[26]。”曰：“如何是第三句？”师曰：“但看棚头弄傀儡，抽牵全藉里头人[27]。”乃曰：“大凡演唱宗乘，一句中须具三玄门，一玄门须具三要。有权有实，有照有用。汝等诸人作么生会？”

师谓僧曰：“有时一喝如金刚王宝剑，有时一喝如踞地师子，有时一喝如探竿影草[28]，有时一喝不作一喝用。汝作么生会？”僧拟议，师便喝。

示众：“参学之人，大须子细。如宾主相见，便有言论往来。或应物现形，或全体作用，或把机权喜怒，或现半身，或乘师子，或乘象王。如有真正学人便喝！先拈出一个胶盆子，善知识不辨是境，便上他境上作模作样，便被学人又喝，前人不肯放下，此是膏肓之病，不堪医治，唤作宾看主。或是善知识，不拈出物，只随学人问处即夺，学人被夺，抵死不肯放，此是主看宾。或有学人应一个清净境，出善知识前，知识辨得是境，把得抛向坑里。学人言：‘大好善知识。’知识即云：‘咄哉！不识好恶。’学人便礼拜。此唤作主看主。或有学人，披枷带锁，出善知识前，知识更与安一重枷锁。学人欢喜，彼此不辨。唤作宾看宾。大德！山僧所举，皆是辨魔拣异，知其邪正。”

师问洛浦[29]：“从上来一人行棒，一人行喝，阿那个亲？”曰：“总不亲。”师曰：“亲处作么生？”浦便喝，师乃打。

上堂：“有一人论劫[30]在途中，不离家舍。有一人离家舍，不在途中。那个合受人天供养？”

师问院主：“甚么去来？”曰：“州中粜黄米来。”师曰：“粜得尽么？”主曰：“粜得尽。”师以拄杖画一画曰：“还粜得这个么？”主便喝，师便打。典座至，师举前话。座曰：“院主不会和尚意？”师曰：“你又作么生？”座礼拜，师亦打。

上堂：“一人在孤峰顶上，无出身路。一人在十字街头，亦无向背[31]。

且道那个在前，那个在后？不作维摩诘，不作傅大士。珍重！”

有一老宿参，便问：“礼拜即是，不礼拜即是？”师便喝，宿便拜。师曰：“好个草贼。”宿曰：“贼！贼！”便出去。师曰：“莫道无事好！”时首座侍立，师曰：“还有过也无？”座曰：“好。”师曰：“宾家有过，主家有过？”曰：“二俱有过。”师曰：“过在甚么处？”座便出去。师曰：“莫道无事有！”（南泉闻云：“官马相踏。”）

师到京行化，至一家门首，曰：“家常添钵。”有婆曰：“太无厌生！”师曰：“饭也未曾得，何言太无厌生？”婆便闭却门。

师升堂，有僧出，师便喝，僧亦喝，便礼拜，师便打。

赵州游方到院，在后架洗脚次，师便问：“如何是祖师西来意？”州曰：“恰遇山僧洗脚。”师近前作听势，州曰：“会即便会，啗啄[32]作什么？”师便归方丈。州曰：“三十年行脚，今日错为人下注脚。”

问僧：“甚处来？”曰：“定州来。”师拈棒，僧拟议，师便打，僧不肯。师曰：“已后遇明眼人去在。”僧后参三圣，才举前话，三圣便打。僧拟议，圣又打。

师应机多用喝，会下参徒亦学师喝。师曰：“汝等总学我喝，我今问汝：‘有一人从东堂出，一人从西堂出，两人齐喝一声，这里分得宾主么？汝且作么生分？’若分不得，已后不得学老僧喝。”

示众：“我有时先照后用[33]，有时先用后照，有时照用同时，有时照用不同时。先照后用有人在，先用后照有法在。照用同时，驱[34]耕夫之牛，夺饥人之食，敲骨取髓，痛下针锥。照用不同时，有问有答，立宾立主，合水和泥，应机接物。若是过量人[35]，向未举已前，撩起便行，犹较些子。”

师行脚时到龙光，值上堂，师出问：“不展锋芒，如何得胜？”光据坐[36]，师曰：“大善知识，岂无方便？”光瞪目曰：“嗄。”师以手指曰：“这老汉今日败缺[37]也。”

次到三峰平和尚处，平问：“甚处来？”师曰：“黄檗来。”平曰：“黄檗有何言句？”师曰：“金牛昨夜遭涂炭，直至如今不见踪。”平曰：“金风吹玉管，那个是知音？”师曰：“直透万重关，不住青霄内。”平曰：“子这一问太高生！”师曰：“龙生金凤子，冲破碧琉璃。”平曰：“且坐吃茶。”

又问："近离甚处？"师曰："龙光。"平曰："龙光近日如何？"师便出去。

又往凤林，路逢一婆子。婆问："甚处去？"师曰："凤林去。"婆曰："恰值凤林不在。"师曰："甚处去？"（一作师曰："谁道不在。"）婆便行。师召："婆！"婆回首。师便行。

到凤林，林曰："有事相借问，得么？"师曰："何得剜肉作疮[38]。"林曰："海月澄无影，游鱼独自迷。"师曰："海月既无影，游鱼何得迷？"林曰："观风知浪起，玩水野帆飘。"师曰："孤蟾[39]独耀江山静，长啸一声天地秋。"林曰："任张三寸挥天地，一句临机试道看。"师曰："路逢剑客须呈剑，不是诗人不献诗。"林便休。师乃有颂曰："大道绝同，任向西东。石火[40]莫及，电光罔通。"

（沩山问仰山："石火莫及，电光罔通，从上诸圣，以何为人？"仰云："和尚意作么生？"沩云："但有言说，都无实义。"仰云："不然。"沩云："子又作么生？"仰云："官不容针，私通车马[41]。"）

麻谷问："十二面观音，那个是正面？"师下禅床擒住曰："十二面观音，甚处去也？速道！速道！"谷转身拟坐，师便打。谷接住棒，相捉归方丈。

师问一尼："善来？恶来？"尼便喝，师拈棒曰："更道！更道！"尼又喝，师便打。

师一日拈胡饼[42]示洛浦曰："万种千般，不离这个，其理不二。"浦曰："如何是不二之理？"师再拈起饼示之。浦曰："与么则万种千般也。"师曰："屙屎见解。"浦曰："罗公照镜[43]。"

师见僧来，举起拂子。僧礼拜，师便打。又有僧来，师亦举拂子。僧不顾，师亦打。又有僧来参，师举拂子。僧曰："谢和尚指示。"师亦打。

（云门代云："只宜老汉。"大觉云："得即得，犹未见临济机在。"）

麻谷问："大悲千手眼，那个是正眼？"师搊住曰："大悲千手眼，作么生是正眼？速道！速道！"谷拽师下禅床，却坐。师问讯曰："不审。"谷拟议，师便喝，拽谷下禅床，却坐，谷便出。

上堂，僧问："如何是佛法大意？"师竖起拂子，僧便喝，师便打。又僧问："如何是佛法大意？"师亦竖拂子，僧便喝，师亦喝。僧拟议，师便打。乃曰："大众！夫为法者，不避丧身失命。我于黄檗先师处，三度问佛法的的大意，三度被打，如蒿枝拂相似。如今更思一顿，谁为下手？”时有僧出曰：“某甲下手。”师度与拄杖，僧拟接，师便打。

同普化赴施主斋次，师问：“毛吞巨海，芥纳须弥，为复是神通妙用，为复是法尔如然。”化趯[44]倒饭床。师曰：“太粗生[45]！”曰：“这里是甚么所在，说粗说细？”次日又同赴斋，师复问：“今日供养，何似昨日？”化又趯倒饭床。师曰：“得即得，太粗生！”化喝曰：“瞎汉，佛法说甚么粗细？”师乃吐舌。

师与王常侍[46]到僧堂，王问：“这一堂僧还看经么？”师曰：“不看经。”曰：“还习禅么？”师曰：“不习禅。”曰：“既不看经，又不习禅，毕竟作个甚么？”师曰：“总教伊成佛作祖去！”曰：“金屑虽贵，落眼成翳[47]。”师曰：“我将谓你是个俗汉。”

师上堂次，两堂首座相见，同时下喝。僧问师：“还有宾主也无？”师曰：“宾主历然。”师召众曰：“要会临济宾主句，问取堂中二首座。”

师后居大名府兴化寺东堂。咸通八年丁亥四月十日，将示灭，说传法偈曰：“沿流不止问如何，真照无边说似他。离相离名人不禀，吹毛[48]用了急须磨。”复谓众曰：“吾灭后，不得灭却吾正法眼藏。”三圣[49]出曰：“争敢灭却和尚正法眼藏？”师曰：“已后有人问，你向他道甚么？”圣便喝，师曰：“谁知吾正法眼藏，向这瞎驴边灭却。”言讫，端坐而逝。塔全身于府西北隅。谥“慧照禅师”，塔曰“澄灵”。

【注释】

［1］出尘：出离尘俗。即出离烦恼之尘垢。引申为出家之意。同义之语有远尘、离尘、出俗、离俗等。又如：愿遂出尘、意欲出尘、有出尘之志等语，皆表志在出家之意。与绝风尘、厌尘网、厌俗累、遁尘寰等词均有离俗尘而出家入道之意。

［2］后生：指年轻人、小伙子。

［3］为汝得彻困：为你陷入极大困苦。彻：极。

［4］无多子：没多少，很少。子，助词，词缀，唐代、五代时用在表示少的数量词之后。

［5］尿床鬼子：禅林用语。为禅门骂人之词。本指尿床之饿鬼，或骂尿床之小僧；然于禅林中，多转用于叱骂年轻一辈之僧徒或小沙弥，犹如时下所称之小鬼、

臭小子等语，而非谓真有尿床其事。如本书第六章“太原海湖”：“这尿床鬼!”

［6］便人事了：就献上礼物了。旧校本标点有误。“便人事了”不是禅师说话的内容，必须移出引号外，这是叙述语言，指禅师献上礼物。人事，指人与人之间交往的礼节，有时指馈赠礼物，有时指礼拜等礼节。

［7］随后便掌：旧校本标点有误，这是叙述语言，移出引号之外。

［8］镢（jué）：大锄，挖地的工具。

［9］拈掇（duó）：提，提及。在禅林是举说、议论公案机语。是禅家说法的一种形式。《景德传灯录》卷三〇，卷末附录《杨亿寄李维书》：“如今假立个宾主，动者两片皮，竖起指头，拈起拂子，总成颠倒知见，顺汝狂意，教汝有个申问处。若是明眼人前，怎生拈掇得出?”（参见《禅宗大辞典》）

［10］贼是小人，智过君子：盗贼虽然品行低劣，但机智却超过德才出众的人。

［11］逻赃人：抓贼人。逻：巡行，巡查。赃：用盗窃、贪污等非法手段获取的财物。

［12］上间：指禅院之上位。人面向堂时，以己身之右为上间，法堂、方丈（南向）则以东为上间，僧堂（东向）则以北为上间，库司（西向）则以南为上间。参见《敕修百丈清规》卷一“祝厘章”、《禅林象器笺》卷二。

［13］下间：指寺堂僧房中之下等房间。面对堂宇，己身之左方为下间。法堂、方丈之西，僧堂之南，库司之北，皆为下间。参见《敕修百丈清规》卷二“住持日用章”、《禅林象器笺》卷二。

［14］两彩一赛：禅林用语。彩：即赌博得胜。赛：即竞争比赛。两彩一赛，原指一场竞赛之后，竟有两人得彩，意谓双方棋逢对手，难分胜负。于禅林中，转指禅者之间，相互勘辨挨拶之双方，其参禅修学之境界两俱优胜而不分高下。

［15］境致：景观。

［16］标膀：标志。

［17］筑（zhù）：同“筑”。捣土使坚实。

［18］勘：本指审问，这里指帮饭头搞定大和尚。

［19］唵（ǎn）：以手进食。《百喻经·唵米决口喻》：“昔有一人，至妇家舍，见其捣米，便往其所，偷米唵之。妇来见夫，欲共其语，满口中米，都不应和。”

［20］破夏：指安居已过半夏之时，亦即一夏之半，故称破夏。

［21］禅板：又作禅版、倚版。僧众坐禅时，为消除疲劳，用以安手或靠身之板。一般长五十四厘米，宽六厘米，厚约一厘米，上穿小圆孔。用绳贯穿小圆孔，缚于绳床后背之横绳，使板面稍斜，可以倚身；安手时，则把禅板横放在两膝上。

［22］坐断：禅林用语。坐，平坐之意。坐断，原意谓“彻底的坐”，引申为

拼命做之意。又作坐破。即由坐禅之力以断迷，用以形容坐破差别相，彻底达于平等一如之境地。如《临济义玄禅师语录》：“坐断报化佛头。”此外，坐：通“挫”字。形容遮夺其他无用之言辞，不使说任何话语，称为“坐断舌头”。形容不使任何人发表一言，称为“坐断天下人舌头”。如《碧岩录》第十三则：“举一明三即且止，坐断天下人舌头，作么生道?”又，形容遮断从此岸（凡）渡到彼岸（圣）之渡口津要，亦即表示断绝凡圣、生佛、迷悟、修证之所有对待关系，称为“坐断要津不通凡圣”。如《碧岩录》第五十二则之夹注：“坐断要津不通凡圣，虾蚬螺蚌不足问。”

［23］成褫：宝祐本“褫（chǐ）”作“褫（sī）”。依《禅宗大词典》作“成褫”，同“成持”。成持，扶持长成。宋代刘克庄《卜算子·惜海棠》词：“尽是手成持，合得天饶借。风雨于花有底雠，着意相陵藉。”《敦煌变文集·无常经讲经文》：“劝即此日申间劝，且乞时时过讲院，莫辞暖热成持，各望开些方便。”《祖堂集·江西马祖》：“西川黄三郎，教两个儿子投马祖出家。有一年却归屋里，大人纔见两僧，生佛一般，礼拜云：‘古人道：“生我者父母，成我者朋友。”是你两个僧，便是某甲朋友，成持老人。’”

［24］三要印开朱点窄，未容拟议主宾分：“三要印”是临济宗开创者义玄禅师接引学人的施设，是验证学人是否证悟的三条原则，故名“三要印”。印开，即开显佛心印。三要印开，指一念开悟，真佛具现，而至成佛。朱点，红点，给一篇文章划重点，在旁边用红点密密麻麻标出来。“三要心印”就是重点，就要密加红点予以醒目。正如元音老人所说：“此三要乃印开心地——朱点——发百千万陀罗尼，建立化门，起度生之妙用者。为度生故，身则外现威仪；口则随机对答；意则智悲双运。以此为印，开发心地，广大无边，凡一切料简、与夺、权实、照用、宾主，不必拟议而自然历历分明。”（元音老人著《略论明心见性》）《〈景德传灯录〉译注》将“朱点”注释“指嘴唇，此指嘴巴”，既找不到依据，也无法解释作者的原意，有误。

［25］无著：详见本书第九章“无著文喜禅师”注释。唐杭州无著禅师，名文喜，年七岁出家，习律听教，宣宗初，往五台礼文殊。“前三三，后三三”便是文殊菩萨化身说的。

［26］沤和争负截流机：沤和，即“沤和俱舍罗”，是梵文“方便”“善巧”的音译，是指度化众生方法和手段。争负，意为“怎能辜负”。截流机，即截断生死之流、轮回之流的稍纵即逝的时机。要用善巧方便之法，在妄念还没有生起的时候就要截断妄想，不要耽误了宝贵的“机”。

［27］但看棚头弄傀（kuǐ）儡（lěi），抽牵全藉里头人：这是描写古代皮影戏的场景。演傀儡戏的师傅，手里拿着提线工具，直接控制着木偶傀儡的一举一动。这是比喻体与用的关系。一切动作从本体发出来，师傅就是本体，傀儡就是作用。

［28］探竿影草：原为两种捕鱼方法，比喻禅师对于学人的诱导接引。亦系“临济四喝”机用之一。探竿，用鹅羽绑在竹竿头上，插在水中诱鱼。影草：割草抛在水中，诱引鱼儿聚集在草影里。

［29］师问洛浦：旧校本标点有误，“洛浦”不是引号里的内容。

［30］论劫：以劫为单位来计算年代，指极为久长的时间。劫，梵语“劫簸”之略。译言分别时节。通常年月日时不能算之远大时节也。故又译大时。

［31］向背，正面和背面，面对和背向，前方和后方。

［32］啗（dàn）啄：啗：吃。啄：咬。

［33］先照后用：据《五家宗旨纂要》卷上载，照：指禅机问答；用：指打、喝等动作，纯粹指接待参禅者之方式。

［34］驱（qū）：同“驱”。

［35］过量人：指超越数量分别、不落途程、不历阶位的禅悟者。《密庵语录》：“辅弼宗门有老成，一番提掇一番新。咬薑呷醋知咸淡，便是丛林过量人。”同书《示曾秘校》：“放下百不知，脑门重著楔。唯是过量人，一拳无二说。”

［36］据坐：①谓禅师坐于法座。《临济语录》：“师临迁化时，据坐云：‘吾灭后不得灭却吾正法眼藏。’三圣出云：‘争敢灭却和尚正法眼藏。’师云：‘已后有人问尔，向他道什么？’三圣便喝。师云：‘谁知吾正法眼藏，向这瞎驴边灭却。’言讫端然示寂。”《圆悟语录》卷二十《真了禅人请赞》：“丹青有神貌活，圆悟据坐俨如。”《密庵语录·禅人请赞》：“水墨染成，恰似真个。据坐胡床，胡挥乱做。”②一种机锋施设，坐于法座之禅师对僧人提问不用言句作答，也无其他动作。《临济语录》：“师行脚时到龙光。光上堂，师出问云：‘不展锋铓，如何得胜？’光据坐。师云：‘大善知识岂无方便？’光瞪目云：‘嗄。’师以手指云：‘这老汉今日败阙也！’”《洞山语录》：“五泄默禅师到石头处云：‘一言相契即住，不契即去。’头据坐，泄便行。”《大慧语录》卷四：“到启霞，请上堂：‘适来，蒙堂头法叔禅师举临济访龙光因缘。客听主裁，敢不依严命。略与诸人，下个注脚。龙光据坐，虽然无语，其声如雷。’”（摘自《禅宗大词典》）

［37］败缺：指出现了过失、漏洞、破绽。亦作“败阙”。

［38］剜（wān）肉作疮：本来无疮，特剜去好肉做成疮。比喻为追求某种效果或达到某种目的，不顾效果和目的的好坏，而采取错误的手段和方法去加以实施。

［39］孤蟾（chán）：月亮。蟾，传说月中有蟾蜍，因借指月亮、月光。唐代李白《雨后望月》：“四郊阴霭散，开户半蟾生。”

［40］石火：往往与“电光”联系组成“石火电光”，即击石火闪电光，速度快，比喻禅机迅疾，稍纵即逝。《临济语录》：“大德！到这里，学人著力处不通风，石火

电光，即过了也。学人若眼定动，即没交涉。拟心即差，动念即乖。”亦作“电光石火”。

［41］官不容针，私通车马：禅林用语。此乃表里互用而相对称之二语。官不容针，原谓于公而言，必得森严整肃，即连细针一般之差错，亦丝毫不予宽宥；在禅林中，转指佛法第一义谛之究竟透彻，不允许以丝毫偏差之言说渗和、取代、诠解之；由是，则“官不容针”一语亦引申为“于表相视之，乃为不可轻易歪曲之法”。私通车马，即相对于“官不容针”，意谓原本细针般之差错皆不予宽宥之情形，于私而言，则全面改观，连车马一般庞大之偏差亦可通融而行；在禅林中，转指第二义谛之权巧方便，师家为指导学人，往往采取权宜放行之法；由是，“私通车马”一语亦引申为“自里层视之，实为融通无碍之方便法门”，故禅林每以此语形容师家接引学人时自在方便之机法。《续高僧传》卷二十二“福胜寺道兴传”：“寺主曰：‘依官制不许，何得停之？’兴曰：‘官不许容针，私容车马。’”或谓“官不容针，私通车马”二语原系唐人之俗谚，后为禅林所引用，二语合之，即谓表里互用而并行无碍。

［42］胡饼：烧饼。《释名·释饮食》：“胡饼，作之大漫冱也，亦言以胡麻著上也。”

［43］罗公照镜：“罗公”是尊称，指室罗城中演若达多，简称“罗公”。据《大佛顶首楞严经》卷四载，室罗城中演若达多，一日于晨朝以镜照面，于镜中得见己头之眉目而喜，欲返观己头却不见眉目，因生大嗔恨，以为乃魑魅所作，遂无状狂走。此系以自己之本头比喻真性，镜中之头比喻妄相。喜见镜中之头有眉目，比喻妄取幻境为真性而坚执不舍；嗔责己头不见眉目，则比喻迷背真性。《楞严经》：“当知凡夫爱妄有而不见真空，二乘爱偏空而不见妙有，菩萨爱万行而不见中道，别教爱但中而不见法界，皆狂走也。”

［44］趯（tì）：踢。

［45］太粗生：好粗暴！《佛光大辞典》：“禅林用语。又作太粗生。太，甚之义。粗，暴之义。生，系接尾词。禅林中，每借此语责斥修行未臻圆熟而举止不慎重者。”

［46］常侍：官名。皇帝的侍从近臣。秦汉有中常侍，魏晋以来有散骑常侍，隋唐内侍省有内常侍，均简称常侍。

［47］金屑虽贵，落眼成翳：黄金屑粒虽然贵重，但绝不能落在眼睛里，一落到眼睛里就生眼病了。喻指佛法说教对于禅悟是多余甚至有碍的。本书第十五章“育王怀琏”条：“若论佛法两字，是加增之辞，廉纤之说。诸人向这里承当得，尽是二头三首，譬如金屑虽贵，眼里著不得。”《祖堂集》卷一一“保福”条：“金屑银屑虽贵，肉眼里著不得，岂况法眼乎！”。

［48］吹毛：吹毛剑，传说中的宝剑。但它使用了也要快点磨才锋利，所以说

“吹毛用了急须磨”。

［49］三圣：参见下文“三圣慧然禅师”。临济义玄之法嗣慧然禅师。禅师平生久住河北镇州之三圣院，故世人称之为三圣，或三圣慧然。

【概要】

义玄禅师（？～867年），唐代禅僧，临济宗之祖。俗姓邢。曹州南华（山东省单县西北）人。幼年有出家之志，落发受戒后，对经、律、论皆有研究。初至黄檗山参希运，又谒大愚，再参沩山灵祐，后还黄檗山希运处，得悟本源，受其印可，嗣其法。大中八年（854年），北归镇州（今河北正定）东南小院，院近滹沱河之侧，故号临济院。在此弘扬禅法，形成临济宗，世称“临济义玄”。禅风单刀直入，机锋峻峭。提出四料简、四宾主、四照用等主张。卒谥“慧照禅师”。

禅林盛传的“佛法无多子”，本处有详细记载，讲的是义玄禅师在黄檗与大愚帮助下悟道的故事。《大慧语录》卷四云：“撒手悬崖信不虚，根尘顿尽更无余。始知佛法无多子，向外驰求转见疏。”

三玄三要，是临济义玄接引学人之方法。“一句中须具三玄门，一玄门须具三要”，然临济并未明言道出三玄门与三要之内容。盖“一句语有玄有要”即是活语，“三玄三要”，其目的乃教人须会得言句中权实照用之功能。后之习禅者于此三玄三要各作解释，而谓三玄即：一是体中玄，指语句全无修饰，乃依据所有事物之真相与道理而表现之语句。二是句中玄，指不涉及分别情识之实语，即不拘泥于言语而能悟其玄奥。三是玄中玄，又作用中玄。指离于一切相待之论理与语句等桎梏之玄妙句。又依《人天眼目》卷一所载“汾阳善昭”之说，三要之中，第一要为言语中无分别造作，第二要为千圣直入玄奥，第三要为言语道断。

四照用是义玄接引学人的四种方法。据《人天眼目》卷一载，照，指对客体之认识；用，指对主体之认识。系根据参禅者对主客体之不同认识，所采取不同之教授方法，旨在破除视主体、客体为实有之世俗观点。先照后用，针对法执重者，先破除以客体为实有之观点。先用后照，针对我执重者，先破除以主体为实有之观点。照用同时，针对我、法二执均重者，同时破除之。照用不同时，对于我、法二执均已破除者，即可应机接物，或照或用，不拘一格。

据《五家宗旨纂要》卷上载，照，指禅机问答；用，指打、喝等动作，纯粹指接待参禅者之方式。先照后用，先向参禅者提出问题，然后据其应答情况，或棒或喝。先用后照，如遇僧来，师便打、便喝，然后问僧“汝道是什么意旨？”照用同时，即在或棒或喝中，看对方如何承当；或在师喝僧亦喝中，边打边问。照用不同时，或照或用，不拘一格。

禅师门下法嗣有三圣慧然、兴化存奖、灌溪志闲等二十余人。三圣曾录师之语要行世，题曰《镇州临济慧照禅师语录》。师之接引学人，方法极为严苛。其门下法脉繁盛，为中日两国禅宗主流之一。

【参考文献】

《宋高僧传》卷十二；《景德传灯录》卷十二；《祖堂集》卷十九；《宋高僧传》卷十二；《传法正宗记》卷七。

【拓展阅读】

乃光《临济大悟因缘》

（摘录《现代佛教学术丛刊》）

临济大悟因缘，乃宗门中极为俊伟卓绝的一件大事，不亚于百丈大悟。百丈大悟与临济大悟，同为共不共般若的显现，正所谓“开示悟入佛之知见道故”。这两件大事，不仅坚强地巩固了达磨六祖以来创建的禅宗阵地，且更进一步促进禅宗大振家声，辉腾慧业。这两件大事，在宗门下不得视为仅临济宗一家之事而已。何以故？禅宗功行惟在顿悟，这两件大悟因缘都能显示顿悟最高原则、顿悟典型范例，诸家亦应汲取参学。

临济大悟因缘公案，实在需要用力体会。要点即在内外因缘逼拶得紧，走上绝路头而顿开了“原来黄檗佛法无多子”这一关，岂仅黄檗佛法无多子，释迦牟尼佛法亦无多子也。敢问从什么处见得无多子？这却要“行业纯一”而经过炉锤始得，跳出炉子了，向大愚肋下筑三拳，证知黄檗不谬。踏翻炉子了，随后便掌黄檗，方知大愚端的。这却很洒脱地表现了独脱无依，法法何拘的般若现观。当知这样意识到了，并不算功行，要学他临济大悟，从何学起？具足勇猛顿悟意乐，‘无门为法门’，只有逼拶自己。

临济大悟因缘，即提示了禅宗顿悟的最高原则，所以说它为顿悟典型范例。兹列举三个特点以明之：其一，悟缘多而能奋迅集中又不依缘，确有大悟的了因存在；不同于自沉死水，暗中摸索的期待等悟。其二，悟境过程豁然分明，又无企求，确有透彻实际的大悟；不同于傀侗汉得些子惺忪小歇场，自以为悟。其三，随大悟的开展即现起观照，鉴觉下炳炳烺烺的机用（棒、喝、言句）自然而至；不同于一般记忆停思的知解，捏合意识的情见。这三点实为顿悟的最高原则，不必斤斤然为知“有”而了“生死”也，知有、了生死即在其中。仔细具观，却于临济大悟公案尽得之矣。以此三点参看这一公案，或有所助。

临济这一大悟因缘公案，即正式开端激箭似的禅道。具足冲锋陷阵斩将夺关的勇猛顿悟意乐气概，狠辨了因，穷追实际，撩起便行，此其所以喻于激箭也。临济禅射力风高，劲挺有力，却能动人心弦。以后临济宗提持的激箭似的顿悟功行，完全发轫于此。

阿部正雄著、王雷泉译《铃木大拙对临济的评价》

（摘录《禅与西方思想》第一编）

1949 年，铃木用日文出版了《临济的基本思想——临济录中“人”之研究》。这被认为是铃木所有日、英文著述中最重要的一部书。在这本书中，他对研究《临济录》提出了一种匠心独运、入木三分的方法，他认为“人”的概念是全书的关键，也是真正的禅宗精神的核心。把《临济录》译成英文，是铃木长期心向往之的一项计划。不幸，在他的夙愿有可能实现之前，他却离开了我们。

铃木不曾出版过《赵州录》译文的单行本，虽然他在自己的著作中像《临济录》一样经常引用到它。不过，在 1962 年，铃木出版了日译《赵州录》的评注本，这是他此类著述中的最后一本。

首先当应注意到的是，铃木更关切的是作为禅宗人物的临济和赵州，而不是作为禅宗言行集的《临济录》和《赵州录》。然而，尤甚于关切这两位禅师之上的，是在禅宗文献中或通过禅师所体现出来的真正的、生动的‘禅’，并且这样的‘禅’可以，也应该在我们每个人的身上体现出来。因此，首先激动铃木的，是在这两部著作中所能找到的作为人类存在真正道路的活泼泼的‘禅’。

在铃木卷帙浩繁的全部著述之中，他使用禅籍仅仅是为了显示什么是真正的和生动的禅。正是因为他相信这两部著作完美地表现了真正的禅，他才如此赞赏《临济录》，尤其是《赵州录》。

一天，临济说法曰：“赤肉团上，有一无位真人，常从汝等诸人面门出入，未证据者看看！”时有僧出问：“如何是无位真人?”师下禅床把住云：“道！道!”其僧拟议。师托开云：“无位真人是什么干屎橛!”

这是《临济录》里的一个著名事例，铃木对此颇为重视。这段说法的主题是“无位真人”。铃木就在这里发现了《临济录》的关键和禅宗思想的极致。他说：“无位真人乃临济对自我的指称。他的说法几乎完全围绕着这个人，它有时又被称作‘道人’。他可说是中国禅宗思想史上第一位禅师，断然强调这个人存在于我们人生活动的每一方面。他孜孜不倦地敦促弟子们去证得人或真我。”

根据铃木的看法，《临济录》是这个“人”说法和活动的记录：临济把他的宗教完全确立在这个“人”之上。临济宗历史性的成功可说基本上源于对“人”的认识，它的未来命运也将有赖于对此认识的活生生的把握。那么，“人”实际上是什么呢?

让我们回到上述临济的说法上:“赤肉团上,有一无位真人,常从汝等诸人面门(即诸感官)出入,未证据(此事实)者看看!”

因而,临济说“人”是“活泼泼地,只是勿根株。拥不聚,拨不散。求着即转远,不求还在目前。灵音属耳。”铃木把这种“人”的特征刻划为绝对主体性、“灵性的自觉”“宇宙无意识”或“般若直觉”。

临济的“人”不是一个凌驾于并反对自然、上帝或其他人的人,而是作为般若直觉的绝对主体性,它超越了一切形式的主观与客观、自我与世界、有与无的二元论。铃木说:“如果说希腊人曾教我们如何思考,基督教曾教我们信仰什么的话,那么禅宗则教导我们超越逻辑,甚至遇到“未知之物”亦勿为其所滞。因为禅的观点就是寻找一种不存在任何二元论的绝对。逻辑起始于主客的分裂,以及把已知之物与未知之物加以区别的信念。西方的思维模式决不可能破除此与彼、理性与信仰、人与上帝等诸如此类的永恒的两难推理。所有这一切都被禅视为障蔽我们洞见生命与实在本质的东西而扫除。禅引导我们进入荡遣一切概念的空的领域。”在这种说法中,铃木并不意谓基督教,比如说,是通常意义上的二元论。他只是在与禅的“空”作比较时才说到这一点的,证得“空”就称作“悟”“见性”(慧能)或证据“人”(临济)。

第二节　南岳下五世

临济玄禅师法嗣

兴化存奖禅师

魏府兴化存奖禅师，在三圣会里为首座。常曰：“我向南方行脚一遭[1]，拄杖头不曾拨着一个会佛法底人。”三圣闻得，问曰：“你具个甚么眼，便恁么道?”师便喝，圣曰：“须是你始得。”后大觉闻举，遂曰：“作么生得风吹到大觉门里来[2]?”

师后到大觉为院主。一日觉唤院主：“我闻你道，向南方行脚一遭，

拄杖头不曾拨着一个佛法底。你凭个甚么道理，与么道？”师便喝，觉便打。师又喝，觉又打。

师来日从法堂过，觉召院主：“我直下疑你昨日这两喝。”师又喝，觉又打。师再喝，觉又打。师曰：“某甲于三圣师兄处，学得个宾主句，总被师兄折倒了也。愿与某甲个安乐法门？”觉曰：“这瞎汉来这里纳败缺，脱下衲衣，痛打一顿。”师于言下荐得临济先师于黄檗处吃棒底道理。

师后开堂日，拈香曰：“此一炷香：本为三圣师兄，三圣于我太孤；本为大觉师兄，大觉于我太赊；不如供养临济先师。”

僧问：“多子塔[3]前，共谈何事？”师曰：“一人传虚，万人传实。”

师有时唤僧，僧应诺。师曰：“点即不到。”又唤一僧，僧应诺。师曰：“到即不点。”僧问：“四方八面来时如何？”师曰：“打中间底。”僧便礼拜。师曰：“昨日赴个村斋，中途遇一阵卒风暴雨，却向古庙里躲避得过。”

问僧：“甚处来？”曰：“崔禅[4]处来。”师曰：“将得崔禅喝来否？”曰：“不将得来。”师曰：“恁么则不从崔禅处来。”僧便喝，师便打。

示众：“我闻前廊下也喝，后架[5]里也喝。诸子！汝莫盲喝乱喝[6]，直饶喝得兴化向虚空里，却扑下来一点气也无，待我苏息起来，向汝道：‘未在。’何故？我未曾向紫罗帐里撒真珠与汝诸人去在，胡喝乱喝作么[7]？”

云居住三峰庵时，师问：“权借一问，以为影草[8]时如何？”居无对。师云：“想和尚答这话不得，不如礼拜了退。”二十年后，居云[9]：“如今思量，当时不消道个何必？”后遣化主到师处，师问：“和尚住三峰庵时，老僧问伊话，对不得，如今道得也未？”主举前话，师云：“云居二十年只道得个何必，兴化即不然，争如道个不必。”

师谓克宾维那曰：“汝不久为唱导之师。”宾曰：“不入这保社[10]。”师曰：“会了不入，不会了不入？”曰：“总不与么。”师便打，曰：“克宾维那法战不胜，罚钱伍贯，设馔[11]饭一堂。”次日，师自白椎曰：“克宾维那法战不胜，不得吃饭。”即便出院。

僧问：“国师唤侍者[12]，意作么生？”师曰：“一盲引众盲。”

师在临济为侍者，洛浦来参。济问："甚处来？"浦曰："銮城来。"济曰："有事相借问，得么？"浦曰："新戒[13]不会。"济曰："打破大唐国，觅个不会底人也无。参堂去！"师随后，请问曰："适来新到，是成褫[14]他，不成褫他？"济曰："我谁管你成褫不成褫？"师曰："和尚只解将死雀就地弹，不解将一转语盖覆却[15]。"济曰："你又作么生？"师曰："请和尚作新到[16]。"济遂曰："新戒不会。"师曰："却是老僧罪过。"济曰："你语藏锋。"师拟议，济便打。至晚济又曰："我今日问新到，是将死雀就地弹，就窠子里打？及至你出得语，又喝起了向青云里打。"师曰："草贼大败！"济便打。

师见同参来，才上法堂，师便喝，僧亦喝。师又喝，僧亦喝。师近前拈棒，僧又喝。师曰："你看这瞎汉犹作主在！"僧拟议，师直打下法堂。侍者请问："适来那僧有甚触忤和尚？"师曰："他适来也有权，也有实，也有照，也有用。及乎我将手向伊面前横两横，到这里却去不得。似这般瞎汉，不打更待何时？"

僧礼拜，问："宝剑知师藏已久，今日当场略借看。"师曰："不借。"曰："为甚么不借？"师曰："不是张华[17]眼，徒窥射斗[18]光。"曰："用者如何？"师曰："横身当宇宙，谁是出头人？"僧便作引颈势，师曰："嗄。"僧曰："喏。"便归众。

后唐庄宗[19]车驾幸河北，回至魏府行宫，诏师问曰："朕收中原，获得一宝，未曾有人酬价。"师曰："请陛下宝看！"帝以两手舒幞头[20]脚，师曰："君王之宝，谁敢酬价？"（玄觉徵云："且道兴化肯庄宗，不肯庄宗，若肯庄宗，兴化眼在甚么处？若不肯庄宗，过在甚么处？"）龙颜大悦，赐紫衣、师号，师皆不受。乃赐马与师乘骑，马忽惊，师坠伤足。帝复赐药救疗。

师唤院主："与我做个木枴[21]子。"主做了将来，师接得，绕院行，问僧曰："汝等还识老僧么？"曰："争得不识和尚？"师曰："蹶[22]脚法师，说得行不得。"又至法堂，令维那声钟集众。师曰："还识老僧么？"众无对。师掷下枴子，端然而逝。谥"广济禅师"。

【注释】

[1] 我向南方行脚一遭：旧校本标点有误，"一遭"，即一趟的意思，指存奖

禅师向南方走了一趟，但旧校本将“一遭”移到后句去了。

［2］作么生得风吹到大觉门里来：旧校本标点有误，“风”是“吹”的主语，不能断句。

［3］多子塔：塔名，在古印度，相传为纪念辟支佛而建。释迦牟尼佛曾在此塔前向摩诃迦叶传付衣法，迦叶遂成西天禅宗初祖。参见本书第一章“释迦牟尼佛”条：“世尊至多子塔前，命摩诃迦叶分座令坐，以僧伽梨围之。遂告曰：‘吾以正法眼藏密付于汝，汝当护持，传付将来。’”此即古来禅家所谓之“多子塔付法说”。

［4］崔禅：临济义存禅师法嗣善崔，好棒喝，以猛厉闻名于当时。

［5］后架：僧堂之后，有洗面之架，名曰后架。即大众之洗面处也。以其侧有厕，后架之名，遂与厕相混。

［6］诸子！汝莫盲喝乱喝：旧校本标点有误。“诸子”是对大众的称呼语，宜有标点断开。

［7］待我苏息起来，向汝道：“未在。”何故？我未曾向紫罗帐里撒真珠与汝诸人去在，胡喝乱喝作么：旧校本标点有误，错误较多，均纠正。真珠：珍珠。

［8］影草：即探竿影草。临济宗七事随身之一、四喝之一。略称探草。因其作用与目的，有不同解释：一是指探竿、影草皆为渔者之工具。探竿：系束鹈羽于竿头，探于水中，诱聚群鱼于一处，然后以网漉之。影草：系刈草浸水中，则群鱼潜影，然后以网漉之。此皆渔者聚鱼之方便法。二是指探竿、影草为盗者之道具。探竿，指盗者将之从窗、壁等洞穴插入，以探测室内动静之竹竿。影草，为可隐身之蓑衣，穿著之便于窃盗。又探竿影草，于禅家，引申为师家探测学人，以试其器量。

［9］师云：“想和尚答这话不得，不如礼拜了退。”二十年后，居云：旧校本标点有误，错误较多，均纠正。

［10］保社：旧时乡村的一种民间组织，因依保而立，故称。宋代刘克庄《贺新郎·癸亥九日》词：“留得香山病居士，却入渔翁保社。”

［11］馔（zàn）：以羹浇之饭。《楚辞·王逸〈九思·伤时〉》：“时混混兮浇馔，哀当世兮莫知。”原注：“馔，餐也。”洪兴祖补注：“馔，音赞。《说文》云：以羹浇饭。”

［12］国师唤侍者：见本书第二章“南阳慧忠国师”：“一日唤侍者，者应诺，如是三召三应。师曰：‘将谓吾孤负汝，却是汝孤负吾？’”

［13］新戒：指新近受戒之僧，亦指受沙弥戒为日尚浅之幼年僧。《敕修百丈清规》卷五“新戒参堂”条：“得度受沙弥戒已，覆住持于何日参堂，次禀首座维那。至期，早粥遍食椎后，新戒参头，领众入堂。”

［14］禠（sī）：福。

［15］盖覆却：用话头转过来，把前面的翻过去。却：助词，用在动词后，相当于“了”或“掉”。

［16］请和尚作新到：请和尚扮演刚受戒的僧人。旧校本标点有误。

［17］张华：借指善于识才、用才之人。唐温庭筠《题西明寺僧院》：“自知终有张华识，不向沧州理钓丝。”

［18］斗：星宿名。因像斗形，故以为名。指北斗七星。

［19］后唐庄宗（885～926 年）：即李存勖，李克用长子。少从父征伐，年二十四袭封晋王。继位之初，大破后梁军于潞州，扭转梁强晋弱之势。又收降魏博镇，汇合诸镇兵十万，大败梁军于黄河两岸。923 年称帝，国号唐，以魏州为东京，太原为西京，镇州为北都，不久灭掉后梁，定都洛阳，史称后唐。即位后灭掉前蜀，荆南、淮南等国相继朝贡，而为政苛酷，任用宦官，滥用民力，终为乱兵所杀。卒后谥“光圣神闵孝皇帝”，庙号“庄宗”。（参见《新五代史》）

［20］幞（fú）头：古代包头软巾，有四带，二带系脑后垂之，二带反系头上，令曲折附顶。也称四脚、折上巾。此指天子的皇冠。

［21］木楞：木制的手杖。

［22］踉（lì）：跛足。

【概要】

存奖禅师（830～925 年），唐末禅僧。河北蓟县人，俗姓孔，相传孔子后裔。依盘山之有院晓方出家。大中五年（851 年），于盘山受具足戒。后归投镇州临济院义玄之门，随侍其侧。师遍历南方丛林，亦曾至钟陵参谒仰山慧寂。其后，随临济义玄移至河北魏府，居于观音寺江西禅院，承临济义玄之法嗣。乾符二年（875 年），应幽州节度使董廓等之招请，欲归盘山，然以魏府韩公之叔的劝请，遂住于魏府兴化寺，发扬临济义玄之禅风，受附近六州士夫之尊崇。世称“兴化存奖”。后唐庄宗曾召入问法，赐衣号，师谦辞不受。同光三年示寂，世寿九十六。敕谥“广济大师”。塔号“通寂”。法嗣有藏晖、行简等。有《兴化禅师语录》行世。

【参考文献】

《古尊宿语录》卷五；《祖堂集》卷二十；《景德传灯录》卷十二；《天圣广灯录》卷十二；《联灯会要》卷十。

镇州宝寿沼禅师（第一世）

僧问："万境来侵时如何？"师曰："莫管他。"僧礼拜，师曰："不要动着，动着即打折汝腰。"

师在方丈坐，因僧问讯次，师曰："百千诸圣，尽不出此方丈内。"曰："只如古人道，大千沙界海中沤，未审此方丈向甚么处着？"师曰："千圣现在。"曰："阿谁证明？"师便掷下拂子。

僧从西过东立，师便打。僧曰："若不久参，焉知端的？"师曰："三十年后，此话大行。"

赵州来，师在禅床背面而坐，州展坐具礼拜。师起入方丈。州收坐具而出。

师问僧，"甚处来？"曰："西山来。"师曰："见猕猴么？"曰："见。"师曰："作甚么伎俩？"曰："见某甲一个伎俩也不得。"师便打。

胡钉铰[1]参，师问："汝莫是胡钉铰么？"曰："不敢。"师曰："还钉得虚空么！"曰："请和尚打破。"师便打，胡曰："和尚莫错打某甲。"师曰："向后有多口阿师与你点破在[2]。"胡后到赵州，举前话，州曰："汝因甚么被他打？"胡曰："不知过在甚么处？"州曰："只这一缝尚不奈何！"胡于此有省。赵州曰："且钉这一缝。"

僧问："万里无云时如何？"师曰："青天也须吃棒。"曰："未审青天有甚么过？"师便打。

问："如何是祖师西来意？"师曰："面黑眼睛白。"

西院来参，问："踏倒化城来时如何？"师曰："不斩死汉。"院曰："斩。"师便打。院连道："斩！斩！"师又随声打。师却回方丈曰："适来这僧，将赤肉抵他干棒，有甚死急！"

【注释】

［1］钉铰：指洗镜、补锅、锔碗等。《太平广记》卷一六二引唐无名氏《报应录·刘行者》："唐代庐陵阛阓中有一刘行者，以钉铰为业。"

［2］向后有多口阿师与你点破在："多口阿师"是禅门常用语，中间不能分开断句，旧校本标点有误。参见本书"多口阿师"注释。

三圣慧然禅师

镇州三圣院慧然禅师，自临济受诀，遍历丛林。至仰山，山问："汝名甚么?"师曰："慧寂。"山曰："慧寂是我名。"师曰："我名慧然。"山大笑而已。

仰山因有官人相访，山问："官居何位?"曰："推官[1]。"山竖起拂子曰："还推得这个么?"官人无对。山令众下语，皆不契。时师不安，在涅槃堂内将息。山令侍者去请下语，师曰："但道和尚今日有事。"山又令侍者问："未审有甚么事?"师曰："再犯不容。"

到香严，严问："甚处来?"师曰："临济。"严曰："将得临济喝来么?"师以坐具蓦口[2]打。

又到德山，才展坐具，山曰："莫展炊巾[3]，这里无残羹馊饭。"师曰："纵有也无著处。"山便打，师接住棒，推向禅床上。山大笑，师哭："苍天!"便下参堂。堂中首座号踢天泰，问："行脚高士，须得本道公验，作么生是本道公验?"师曰："道甚么?"座再问，师打一坐具曰："这漆涌前后触忤多少贤良!"座拟人事[4]，师便过第二座人事。

又到道吾。吾预知，以绯[5]抹额，持神杖于门下立。师曰："小心祇候[6]。"吾应喏。师参堂了，再上人事。吾具威仪，方丈内坐。师才近前，吾曰："有事相借问，得么?"师曰："也是适来野狐精。"便出去[7]。

住后，上堂："我逢人即出，出则不为人。"便下坐。

（与化云："我逢人即不出，出则便为人。"）

僧问："如何是祖师西来意?"师曰："臭肉来蝇。"

（兴化云："破驴脊上足苍蝇。"）

问僧："近离甚处?"僧便喝，师亦喝。僧又喝，师又喝。僧曰："行棒即瞎。"便喝。师拈棒，僧乃转身作受棒势。师曰："下坡不走，快便难逢。"便棒[8]。僧曰："这贼!"便出去。师遂抛下棒。次有僧问："适来争容得这僧?"师曰："是伊见先师来。"

【注释】

[1] 推官：官名。唐朝始置，节度使、观察使、团练使、防御使、采访处置使下皆设一员，位次判官、掌书记，掌推勾狱讼之事。五代因之。宋朝三司各部设一

员，主管各案公事。开封府亦设左、右厅推官各一员，分日轮流审判案件。临安府设节度推官、观察推官各一员。诸州幕职亦有节度、观察推官。

［2］蓦口：对准嘴巴。蓦：对，当。

［3］炊巾：盛放餐具的布巾。

［4］座拟人事：首座准备礼拜。人事：此处指人与人之间交往的礼节，礼拜，参拜。

［5］绯：红色的手巾。

［6］祇候：恭候。唐代张鷟《游仙窟》："承闻此处有神仙之窟宅，故来祇候。"

［7］师曰："也是适来野狐精。"便出去：旧校本标点有误。野狐精：禅林用语。原指野狐之精魅能作变幻，以欺诳他人。比喻自称见性悟道而欺瞒他人者。

［8］师曰："下坡不走，快便难逢。"便棒：旧校本标点有误。快便难逢，意谓悟入之机会难得。下坡推着人走，不走也快，不借这个机会赶快，以后就没机会了。

【概要】

慧然禅师，唐代临济宗僧。生卒年、籍贯皆不详。住镇州（河北）三圣院，世称三圣慧然。得临济义玄之旨，其后遍历诸方，曾至仰山，又参德山宣鉴、雪峰义存诸师。受义玄付嘱，编集《镇州临济慧照禅师语录》一卷。

【参考文献】

《景德传灯录》卷十二；《联灯会要》卷十。

魏府大觉和尚

魏府大觉和尚，参临济。济才见，竖起拂子。师展坐具，济掷下拂子。师收坐具，参堂去。时僧众曰："此僧莫是和尚亲故，不礼拜又不吃棒？"济闻说，令侍者唤适来新到上来。师随侍者到方丈，济曰："大众道汝来参长老，又不礼拜，又不吃棒，莫是老僧亲故？"师乃珍重下去。

师住后，僧问："如何是本来身？"师曰："头枕衡山，脚踏北岳。"

问："如何是佛法大意？"师曰："良马不窥鞭，侧耳知人意。"

问："如何是镇国宝？"师曰："穿耳卖不售。"

问："香草未生时如何？"师曰："嗅着脑裂。"曰："生后如何？"师曰："脑裂。"

问："如何是祖师西来意？"师曰："十字街头，望空启告。"

问："如何是大觉？"师曰："恶觉。"曰："乖极。"师便打。

问："忽来忽去时如何？"师曰："风吹柳絮毛球走。"曰："不来不去时如何？"师曰："华岳三峰头指天。"

问："一饱忘百饥时如何？"师曰："纵遇临岐[1]食，随分纳些些[2]。"

临终时谓众曰："我有一只箭，要付与人。"时有一僧出，曰："请和尚箭。"师曰："汝唤甚么作箭？"僧喝，师打数下，便归方丈。却唤其僧入来，问曰："汝适来会么？"曰："不会。"师又打数下，掷却拄杖，曰："已后遇明眼人，分明举似。"便乃告寂。

【注释】

［1］临岐：亦作"临歧"。本为面临歧路，后亦用为赠别之辞。

［2］些些：少许，一点儿。

【概要】

大觉和尚，唐代禅僧。参临济义玄禅师，既不礼拜，亦未吃棒，嗣其法，为临济宗传人。住魏府（今河北大名）。有僧问："如何是本来身？"答曰："头枕衡山，脚踏北岳。"

【参考文献】

《景德传灯录》卷十二。

灌谿志闲禅师

灌溪志闲禅师，魏府馆陶史氏子。幼从柏岩禅师披剃受具。后见临济，济蓦胸擒[1]住，师曰："领！领！"济拓开曰："且放汝一顿。"师离临济至末山。（语见末山章）

师住后，上堂曰："我在临济爷爷处得半杓，末山娘娘处得半杓，共成一杓。吃了，直至如今饱不饥。"

僧问："请师不借[2]。"师曰："满口道不得。"师又曰："大庾岭头佛不会，黄梅路上没众生。"

师会下[3]一僧去参石霜，霜问："甚处来？"曰："灌溪来。"霜曰："我南山，不如他北山。"僧无对。僧回举似师，师曰："何不道灌溪修涅槃堂[4]了也？"

问："久向灌溪，到来只见沤麻池[5]。"师曰："汝只见沤麻池，且不见灌溪。"曰："如何是灌溪？"师曰："劈箭急[6]。"（后人举似玄沙，沙云："更学三十年未会禅。"）

问："如何是古人骨？"师曰："安置不得。"曰："为甚么安置不得？"师曰："金乌那教下碧天[7]。"

问："金锁断后如何？"师曰："正是法汝处[8]。"

问："如何是祖师西来意？"师曰："钵里盛饭，馈[9]里盛羹。"曰："学人不会。"师曰："饥则食，饱则休。"

上堂："十方无壁落，四畔亦无门。露裸裸，赤洒洒，无可把[10]。"便下座。

问："如何是一色？"师曰："不随。"曰："一色后如何？"师曰："有阇黎承当分也无？"

问："今日一会，祇[11]敌何人？"师曰："不为凡圣。"

问："一句如何？"师曰："不落千圣机。"

问："如何是洞中水？"师曰："不洗人。"

唐乾宁二年乙卯五月二十九日，问侍者曰："坐死者谁？"曰："僧伽[12]。"师曰："立死者谁？"曰："僧会[13]。"师乃行七步，垂手而逝。

【注释】

［1］搊（zǒu）：抓，揪。

［2］不借：不凭借言语诠解，不依倚任何外物。宝祐本作"不借借"，依《景德传灯录》改。《宏智广录》卷七："说时不借口，用处不依身。天寒绝飞鸟，潭净无游鳞。点活眼，著精神。野草闲华自在春。"又卷四："直得全超不借，独脱无依，里许通宗，几人得妙？"又卷六："根根尘尘，在在处处。出广长舌，传无尽灯。放大光明，作大佛事。元不借他一毫外法，的的是自家屋里事。"（参见《禅宗大辞典》）

［3］师会下：禅师法会上。

［4］涅槃堂：又作延寿堂、延寿院、延寿寮、重病间（阁）、省行堂（院）、

无常院、将息寮。收容慰抚老病者之堂宇。古时丛林送老者至安乐堂，送病者至延寿堂，俾使老病者养生送死而无憾。

［5］沤（òu）麻池：浸泡苎麻的臭水池。此处用来讽刺灌溪，沤麻池不是专有名词，旧校本标点有误。沤麻：把麻皮泡软的池子，以便打出纤维再编织制作。《诗·陈风·东门之池》："东门之池，可以沤麻。"

［6］劈箭急：就像飞箭破物般的迅速，比喻禅机速度之快，如电光石火。劈：劈物，劈开；箭：飞箭；急：迅速、迫切。《〈景德传灯录〉译注》将"箭"注释为一种竹子，不符合原意。"劈箭急"说明"灌溪"不是一潭死水，以"动"对"静"。

［7］金乌那教下碧天：哪能让太阳从天上下来。金乌：太阳。古代神话传说太阳中有三足乌，因用为太阳的代称。汉代刘桢《清虑赋》："玉树翠叶，上栖金乌。"

［8］法汝处：仿效你的地方。

［9］馈（fēn）：指蒸熟的饭。北魏·贾思勰《齐民要术·造神曲并酒等》："其下馈法；山馈瓮中，取釜下沸汤浇之，仅没饭便止。"石声汉注："（馈）是将米蒸到半熟的饭。

［10］露裸裸，赤洒洒，无可把：坦露空寂，清净无污，没有相状，超越空间。是禅悟境界。

［11］祇（zhī）：只。

［12］僧伽（628~710年）：唐代来自西域之神异僧。何国（音译屈霜你迦）人，又说是碎叶人。俗姓何。唐代龙朔（661~663年）初年至汉地，先住楚州龙兴寺，后遍游诸方，先后曾驻锡嘉禾灵光寺，且曾重兴晋陵国祥寺，并于山阳矫正盗贼等，德行颇多。后于泗州（安徽）建临淮寺，景仰者接踵而来。景龙二年（708年），诏入别殿，深受中宗礼遇，乃移居长安荐福寺。后祈雨得验，蒙赐额"普光王寺"于临淮寺。景龙四年，寂于荐福寺，享年八十三。《太平广记》卷九十六："至景龙四年三月二日，于长安荐福寺端坐而终。"这是本文所说的"坐死者"，人称"泗州大圣"，传说是观世音菩萨的化身。（参见本书第十章"清凉文益禅师"条注释）

［13］僧会：唐代僧，碧眼高鼻，疑似西域人，唐中宗时至会稽永欣寺。据《唐会稽永欣寺后僧会传》："吾康僧会也，苟能留吾真体，福尔伽蓝。躧（xǐ，漫步）步之间立而息绝，既而青目微瞑，精爽不销，举手如迎揖焉，足跨似欲行焉。"这就是本文所说的"立死者"，举步之间就圆寂了，众人还不能移动，乃祷而迁之殿中，有求必应，号"超化大师"。

【概要】

志闲禅师，唐代禅僧，俗姓史，馆陶（今属河北）人。幼年从柏岩禅师披剃受具，长参临济义玄禅师，义玄忽搊住其胸，志闲曰："领！领！"义玄拓开曰："且放汝一顿"。后往末山，与广然尼语，言下服膺，遂充园头三年以报之。出住灌溪，禅侣四集。志闲上堂曰："我在临济爷爷处得半勺，末山娘娘处得半勺。吃了，直至如今饱不饥。"有僧问："如何是灌溪？"答曰："劈箭急"。

【参考文献】

《景德传灯录》卷十二。

涿州纸衣和尚

涿州纸衣和尚（即克符道者），初问临济："如何是夺人不夺境[1]？"济曰："煦日发生铺地锦，婴儿垂发白如丝[2]。"师曰："如何是夺境不夺人？"济曰："王令已行天下遍，将军塞外绝烟尘。"师曰："如何是人境俱夺？"济曰："并汾绝信[3]，独处一方。"师曰："如何是人境俱不夺？"济曰："王登宝殿，野老讴歌。"师于言下领旨。

后有颂曰：

"夺人不夺境，缘自带诮讹[4]。拟欲求玄旨，思量反责么。骊珠光灿烂，蟾桂影婆娑。觌面无差互[5]，还应滞[6]网罗。"

"夺境不夺人，寻言何处真？问禅禅是妄，究理理非亲。日照寒光澹，山摇翠色新。直饶玄会得，也是眼中尘。"

"人境两俱夺，从来正令[7]行。不论佛与祖，那说圣凡情？拟犯吹毛剑，还如值木盲。进前求妙会，特地斩情灵。"

"人境俱不夺，思量意不偏。主宾言少异，问答理俱全。踏破澄潭月，穿开碧落天。不能明妙用，沦溺在无缘。"

僧问："如何是宾中宾？"师曰："倚门傍户犹如醉，出言吐气不惭惶。"曰："如何是宾中主？"师曰："口念弥陀双拄杖，目瞽瞳人[8]不出头。"曰："如何是主中宾？"师曰："高提禅师当机用，利物应知语带悲。"曰："如何是主中主？"师曰："横按镆铘[9]全正令，太平寰宇斩痴顽[10]。"曰："既是太平寰宇，为甚么却斩痴顽？"师曰："不计夜行刚把火，直须当道与人看。”

【注释】

［1］夺人不夺境：即流传禅林的“四料简”，或四料拣。四料简中之“人”，是主观作用，是自我。“境”是外界，是客观。“主观”即是以自我为中心，对于执着“我”者，为人师者必须夺除此执着，教诲弟子放弃这种“我执”。这是夺人不夺境。

［2］煦日发生铺地锦，婴儿垂发白如丝：温暖的阳光普照大地如一片锦绣，刚出生的婴儿长满了长长的白发。前一句是境，五颜六色，很吸引人，但要是把它当成真实的存在，就好像“婴儿垂发白如丝”，是不可能的。“婴儿垂发白如丝”可参见本书的“无义句”（按通常情理无法解释的奇特语句），其含义都是一样的。但依南怀瑾先生开示，则“婴儿垂发白如丝”不是无义句。他说：“这个夺人的境界，如春天的太阳，照在万物上，生机蓬勃。人的外形尽管有衰老，自性的清明却没有动过，永远保持这个境界，这是夺人不夺境。由凡夫到小乘定的境界，守住一个空，形体尽管变动。这个东西没有变。”这就是说，人从婴儿到老年，不要执着这个无常的身体就是自己，从婴儿到白发只是一瞬间，只有守住清净自性才能获得永生。

［3］并汾绝信：并州和汾州隔绝，不通信息，谁也不知道谁的情况，各自独处一方，既无境，也无人。

［4］诸讹：混淆讹误。

［5］差互：错过时机，错。

［6］滞：不易通晓。

［7］正令：在禅门中，则特指教外别传之旨。棒喝之外不立一法，谓之正令。丛林中每以“正令当行”谓佛祖之道通行于世。如《碧岩录》第六十三则以“正令当行，十方坐断”一语，喻指棒喝之外，不立一法，乃为教外别传之宗旨。

［8］瞳（tóng）人：瞳孔中有看它的人的像，故称瞳孔为“瞳人”。亦泛指眼珠。

［9］镆（mò）铘（yá）：即莫邪，宝剑名。因铸造者干将的妻子叫莫邪而得名，后泛指宝剑。传说春秋吴王阖庐使干将铸剑，铁汁不下，其妻莫邪自投炉中，铁汁乃出，铸成二剑。雄剑名干将，雌剑名莫邪。

［10］痴顽：愚蠢顽劣之人。

【概要】

纸衣和尚，即克符禅师，唐代禅僧。参临济义玄禅师，嗣其法，为临济宗传

人。后住涿州（今属河北），因为常穿纸衣，人称“纸衣和尚”。所作偈颂颇多，为世人乐传。寂于唐昭宗、唐哀帝（889～907年）之际。

纸衣和尚与临济“四料简”问答流传于禅林。这是临济义玄禅师所设四种应机教化的方法与态度。包括夺人不夺境、夺境不夺人、人境俱夺、人境俱不夺。人境原无差别而平等唯一，然若放之则千差万别，故师家之作略亦应千机万用。义玄即以此四句明示宜应机应时而与夺随宜，活杀自在。

四料简中之“人”，是主观作用，是自我。“境”是外界，是客观。“主观”即是以自我为中心，对于执着“我”者，为人师者必须夺除此执着，教诲弟子放弃这种“我执”。这是夺人不夺境。夺人不夺境，即夺主观而仅存客观，于万法之外不承认自己，以破除对人、我见之执着。

其次，有些学人执着于外境——例如贪恋金钱、名位、荣华，无法获得心灵上的自由。对于这种人，教导他成为内省的人是最重要的，必须教诲他成为心灵的主人才行。这是夺境不夺人。夺境不夺人，即夺客观而仅存主观，以世界映现在一己心中，破除以法为实有之观点。

人境俱夺是夺其一切，使之赤裸裸，具体上是指亲身体验禅定的静中三昧。人境俱夺，即否定主、客观之见，兼破我执与法执。

人境俱不夺是指让万物生存，将一切众生视为佛。让每个人认识自己就是自我的独尊者。人境俱不夺，即肯定主、客观各各之存在。

这是临济禅师指导学人时因材施教的几种方法，而这又可以归纳到动中三昧、静中三昧之中。

关于此四料简，或有认为是义玄依普克、克符弟子之问法而起的对机说，或有认为是根据达磨大师所示入道四行观而成立的。此与洞山良价禅师的“五位说”，均广行于禅家。

【参考文献】

《五灯全书》卷二十一；《指月录》卷十四。

【拓展阅读】

临济四料简，是教育方法也是修持方法

（摘自南怀瑾先生《如何修证佛法》）

“四料简”，料是材料，简是选择。四料简有宾主，有方法。但古人不讲这个方法，而要靠自己去悟；如果讲明了方法，呆板的一传，大家就执着了。众生本来的

执着已解脱不了，再加上方法的执着，非下地狱不可。

四料简中，什么是宾？什么是主？比如一香板打下去，啪一声，香板下面什么都没有——念头一板子空了，没有了，如果能永远保持这样就不错。用香板的方法，一语道破，那就是“吹汤见米”，知者一笑，这是骗人的玩意儿。但也不骗人，把我们的意识妄想，用一个外力截断，使我们经验到达平常没有经验过的清净。如果以为这就是明心见性，那就大错特错了。但由这点影子也可以悟进去，这时要用般若，香板那一拍里头，透脱一悟，那叫禅。这就是临济的四料简——有时“夺人不夺境”，功夫到了清净的境界。有时“夺境不夺人”，功夫进步了一点，希望你再进一步，那个境界不是的，把它拿掉，你还是你，叫我们自己去参究。有时“人境两俱夺”，把你搞得哪一头都不是。但是，这个方法不能用，正如禅宗古德所说的，如果真提持禅宗，旁边半个人都不跟了，法堂前草深三尺，没有一个人来。

我在峨眉山曾用人境俱夺，接引过一个出家人，一脚把他踢昏了，躺在那里不动，醒来后，叩了三个头，高兴地跳起来走，从此居山顶，住茅篷去了。

也有时候“人境俱不夺”。

临济禅师并不只讲教育法，做功夫也在这里头。有时候功夫做得好，心里什么杂念也没有，清清明明，空空洞洞，那个是“夺人不夺境”。你还是你，坐在那儿，不过心里空空洞洞，这是第六意识的境界。夺人，人不动；不夺境，有一个境界。当然这境界还是会变，为什么？因为它是宾，不是主，客人不会常住的，怎么不变？这就是禅宗的秘密。但我们初步，必须让宾作主，让这个境界保留越久越好，只是不易做到。

“夺境不夺人”，这就难了。我可以大胆地说，在座没有人能做到，因为见地还没有到，所以修持、行愿也都不到。

有人问，本来清清明明的，这两天却静不下去了。我说学禅为什么不自己去参究呢？此时，夺境，境没有了；不夺人，人依然在这儿。是宾？是主？是宾中主？还是主中宾？主中主？或是宾中宾？

有时用调息，有时看光，法宝多得很，祖师们在书中都教了，不懂可以问我，高段的教法不懂，要作落草之谈，循序以进。

做气功、修定，就是让宾做主。四大不调，身体不好，气脉是宾，让身体摇摇。如果强作克制，对健康并不好；等身体调好了，宾就可以不用了，由主来做主。

念头也是如此，有时降伏不了，就念念佛，再没有办法，就唱歌吧！调心就是如此，此心难调伏的。有时功夫刚刚好一点。接下来情绪便坏得很，这时只有让宾做主了，主人家暂时搬位。

临济禅师的四料简，是教育方法，也是我们用功、了解自己的方法，同时是告诉我们三乘——声闻、缘觉、菩萨道的修持方法。

摘《指月录》记载：“（临济）至晚小参曰：有时夺人不夺境，有时夺境不夺人，有时人境两俱夺，有时人境俱不夺。克符问：如何是夺人不夺境?”

克符是辅助临济开宗的，临济当时只有三十几岁，不敢开宗。黄檗说：你去，自有人帮忙。一个克符，一个普化和尚，都是临济的老前辈，都是悟了道的。

这两个老前辈给他当辅导，故意问错话，临济棒子就打过去了，两人乖乖地挨打，大家一看，两个有道的人都听他的，自然没有话说，这样就把临济给捧出来了。所以，学问道德高，没人捧还是没有办法，矮子是要人抬轿子的。

克符看这一班人不吭一声，就只好故意问了：如何是夺人不夺境?

师（临济）曰：“煦日发生铺地锦，婴儿垂发白如丝”，这是当时的教育，出口成诗，在当时还算是白话的。什么叫夺人不夺境？比如“呸”的一声，三际托空。做得好的人，身体都忘了，很清净地在那里。我们当中也有些人，瞎猫撞到死老鼠。这堂课是讲给有这种经验的人听的，这是四加行里头比较中心的。人忘了，境界还是有，功夫真做到这样，不论是道家、净土、禅宗都不容易。

这个夺人的境界，如春天的太阳，照在万物上，生机蓬勃。人的外形尽管有衰老，自性的清明却没有动过，永远保持这个境界，这是夺人不夺境。由凡夫到小乘定的境界，守住一个空，形体尽管变动。这个东西没有变。

符曰：“如何是夺境不夺人?”师曰：“王令已行天下遍，将军塞外绝烟尘。”境界没有了，我还是我，山还是山，水还是水，这时心中没有烦恼、没有妄念，即百丈禅师说的：“灵光独耀，迥脱根尘”，自性本性，清明自在，一个命令下去，整个天下太平。心里头没有战乱，没有念头，但是我还是我，没有境界。这时才真算有点入门的样子。

符曰：“如何是人境两俱夺?”师曰：“并汾信绝，独处一方。”每句话都答得很够文学气味。时当晚唐、五代，军阀割据，山西、河北各据一方，彼此交通封锁，不相往来，内外隔绝了。各人独霸一方，也就是小乘罗汉境界，只守着一个空，如达磨祖师告诉二祖：外息诸缘，内心无喘，心如墙壁，可以入道。这是人境两俱夺。

符曰：“如何是人境俱不夺?”师曰：“王登宝殿，野老讴歌。”我还是我。像我们，学了几十年佛，搞了半天，一点境界都没有，这也是人境俱不夺。可见，临济禅师的这个人境俱不夺，不是凡夫境界，而是佛，是大彻大悟，一切众生本来是佛，一切现成，不要修的。

临济禅师的日常教育法，也不外这四句的范围。有时某人学问特别好，到他那儿，他却说："不是的"，把你驳得一点理由都没有，使你觉得很窝囊，这就是夺境不夺人。

有时又说你学问蛮好，可惜功夫没有到，还是挨骂，这也是夺境不夺人。

有时两样都不是，搞得你没路走，人境两俱夺。

有时揍你一顿，人境俱不夺。

临济宗的教育方法，灵活而不固定。

定州善崔禅师

州将王令公于衙署张座，请师说法。师升座，拈拄杖曰："出来也打，不出来也打。"僧出曰："崔禅聻？"师掷下拄杖曰："久立！令公，伏惟珍重！"

僧问："如何是祖师西来意？"师曰："定州瓷器似钟鸣。"曰："学人不会意旨如何？"师曰："口口分明没喎[1]斜。"

【注释】

［1］喎（wāi）：偏斜。

【概要】

善崔禅师，唐代禅僧。参临济义玄禅师得法，为临济宗传人。住定州，一说住镇州（治今河北正定）。有僧问："如何是祖师西来意？"答曰："定州瓷器似钟鸣。"好用棒喝接机，以猛厉名于时。

【参考文献】

《景德传灯录》卷十二。

镇州万寿和尚

僧问："如何是迦叶上行衣？"师曰："鹤飞千点雪，云锁万重山。"

问："如何是丈六金身？"师曰："袖头打领，腋下剜襟。"曰："学人不会。"师曰："不会请人裁。"

师访宝寿，寿坐不起。师展坐具，寿下禅床。师却坐，寿骤入方丈，闭却门。知事见师坐不起，曰："请和尚库下吃茶。"师乃归院。翌日，

宝寿来复谒，师踞禅床。寿展坐具，师亦下禅床。寿却坐，师归方丈闭却门。寿入侍者寮，取灰围却方丈门，便归去。师遂开门见曰：“我不恁么，他却恁么。”

幽州谭空和尚

镇州牧有姑为尼[1]，行脚回，欲开堂为人，牧令师勘过[2]。师问曰：“见说汝欲开堂为人，是否?”尼曰：“是。”师曰：“尼是五障[3]之身，汝作么生为人?”尼曰：“龙女[4]八岁，南方无垢世界成等正觉又作么生[5]?”师曰：“龙女有十八变，你试一变看。”尼曰：“设使变得，也只是个野狐精。”师便打。牧闻举，乃曰：“和尚棒折那!”

僧问：“德山棒，临济喝，未审那个最亲?”师曰：“已前在众里，老僧也曾商量来。”僧便喝。师曰：“却是汝会。”僧曰：“错。”师便打。

上堂，众集。有僧出曰：“拟问不问时如何?”师曰：“嗄!”僧便喝。师曰：“囝[6]!”僧又喝。师拈拄杖，僧曰：“瞎!”师抛下拄杖[7]，曰：“今日失利。”僧曰：“草贼大败。”便归众。

师以手向空点一点，曰：“大众！还有人辨得么？若有辨得者，出来对众道看。”师良久，曰：“顶门上眼，也鉴不破。”便下座。

宝寿和尚问：“除却中、上二根人来时，师兄作么生?”师曰：“汝适来举早错也。”寿曰：“师兄也不得无过?”师曰：“汝却与我作师兄。”寿侧掌曰：“这老贼!”

【注释】

[1] 镇州牧有姑为尼：镇州（今河北正定）牧治下有位尼姑。牧：官名，一州之长。《礼·曲礼下》：“九州之长，入天子之国，曰牧。”汉代及其后，州牧亦省称牧。

[2] 牧令师勘过：州牧令禅师检验她的能力。

[3] 五障：女性所具有之五种障碍。此外还有三种忍从。五障指女性不能成为梵天王、帝释、魔王、转轮王、佛。三从则指女性幼年从亲、婚后从夫、年老后从子，又称三监、三隔。

[4] 龙女：《法华经》所述之掌故。指八岁的龙女，因受持《法华经》之功德而即身成佛。《法华经》中谓舍利弗不知龙女是大乘根器，宿习圆因而得成佛，以

为例同报障女流，故说女人有五种障也。然说此五障者，欲令女人知有此障，即当发菩提心，行大乘行，早求解脱也。娑竭罗龙王之女，年甫八岁，智慧猛利，诸佛所说甚深秘藏悉能受持，更于刹那顷，发菩提心，得不退转！复以一宝珠献佛，以此功德愿力，忽转女成男，具足菩萨行。刹那顷住于南方无垢世界，坐宝莲华中，成正等觉，具足三十二相、八十种好，广为人天说法，娑婆世界之菩萨、声闻、天龙八部、人、非人等，皆遥见而欢喜敬礼！盖古印度之女人地位甚低，小乘佛教认为女身垢秽，不能成佛，此与大乘佛教所论：众生皆可成佛之思想冲突，故佛典中乃有女人可转变男身成佛说。

［5］南方无垢世界成等正觉又作么生：旧校本标点有误，“无垢”后逗号要删除。

［6］囫（duō）：用同“咄”。表示用力之声。

［7］僧曰："瞎!"师抛下拄杖：旧校本标点有误，僧曰只有一个“瞎”字，“师抛下拄杖”是叙述语言，不是僧人说的话，故移出引号外。

【概要】

谭空和尚，唐代禅僧，幽州（今北京）人。参临济义玄禅师得法，为临济宗传人，世称“幽州空”。有僧问：“德山棒，临济喝，未审那个最亲？”谭空曰：“已前在众里，老僧也曾商量来。”

【参考文献】

《景德传灯录》卷十二。

襄州历村和尚

僧问：“如何是观其音声而得解脱？”师将火箸敲柴曰：“汝还闻么？”曰：“闻。”师曰：“谁不解脱？”

师煎茶次，僧问：“如何是祖师西来意？”师举起茶匙。僧曰：“莫只这便当否？”师掷向火中。

沧州米仓和尚

州牧请师与宝寿入厅供养。令人传语，请二长老谭论佛法。寿曰：“请师兄答话。”师便喝。寿曰：“某甲话也未问，喝作么？”师曰：“犹嫌少在。”寿却与一喝。

智异山和尚

新罗国智异山和尚，一日示众曰：“冬不寒，腊后看。”便下座。

常州善权山彻禅师

僧问：“祖意、教意，是同是别？”师曰：“冬寒夏热。”曰：“此意如何？”师曰：“炎天宜散袒[1]，冬后更深藏[2]。”

【注释】

[1] 袒（tǎn）：袒露右肩，佛教徒表示恭敬的一种方式。此处指夏天热，适宜在外面歇凉。

[2] 深藏：冬天外面冷，适宜待在家里，不要出门。

金沙和尚

僧问：“如何是祖师西来意？”师曰：“听。”曰：“恁么则大众侧聆。”师曰：“十万八千。”

齐耸禅师

僧问：“如何是佛？”师曰：“老僧并不知。”曰：“和尚是大善知识，为甚么不知？”师曰：“老僧不曾接下机。”

问：“如何是道？”师曰：“往来无障碍。”复曰：“忽遇大海，作么生过？”僧拟议，师便打。

【概要】

齐耸禅师，唐代禅僧。参临济义玄禅师得法，为临济宗传人。一日有僧问：“如何是佛？”答曰：“老僧并不知。”僧曰：“和尚是大善知识，为什么不知？”答曰：“老僧不曾接下机。”

【参考文献】

《天圣广灯录》卷十二；《五灯严统》卷十一。

云山和尚

有僧从西京来，师问："还将得西京主人书来否?"曰："不敢妄通消息。"师曰："作家师僧，天然有在。"曰："残羹馊饭谁吃?"师曰："独有阇黎不甘吃。"其僧乃作吐势，师唤侍者曰："扶出这病僧著。"僧便出去。

师见僧来，便作起势，僧便出去。师曰："得恁么灵利。"僧便喝曰："作这个眼目，承嗣临济，也太屈哉!"师曰："且望阇黎善传。"僧回首，师喝曰："作这个眼目，错判诸方名言。"随后便打。

虎谿庵主

僧问："庵主在这里多少年也?"师曰："只见冬凋夏长，年代总不记得。"曰："大好不记得。"师曰："汝道我在这里得多少年也?"曰："冬凋夏长聻?"师曰："闹市里虎。"

僧到相看，师不顾。僧曰："知道庵主有此机锋!"师鸣指一下，僧曰："是何宗旨?"师便打。僧曰："知道今日落人便宜。"师曰："犹要棒吃在。"

有僧才入门，师便喝。僧默然，师便打，僧却喝。师曰："好个草贼。"

有僧到，近前曰："不审庵主。"师曰："阿谁?"僧便喝，师曰："得恁么无宾主?"曰："犹要第二喝在。"师便喝。

有僧问："和尚何处人?"师曰："陇西人。"曰："承闻陇西出鹦鹉，是否?"师曰："是"。曰："和尚莫不是否?"师便作鹦鹉声，僧曰："好个鹦鹉!"师便打。

覆盆庵主

问僧："甚处来?"僧曰："覆盆山下来。"师曰："还见庵主么?"僧便喝，师便打。僧曰："作甚么!"师住棒。僧拟议，师又打。

一日，有僧从山下哭上，师闭却门。僧于门上画一圆相，门外立地。师从庵后出，却从山下哭上。僧喝曰："犹作这个去就在。"师便换手搥胸曰："可惜先师一场埋没。"僧曰："苦！苦！"师曰："庵主被谩。"

桐峰庵主

僧问："和尚这里忽遇大虫，作么生？"师便作大虫吼，僧作怖势，师大笑。僧曰："这老贼。"师曰："争奈老僧何！"

有僧到庵前便去，师召："阇黎！"僧回首便喝。师良久，僧曰："死却这老汉。"师便打。僧无语，师呵呵大笑。

有僧入庵便把住师，师叫："杀人！杀人！"僧拓开曰："叫唤作甚么？"师曰："谁？"僧便喝，师便打。僧出外回首曰："且待！且待！"师大笑。

有老人入山参，师曰："住在甚处？"老人不语，师曰："善能对机。"老人地上拈一枝草示师，师便喝。老人礼拜，师便归庵。老人曰："与么疑杀一切人在！"

杉洋庵主

有僧到参，师问："阿谁？"曰："杉洋庵主。"师曰："是我。"僧便喝，师作嘘声。僧曰："犹要棒吃在。"师便打。

僧问："庵主得甚么道理，便住此山？"师曰："也欲通个来由，又恐遭人点检[1]。"僧曰："又争免得。"师便喝，僧曰："恰是。"师便打，僧大笑而出。师曰："今日大败。"

【注释】

［1］点检：评论，指摘。又指禅林中茶头行者巡查寺门中之火盗，或化主等交点检阅关牒书信乃至茶汤粥饭等。

定上座

定上座，初参临济，问："如何是佛法大意？"济下禅床擒住，师拟议，济与一掌，师伫思。傍僧曰："定上座何不礼拜？"师方作礼，忽然大悟。

后南游，路逢岩头、雪峰、钦山三人。岩头问："上座甚处来？"师曰："临济来。"岩曰："和尚万福！"师曰："和尚已顺世[1]也。"岩曰：

“某甲三人特去礼拜，薄福不遇，不知和尚在日有何言句，请上座举一两则。”师遂举：“临济上堂曰：‘赤肉团上，有一无位真人，常在汝等诸人面门出入，未证据者看看。’时有僧问：‘如何是无位真人？’济下禅床搊住曰：‘道！道！’僧拟议，济拓开曰：‘无位真人是甚么干屎橛？’”[2]岩头不觉吐舌。雪峰曰：“临济大似白拈贼[3]。”钦山曰：“何不道赤肉团上非无位真人？”师便擒住曰：“无位真人与非无位真人，相去多少？速道！速道！”钦山被擒，直得面黄面青，语之不得。岩头、雪峰曰：“这新戒[4]不识好恶，触忤上座，且望慈悲。”师曰：“若不是这两个老汉，㙇[5]杀这尿床鬼子[6]。”

师在镇府斋，回到桥上坐次，逢三人座主。一人问：“如何是禅河深处，须穷到底？”师擒住，拟抛向桥下。二座主近前谏曰：“莫怪触忤上座，且望慈悲。”师曰：“若不是这两个座主，直教他穷到底。”

【注释】

［1］顺世：佛教称僧徒逝世。

［2］师遂举：“临济上堂曰：‘赤肉团上，有一无位真人，常在汝等诸人面门出入，未证据者看看。’时有僧问：‘如何是无位真人？’济下禅床搊住曰：‘道！道！’僧拟议，济拓开曰：‘无位真人是甚么干屎橛？’”：这一大段是禅师复述临济上堂的谈话，旧校本标点混乱，均更正。

［3］白拈贼：禅林用语。略称白拈。白：空、无之义；拈：以指取物。即手不持刃物而以指尖盗拈，更不留盗之形迹，称为白拈贼，指贼手之最巧者。一说“白”为白昼之意，即在大白天众目睽睽之下机巧迅捷盗取物品，亦指贼手之巧。于禅林中，转指宗师家接引学人时之机巧迅捷。或说比喻禅师接人，以心印心，手段灵妙奇特，不留斧凿痕迹，是一种诙谐的说法。禅林常以“白拈贼”称临济义玄，含有临济施设高妙之义。

［4］新戒：指新近受戒之僧，亦指受沙弥戒为日尚浅之幼年僧。《敕修百丈清规》卷五“新戒参堂”条：“得度受沙弥戒已，覆住持于何日参堂，次禀首座维那。至期，早粥遍食椎后，新戒参头，领众入堂。”

［5］㙇（zhù）：同“筑”。捣土使坚实。

［6］尿床鬼子：禅林用语。为禅门骂人之词。本指尿床之饿鬼，或骂尿床之小僧；然于禅林中，多转用于叱骂年轻一辈之僧徒或小沙弥，犹如时下所称之小鬼、臭小子等语，而非谓真有尿床其事。如本书第六章“太原海湖”：“这尿床鬼！”

奯[1]上座

奯上座，离临济参德山。山才见，下禅床作抽坐具势。师曰：“这个且置，或遇心境一如底人来，向伊道个甚么？免被诸方检责[2]。”山曰：“犹较昔日三步在，别作个主人公来。”师便喝，山默然。师曰：“塞却这老汉咽喉也。”拂袖便出。

（沩山闻举云：“奯上座虽得便宜，争奈掩耳偷铃？”）

又参百丈，茶罢，（丈曰：“有事相借问，得么？”师曰：“幸自非言，何须谘䜩？”师曰：“更请一瓯茶。”丈曰：“与么则许借问。”[3]）丈曰：“收得安南[4]，又忧塞北。”师擘开胸曰：“与么不与么？”丈曰：“要且难构[5]，要且难构。”师曰：“知即得，知即得。”

（仰山云：“若有人知得此二人落处，不妨奇特。若辨不得，大似日中迷路。”）

【注释】

［1］奯（huò）：禅师名。

［2］检责：检查。

［3］丈曰：“有事相借问，得么？”师曰：“幸自非言，何须谘䜩？”师曰：“更请一瓯茶。”丈曰：“与么则许借问。”：这段文字，宝祐本用小字，大概是当时两位禅师吃茶谈禅前的说明。幸自：本自，原来。谘（zhá）䜩（zhì）：言语无条理，语无伦次。瓯（ōu）：作量词。续藏本又有不同，这段不是小字，并且内容有别：“丈曰：‘有事相借问，得么？’师曰：‘幸自非言，何须瓯茶？’丈曰：‘与么则许借问。’”

［4］安南：越南的古称。唐调露元年（679 年）改交州都督府为安南都护府，简称“安南府”或“安南”。“安南”之名始此。五代晋时独立，建国号为大瞿越，后又作大越。北宋开宝三年（970 年）封其王为安南郡王，八年又封为安南都护、交趾郡王。南宋淳熙元年（1174 年）改封安南国王，此后遂称其国为安南。明永乐五年（1407 年）成为明朝一省，于其地置交趾布政司，宣德二年（1427 年）独立，仍称安南。清嘉庆八年（1803 年）改国号为越南，但直到中华人民共和国成立前，我国民间仍沿称其地为安南。

［5］构：明了，领悟。

第三节　南岳下六世

兴化奖禅师法嗣

汝州南院慧颙[1]禅师（亦曰宝应）

上堂："赤肉团上，壁立千仞[2]。"僧问："赤肉团上，壁立千仞，岂不是和尚道[3]？"师曰："是。"僧便掀倒禅床，师曰："这瞎驴乱作。"僧拟议，师便打。

问僧："近离甚处？"曰："长水[4]。"师曰："东流西流？"曰："总不恁么。"师曰："作么生？"僧珍重，师便打。

僧参，师举拂子，僧曰："今日败缺[5]。"师放下拂子，僧曰："犹有这个在。"师便打。

问僧："近离甚处？"曰："襄州。"师曰："来作甚么？"曰："特来礼拜和尚。"师曰："恰遇宝应老不在。"僧便喝，师曰："向汝道不在，又喝作甚么？"僧又喝，师便打。僧礼拜，师曰："这棒本是汝打我，我且打汝。要此话大行，瞎汉[6]参堂去。"

思明和尚未住西院时，到参礼拜了，曰："无可人事[7]，从许州来，收得江西剃刀一柄，献和尚。"师曰："汝从许州来，为甚却收得江西剃刀？"明把师手掐一掐，师曰："侍者，收取。"明以衣袖拂一拂便行，师曰："阿剌剌[8]！阿剌剌！"

上堂："诸方只具啐啄[9]同时眼，不具啐啄同时用。"僧便问："如何是啐啄同时用？"师曰："作家不啐啄，啐啄同时失。"曰："此犹未是某甲问处。"师曰："汝问处作么生？"僧曰："失。"师便打。其僧不肯，后于云门会下，闻二僧举此话。一僧曰："当时南院捧折那！"其僧忽契悟，遂奔回省觐，师已圆寂。乃谒风穴，穴一见便问："上座莫是当时问

先师啐啄同时话底么？”僧曰：“是。”师曰：“汝当时作么生会？”曰：“某甲当时如在灯影里行相似。”穴曰：“汝会也。”

问：“古殿重兴时如何？”师曰：“明堂瓦插檐。”曰：“与么则庄严毕备也。”师曰：“斩草蛇头落。”

问：“如何是佛法大意？”师曰：“无量大病源。”曰：“请师医。”师曰：“世医拱手。”

问：“匹马单枪来时如何？”师曰：“且待我斫棒。”

问：“如何是无相涅槃？”师曰：“前三点[10]，后三点。”曰：“无相涅槃，请师证照。”师曰：“三点前，三点后。”

问：“凡圣同居时如何？”师曰：“两个猫儿一个狞。”

问：“如何是无缝塔？”师曰：“八花九裂。”曰：“如何是塔中人？”师曰：“头不梳，面不洗。”

问：“如何是佛？”师曰：“待有即向你道。”曰：“与么则和尚无佛也。”师曰：“正当好处。”曰：“如何是好处？”师曰：“今日是三十日。”

问园头：“瓠子[11]开花也未？”曰：“开花已久。”师曰：“还著子也无？”曰：“昨日遭霜了也。”师曰：“大众吃个甚么？”僧拟议，师便打。

问僧：“名甚么？”曰：“普参。”师曰：“忽遇屎橛作么生？”僧便不审，师便打。

问：“人逢碧眼[12]时如何？”师曰：“鬼争漆桶[13]。”

问：“龙跃江湖时如何？”师曰：“瞥嗔瞥喜。”曰：“倾湫倒岳[14]时如何？”师曰：“老鸦没嘴。”

问：“万里无云时如何？”师曰：“饿虎投崖。”

问：“二王相见时如何？”师曰：“十字路头吹尺八。”

问：“如何是薝卜[15]林？”师曰：“鬼厌箭。”

问：“如何是金刚不坏身？”师曰：“老僧在汝脚底。”僧便喝，师曰：“未在。”僧又喝，师便打。

问：“上上根器人来，师还接也无？”师曰：“接。”曰：“便请和尚接。”师曰：“且喜共你平交[16]。”

问：“祖意教意，是同是别？”师曰：“王尚书[17]，李仆射[18]。”曰：“意旨如何？”师曰：“牛头南，马头北。”

问："如何是祖师西来意？"师曰："五男二女。"

问："拟伸一问，师意如何？"师曰："是何公案？"僧曰："喏。"师曰："放汝三十棒。"

问："如何是宝应主？"师曰："杓大碗小。"

问僧："近离甚处？"曰："龙兴。"曰："发足莫过叶县也无？"僧便喝，师曰："好好问你，又恶发作么？"曰："唤作恶发即不得。"师却喝，曰："你既恶发，我也恶发。近前来，我也没量罪过，你也没量罪过。瞎汉参堂去！"

问僧："近离甚处？"曰："襄州。"师曰："是甚么物恁么来！"曰："和尚试道看。"师曰："适来礼拜底。"曰："错。"师曰："礼拜底错个甚么？"曰："再犯不容。"师曰："三十年弄马骑，今日被驴扑。瞎汉参堂去！"

问："从上诸圣，向甚么处去？"师曰："不上天堂，则入地狱。"曰："和尚又作么生？"师曰："还知宝应老汉落处么？"僧拟议，师打一拂，曰："你还知吃拂子底么？"曰："不会。"师曰："正令[19]却是你行。"又打一拂子。

【注释】

［1］慧颙（yóng）：禅师名，又名宝应。

［2］壁立千仞：又作"壁立万仞"。形容山崖石壁高峻陡峭。禅林常形容禅法高峻陡峭，世人难以仰攀。《禅宗大词典》："形容禅悟者明见自心、自我为主、绝无依倚、超脱尘俗的气概与境界。"

［3］岂不是和尚道：难道不是和尚说的？

［4］长水：又名荆谷水、荆溪。在今陕西蓝田县西北，西北流入长安县入浐水。北魏以来讹为浐水。《水经·渭水注》：长水"出杜县白鹿原，其水西北流谓之荆溪，又西北左合狗枷川水。……乱流注于霸"。宋敏求《长安志》卷十一："荆谷水，一名荆溪。来自蓝田县白鹿原，东流至康村，入万年县界，西流二十里出谷至平川，合库谷、采谷、石门水为荆谷水。……号浐水。下流二十五里合灞水。"《两京道里记》："荆溪本名长水，后秦姚兴避讳改焉。"

［5］败缺：漏洞，破绽。

［6］瞎汉：指不明宗旨之人。常用作呵斥语。

［7］无可人事：没有什么好礼物相送。人事，指人与人之间交往的礼节。

［8］阿剌剌：细语不休之意。又作阿喇喇。又恐怖或惊骇之意。如《金陵报宁语录》三："东西南北，土旷人稀，天上天下，唯我独尊，阿喇喇。"之类是也。又散见于《禅林类聚》第十七"刀剑门"等。（参见丁福保《佛学大辞典》"阿喇喇"条）

［9］啐（cuì）啄（zhuó）：比喻禅林师家与学人二者之机宜相应投合。学人请求禅师启发，譬之如啐；禅师启发学人，譬之如啄。据《禅林宝训音义》载，啐啄，如鸡抱卵，小鸡欲出，以嘴吮声，名为啐；母鸡欲小鸡出，以嘴啮壳，名为啄。故禅林师徒之间机缘相投，多以"啐啄"一词喻称之。若修行者、师家机锋相应投合，毫无间隙，称为"啐啄同时"；而与禅者机锋相应之机法，则称为"啐啄机"。

［10］三点：旧时以更计时，一夜五更，每更分三点。佛教指古印度字形，借此三点不纵不横的三角关系，以喻教义。一般指《涅槃经》所说的"三德"，即法身德、般若德和解脱德。天台宗亦因以指空、假、中。

［11］瓠（hù）子：瓠瓜的种子。

［12］碧眼：原指绿眼之异国僧人。于禅林，则专称初祖达磨大师。略称"碧眼""碧眼胡"。

［13］漆桶：骂人眼瞎了。漆桶：又作黑漆桶。众生痴暗愚昧，如处"无明暗室"或"无明长夜"，见不到智慧的阳光。"黑漆桶"就如"无明暗室"或"无明长夜"。禅宗用"漆桶底脱"表示智光透入，豁然大悟的境界。对愚暗不悟者的詈称"漆桶"，斥其心中、眼前一片漆黑。丁福保《佛学大辞典》："无分别之眼闇黑，喻以漆桶。骂无眼子之词也。犹言黑漆桶，漆桶不会等。"

［14］倾湫（qiū）倒岳：倾泻而来的大水推倒了山岳，形容龙呼风唤雨的力量。湫：或说古水名，或说水池、深潭。此处或解释为大水，或解释为藏在深潭的巨龙倾倒潭水推翻了山岳，都可形容巨龙的力量。

［15］薝（zhān）卜：梵语，通常作"瞻卜"。产于印度，其花甚香之树。音译又作瞻卜加、旃簸迦、占博迦、瞻博迦、瞻波迦、詹波、占波、占匐、占婆、瞻波、瞻婆。意译金色花树、黄花树。此树颇高大，树皮可分泌芳香之汁液，与花、叶等皆可制成药材或香料。又，以此花所制之香，名为瞻卜华香。参见《长阿含经》卷十八"阎浮提洲品"、《法华经》卷五"分别功德品"、《善见律毗婆沙》卷三、《慧琳音义》卷八、《玄应音义》卷三卷四。

［16］平交：平辈交往，平等之交。

［17］尚书：官名。中国封建时代的政府高官名称，相当于现在各国家部委的

部长。

［18］仆射：官名。唐代仆射加“同中书门下平章事”或“参加机务”者为宰相，不加者不为宰相。宋沿唐制，宋以后废。

［19］正令：在禅门中，则特指教外别传之旨。棒喝之外不立一法，谓之正令。丛林中每以“正令当行”谓佛祖之道通行于世。如《碧岩录》第六十三则以“正令当行，十方坐断”一语，喻指棒喝之外，不立一法，乃为教外别传之宗旨。

【概要】

慧颙禅师（860～930年），唐末五代临济宗僧。河北人。参兴化存奖禅师得法，为临济宗传人。住汝州（今河南临汝）宝应禅院南院。因以“南院”为法号，世亦称“宝应禅师”。后传法于风穴延沼。据《宗统编年》卷十八载，师示寂于后唐明宗长兴元年。《释氏通鉴》卷十二则载，师示寂于后周太祖广顺二年（952年）。其余事迹不详。

【参考文献】

《景德传灯录》卷十二；《释氏稽古略》卷三；《联灯会要》卷十一；《增订佛祖道影》卷二（虚云编）。

守廓侍者

守廓侍者，问德山曰：“从上诸圣，向甚么处去？”山曰：“作么，作么？”师曰：“敕点飞龙马，跛鳖出头来。”山便休去。来日浴出，师过茶与山，山于背上拊一下曰：“昨日公案作么生？”师曰：“这老汉今日方始瞥地[1]。”山又休去。

师行脚到襄州华严和尚会下。一日，严上堂，曰：“大众，今日若是临济、德山、高亭、大愚、鸟窠、船子儿孙，不用如何若何，便请单刀直入，华严与汝证据。”师出，礼拜起，便喝，严亦喝。师又喝，严亦喝。师礼拜起，曰：“大众，看这老汉一场败缺。”又喝一喝，拍手归众。严下座归方丈。

时风穴作维那，上去问讯。严曰：“维那，汝来也，叵耐[2]守廓适来把老僧扭捏一上，待集众打一顿趁出。”穴曰：“趁他迟了也！自是和尚言过，他是临济下儿孙，本分恁么。”严方息怒。穴下来举似师，师曰：

“你著甚来由劝这汉？我未问前，早要棒吃，得我话行。如今不打，搭却我这话也。”穴曰：“虽然如是，已遍天下也。”

【注释】

[1] 瞥地：《禅宗大词典》解释为“领悟，彻悟”。本书第十五章“雪峰钦山主”：“上堂：‘昨日一，今日二，不用思量，快须瞥地。不瞥地，蹉过平生没巴鼻。咄！’”《佛光大辞典》：“禅林用语。速急之意。犹言一瞥、瞥然。瞥：倏忽、疾视、暂见之意；地：为助词。《大慧普觉禅师语录》卷二十五：‘古人公案，旧所茫然，时复瞥地，此非自昧者。’”此处应以《禅宗大词典》解释为准。

[2] 叵（pǒ）耐：亦作“叵奈”。不可容忍，可恨。《敦煌曲子词·鹊踏枝》：“叵耐灵鹊多漫语，送喜何曾有凭据。”叵：不，不可。

宝寿沼禅师法嗣

汝州西院思明禅师

僧问：“如何是伽蓝？”师曰：“荆棘丛林。”曰：“如何是伽蓝中人？”师曰：“獾儿[1]貉子[2]。”

问：“如何是不变易底物？”师曰：“打帛石。”

问：“如何是临济一喝？”师曰：“千钧之弩，不为鼷鼠[3]而发机。”曰：“和尚慈悲何在？”师便打。

从漪上座到法席，旬日[4]，常自曰：“莫道会佛法人，觅个举话底人也无。”[5]师闻而默之。漪异日上法堂次，师召：“从漪。”漪举首[6]。师曰：“错。”漪进三、两步，师又曰：“错。”漪近前，师曰：“适来两错，是上座错，是思明老汉错？”曰：“是从漪错。”师曰：“错！错！”乃曰：“上座且在这里过夏，共汝商量这两错。”漪不肯，便去。后住相州天平山，每举前话曰：“我行脚时被恶风吹到汝州，有西院长老勘我，连下两错，更留我过夏，待共我商量。我不道恁么时错，我发足向南方去时，早知错了也。”

（首山念[8]云：“据天平作恁么解会，未梦见西院在，何故？话在[8]。”）

【注释】

［1］貛（huān）儿：貛：亦作“貆”。同“獾”。有猪獾、狗獾等种类。

［2］貉（hé）子：野兽名。外形似狐，毛棕灰色。穴居于河谷、山边和田野间，昼伏夜出，食鱼、鼠、蛙、虾、蟹和野果等。是一种毛皮兽。北方通称貉子。

［3］鼷（xī）鼠：鼠类最小的一种。古人以为有毒，啮人畜至死不觉痛，故又称甘口鼠。《春秋·成公七年》：“七年春，王正月，鼷鼠食郊牛角，改卜牛。鼷鼠又食其角，乃免牛。”

［4］旬日：十天。亦指较短的时日。

［5］从漪上座到法席，旬日，常自曰：“莫道会佛法人，觅个举话底人也无。”：旧校本“法席”作“法度”，“旬日”作“句日”，错了两字。参见冯国栋博士《〈五灯会元〉校点疏失类举》。

［6］师召：“从漪。”漪举首：凡是出现“师召”，后面有称呼语，旧校本标点均失误。

［7］首山念：即“首山省念禅师”，见本章。旧校本标点有误，“念”是人名，下应划线。

［8］何故？话在：旧校本标点有误，这是两句话。话在：有可话说事在也。《碧岩》五十四则曰：“云门问僧：‘近离甚处？’僧云：‘西禅。’门云：‘西禅近日有何言句？’僧展两手。门打一掌。僧云：‘某甲话在。’门却展两手。僧无语。”（摘自丁福保《佛学大辞典》）

【概要】

思明禅师，五代禅僧。参宝寿沼禅师得法，为临济宗传人。住汝州（今河南临汝）西院。一日僧问：“如何是临济一喝？”答曰：“千钧之弩，不为鼷鼠而发机。”

【参考文献】

《景德传灯录》卷十二。

宝寿和尚

宝寿和尚（第二世），在先宝寿[1]为供养主，寿问：“父母未生前，还我本来面目来！”师立至夜深，下语不契。翌日辞去，寿曰：“汝何往？”师曰：“昨日蒙和尚设问，某甲不契，往南方参知识去。”寿曰：

“南方禁夏不禁冬，我此间禁冬不禁夏。汝且作街坊过夏。若是佛法，阛阓[2]之中，浩浩红尘，常说正法。”师不敢违。

一日，街头见两人交争，挥一拳曰：“你得恁么无面目？”师当下大悟，走见宝寿。未及出语，寿便曰：“汝会也，不用说。”师便礼拜。寿临迁化时，嘱三圣请师开堂。

师开堂日，三圣推出一僧，师便打。圣曰：“与么为人，非但瞎却这僧眼，瞎却镇州一城人眼去在。”（法眼云：“甚么处是瞎却人眼处？”）师掷下拄杖，便归方丈。

僧问：“不占阃域[3]，请师不谤。”师曰：“莫。”

问：“‘种种庄严，殷勤奉献’时如何？”师曰：“莫汙[4]我心田。”

师将顺寂，谓门人曰：“汝还知吾行履处否？”曰：“知和尚长坐不卧。”师又召僧近前来，僧近前，师曰：“去，非吾眷属。”言讫而化。

【注释】

[1] 在先宝寿：指宝寿第一世。

[2] 阛（huán）阓（huì）：街市，街道。

[3] 阃（kǔn）域：境地，境界。《敦煌变文集·八相变》：“出生死之尘劳，践菩提之阃域。”

[4] 汙（wū）：弄脏，污染。

三圣然禅师法嗣

镇州大悲和尚

僧问：“除上去下，请师别道？”师曰：“开口即错。”曰：“真是学人师也。”师曰：“今日向弟子手里死。”

问：“如何是和尚密作用？”师拈棒，僧转身受棒。师抛下棒曰：“不打这死汉。”

问：“如何是谛实之言？”师曰：“舌拄上腭[1]。”曰：“为甚么如此？”师便打。

问：“如何是大悲境？”师曰：“千眼都来一只收。”曰：“如何是境中人？”师曰：“手忙脚乱。”

问：“不著圣凡，请师答话。”师曰：“好。”僧拟议，师便喝。

【注释】

［1］舌拄上腭：古养生学与道家气功均提及舌拄上腭，调心调息而达到打通任督二脉的目的。但禅林经常使用“舌拄上腭”不会是这个意思。禅宗破除一切，就是要在文字语言外明心见性。所以这个“舌拄上腭”与“合取两片皮”“合取口”“合取狗口”等语言意义相同，就是闭上你的嘴巴，不要说话。试想，我们“舌拄上腭”，怎么还可能说话呢？

淄州水陆和尚

僧问：“如何是学人用心处？”师曰：“用心即错。”曰：“不起一念时如何？”师曰：“没用处汉。”

问：“此事如何保任？”师曰：“切忌。”

问：“如何是最初一句？”师便喝，僧礼拜。师以拂子点曰：“且放。”

问：“狭路相逢时如何？”师便拦胸拓一拓。

魏府大觉和尚法嗣

庐州大觉和尚

僧问：“牛头未见四祖时，为甚么鸟兽衔华？”师曰：“有恁么畜生无所知。”曰：“见后为甚么不衔华？”师曰：“无恁么畜生有所知。”

澄心旻德禅师

庐州澄心院旻德禅师，在兴化遇示众曰：“若是作家战将，便请单刀直入，更莫如何若何？”师出礼拜，起便喝，化亦喝。师又喝，化亦喝。师礼拜归众。化曰：“适来若是别人，三十棒一棒也较[1]不得。何故？为他旻德会‘一喝不作一喝用’[2]。”

住后，僧问：“如何是澄心？”师曰：“我不作这活计。”曰：“未审作么生？”师便喝。僧曰：“大好不作这活计。”师便打。

问："如何是道？"师曰："老僧久住澄心院。"曰："如何是道中人？"师曰："破衲长披经岁年。"

问："露地不通风时如何？"师曰："漆。"

问："既是澄心，为甚么出来入去？"师曰："鼻孔上著灸。"僧礼拜，师便打。

【注释】

［1］较：差，少。

［2］为他旻德会"一喝不作一喝"用：因为他旻德领会"一喝不作一喝用"的道理。旧校本标点有误，这句话中间不能有逗号。"一喝不作一喝用"见本章"临济义玄禅师"说："有时一喝不作一喝用。"

【概要】

旻德禅师，五代禅僧。曾到魏府（今河北大名）参大觉和尚得法，为临济宗传人。住庐州（今安徽合肥）澄心院。一日僧问："如何是道？"答曰："老僧久住澄心院。"又问："如何是道中人？"答曰："破衲长披经岁年。"

【参考文献】

《景德传灯录》卷十二。

荆南府竹园山和尚

僧问："久向和尚会禅，是否？"师曰："是。"僧曰："苍天[1]！苍天！"师近前，以手掩僧口，曰："低声！低声！"僧打一掌，便拓开。师曰："山僧招得[2]。"僧拂袖出去，师笑曰："早知如是，悔不如是。"

问："既是竹园，还生笋也无？"师曰："千株万株。"曰："恁么则学人有分也。"师曰："汝作么生？"僧拟议，师便打。

【注释】

［1］苍天：感叹语，或为哭喊语。常见重复使用。多用于感叹、讥刺对方不契禅机，亦用以示机、接机。

［2］山僧招得：山僧招惹的。

宋州法华院和尚

僧问："如何是佛?"师曰："独坐五峰前。"

问："如何是初生月?"师曰："不高不低。"曰："还许学人瞻敬也无?"师曰："三日后看。"

问："如何是法华家风?"师曰："寒时寒杀，热时热杀。"曰："如何是寒时寒杀?"师曰："三三两两抱头行。"曰："如何是热时热杀。"师曰："东西南北见者嗤。"

问："学人手持白刃，直进化门时如何?"师曰："你试用看。"僧便喝。师擒住，僧随手打一掌[1]。师拓开曰："老僧今日失利。"僧作舞而出，师曰："贼首头犯。"

【注释】

［1］师擒住，僧随手打一掌：旧校本标点有误，"僧"不能在上句。

灌谿闲禅师法嗣

池州鲁祖山教禅师

僧问："如何是祖师西来意?"师曰："今日不答话。"曰："大好不答话。"师便打。

问："如何是双林树[1]?"师曰："有相身中无相身。"曰："如何是有相身中无相身?"师曰："金香炉下铁昆仑。"

问："如何是孤峰独宿底人?"师曰："半夜日头明，日午打三更。"

问："如何是格外事?"师曰："化道缘终后，虚空更那边。"

问："进向无门时如何?"师曰："太钝生[2]!"曰："不是钝生，直下进向无门时如何?"师曰："灵机未曾论边际，执法无门在暗中。"

问："如何是学人著力处?"师曰："春来草自青，月上已天明。"曰："如何是不著力处?"师曰："崩山石头落，平川烧火行。"

【注释】

［1］双林树：佛陀涅槃的地方。

［2］太钝生：太愚钝了。生：助词。

纸衣和尚法嗣

镇州谈空和尚

僧问："如何是佛？"师曰："麻缠纸裹。"问："百了千当时如何？"师和声便打。

问："格外之谭，请师举唱。"师曰："隘路不通风。"曰："莫只这便是也无？"师乃"嘘嘘"。

际上座

际上座，行脚到洛京南禅。时有朱行军[1]设斋，入僧堂顾视曰："直下是。"遂行香，口不住道，至师面前，师便问："直下是个甚么？"行军便喝。师曰："行军幸是会佛法底人，又恶发作甚么？"行军曰："唤作恶发即不得。"师便喝。行军曰："钩在不疑之地。"师又喝，行军便休。

斋退，令客司[2]："请适来下喝僧来。"师至，便共行军言论，并不顾诸人。僧录[3]曰："行军适来，争容得这僧无礼？"行军曰："若是你诸人喝，下官有剑。"僧录曰："某等固是不会，须是他晖长老始得。"行军曰："若是南禅长老，也未梦见在。"

僧问："如何是佛法的的大意？"师曰："龙腾沧海，鱼跃深潭。"曰："毕竟如何？"师曰："夜闻祭鬼鼓，朝听上滩歌。"

问："如何是上座家风？"师曰："三脚虾蟆[4]背大象。"

【注释】

［1］行军：职官名。疑为行军司马，始建于三国魏元帝咸熙元年，职务相当于军咨祭酒。至唐代在出征将帅及节度使下皆置此职，实具今参谋长的性质。唐代后期军事繁兴，多以掌军事实权者充任。

［2］客司：吏员名。宋代置于诸州，掌招待宾客。

［3］僧录：僧官名。掌理登录僧尼名籍与僧官补任等事宜之僧职。推行此类职务之官署则称僧录司。又有以僧录、僧录司通用，并指掌管僧尼事务之职称。

［4］三脚虾蟆：歇后语。三脚虾蟆——没处寻。传说只有月亮上有三脚虾蟆，故以“三脚虾蟆”比喻没处可寻。参见清代翟灏《通俗编·禽鱼·三脚虾蟆》：“《五灯会元》：杨大年与石霜园参征，杨曰：‘三脚虾蟆跳上天。’园曰：‘一任跳。’按，俗言虾蟆唯月中者三脚，因有三脚虾蟆没处寻之谚。”本书“三脚虾蟆背大象”可作无义句看，“三脚虾蟆”本来就不存在，更别说“背大象”了。

第四节　南岳下七世

南院颙禅师法嗣

风穴延沼禅师

汝州风穴延沼禅师，余杭刘氏子。幼不茹荤，习儒典，应进士。一举不遂，乃出家，依本州开元寺智恭披削受具，习天台止观。

年二十五，谒镜清[1]。清问：“近离甚处？”师曰：“自离东来。”清曰：“还过小江也无？”师曰：“大舸独飘空，小江无可济。”清曰：“镜水秦山，鸟飞不度，子莫道听途言？”师曰：“沧溟尚怯艨艟势，列汉飞帆渡五湖。”清竖拂子曰：“争奈这个何！”师曰：“这个是甚么？”清曰：“果然不识。”师曰：“出没卷舒，与师同用。”清曰：“杓卜听虚声，熟睡饶谵[2]语。”师曰：“泽广藏山，理能伏豹。”清曰：“舍罪放愆，速须出去。”师曰：“出去即失。”便出，到法堂，乃曰：“夫行脚人，因缘未尽其善，不可便休去。”却回曰：“某甲适来，辄陈小骙[3]，冒渎尊颜，伏蒙慈悲，未赐罪责。”清曰：“适来言从东来，岂不是翠岩来？”师曰：“雪窦亲栖宝盖东。”清曰：“不逐忘羊狂解息，却来这里念篇章。”师曰：“路逢剑客须呈剑，不是诗人莫献诗。”清曰：“诗速秘却，略借剑看。”师曰：

“県[4]首甑人携剑去。”清曰：“不独触风化，亦自显颟顸[5]。”师曰：“若不触风化，争明古佛心？”清曰：“如何是古佛心？”师曰：“再许允容，师今何有？”清曰：“东来衲子，菽麦不分[6]。只闻不已而已，何得仰已而已？”师曰：“巨浪涌千寻，澄波不离水。”清曰：“一句截流，万机寝削[7]。”师便礼拜，清曰：“衲子俊哉！衲子俊哉！”

师到华严，严问：“我有牧牛歌，辄请阇黎和。”师曰：“羯鼓掉鞭牛豹跳，远村梅树嘴卢都[8]。”

师参南院，入门不礼拜。院曰：“入门须辨主。”师曰：“端的[9]请师分。”院于左膝拍一拍，师便喝。院于右膝拍一拍，师又喝。院曰：“左边一拍且置，右边一拍作么生？”师曰：“瞎！”院便拈棒[10]，师曰：“莫盲枷瞎棒，夺打和尚，莫言不道。”院掷下棒曰：“今日被黄面浙子[11]钝置一场。”师曰：“和尚大似持钵不得，诈道不饥。”院曰：“阇黎曾到此间么？”师曰：“是何言欤？”院曰：“老僧好好相借问。”师曰：“也不得放过。”便下，参众了，却上堂头礼谢。院曰：“阇黎曾见甚么人来？”师曰：“在襄州华严与廓侍者同夏。”院曰：“亲见作家来。”

院问：“南方一棒作么商量？”师曰：“作奇特商量。”师却问：“和尚此间一棒作么商量？”院拈拄杖曰：“棒下无生忍，临机不见师。”师于言下大彻玄旨，遂依止六年，四众请主风穴。又八年，李史君与阖城士庶再请开堂演法矣。

上堂：“夫参学眼目，临机直须大用现前[12]，勿自拘于小节。设使言前荐得，犹是滞壳迷封[13]。纵然句下精通，未免触途狂见[14]。应是从前依他作解，明昧两岐[15]，与你一时扫却，直教个个如师子儿，吒呀[16]地哮吼一声，壁立千仞，谁敢正眼觑着？觑着即瞎却渠眼。”时有僧问：“如何是正法眼？”师曰：“即便戳[17]瞎。”曰：“戳瞎后如何？”师曰：“捞天摸地。”

师后因本郡兵寇作孽，与众避地于郢州。谒前请主李使君，留于衙内度夏。普设大会，请师上堂。才升座，乃曰：“祖师心印，状似铁牛[18]之机。去即印住，住即印破。只如不去不住，印即是，不印即是？还有人道得么？”时有卢陂长老出，问：“学人有铁牛之机，请师不搭印。”师曰：“惯钓鲸鲵澄巨浸[19]，却嗟蛙步骤泥沙[20]。”陂伫思[21]，师喝曰：“长老何不进语？”陂拟议，师便打一拂子，曰：“还记得话头么？试举看。”陂拟开口，师又打一拂子。牧主[22]曰：“信知佛法与王法一般。”师曰：“见甚么道理？”牧主曰：“当断不断，反招其乱。”师便下座。

至九月，汝州大师宋侯舍宅为寺，复来郢州，请师归新寺住持。至周广顺元年，赐额“广慧”。师住二十二年，常余百众。

上堂，僧问：“如何是佛？”师曰：“如何不是佛？”曰：“未晓玄言，请师直指。”师曰：“家住海门[23]洲，扶桑[24]最先照。”

问：“朗月当空时如何？”师曰：“不从天上辊[25]，任向地中埋。”

问：“古曲无音韵，如何和得齐？”师曰：“木鸡啼子夜，刍狗吠天明[26]。”

上堂，举：“寒山诗曰：‘梵志死去来，魂识见阎老。读尽百王书，未免受捶拷[27]。一称南无佛，皆以成佛道。’”僧问：“如何是一称南无佛？”师曰：“灯连凤翅当堂照，月映娥眉颠[28]面看。”

问：“如何是佛？”师曰：“嘶风木马缘无绊，背角[29]泥牛痛下鞭。”

问：“如何是广慧剑[30]？”师曰：“不斩死汉。”

问：“古镜未磨时如何？”师曰：“天魔胆裂。”曰：“磨后如何？”师曰：“轩辕[31]无道。”

问：“矛盾本成双翳病，帝网明珠[32]事若何？”师曰：“为山登九仞，捻土定千钧。”

问：“干木[33]奉文侯，知心有几人？”师曰：“少年曾决龙蛇[34]阵，老倒[35]还听稚子歌。”

问：“如何是清凉山中主？”师曰：“一句不遑无著问[36]，迄今犹作野盘僧[37]。”

问：“如何是和尚家风？”师曰：“鹤有九皋[38]难翥翼[39]，马无千里谩追风。”

问：“未有之言，请师试道。”师曰：“入市能长啸，归家著短衣。”

问：“夏终今日，师意如何？”师曰：“不怜鹅护雪[40]，且喜蜡人冰[41]。”

问：“归乡无路时如何？”师曰：“平窥红烂处，畅杀[42]子平生[43]。”

问：“满目荒郊翠，瑞草却滋荣时如何？”师曰：“新出红炉金弹子，

篮[44]破阇黎铁面皮。”

问：“如何是互换之机？”师曰：“和盲[illegible]瞎[45]。”

问：“真性不随缘，如何得证悟？”师曰：“猪肉案上滴乳香。”

问：“如何是清净法身？”师曰：“金沙滩头马郎妇[46]。”

问：“一色难分，请师显示。”师曰：“满炉添炭犹嫌冷，路上行人只守寒。”

问：“如何是学人立身处？”师曰：“井底泥牛吼，林间玉兔惊[47]。”

问：“如何是道？”师曰：“五凤楼前。”曰：“如何是道中人？”师曰：“问取皇城使。”

问：“不伤物义，请师便道。”师曰：“劈腹开心，犹未性燥。”

问：“未定浑浊，如何得照？”师曰：“下坡不走，快便难逢[48]。”

问：“如何是衲僧行履处？”师曰：“头上吃棒，口里喃喃。”

问：“灵山话月，曹溪指月。去此二途，请师直指。”师曰：“无言不当哑。”曰：“请师定当。”师曰：“先度汨罗江[49]。”

问：“任性浮沉时如何？”师曰：“牵牛不入栏。”

问：“凝然便会时如何？”师曰：“截耳卧街。”

问：“狼烟永息时如何？”师曰：“两脚捎空[50]。”

问：“祖令[51]当行时如何？”师曰：“点[52]。”

问：“‘不施寸刃，便登九五[53]’时如何？”师曰：“鞭尸屈项。”

上堂，举：“古云：‘我有一只箭，曾经久磨炼。射时遍十方，落处无人见。’”师曰：“山僧即不然。我有一只箭，未尝经磨炼。射不遍十方，要且无人见。”僧便问：“如何是和尚箭？”师作弯弓势，僧礼拜。师曰：“拖出这死汉。”

问：“牛头未见四祖时如何？”师曰：“披席把盌[54]。”曰：“见后如何？”师曰：“披席把盌。”

问：“未达其源时如何？”师曰：“鹤冷移巢易，龙寒出洞难。”

问：“不露锋芒句，如何辨主宾？”师曰：“口衔羊角骠胶粘。”

问：“将身御险时如何？”师曰：“布露长书写罪原。”

问：“学人解问诸讹[55]句，请师举起讶人[56]机。”师曰：“心里分明眼睛黑。”

问："生死到来时如何？"师曰："青布裁衫招犬吠。"曰："如何得不吠去？"师曰："自宜躲避寂无声。"

问："如何是真道人？"师曰："竹竿头上礼西方。"

问："鱼隐深潭时如何？"师曰："汤荡火烧。"

问："如何是诸佛行履处？"师曰："青松绿竹下。"

问："如何是大善知识？"师曰："杀人不眨眼。"曰："既是大善知识，为甚么杀人不眨眼？"师曰："尘埃影里不拂袖，尽戟门前磨寸金。"

问："'一即六[57]，六即一，一六俱亡'时如何？"师曰："一箭落双雕。"曰："意旨如何[58]？"师曰："身亡迹谢。"

问："摘叶寻枝即不问，直截根源事若何？"师曰："赴供凌晨去，开塘带雨归。"

问："问问尽是捏怪，请师直指根源。"师曰："罕逢穿耳客[59]，多遇刻舟人。"问："正当恁么时如何？"师曰："盲龟值木[60]虽优稳[61]，枯木生华物外春。"

问："'宝塔元无缝，金门即日开'时如何？"师曰："智积[62]佐来空合掌，天王捧出不知音。"曰："如何是塔中人？"师曰："萎花风扫去，香水雨飘来。"

问："'随缘不变者，忽遇知音'时如何？"师曰："披莎[63]侧立千峰外，引水浇蔬五老[64]前。"

问："刻舟求不得，常用事如何？"师曰："大勋不立赏，柴扉草自深。"

问："从上古人，印印相契，如何是相契底眼？"师曰："轻器[65]道者知机变，拈却[66]招魂拭泪巾。"

问："九夏[67]赏劳，请师言荐。"师曰："出袖拂开龙洞雨，泛杯[68]波涌钵囊华。"

问："最初自恣，合对何人？"师曰："一把香刍[69]拈未暇，六环金锡[70]响遥空。"

问："西祖传来，请师端的[71]。"师曰："一犬吠虚，千猱啀[72]实。"

问："王道与佛道，相去几何？"师曰："刍狗吠时天地合，木鸡啼后祖灯辉[73]。"

问：“祖师心印，请师拂拭。”师曰：“祖月凌空圆圣智，何山松桧[74]不青青？”

上堂：“若立一尘，家国兴盛，野老颦蹙[75]。不立一尘，家国丧亡，野老安怗[76]。于此明得，阇黎无分，全是老僧[77]；于此不明，老僧却是阇黎。阇黎与老僧，亦能悟却天下人，亦能瞎却天下人。”“欲识阇黎么？”右边一拍曰：“这里是！”“欲识老僧么？”左边一拍曰：“这里是！”

僧问：“大众云集，请师说法。”师曰：“赤脚人趁兔，著靴人吃肉[78]。”

问：“不曾博览空王教，略借玄机试道看。”师曰：“白玉无瑕，卞和刖足[79]。”

问：“如何是无为之句？”师曰：“宝烛当轩显，红光烁太虚。”

问：“如何是临机一句？”师曰：“因风吹火，用力不多。”

问：“素面相呈[80]时如何？”师曰：“拈却盖面帛。”

问：“紫菊半开秋已老，月圆当户意如何？”师曰：“月生蓬岛[81]人皆见，昨夜遭霜子不知。”

问：“如何是直截一路？”师曰：“直截是迂曲。”

问：“如何是师子吼？”师曰：“阿谁要汝野干[82]鸣？”

问：“如何是谛实之言？”师曰：“口悬壁上[83]。”

上堂：“若是上上之流，各有证据，略赴个程限[84]。中下之机，各须英俊，当处出生，随处灭尽。如爆龟纹，爆即成兆，不爆成钝。欲爆不爆，直下便捏。”

问：“‘心不能缘，口不能言’时如何？”师曰：“逢人但恁么举。”

问：“龙透清潭时如何？”师曰：“印骏捺尾。”

问：“任性浮沉时如何？”师曰：“牵牛不入栏。”

问：“有无俱无去处时如何？”师曰：“三月懒游花下路，一家愁闭雨中门。”

问：“语默涉离微[85]，如何通不犯？”师曰：“常忆江南三月里，鹧鸪啼处百花香。”

问：“百了千当时如何？”师曰：“不许夜行，投明[86]须到。”

上堂：“三千剑客，耻见庄周[87]。赤眉横肩，得无讹谬。他时变豹，后五日看。珍重!”

问：“心印未明时如何?”师曰：“虽闻酋帅[88]投归[89]欸[90]，未见牵羊纳璧来。”

问：“如何是临济下事?”师曰：“桀犬吠尧[91]。”

问：“如何是啮镞[92]事?”师曰：“孟浪[93]借辞论马角。”

上堂，大众集定，师曰：“不是无言，各须英鉴。”问：“大众云集，师意如何?”师曰：“景谢初寒，骨肉疏冷。”

问：“不修禅定，为甚么成佛无疑?”师曰：“金鸡专报晓，漆桶夜生光。”

问：“一念万年时如何?”师曰：“拂石仙衣破。”

问：“洪钟未击时如何?”师曰：“充塞大千无不韵，妙含幽致[94]岂能分!”曰：“击后如何?”师曰：“石壁山河无障碍，翳消开后好咨闻。”

问：“古今才分，请师密要。”师曰：“截却重舌[95]。”

问：“如何是大人相?”师曰：“赫赤[96]穷汉。”曰：“未审将何受用?”师曰：“携箩挈杖。”

问：“如何是宾中主?”师曰：“入市双瞳瞽。”曰：“如何是主中宾?”师曰：“回銮两曜新。”曰：“如何是宾中宾?”师曰：“攒眉[97]坐白云。”曰：“如何是主中主?”师曰：“磨砻[98]三尺剑，待斩不平人。”

问：“如何是镢头边意?”师曰：“山前一片青。”

问：“如何是佛?”师曰：“杖林[99]山下打筋鞭。”

【注释】

[1] 镜清：即“镜清道怤禅师”，见本书第七章。

[2] 谄（chǎn）：同“谄”。

[3] 辄陈小騃（ái）：见面时的客套话。騃：愚，呆。

[4] 県（xuán）：县：同“悬”。

[5] 颟（mān）顸（hān）：糊涂而马虎。

[6] 菽麦不分：即不辨菽麦，原意指愚昧无知，分不清豆子和麦子。现常用来形容脱离劳动，缺乏实际生产知识。《左传·成公十八年》：“周子有兄而无慧，不能辨菽麦，故不可立。”

[7] 一句截流，万机寝削：禅林用语。谓仅用一言一句，即可截断一切分别妄

想心之作用，终息千算万计，当下即呈现本体之真相。截流：乃截断众流之略称，即截断分别妄想心之意。寝削：乃停止、削除之意。

［8］卢都：嘴唇鼓翘貌。表示不满。

［9］端的：此处指真的、确实。该词有三个含义。①确实，真实。本书第十八章“大沩祖瑃”条：“上堂：‘道无定乱，法离见知。言句相投，都无定义。自古龙门无宿客，至今鸟道绝行踪。欲会个中端的意，火里蝍蟟吞大虫（老虎）。咄！’”②指明，说清。本书第十一章“风穴延沼禅师”条：“问：‘西祖传来，请师端的。’”本书第十五章“舜峰义韶禅师”条：“僧问：‘正法无言时如何？’师曰：‘言。’曰：‘学人不会，乞师端的。’”③领会，明白。《汾阳语录》卷下“德学歌”：“物外高谈会者希（稀），世智辩聪未奇特。道中人，数相觅，瞬目扬眉便端的。”

［10］师曰：“瞎！”院便拈棒：旧校本标点有误，“瞎”是禅师说的话，而“院便拈棒”则是叙述语言，不是禅师说的话。

［11］浙子：唐五代中原人对浙江一带人的蔑称。

［12］夫参学眼目，临机直须大用现前：旧校本标点有误，“临机”不能在“眼目”之后。

［13］滞壳迷封：意谓痴迷愚钝，不开窍。亦指被情识学解所缠，难以省悟。（参见《禅宗大词典》）

［14］触途狂见：处处产生狂乱的见解。

［15］明昧两岐：明暗两条歧路。

［16］吒（zhà）呀：张口的样子。

［17］戳（chuō）：刺。宝祐本作“歡”。其他版本既有“歡”，也有“戳”。

［18］铁牛：丁福保《佛学大辞典》：“以譬不可动，又譬无容嘴之处。《碧岩》三十八则曰：‘祖师心印，状似铁牛之机。’同著语曰：‘千人万人撼不动。’《五灯会元》“药山章”曰：‘某甲在石头，如蚊子上铁牛。’”《佛光大辞典》：“河南陕府城外有大铁牛，传说是禹王为防黄河泛滥所铸，为黄河之守护神。禅宗‘铁牛之机’一语，即谓其‘体’不动、‘用’无应迹而自在之大机用；又用来形容无相之佛心印。”

［19］巨浸：指洪水、大河或大海。

［20］却嗟蛙步騕泥沙：《景德传灯录》校勘记：“《卿公事苑》云：‘蛙当作洼，谓马出于渥洼水也。风穴所谓騕者，以良马出清水，而反騕卧于泥沙之中，是其意也。今录谓蛙者虾蟆也，岂能为马步而騕卧邪？”騕（zhàn）：马躺在地上打滚。

［21］伫思：沉思，凝思。

［22］牧主：指州牧，州牧是官名，古代指一州之长。旧校本标点有误，“牧主”

下不能有专有名词线。

［23］海门：海口，江河入海处。

［24］扶桑：古代神话传说中的地名。《梁书·诸夷传·扶桑国》："扶桑在大汉国东二万余里，地在中国之东，其土多扶桑木，故以为名。"传说日出于扶桑之下，拂其树杪而升，因谓为日出处。亦代指太阳。《楚辞·九歌·东君》："暾将出兮东方，照吾槛兮扶桑。"王逸注："日出，下浴于汤谷，上拂其扶桑，爰始而登，照曜四方。"

［25］辊（gǔn）：转动，滚动。

［26］木鸡啼子夜，刍狗吠天明：参见本书无义句的注释。刍狗：古代祭祀时用草扎成的狗。《老子》："天地不仁，以万物为刍狗；圣人不仁，以百姓为刍狗。"

［27］捶拷：古代刑讯时用刑杖拷打被告以获取口供谓之"捶拷"。《中华实用法学大辞典》："'拷鞫'的一种。用刑杖拷打被告人的刑讯方法。《说文解字》：'捶，以杖击也。'秦律中有'笞掠''榜掠'，即捶拷。汉景帝以前对捶拷没有明确的法律限制，往往将被告人捶拷致死。汉景帝定'箠令'，开始对刑杖的长宽厚有明确规定。魏晋以后，捶拷逐步制度化。"续藏本作"捶栲"，旧校本底本来自续藏本，无法理解"捶栲"，其注释"栲"为"栲树"，那么"捶栲"这个词则费解。

［28］頼（pǐ）：顷首。头倾斜貌。

［29］背角：项楚《五灯会元点校献疑续补一百例》对比《天圣广灯录》作"皆角"，从而推测出正确的字是"揩"。经查阅，确实只有《天圣广灯录》作"皆角"，"皆"是不是项楚先生所想象的"揩"字损了笔画，只看见"皆"了，待考证。但"揩角"指正在磨角的牛，与"揩角泥牛痛下鞭"的形象有几分相应，正在磨角的泥牛痛下一鞭，这是指顿悟到不可言说的境界而究竟不退。"泥牛"本就是不能动的，代表无言寂静的佛，虽然无言寂静，但他的力量却是无穷的。这是禅宗奇特句，又叫无义句，可以悟到的真谛。

［30］广慧剑：如来有深广之智慧力，如利剑可以斩断众生的烦恼。

［31］轩辕：传说中的古代帝王黄帝的名字。传说姓公孙，居于轩辕之丘，故名曰轩辕。曾战胜炎帝于阪泉，战胜蚩尤于涿鹿，诸侯尊为天子。后人以之为中华民族的始祖。

［32］帝网明珠：又作帝网天珠。帝释悬宝珠网以装饰宫殿，这些宝珠的光明互相辉映，一珠现一切珠影，一切珠尽现一珠之中，各各如是，重重影现。

［33］干木：即段干木（约前475—前396年），姓李，名克，封于段，为干木大夫，故称段干木。战国初年魏国名士。师子夏，友田子方，为孔子再传弟子。因其三人皆出于儒门，又先后为魏文侯师，故被后人称为"河东三贤"。旧校本"干

木”作“千木”，误。

[34] 龙蛇：指矛戟等武器。唐代吕温《代郑相公谢赐戟状》：“武库龙蛇，忽追飞于陋巷。”

[35] 老倒：潦倒，落拓。唐代白居易《晏坐闲吟》：“昔为京、洛声华客，今作江湖老倒翁。”

[36] 一句不遑无著问：无著禅师一句话没有来得及问，指无著禅师遇见文殊菩萨的事，参见本书第九章“无著禅师”注释。

[37] 野盘僧：奔走四方而无闲暇之村野僧。或指露宿山野之行脚僧。野盘者，盘旋草野之意。

[38] 九皋（gāo）：曲折深远的沼泽。《诗·小雅·鹤鸣》：“鹤鸣于九皋，声闻于野。”毛传：“皋，泽也。言身隐而名著也。”郑玄笺：“皋，泽中水溢出所为坎，自外数至九，喻深远也。鹤在中鸣焉，而野闻其鸣声……喻贤者虽隐居，人咸知之。”

[39] 翥（zhù）翼：振翅高飞。翥：飞举。

[40] 鹅护雪：倒装句，指宁可自己死，也要保护雪白的鹅。参见《大庄严论》记载。

[41] 蜡人冰：腊人，指出家僧人。《续传灯录》卷二十八云，西天于结夏日铸蜡人藏土窟中，结夏九十日，戒行精洁则蜡人冰（冰清玉洁），不然则蜡人不全，故号为僧蜡。故“腊”为比丘受具足戒后之年数。比丘出家之年岁与世俗不同，系以受戒以后结夏安居数为年次，故有戒腊、夏腊、法腊、年腊等称。

[42] 畅杀：极为舒畅痛快。

[43] 子平生：你的平生。旧校本标点有误，“子平”下面画线，误作人名。

[44] 簉（zào）：冲。

[45] 和盲愬愬瞎：参见本书第九章“沩山灵祐禅师”条“勃诉”的注释。

[46] 金沙滩头马郎妇：佛教传说中观世音菩萨化作美女，盖以好合诱少年诵佛经，使人永绝淫欲。宋叶廷《海录碎事》卷十三：“释氏书，昔有贤女马郎妇于金沙滩施一切人淫，凡与交者，永绝其淫。死葬后，一梵僧来云：‘求我侣。’掘开乃锁子骨，梵僧以杖挑起，升云而去。”宋代黄庭坚《观世音赞》之一：“设欲真见观世音，金沙滩头马郎妇。”

[47] 井底泥牛吼，林间玉兔惊：参见本书无义句注释。

[48] 下坡不走，快便难逢：参见本章“三圣慧然禅师”注释。

[49] 汨罗江：湘江支流，在今湖南省东北部。原称汨水，流经春秋罗国故城（今汨罗市西北）北，又称罗水，通称汨罗江。《史记·屈原列传》集解引应劭曰：“汨水在罗，故曰汨罗也。”战国楚屈原怀石自投汨罗以死，即此。其沉水处名屈潭，

西北去罗国故城三十里。

［50］两脚捎（shāo）空：两脚踩在空中。捎：放置，安放。参见本书无义句。

［51］祖令：指祖师相传、正宗本色的禅机施设。《杨岐语录》："上堂：'若据祖令，到这里总须茫然。放老僧一线，且向眉睫里东觑西觑。'"《法演语录》卷上："是以绍先圣之遗踪，称提祖令；为后学之模范，建立宗风。若非当人，曷能传授?"本书第二十章"资寿尼妙总"条："宗乘一唱，三藏绝诠；祖令当行，十方坐断。"（摘自《禅宗大词典》）

［52］点：用开水泡茶、冲汤称为"点"。

［53］九五：九五之尊，指帝王。"九五"原是《易》卦爻位名。九，谓阳爻；五，第五爻，指卦象自下而上第五位。《易·干》："九五，飞龙在天，利见大人。"孔颖达疏："言九五，阳气盛至于天，故云'飞龙在天'。此自然之象，犹若圣人有龙德、飞腾而居天位。"后因以"九五"指帝位。

［54］盌（wǎn）：一种敞口而深的食器。通作"椀"，也作"碗"。《方言》第五："盂，宋、楚、魏之间或谓之盌。"

［55］谙讹：混淆讹误。

［56］讶人：使人惊讶。

［57］一即六：谓眼、耳、鼻、舌、身、意等六根之中，若有一根返回真性，则其余五根亦皆得解脱。《楞严经》卷六："一根既返源，六根成解脱……六根亦如是。元依一精明，分成六和合，一处成休复，六用皆不成。"

［58］意旨如何：旧校本作"意百如何"，校对失误。参见冯国栋《〈五灯会元〉校点疏失类举》。

［59］罕逢穿耳客：意谓上等根器、极具悟性者难以遇到。系禅家常语。穿耳客：原指印度僧人，因其多穿耳系环，这里指灵悟者。

［60］盲龟值木：即盲龟值浮木孔。佛经中常用的比喻，据《杂阿含经》卷十五载，大海底有一只盲龟，百年（一说三千年）才能浮出水面一次，恰好撞入一段浮木的孔洞之中，多喻机会极为难遇。此譬喻颇为著名，经论中记载甚多。又所谓盲龟，系指一眼之龟，并非两眼均丧，故《法华经》卷七"妙庄严王品"、《大乘宝要义论》卷一所引之《杂阿含经》等，皆称之为一眼龟。又有说此龟之一眼位于腹部者。亦作"浮木值盲龟"等。

［61］优稳：优裕安逸。

［62］智积：菩萨名。随从多宝如来，来法华会座之菩萨。据《法华经·提婆达多品》所载，智积菩萨由下方多宝佛之国土来诣娑婆世界，于法华会座中，与文殊菩萨论议女人成佛一事。

［63］披莎（suō）：披上蓑衣。莎：通“蓑”。《广雅·释草》“其蒿，青蓑也”清代王念孙疏证：“蓑与莎同音，青蓑，即青莎也。”参见“莎衣”“莎笠”。

［64］五老：神话传说中的五星之精。《竹书纪年》卷上：“率舜等升首山，遵河渚，有五老游焉，盖五星之精也。”

［65］轻嚣：淡泊无欲。嚣：指嚣嚣，自得无欲之貌。

［66］拈却：取掉，取走，拿走。

［67］九夏：夏季，夏天。晋代陶潜《荣木》诗序：“日月推迁，已复九夏。”

［68］泛杯：指杯渡的典故。杯渡（？~426年），晋代僧。冀州人。生年、姓名均不详。又作杯度。常乘木杯渡水，故世人以杯渡和尚、杯渡禅师呼之。不修细行，饮酒啖肉，而神力卓越。禅师曾于北方寄宿一家，窃人金像而去，家主追之，见师徐行，然策马逐之而不及，至孟津河，师浮木杯于水，凭杯渡河。又曾住彭城白衣黄欣家中，其家至贫，唯有麦饭而已，师甘之怡然，半年之后，忽嘱黄欣觅芦圌三十六枚，密封之，既开，乃见钱帛无数，黄欣受之，皆作功德。经一年，师辞去，黄欣为其备办粮食，翌晨，见粮食具存，而不知其所在。盖杯渡从来神异甚多，世人莫测其由来。遗有“一钵歌”一卷行世。参见《梁高僧传》卷十。

［69］香刍：香草。自恣之比丘以为座。《祖庭事苑》六曰：“受随意比丘，应以生茅与僧伽为座，诸比丘并于草上坐……随意即自恣也。”

［70］金锡：锡杖。为比丘行路时所应携带的道具，属比丘十八物之一。其形状分三部分，上部即杖头，由锡、铁等金属制成，呈塔婆形，附有大环，大环下亦系数个小环。摇动时，会发出锡锡声。

［71］端的：指明，说清。

［72］啀（ái）：犬类相斗龇牙咧嘴的样子。

［73］刍狗吠时天地合，木鸡啼后祖灯辉：参见本书无义句注释。刍狗，古代祭祀时用草扎成的狗。

［74］桧（guì）：木名。柏科，常绿乔木。茎直立，幼树的叶子像针，大树的叶子像鳞片，雌雄异株，春天开花。木材桃红色，有香味，细致坚实。寿命可长达数百年。

［75］颦（pín）蹙（cù）：亦作“颦顣”。皱眉蹙额。形容忧愁不乐。

［76］安怗：同“安帖”。《南齐书·幸臣传·刘系宗》：“此段有征无战，以时平荡，百姓安怗，甚快也。”

［77］于此明得，阇黎无分，全是老僧：旧校本标点有误，“阇黎无分”后面不是句号。

［78］赤脚人趁兔，著靴人吃肉：此系唐宋民间谚语，原意谓劳者不获，获者不

劳。禅家使用此语，隐含刻意追求则难以悟道，平常无事则契合禅法的意思。趁，追赶。

［79］卞和刖（yuè）足：卞和被砍去双足。《韩非子·和氏》记载，卞和于楚山（今湖北荆山）上伐薪偶尔得一璞玉，两次献给楚王，都被认为是石头，便以欺君之罪被砍去双脚。楚文王即位后，他怀抱璞玉坐在荆山下痛哭。随后楚文王令工匠剖雕璞玉，却果真是宝玉，遂称此玉为“和氏之璧”。刖足，断足，古代肉刑之一。

［80］素面相呈：谓呈现本来面目。素面，未妆饰过的面容，喻本来面目，真如法相。《祖堂集》卷十“长生”：“师在雪峰时，为后生造偈曰：素面相呈犹不识，更添脂粉竞斗看。这里若论玄与实，与吾如隔万重山。”

［81］蓬岛：即蓬莱山。传说中神仙住的地方。

［82］野干：一种野兽的名称，佛经记载：“像狐比狐小，可说佛法”。此处讽刺所谓的“狮子吼”，就等于野兽吼叫一样。

［83］口悬壁上：与“口若悬河”相反。

［84］程限：期限，路程。

［85］涉离微：涉及离（道法之体）和微（道法之用）的对立，也就是未能除尽区分对立之妄心。佛家称法性之体为“离”，因其离诸相而空寂；称法性之用为“微”，因其微妙、不可思议。禅录中“离微”指禅法宗旨与道法运用，强调离、微相通合一，不应区分对立。

［86］投明：破晓，刚刚天亮。

［87］庄周：即庄子（约前369—前295年），中国古代哲学家，道家的代表之一。

［88］酋帅：为首的人。旧称部落或叛乱者的首领。

［89］投归：投奔归附。

［90］欵（kuǎn）：同“款”。直诚，诚恳。

［91］桀犬吠尧：桀相传是夏代的暴君，尧是传说中的远古时代的圣君。“桀犬吠尧”谓桀的狗向着尧乱叫。比喻坏人的爪牙攻击好人。也谓各为其主。语出汉代邹阳《狱中上书自明》：“今人主诚能去骄傲之心，怀可报之意，披心腹，见情素，堕肝胆，施德厚，终与之穷达，无爱于士，则桀之狗可使吠尧，而跖之客可使刺由。”

［92］啮（niè）镞（zú）：本义为以口衔住射来的箭镞，喻指禅家机锋来往，极为迅速。啮镞，古代武术名，咬住对方射来的箭镞。

［93］孟浪：鲁莽，粗率。

［94］幽致：深奥的道理。

［95］重舌：重叠的舌头，多了一个舌头。

［96］赫赤：深红，火红。此处形容赤裸裸的穷汉子。

［97］攒眉：本指皱起眉头，但禅林指“瞬目扬眉”这种快捷动作来作为禅家示机、应机的特殊动作，亦泛指禅机作略。

［98］磨砻（lóng）：本指磨石，本书一般指在磨石上磨快。名词作动词。

［99］杖林：林苑名。位于摩揭陀国王舍城外。据《西域记》卷九所述，其地林竹修劲，被山满谷。传说佛世时，有一婆罗门不信佛身有丈六高，乃以丈六竹量佛身，不料佛身高出竹端无尽，遂惊服投扙而去，其杖生根而成此林。依《杂阿含经》卷三十八、《佛本行集经》卷四十四“布施竹园品”、《有部毗奈耶破僧事》卷七等所载，佛陀游行于摩竭提国，住在善建立支提杖林时，瓶沙王与诸小王群臣同至此林中，受其教化。其中，善建立支提又称善安住塔或善住窣堵波。此外，林中有大窣堵波，乃无忧王所建。如来曾于此地为诸天人现大神通，说深妙法。

【概要】

延沼禅师（896～973年），五代（或北宋）临济宗僧。俗姓刘，杭州钱塘余杭（浙江省余杭县）人。少时魁伟有英气，博览群书。初投杭州开元寺智恭剃发受具足戒。尝游学讲肆，习《法华玄义》，修止观定慧。二十五岁参谒越州（浙江省）镜清道怤，不契；后参襄州（湖北省）华严休静、汝州（河南省临汝县）南院慧颙。后依止南院颙公，问法从学六年，成为南院的法嗣。

后唐长兴二年（931年），住汝州风穴寺，后晋天福二年（937年），应州牧李史君之请，开堂说法。时学徒云集，法道大振。后汉隐帝乾祐二年（949年），汝州太师宋侯舍宅建寺，请禅师居之。后周广顺元年（951年），获太祖赐“广慧寺”匾额。住山二十二年，声誉颇隆，世称“风穴延沼”。北宋开宝六年八月十五日示寂，年七十八，法腊五十九。有《风穴众吼集》一卷、《风穴禅师语录》一卷（收于《古尊宿语录》卷七）行世。

【参考文献】

《景德传灯录》卷十三；《宗门统要续集》卷十一；《嘉泰普灯录》卷十五；《禅林僧宝传》卷三；《祖庭事苑》卷六。

颍桥安禅师

颖桥安禅师（号铁胡）与钟司徒[1]向火次，钟忽问：“三界焚烧时，如何出得?”师以香匙拨开火，钟拟议，师曰：“司徒！司徒！”钟忽有省。

【注释】

［1］司徒：官名。相传少昊始置，唐、虞因之。周时为六卿之一，曰地官大司徒。掌管国家的土地和人民的教化。汉哀帝元寿二年，改丞相为大司徒，与大司马、大司空并列三公。东汉时改称司徒。历代因之，明废。后别称户部尚书为大司徒。

西院明禅师法嗣

兴阳归静禅师

郢州兴阳归静禅师，初参西院，便问："拟问不问时如何？"院便打。师良久，院曰："若唤作棒，眉须堕落[1]。"师于言下大悟。

住后，僧问："师唱谁家曲，宗风嗣阿谁？"师曰："少室山前无异路。"

【注释】

［1］眉须堕落：言句作略不契宗旨，禅家讥斥为"眉须堕落"。典故出自"丹霞烧木佛"。参见本书第五章"邓州丹霞天然禅师"注释。

第五节　南岳下八世

风穴沼禅师法嗣

首山省念禅师

汝州首山[1]省念禅师，莱州狄氏子。受业于本郡南禅寺，才具尸罗[2]，遍游丛席[3]。常密诵《法华经》，众目为“念法华”也。

晚于风穴会中充知客[4]。一日侍立次，穴乃垂涕告之曰：“不幸临济之道，至吾将坠于地矣。”师曰：“观此一众，岂无人邪？”穴曰：“聪敏者多，见性者少。”师曰：“如某者如何？”穴曰：“吾虽望子之久，犹恐耽著[5]此经，不能放下。”师曰：“此亦可事[6]，愿闻其要。”

穴遂上堂，举“世尊以青莲目顾视大众”，乃曰：“正当恁么时，且道说个甚么？若道不说而说，又是埋没先圣。且道说个甚么？”师乃拂袖下去。穴掷下拄杖，归方丈。侍者随后请益，曰：“‘念法华’因甚不祗对和尚？”穴曰：“‘念法华’会也。”

次日，师与真园头同上，问讯次，穴问真曰：“作么生是世尊不说说[7]？”真曰：“鹁鸠[8]树头鸣。”穴曰：“汝作许多痴福作么？何不体究言句。”又问师曰：“汝作么生？”师曰：“动容扬古路，不堕悄然机。”穴谓真曰：“汝何不看‘念法华’下语。”师受风穴印可之后，泯迹韬光[9]，人莫知其所以。

因白兆楚和尚至汝州宣化，风穴令师往传话。才相见，提起坐具，便问：“展即是，不展即是？”兆曰：“自家看取。”师便喝。兆曰：“我曾亲近知识来，未尝辄敢恁么造次。”师曰：“草贼大败。”兆曰：“来日若见风穴和尚，待一一举似。”师曰：“一任一任[10]，不得忘却。”师乃先回，举似风穴。穴曰：“今日又被你收下一员草贼。”师曰：“好手不张名。”兆次日才到，相见便举前话。穴曰：“非但昨日，今日和赃捉败。”师于是名振四方，学者望风而靡。开法首山，为第一世也。

入院，上堂曰：“佛法付与国王大臣、有力檀越，令其佛法不断绝，灯灯相续，至于今日。大众且道，续个甚么？”良久曰：“须是迦叶师兄始得。”时有僧问：“灵山一会，何异今朝？”师曰：“堕坑落堑[11]。”曰：“为甚么如此？”师曰：“瞎！”

问：“师唱谁家曲，宗风嗣阿谁？”师曰：“少室[12]岩前亲掌示。”曰：“便请洪音和一声。”师曰：“如今也要大家知。”

问：“如何是径截一路？”师曰：“或在山间，或在树下。”

问：“如何是学人亲切处？”师曰：“五九[13]尽日又逢春。”曰：“毕竟事如何？”师曰：“冬到寒食[14]一百五。”

问："如何是和尚家风？"师曰："一言截断千江口，万仞峰前始得玄。"

问："如何是首山境？"师曰："一任众人看。"曰："如何是境中人？"师曰："吃棒得也未？"僧礼拜。师曰："吃棒且待别时。"

问："如何是祖师西来意？"师曰："风吹日炙。"

问："从上诸圣，向甚么处行履？"师曰："牵犁拽杷[15]。"

问："古人拈槌竖拂[16]，意旨如何？"师曰："孤峰无宿客。"曰："未审意旨如何？"师曰："不是守株人。"

问："如何是菩提路？"师曰："此去襄县五里。"曰："向上事如何？"师曰："往来不易。"

问："诸圣说不到处，请师举唱。"师曰："万里神光都一照，谁人敢并日轮齐。"

问："临济喝，德山棒，未审明甚么边事？"师曰："汝试道看。"僧便喝，师曰："瞎！"僧又喝，师曰："这瞎汉只么乱喝作么？"僧礼拜，师便打。

问："和尚是大善知识，为甚么却首山[17]？"师曰："不坐孤峰顶，常伴白云闲。"

问："四众围绕，师说何法？"师曰："打草蛇惊。"曰："未审作么生下手？"师曰："适来几合[18]丧身失命。"

问："二龙争珠，谁是得者？"师曰："得者失。"曰："不得者又如何？"师曰："珠在甚么处？"

问："一切诸佛，皆从此经出，如何是此经？"师曰："低声！低声！"曰："如何受持？"师曰："切不得污染。"

问："世尊灭后，法付何人？"师曰："好个问头，无人答得。"曰："如何是世尊不说说？"师曰："任从沧海变，终不为君通。"曰："如何是迦叶不闻闻[19]？"师曰："聩人[20]徒侧耳。"

问："古人道：'见色便见心。'诸法无形，将何所见？"师曰："一家有事百家忙。"曰："学人不会，乞师再指。"师曰："三日后看取。"

问："菩萨未成佛时如何？"师曰："众生。"曰："成佛后如何？"师曰："众生，众生。"

问："路逢达道人，不将语默对。未审将甚么对？"师曰："瞥尔[21]三千界。"曰："与么则目视不劳也。"师曰："天恩未遇，后悔难追。"

上堂："第一句荐得，堪与祖佛为师。第二句荐得，堪与人天为师。第三句荐得，自救不了。"时有僧问："如何是第一句？"师曰："大用不扬眉，棒下须见血。"曰："慈悲何在？"师曰："送出三门外。"问："如何是第二句？"师曰："不打恁么驴汉。"曰："将接何人？"师曰："如斯争奈何！"问："如何是第三句？"师曰："解问无人答。"曰："即今祇对者是谁？"师曰："莫使外人知。"曰："和尚是第几句荐得？"师曰："月落三更穿市过。"

问："维摩默然，文殊赞善[22]。未审此意如何？"师曰："当时听众，必不如是。"曰："既不如是，维摩默然，又且如何？"师曰："知恩者少，负恩者多。"乃曰："若论此事实，不挂一个元字脚[23]。"便下座。

问："如何是古佛心？"师曰："镇州萝卜重三斤[24]。"

问："如何是玄中的？"师曰："有言须道却。"曰："此意如何？"师曰："无言鬼也瞋。"

问："如何是衲僧眼？"师曰："此问不当。"曰："当后如何？"师曰："堪作甚么？"

问："如何得离众缘去？"师曰："千年一遇。"曰："不离时如何？"师曰："立在众人前。"

问："如何是大安乐底人？"师曰："不见有一法。"曰："将何为人？"师曰："谢阇黎领话。"

问："如何是常在底人？"师曰："乱走作么？"

问："如何是首山？"师曰："东山高，西山低。"曰："如何是山中人？"师曰："恰遇棒不在。"

问："如何是道？"师曰："炉中有火无心拨，处处纵横任意游。"曰："如何是道中人？"师曰："坐看烟霞秀，不与白云齐。"

问："一毫未发时如何？"师曰："路逢穿耳客。"曰："发后如何？"师曰："不用更迟疑。"

问："无弦一曲，请师音韵[25]。"师良久，曰："还闻么？"曰："不闻。"师曰："何不高声问着？"

问："学人久处沈迷，请师一接。"师曰："老僧无这闲工夫。"曰："和尚岂无方便？"师曰："要行即行，要坐即坐。"

问："如何是离凡圣底句？"师曰："嵩山安和尚。"曰："莫便是和尚极则处[26]否？"师曰："南岳让禅师[27]。"

问："学人乍入丛林，乞师指示。"师曰："阇黎到此多少时也？"曰："已经冬夏。"师曰："莫错举似人。"

问："有一人荡尽[28]来时，师还接否？"师曰："荡尽即置，那一人是谁？"曰："风高月冷。"师曰："僧堂内几人坐卧？"僧无对，师曰："赚杀老僧！"

问："如何是梵音相[29]？"师曰："驴鸣狗吠。"乃曰："要得亲切，第一莫将问来问。还会么？问在答处，答在问处。汝若将问来问，老僧在汝脚底。汝若拟议，即没交涉。"时有僧出礼拜，师便打。僧便问："挂锡幽岩时如何？"师曰："错。"僧曰："错。"师又打。

问："如何是佛？"师曰："新妇骑驴阿家牵[30]。"曰："未审此语甚么句中收？"师曰："三玄收不得，四句岂能该！"曰："此意如何？"师曰："天长地久，日月齐明。"

问："曹溪一句，天下人闻。未审和尚一句，甚么人得闻？"师曰："不出三门外。"曰："为甚么不出三门外？"师曰："举似天下人。"

问："如何是和尚不欺人底眼？"师曰："看看冬到来。"曰："究竟如何？"师曰："即便春风至。"

问："远闻和尚无丝可挂[31]，及至到来，为甚么有山可守？"师曰："道甚么！"僧便喝，师亦喝。僧礼拜，师曰："放汝三十棒。"

次住广教及宝应，三处法席，海众常臻。淳化三年十二月四日午时，上堂说偈曰："今年六十七，老病随缘且遣日。今年记却来年事，来年记着今朝日。"至四年，月日无爽前记，上堂辞众，仍说偈曰："白银世界金色身，情与非情共一真[32]。明暗尽时俱不照，日轮午后示全身。"言讫，安坐而逝。荼毗，收舍利建塔。

【注释】

［1］首山：在今河南襄城县南五里。《史记·孝武本纪》："天下名山八，而三在蛮夷，五在中国。中国华山、首山、太室、泰山、东莱。此五山，黄帝之所常

游。”或以即此首山。《方舆纪要》卷四十七“襄城县”：“首山者，县西诸山迤逦直接嵩、华，而实起于此，故名。上有圣泉。”

［2］具尸罗：受具大戒。尸罗，梵语，译为戒。

［3］丛席：禅宗法会，禅院。《禅林僧宝传》卷二四“照觉总”条：“总（常总）住持十二年，厦屋崇成，金碧照烟云，如夜摩睹史之宫从天而堕。天下学者，从风而靡，丛席之盛，近世所未有也。”本书第十一章“神鼎洪諲”条：“有湘阴豪贵，来游福严。即师之室，见其气貌闲静，一钵挂壁，余无长物，倾爱之。遂拜跪请曰：‘神鼎乃我家植福之地，久乏宗匠，愿师俱往，何如？’师笑而诺之。即以己马负师至，十年始成丛席。”（摘自《禅宗大词典》）

［4］知客：又云典客，典宾。禅林司宾客之接待者。

［5］耽著：执着。沉湎。

［6］可事：小事，寻常之事。

［7］不说说：不说而说。禅法表达与传授，不在言语，而通过心心相印的特殊方式。

［8］鹁（bó）鸠（jiū）：鸟名。天将雨时其鸣甚急，俗称水鹁鸪。

［9］泯迹韬光：隐居低调，隐没自己的才华。韬光：比喻隐藏声名才华。

［10］一任一任：全部听凭你。一任，听凭。

［11］堕坑落堑：堑：壕沟。即掉进泥坑里，跌入壕沟中。比喻陷入错误境地。

［12］少室：山峰名，因山中有石室而得名，在河南登封县北，属嵩山。北魏孝文帝在此建少林寺，又禅宗初祖菩提达磨曾在此面壁坐禅多年，因而著称于世。本书常用“少室”代指禅宗初祖菩提达磨。

［13］五九：数九寒天从冬至节气开始数九九八十一天，到了五九后，春天就开始到了。

［14］寒食：节日名。在清明前一日或二日。

［15］杷（pá）：农具名。一端有柄，一端有齿，用以聚拢、爬网谷物或整地等。齿用竹、木或铁等制成。《急就篇》卷三：“捃获秉把插捌杷。”颜师古注：“无齿为捌，有齿为杷，皆所以推引聚禾谷也。”

［16］拈槌竖拂：本谓高僧谈禅说理时拈起槌（捶击的器具）来或者竖起拂尘，用以难倒对方。若参问者被禅师所拿的拂、槌，引发他的不正常心思，就是禅师痛下针砭的时候。宋代陆游《即事》诗之一：“君知此段神通否，竖拂能降百万魔。”

［17］为甚么却首山：为什么却首服于山？首山不是人名，首服于首山的意思，旧校本标点有误，不应在首山下画线。

［18］几合：几乎。

［19］不闻闻：与“不说说”含义相似。不闻而闻。指接受禅法，不在口耳之间，而在于心心相印。

［20］聩（kuì）人：聋子。聩：生而耳聋者，后泛指耳聋。

［21］瞥（piē）尔：突然，迅速地。

［22］维摩默然，文殊赞善：参见本书第二章“维摩大士”注释。

［23］元字脚：指文字言句。按禅家力倡不立文字言句，认为执着于文字言句是悟道之障碍。《宏智广录》卷四：“一言触讳，法自不容。一字入公，牛拽不出。兄弟，汝胸中不得著个元字脚。”（参见《禅宗大词典》）

［24］镇州萝卜重三斤：参见本书第四章“赵州观音院从谂禅师”条：“问：‘承闻和尚亲见南泉，是否？’师曰：‘镇州出大萝卜头。’”公案旨在说明，禅在当下事实、眼前事物中，无须许多葛藤。此答亲切生动，富有生活气息，体现了赵州平实的禅风。

［25］音韵：名词作动词用。

［26］极则处：犹言最高准则、最高境界。

［27］南岳让禅师：参见本书第三章“南岳怀让禅师”注释。

［28］荡尽：倾家荡产。

［29］梵音相：梵语。佛三十二相之一。佛清净之梵音，声洪圆满，如鸣天鼓，微妙最胜；又如迦陵频伽之音，闻者爱乐，得益无量。此乃佛于因位时，无量世中不恶口、说实言美语、教善语、不谤正法，所感得之妙相。即表示令闻者随其器得益，皆生善心无杂乱，大小权实皆能解了，断惑消疑，而常欲闻爱乐之德。

［30］新妇骑驴阿家牵：旧校本文字与标点皆有误，因为疏忽将此句作“新妇骑驴何家牵”，所以句后作问号。“阿家”不是“何家”，宝祐本以及其他版本均作“阿家”。阿家，指丈夫的母亲，即婆婆的意思。“新妇骑驴阿家牵”是禅宗公案，北宋首山省念之机语，亦作“首山新妇”。

［31］无丝可挂：又作“一丝不挂”“寸丝不挂”。本义为一件衣服也没穿，比喻荡尽妄情俗念，毫无执着牵系，比喻心性一尘不染之状。

［32］一真：又名一如。亦曰一实。皆为绝待之真理也。一者无二，以平等不二之故谓之一。真者离虚妄之义，所谓真如也。

【概要】

省念禅师（926～993年），五代临济宗僧。号首山，莱州（山东掖县）人，俗姓狄。幼在本郡南禅寺剃度。才受具戒，即遍游丛席。专修头陀行，并密诵《法华

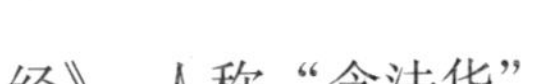

经》，人称“念法华”。

后师事风穴延沼禅师，得其心法。开法于汝州（河南省临汝）首山，为第一世。又住汝州叶县宝安山广教院及城下宝应院等。其家风为“一言截断千江口，万仞峰前始得玄”。时其禅法名振四方，风靡当世。

淳化三年（992 年）十二月四日午时说上堂偈曰“今年六十七，老病随缘且遣日。今年记却来年事，来年记着今朝日。”翌年十二月四日，辞众说上堂偈曰：“白银世界金色身，情与非情共一真。明暗尽时俱不照，日轮午后示全身。”言讫，安然而逝，时年六十八。荼毗，收舍利建塔。著《汝州首山念和尚语录》一卷传世。

【参考文献】

《景德传灯录》卷十三。

广慧真禅师

汝州广慧真禅师，尝在风穴作园头。穴问曰：“会昌沙汰时，护法善神向甚么处去？”师曰：“常在阛阓[1]中，要且无人识。”穴曰：“汝彻也。”师礼拜。

出世[2]，开堂日，僧问：“如何是广慧境？”师曰：“小寺前，资庆后。”问：“如何是和尚家风？”师曰：“杴[3]爬镬子。”

【注释】

[1] 阛（huán）阓（huì）：街市，街道。

[2] 出世：禅师于自身修持功成后，再度归返人间教化众生，称出世。或被任命住持之职、升进高阶位之僧官等，皆称为出世。《禅苑清规》卷七“尊宿住持”条：“传法各处一方，续佛慧命，斯曰住持；初转法轮，命为出世。”

[3] 杴（xiān）：农具名。似锹，而铲较方阔，柄端无短拐。有铁杴、木杴等。用于挖土、筑畦及播撒肥料、抛扬谷物等。

凤翔府长兴院满禅师

僧问：“如何是古佛道场？”师曰：“行便踏着。”曰：“踏着后如何？”师曰：“冰消瓦解。”曰：“为甚如此？”师曰：“城内君子，郭外小儿。”

问："大用现前时如何？"师曰："闹市里辊[1]。"

【注释】

[1] 辊（gǔn）：滚。

潭州灵泉院和尚

僧问："如何是和尚活计？"师曰："一物也无。"曰："未审日用何物？"师便喝，僧礼拜，师便打。

问："先师道：'金沙滩上马郎妇。'意旨如何？"师曰："上东门外人无数。"曰："便恁么会时如何？"师曰："天津桥上往来多。"

第六节　南岳下九世

首山念禅师法嗣

汾阳善昭禅师

汾州太子院善昭禅师，太原俞氏子。剃发受具，杖策游方。所至少留，随机叩发，历参知识七十一员。后到首山，问："百丈卷席，意旨如何？"山曰："龙袖拂开全体现。"曰："师意如何？"山曰："象王行处绝狐踪。"师于言下大悟，拜起而曰："万古碧潭空界月，再三捞摝[1]始应知。"有问者曰："见何道理，便尔自肯？"师曰："正是我放身命处。"

后游衡湘及襄沔间，每为郡守以名刹力致。前后八请，坚卧不答。洎首山殁，西河道俗遣僧契聪迎请住持。师闭关高枕，聪排闼[2]而入，让之曰："佛法大事，靖退小节。风穴惧应谶[3]，忧宗旨坠灭。幸而有先师，先师已弃世。汝有力荷担如来大法者，今何时而欲安眠哉？"师矍起，握聪手曰："非公不闻此语趣，办严吾行矣[4]。"

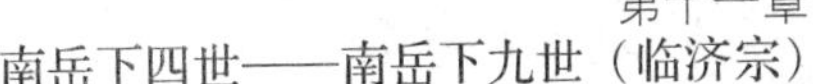

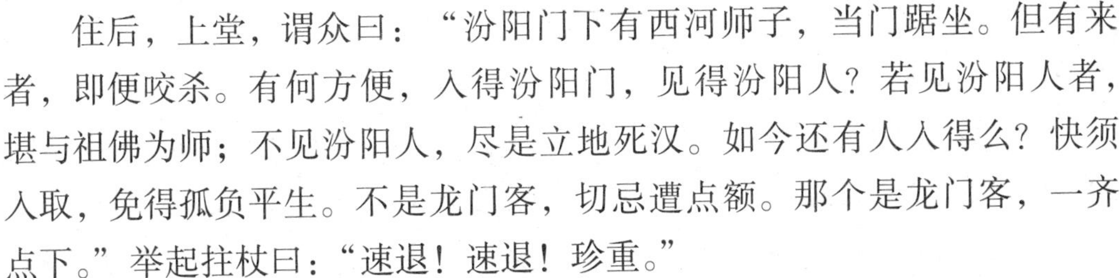

住后，上堂，谓众曰：“汾阳门下有西河师子，当门踞坐。但有来者，即便咬杀。有何方便，入得汾阳门，见得汾阳人？若见汾阳人者，堪与祖佛为师；不见汾阳人，尽是立地死汉。如今还有人入得么？快须入取，免得孤负平生。不是龙门客，切忌遭点额。那个是龙门客，一齐点下。”举起拄杖曰：“速退！速退！珍重。”

上堂：“先圣云：‘一句语须具三玄门，一玄门须具三要。’阿那个是三玄三要底句？快会取好。各自思量，还得稳当也未？古德已前行脚，闻一个因缘，未明中间，直下饮食无味[5]，睡卧不安，火急决择。莫将为小事。所以大觉老人[6]，为一大事因缘出现于世。想计他从上来行脚，不为游山玩水，看州府奢华，片衣口食，皆为圣心未通。所以，驱驰行脚，决择深奥，传唱敷扬[7]。博问先知，亲近高德。盖为续佛心灯，绍隆祖代。兴崇圣种，接引后机。自利利他，不忘先迹。如今还有商量者么？有即出来，大家商量。”

僧问：“如何是接初机底句？”师曰：“汝是行脚僧。”曰：“如何是辨衲僧底句？”师曰：“西方日出外。”曰：“如何是正令行底句？”师曰：“千里持来呈旧面。”曰：“如何是立乾坤底句？”师曰：“北俱卢洲[8]长粳米，食者无贪亦无瞋。”乃曰：“将此四转语验天下衲僧，才见你出来，验得了也。”

问：“如何是学人著力处？”师曰：“嘉州打大象[9]。”曰：“如何是学人转身处？”师曰：“陕府灌铁牛。”曰：“如何是学人亲切处？”师曰：“西河弄师子。”乃曰：“若人会得此三句，已辨三玄。更有三要语在，切须荐取，不是等闲。与大众颂出：‘三玄三要事难分，得意忘言道易亲。一句明明该万象，重阳九日菊花新。’”

师为并汾苦寒，乃罢夜参。有异比丘振锡而至，谓师曰：“会中有大士六人，奈何不说法？”言讫而去。师密记以偈曰：“胡僧金锡光，为法到汾阳。六人成大器，劝请为敷扬。”

上堂：“凡一句语须具三玄门，每一玄门须具三要。有照有用。或先照后用，或先用后照，或照用同时，或照用不同时。先照后用，且要共你商量。先用后照，你也须是个人始得。照用同时，你作么生当抵？照用不同时，你又作么生凑泊[10]？”

僧问："如何是大道之源？"师曰："掘地觅天。"曰："何得如此！"师曰："不识幽玄。"

问："如何是宾中宾？"师曰："合掌庵前问世尊。"曰："如何是宾中主？"师曰："对面无俦侣[11]。"曰："如何是主中宾？"师曰："阵云横海上，拔剑搅龙门。"曰："如何是主中主？"师曰："三头六臂擎天地，忿怒那吒[12]扑帝钟[13]。"

上堂："汾阳有三诀，衲僧难辨别。更拟问如何，拄杖蓦头[14]楔[15]。"时有僧问："如何是三诀？"师便打，僧礼拜。师曰："为汝一时颂出：第一诀，接引无时节，巧语不能诠，云绽青天月。第二诀，舒光辨贤哲，问答利生心，拔却眼中楔[16]。第三诀，西国胡人说，济水[17]过新罗，北地用镔铁[18]。"复曰："还有人会么？会底出来通个消息。要知远近，莫只恁么记言记语，以当平生，有甚么利益？不用久立，珍重！"

僧问："如何是祖师西来意？"师曰："青娟扇子足风凉。"

问："布鼓当轩挂，谁是知音者？"师曰："停锄倾麦饭，卧草不抬头。"

问："如何是道场？"师曰："下脚不得。"

问："如何是祖师西来意？"师曰："彻骨彻髓。"曰："此意如何？"师曰："遍天遍地。"

问："真正修道人，不见世间过。未审不见个甚么过？"师曰："雪埋夜月深三尺，陆地行舟万里程。"曰："和尚是何心行？"师曰："却是你心行。"

问："大悲千手眼，如何是正眼？"师曰："瞎！"曰："恁么则一条拄杖两人舁。"师曰："三家村里唱巴歌。"曰："恁么则和尚同在里显。"师曰："谢汝殷勤。"

问："如何是和尚家风？"师曰："三玄开正道，一句破邪宗。"曰："如何是和尚活计。"师曰："寻常不掌握，供养五湖僧。"曰："未审吃个甚么？"师曰："天酥陀饭非珍馔，一味良羹饱即休。"

问："牛头未见四祖时如何？"师曰："新神更著师婆赛[19]。"曰："见后如何？"师曰："古庙重遭措大题。"

上堂，谓众曰："夫说法者，须具十智同真[20]。若不具十智同真，邪

正不辨，缁素不分，不能与人天为眼目，决断是非。如鸟飞空而折翼，如箭射的而断弦。弦断故射的不中，翼折故空不可飞。弦壮翼牢，空的俱彻。作么生是十智同真？与诸上座点出：一同一质，二同大事，三总同参，四同真志，五同遍普，六同具足，七同得失，八同生杀，九同音吼，十同得入。”又曰：“与甚么人同得入？与阿谁同音吼？作么生是同生杀？甚么物同得失？阿那个同具足？是甚么同遍普？何人同真志？孰能总同参？那个同大事？何物同一质？有点得出底么，点得出者，不吝慈悲。点不出来，未有参学眼在，切须辨取。要识是非，面目见在。不可久立，珍重！”

龙德府尹李侯与师有旧，虚承天寺致之[21]，使三反不赴。使者受罚，复至曰：“必欲得师俱往，不然有死而已。”师笑曰：“老病业已不出山，借往当先后之，何必俱邪？”使曰：“师诺，则先，后唯所择。”师令馔设，且假装[22]曰：“吾先行矣！”停箸而化。阇维，收舍利起塔。

【注释】

[1] 捞摝：水中探物。

[2] 排闼（tà）：推门，撞开门。

[3] 应谶（chèn）：应验符谶。谶：预言吉凶的文字、图箓。

[4] 非公不闻此语趣，办严吾行矣：不是您的话不能听到这样贴心的话，一下就办好我出山的行装了。办严：置办行装。旧校本标点有误，将“趣办严”连成一句，使人费解。

[5] 古德已前行脚，闻一个因缘，未明中间，直下饮食无味：旧校本标点有误，“闻一个因缘未明，中间直下饮食无味”，如此标点，无法理解原意。

[6] 大觉老人：指大觉禅师。

[7] 敷扬：传播弘扬。

[8] 北俱卢洲：佛经所说四大洲之一，在须弥山之北方，人民平等安乐，寿足千年，洲形正方。

[9] 嘉州打大象：乐山造大佛像。嘉州，指乐山，今四川省辖地级市，古称嘉州。大象，指乐山大佛像。本书第九章“彭州承天院辞确禅师”条：“问：‘心随万境转，阿那个是转万境底心？’师曰：‘嘉州大象古人镌。’”“嘉州大象古人镌”，说明乐山很早就雕凿了大型佛像，疑为现在的“乐山大佛”。

[10] 凑泊：亦作“凑拍”。一般指凝合、聚合。具体来说分为两个含义：一

指投合、契悟。《大光明藏》："祖师意峻硬孤峭，有如其平生，难于凑泊。"《原妙语录》卷下《高峰原妙禅师行状》："师之机用，不可凑泊，下语少所许可，其门户险绝如此。"二指集聚、结合。本书第二十章"参政钱端礼居士"条："盖为地水火风，因缘和合，暂时凑泊，不可错认为己有。"（摘自《禅宗大词典》）

［11］俦侣：伴侣，朋友。

［12］那吒：毗沙门天王之太子，三面八臂大力鬼王。按《夷坚志》载程法师事云："值黑物如锤，从林间直出，知为石精。遂持那吒火毬咒，俄而见火毬自身出，与黑块相击。"据是，道家亦奉那吒也。

［13］帝钟：俗称"法铃"。道士的法事用器。亦用作乐器。道家认为，帝钟为上帝的的金钟，振击之则万神齐至。《三十六部尊经》："振响帝钟，召集十方。"《太清玉册》："黄帝会神灵于昆仑之峰，天帝授以帝钟。"

［14］蓦头：当头，迎头。

［15］楔（xiē）：木桩，喻知解情识、俗念妄想。例如拔楔抽钉，指拔出木桩，抽去铁钉，比喻驱除俗情迷障，澄清疑念妄想。

［16］拔却眼中楔：拔出木桩，比喻解除妄想疑惑，摆脱俗情迷障。

［17］济水：古代四渎之一，又名水、沇水，是黄河下游的一条重要支流。旧校本未用专有名词线，有误。

［18］镔铁：古代的一种钢，把表面磨光再用腐蚀剂处理，可见花纹，又称"宾铁"。"镔铁"最早文献记载于隋代的《不空羂索咒经》，见于史书最早为初唐的《周书》《隋书》。唐代惠琳《一切经音义》有"镔铁"最早的词义解释。"镔"字除了外来语直接音译以外，也可解释为来自罽宾的铁。

［19］新神更著师婆赛：旧校本标点有误，"师婆赛"不是人名，不能下画线。"师婆"指巫婆，"赛"指祀神的"赛会"。赛，旧时祭祀酬报神恩的活动。汉代王充《论衡·辨祟》："项羽攻襄安，襄安无谯类，未必不祷赛也。"

［20］十智同真：为汾阳善昭禅师所立用以接引学人之方法，表示十智同归于一真如之意。十智即下文所说：同一质、同大事、总同参、同真智、同遍普、同具足、同得失、同生杀、同音吼、同得入。又作十同真智。

［21］虚承天寺致之：把承天寺的位子空出来，请禅师来做住持。

［22］俶（chù）装：整理行装。

【概要】

善昭禅师（947～1024年），宋代临济宗僧。太原（山西）人，俗姓俞。少有大智，于一切文字常能自然通晓。十四岁时父母相继去世，遂剃发受具足戒，游历

诸方，参访七十一位硕德尊宿，至汝州首山参省念禅师而大悟，嗣其法。后游衡湘、襄沔之间，郡首力邀，请住诸名刹，禅师皆不允。及首山省念入寂，方应西河道俗之请，住汾阳太子院，广说宗要，以三句四句、三诀、十八唱等机用接化学人，名震一时。禅师足不出户达三十年之久，道俗益重，不敢直呼其名，而以“汾阳”称之。宋仁宗天圣二年示寂，世寿七十八，法腊六十五。谥号“无德禅师”。有《汾阳无德禅师语录》《汾阳昭禅师语录》《汾阳昭禅师语要》等著述传世。

【参考文献】

《景德传灯录》卷十三；《天圣广灯录》卷十六；《建中靖国续灯录》卷一；《禅林僧宝传》卷三；《联灯会要》卷十一；《佛祖历代通载》卷十八。

叶县归省禅师

汝州叶县广教院归省禅师，冀州贾氏子。弱冠依易州保寿院出家，受具后游方，参首山。山一日举竹篦，问曰：“唤作竹篦即触，不唤作竹篦即背。唤作甚么？”师掣得掷地上曰：“是甚么？”山曰：“瞎！”师于言下豁然顿悟。

开堂，僧问：“祖祖相传传祖印，师今得法嗣何人？”师曰：“寰中天子，塞外将军[1]。”曰：“汝海一滴蒙师指，向上宗风事若何？”师曰：“高祖殿前樊哙[2]怒，须知万里绝烟尘。”

问：“维摩丈室不以日月为明，和尚丈室以何为明？”师曰：“眉分八字。”曰：“未审意旨如何？”师曰：“双耳垂肩。”

问：“如何是超师之作？”师曰：“老僧眉毛长多少！”

问：“如何是尘中独露身？”师曰：“塞北千人帐，江南万斛船。”曰：“恁么即非尘也。”师曰：“学语之流[3]，一札万行。”

问：“如何是和尚深深处？”师曰：“猫有歃血之功，虎有起尸之德[4]。”曰：“莫便是也无？”师曰：“碓捣东南，磨推西北。”

问：“如何是金刚不坏身？”师曰：“百杂碎[5]。”曰：“意旨如何？”师曰：“终是一堆灰。”

问：“不落诸缘，请师便道。”师曰：“落。”

问：“如何是清净法身？”师曰：“厕坑头筹子[6]。”

问：“如何是戒定慧？”师曰：“破家具。”

师一日升座，僧问："才上法堂来时如何？"师拍禅床一下，僧曰："未审此意如何？"师曰："无人过价，打与三百。"

问："忽遇大阐提[7]人来，还相为[8]也无？"师曰："法久成弊。"曰："慈悲何在？"师曰："年老成魔。"

上堂："宗师血脉，或凡或圣，龙树马鸣，天堂地狱，镬汤炉炭，牛头狱卒，森罗万象，日月星辰，他方此土，有情无情[9]。"以手画一画云："俱入此宗。此宗门中，亦能杀人，亦能活人。杀人须得杀人刀，活人须得活人句。作么生是杀人刀、活人句？道得底，出来对众道看。若道不得，即孤负平生。珍重！"

问："如何是和尚四无量心[10]？"师曰："放火杀人。"曰："慈悲何在？"师曰："遇明眼人举似。"

问："不在内，不在外，不在中间。未审在甚么处？"师曰："南斗六[11]，北斗七。"

问："如何是毗卢[12]师、法身主？"师曰："僧排夏腊，俗列耆年[13]。"曰："向上更有事也无？"师曰："有。"曰："如何是向上事？"师曰："万里崖州[14]君自去，临行惆怅怨他谁。"

上堂，良久曰："夫行脚禅流，直须著忖[15]。参学须具参学眼，见地须得见地句，方有相亲分，始得不被诸境惑，亦不落于恶道。毕竟如何委悉？有时句到意不到，妄缘前尘，分别影事。有时意到句不到，如盲摸象，各说异端。有时意句俱到，打破虚空界，光明照十方。有时意句俱不到，无目之人纵横走，忽然不觉落深坑。"

问："如何是古今无异路？"师曰："俗人尽裹头。"曰："意旨如何？"师曰："阇黎无席帽。"

问："己事未明[16]，以何为验？"师曰："闹市里打静槌。"曰："意旨如何？"师曰："日午点金灯。"

问："布鼓当轩击，谁是知音者？"师曰："眼中有涩[17]钉。"曰："未审此意如何？"师曰："乔翁赛南神。"

僧请益"柏树子"话，师曰："我不辞与汝说，还信么？"曰："和尚重言，争敢不信！"师曰："汝还闻檐[18]头水滴声么？"其僧豁然，不觉失声云："哪！"师曰："你见个甚么道理？"僧便以颂对曰："檐头水

滴，分明历历。打破乾坤，当下心息。”师乃忻然[19]。

问僧：“日暮投林，朝离何处？”曰：“新戒不曾学禅。”师曰：“生身入地狱。”下去后，有僧举到智门宽和尚处，门曰：“何不道锁匙在和尚手里？”

师因去将息寮[20]看病僧，僧乃问曰：“和尚！四大本空，病从何来？”师曰：“从阇黎问处来。”僧喘气，又问曰：“不问时如何？”师曰：“撒手卧长空。”僧曰：“唧！”便脱去。

【注释】

［1］寰中天子，塞外将军：寰中天子即皇帝，具有至高无上的权力；塞外将军面临军机敌情，也有临时处理一切事务的权力。禅师常以此语启示学人领悟自心是佛、以我为主的禅旨。本书第十四章“梁山缘观禅师”条：“问：‘如何是学人自己？’师曰：‘寰中天子，塞外将军。’”亦作“长安天子，塞外将军”（参见本书第十五章“江陵府福昌院重善禅师”条）

［2］樊哙（？—前189年）：秦末汉初沛县（今属江苏）人。初以屠狗为业。秦末农民战争中，随刘邦起义，由舍人以军功升为部将，封贤成君。秦亡后，项羽在鸿门宴会上拟杀刘邦，他排禁直入营门，面斥项羽，使刘邦得借故乘机逃走。汉朝建立，又从刘邦击破臧荼，陈豨与韩王信等人反叛，取楚王韩信，封舞阳侯，任左丞相，因娶吕后妹吕须为妻，特受殊宠。（参见《史记》）

［3］学语之流：指鹦鹉学舌之辈。

［4］猫有歃（shà）血之功，虎有起尸之德：起尸者，能令死者得活。虎乃至阳之物，能噬食鬼魅。相传人死之后，若能将其尸体置于虎背上，即能复活。歃血，古代盟会中的一种仪式。盟约宣读后，参加者用口微吸所杀牛羊猫狗等动物之血，以示诚意。一说，以指蘸血，涂于口旁。歃：吸义。虎和猫，虽然形似而力用却完全不同。宗门中比喻明眼宗师，有大手眼，随机施教，杀活自在，不拘一格，生杀自如。

［5］百杂碎：丁福保《佛学大辞典》：“细碎其物也。《传灯录》七‘大梅章’曰：‘庞居士因问大梅常和尚，久闻大梅，未审梅子熟未也？师云：何处着嘴？居士云：百杂碎。师展手云：还我核子来。居士无语。’”《禅宗大词典》：“粉碎。《祖堂集》卷六，石霜：‘三世诸佛不能唱，十二分教载不起。三乘教外别传，十方老僧口，到这里百杂碎。’《景德传灯录》卷九，沩山灵祐：‘大小沩山，被那僧一问得百杂碎。’亦作‘百碎’。”

［6］筹子：古时大便后用以拭秽之具。也称“厕简”或“厕筹”。

［7］大阐提：断善的大恶人。阐提：一阐提迦的简称，是极难成佛的意思。他是不信因果，造五逆十恶，断诸善根，坠入阿鼻地狱的人，此种人极难成佛，名断善阐提。

［8］相为：帮助他，接引他学佛。

［9］或凡或圣，龙树马鸣，天堂地狱，镬汤炉炭，牛头狱卒，森罗万象，日月星辰，他方此土，有情无情：都是列举排比哪些众生，他们都是禅师所说宗门的普渡对象，中间不能用句号，旧校本标点有误。“龙树马鸣”是两位大菩萨，“镬汤炉炭，牛头狱卒”是地狱里面的景象。

［10］四无量心：四种广大的利他心。即为令无量众生离苦得乐，而起的慈、悲、喜、舍四种心，或入慈、悲、喜、舍四种禅观。又称四无量、四等心、四等、四梵住、四梵行、无量心解脱。所谓慈，即友爱之心。悲，即同情他人的受苦。喜，即喜悦他人之享有幸福。舍，即舍弃一切冤亲之差别相，而平等亲之。凡此皆为应依禅定修习的利他之心，若能修行，则能令众生获福无量，得生于大梵天，故又名四梵行。

［11］南斗六：南斗六颗星。南斗：星名。即斗宿，有星六颗。在北斗星以南，形似斗，故称。

［12］毗卢：毗卢舍那的简称，也是法身佛的通称。

［13］耆（qí）年：指高年。

［14］万里崖州：意谓与禅义相隔极远。崖州：地名，在今海南省南部海岸崖县一带。当时中国最偏远地区。

［15］忖（cǔn）：思量，揣度。

［16］己事未明：自己的大事（解脱轮回）不清楚，旧校本作“已事未明”，校勘有误。宝祐本亦作“己事未明”。

［17］涩：生锈。

［18］檐：屋檐，屋瓦边滴水的部分。

［19］师乃忻然：禅师露出很高兴的样子。旧校本标点有误，“师乃忻然”后不是逗号，因为此句后是另外的对话了。忻然，指高兴、愉快的样子。

［20］将息寮（liáo）：养病房。将息：休养，调养。寮：僧舍。

【概要】

归省禅师，生卒年不详，俗姓贾，冀州（今河北冀州）人，北宋临济宗僧人。他青少年时期（弱冠）在易州（今河北易县）的保寿院出家，受具足戒之后，在

游方的过程中，曾到汝州（今河南汝州）的首山参访省念禅师。

有一天，首山省念禅师举起竹篦说："这个物件，要称它为竹篦，就相触。要不称它为竹篦，则相背。那么，究竟应该称它为什么呢？"

"触"，指触犯真谛，因为竹篦只是一个相，缘起而性空。称它为竹篦，就看不到其性空的一面。"背"，指违背俗谛，世俗认为它就是一个竹篦，如果你不称其为竹篦，就违俗。首山禅师的这个问题，莫有契之者，禅林中称为"触背关"。相类似的还有本书第十七章"黄龙祖心禅师"条："师室中常举拳，问僧曰：'唤作拳头则触，不唤作拳头则背。唤作甚么？'"

僧肇曾讲，谈真则逆俗，顺俗则违真。对于这个真俗二谛关系的处理，僧肇认为要即俗即真。首山省念的问题，也在于提醒要超越二元对立。

归省禅师听后，一把夺过竹篦，掷在地上，问："是什么？"首山省念禅师说道："瞎！"归省禅师"于言下豁然顿悟"。

一个"瞎"字，本是禅林呵斥语，斥责那些不名宗旨的人。但归省禅师听到这个"瞎"就开悟了。为什么呢？"瞎"的表面上是眼睛瞎了，什么也看不见，但从"悟"的层面来说，视而不见，听而不闻，正是清净心显露的时候。所以，当禅师把竹蔑拿在手里的时候还实有竹蔑的存在（俗谛），而把它抛弃到地上的时候，省念禅师一个"瞎"字，使他看到竹蔑虽然仍旧存在，而心中已经没有竹蔑了（真谛）。这就是僧肇所说"真俗不二"的含义。

对于这个开悟因缘，大慧宗杲禅师颂曰："背触非遮护，明明直举扬。吹毛虽不动，遍地是刀枪。"

枯木元禅师颂道："不触又不背，徒劳生拟议。开口更商量，白云千万里。"

归省禅师后来在叶县（今属河南省平顶山市）广教禅院开法，世称"叶县归省"。

【参考文献】

《宗鉴法林》卷二十九；《天圣广灯录》卷十六；《联灯会要》卷十二。

神鼎洪諲禅师

潭州神鼎洪諲[1]禅师，襄水[2]扈氏子。自游方，一衲以度寒暑。尝与数耆宿至襄沔间，一僧举论宗乘，颇敏捷。会野饭，山店中供办，而僧论说不已[3]。

师曰："三界唯心，万法唯识。唯识唯心，眼声耳色，是甚么人语？"

僧曰："法眼语。"师曰："其义如何？"曰："唯心故根境不相到，唯识故声色摋然[4]。"师曰："舌味是根境否？"曰："是。"师以筯[5]筴[6]菜置口中，含胡而语曰："何谓相入邪？"

坐者骇然，僧不能答。师曰："途路之乐，终未到家。见解入微，不名见道。参须实参，悟须实悟。阎罗大王，不怕多语。"僧拱而退。

后反长沙，隐于衡岳三生藏。有湘阴豪贵，来游福严，即师之室。见其气貌闲静，一钵挂壁，余无长物。倾爱之，遂拜跪，请曰："神鼎乃我家植福之地，久乏宗匠，愿师俱往，何如？"师笑而诺之，即以己马负师至。十年始成丛席。一朽床为说法座，其甘枯淡无比。又以德腊俱高，诸方尊之，如古赵州。

僧问："诸法未闻时如何？"师曰："风萧萧，雨飒飒。"曰："闻后如何？"师曰："领话好！"

问："鱼鼓[7]未鸣时如何？"师曰："看天看地。"曰："鸣后如何？"师曰："捧钵上堂。"

问："古涧寒泉[8]时如何？"师曰："不是衲僧行履处。"曰："如何是衲僧行履处？"师曰："不见有古涧寒泉。"

问："两手献尊堂[9]时如何？"师曰："是甚么？"

问："学人到宝山，空手回时如何？"师曰："腊月三十日。"

问："如何是和尚家风？"师曰："饥不择食。"

问："如何是和尚为人句？"师曰："拈柴择菜。"曰："莫只这便是也无？"师曰："更须子细。"

问："拨尘见佛时如何？"师曰："佛亦是尘。"

问："如何是道人活计？"师曰："山僧自小不曾入学堂。"

官人指木鱼问："这个是甚么？"师曰："惊回多少瞌睡人。"官曰："洎不到此间？"师曰："无心打无心。"

问："如何是清净法身？"师曰："灰头土面[10]。"曰："为甚么如此？"师曰："争怪得山僧。"曰："未审法身向上还有事也无？"师曰："有。"曰："如何是向上事？"师曰："毗卢顶上金冠子。"

问："菩提本无树，何处得子来？"师曰："唤作无得么？"

问："持地菩萨[11]修路等佛，和尚修桥等何人？"师曰："近后。"

问："和尚未见先德时如何？"师曰："东行西行。"曰："见后如何？"师曰："横担拄杖。"

上堂，举："洞山曰：'贪嗔痴，太无知，赖我今朝识得伊。行便打，坐便槌，分付心王子细推。无量劫来不解脱，问汝三人知不知？'"师曰："古人与么道，神鼎则不然。贪嗔痴，实无知，十二时中任从伊。行即往，坐即随，分付心王拟何为？无量劫来元解脱，何须更问知不知？"

【注释】

［1］洪諲（yīn）：禅师名。

［2］襄水：古水名。又称襄江、襄河。即今湖北省襄樊市以下汉水河段。

［3］会野饭，山店中供办，而僧论说不已：聚会于一顿野餐中，山中饭店负责供养操办，而那位僧人说个不停。旧校本标点有误，作"会野饭山店中，供办而僧论说不已"，无法理解原意。

［4］摐（chuāng）然：错综复杂的样子。参见本书第十九章"文殊心道禅师"条："三界唯心，万法唯识。今目前万象摐然，心识安在？"

［5］筯（zhù）：同"箸"。筷子。

［6］筴（jiā）：夹取东西的用具。此处指夹菜。

［7］鱼鼓：木鱼。僧家器具，敲击报事。

［8］古涧寒泉：禅林比喻艰苦的修炼过程，尝过它的味道才可见道的本体。参见《雪峰真觉大师语录》卷之下："僧问：'古涧寒泉时如何？'师云：'瞪目不见底。'进云：'饮者如何？'师云：'不从口入。'僧举到赵州，州云：'不可从鼻孔里入。'僧却问赵州：'古涧寒泉时如何？'州云：'苦。'进云：'饮者如何？'州云：'死。'师闻举，云：'赵州古佛！'从兹不答话。"从以上问答可知道，赵州古佛最终回答了这个问题，雪峰禅师听后不再回答这个问题。赵州用"古涧寒泉"比作一个修行的过程，"味道很苦"，并且喝了这水就会死。可要想修行成功，不喝它不行。开悟先要"死去"，才能获得新的生命。正如高僧所说，打得念头死，许你法身活。

［9］尊堂：对他人母亲的敬称，又指父母。

［10］灰头土面：禅林用语。原指头脸为灰土所污之意。于禅林中，借以形容修行者悟道之后，为济度众生而甘愿投身于群众之中，不顾尘世之污浊。与"和光同尘""拖泥带水"之意略同。然一般所谓之"灰头土脸（面）"，则含有不光彩、颜面无光，或不事修饰、奔波劳顿的样子。

[11] 持地菩萨：修桥补路的菩萨。《楞严经》："持地菩萨即从座起，顶礼佛足而白佛言：'我念往昔普光如来出现于世，我为比丘，常于一切要路、津口、田地、险隘，有不如法妨损车马，我皆平填，或作桥梁、或负沙土，如是勤苦经无量佛出现于世，或有众生于阛阓处，要人擎物我先为擎，至其所诣放物即行不取其直。毘舍浮佛现在世时，世多饥荒，我为负人，无问远近唯取一钱，或有车牛被于陷溺，我有神力为其推轮拔其苦恼，时国大王筵佛设斋，我于尔时平地待佛，毘舍如来摩顶谓我：当平心地，则世界地一切皆平。我即心开，见身微尘与造世界所有微尘等无差别，微尘自性不相触摩，乃至刀兵亦无所触，我于法性悟无生忍成阿罗汉。回心今入菩萨位中，闻诸如来宣妙莲华佛知见地，我先证明而为上首。佛问圆通，我以谛观身界二尘等无差别，本如来藏虚妄发尘，尘销智圆成无上道斯为第一！"

【概要】

洪諲禅师，宋代禅僧。俗姓扈。襄水（今属湖北）人。参首山省念禅师得悟，嗣其法。初隐南岳衡山，一钵自足。遇湘阴豪贵来游，请主其邑之神鼎寺，洪諲允诺。至其寺则已败毁，唯余残迹。洪諲清苦自持，居住十年，道侣渐集，犹以破朽木床为狮子座，踞以说法，其淡泊多如此。以年腊俱高，诸方尊之如赵州从谂。惠洪《禅林僧宝传》称赞他："譬如夜月行空，任运而去至，甘于枯淡，以遂夙志，依林樾以终天年。可以追媲其师也。"他的确是一位令人景仰的禅师。卒年八十余岁。著有《神鼎山第一代諲禅师语录》。

《建中靖国续灯录》记载，洪諲有法嗣十四人，其中澧州夹山子英禅师、随州善光山兰禅师、天台妙智光云禅师、潭州龙兴禹禅师、江陵开圣宝情山主等五人有机语见录。

真观在《禅》刊发表了《挟菜置口的说法人——神鼎洪諲禅师的生平》：

神鼎洪諲的生卒年皆不可考。仅能从文献中估计他是出生于 954 年（后周世宗显德一年），卒于 1038 年（仁宗景佑三年），误差大约十年。基本上他是生于五代末期，卒于北宋仁宗时代。

《禅林僧宝传》记载，洪諲"得道时未壮，隐于南岳二十年，乃领住持事。又二十年，方开堂说法"。他十八岁见道后，曾游于襄水与汉水之间，之后才隐于南岳。所以，他开堂说法应该是六十岁左右。《宗统编年》记载，洪諲于 990 年隐迹于南岳，1009 年住神鼎山，此部分大体相符。但是，《宗统编年》说洪諲在智度寺开堂说法，是在 1018 年，此时他住神鼎山，应该只有九年，并不是《禅林僧宝传》所说的二十年。《禅林僧宝传》又说，洪諲住山三十年时楚圆来访，据《宗统编年》的记载，此年是 1023 年，此时他住神鼎山只有十五年，二者亦明显不符。

两种文献记载不符，抉择不易，但楚圆是黄龙派和杨岐派的共祖，有关楚圆的年代，准确性应该会比较高。《宗统编年》记载仁宗天圣元年（1023 年）楚圆访洪諲，以及天圣二年楚圆住持道吾山兴化寺，此部分与《禅林僧宝传》所载事实基本吻合，所以应该是可信的，可作为推测其生卒年的基准点。

估计楚圆来访时，洪諲70 岁，这样他应该是出生于 954 年（后周世宗显德一年）。再估计洪諲85 岁去世，则他应该是卒于 1038 年（仁宗景佑三年）。即使以上的估计误差十年，他仍然是生于五代末期，卒于北宋仁宗时代。

【参考文献】

《续传灯录》卷一；《禅林僧宝传》卷十四；《嘉泰普灯录》卷一；真观《挟菜置口的说法人——神鼎洪諲禅师的生平》。

【拓展阅读】

真观《挟菜置口的说法人——神鼎洪諲禅师的生平》

（出自河北省佛教协会《禅》2008 年度第三期）

禅宗史上，有二位洪諲禅师。一位是唐朝的径山洪諲禅师（？ ~904 年）。他是吴兴人，俗姓吴，是沩仰宗沩山灵祐禅师法嗣（得法弟子）。另一位才是北宋的神鼎洪諲禅师，也就是本文的主角。他是襄水人，俗姓扈，为临济宗首山省念禅师法嗣。径山洪諲为南岳（怀让禅师）下四世，神鼎洪諲为南岳下九世。他们本是不相干的两个人，却因为法名相同，往往有张冠李戴的情形。

他十八岁时，本来只是想到开封学一点经论，作为一生修行的指南。不料，到了汝州，忽然兴起，上了首山（今河南襄城县南五里），被省念禅师（926 ~ 994 年）当头一槌，顿时浃背流汗，豁然开悟。在充满法喜的状态下，他不自觉的跪下来礼谢省念三拜，成为临济宗第六代传人。

得法之后，洪諲和几位禅门老宿在襄水与汉水之间参访，在山野间的饭店参加斋僧会，碰到一位僧人在谈论禅旨，雄辩涛涛。洪諲问那僧：“您刚才说‘三界唯心，万法唯识，唯识唯心，眼声耳色’，这是谁说的话？”那僧答：“是法眼文益大师所说的偈。”又问：“是什么意思呢？”答：“因为唯心的缘故，感官（根）与境界（境）全都是一心，所以没有感官可以察觉境界（根境不相到）；因为唯识的缘故，便有万种声色的显现。”又问：“舌头是感官、味道是境界相吗？”那僧答：“是。”洪諲听了，便以筷子挟菜入口，嘴巴含着菜，语声含糊地问：“这样子叫作相入吗？”

文益是法眼宗的开山祖师，洪諲当然不会否定他所开示的法要，所以他其实是在境界相当中，显示唯心、根境不相到的宗门旨趣。只是他所显示的，明明是味尘涉入舌根的境界相，一般人无法理解：为什么在这时候，也是根境不相到？

开示根境不相到的经教，不在少数，如《金刚经》“不取于相，如如不动”、《心经》“无眼耳鼻舌身意，无色声香味触法”、《维摩诘所说经》“不入是菩提，无贪着故”等。不是真参实悟的人，对这类的经教，只有文字概念的理解，遇上洪諲这种丝毫取巧不得的机锋，只有瞠目结舌的份了。这便是见道者与凡夫的分野所在。

洪諲便不客气的，把那位好说理而不务实证的僧人，结结实实地教训了一顿：“路途上的快乐，并不等同到家。你见解固然微细，却还不是真见道。参须实参，悟须实悟。未悟言悟，死后到了阴间，阎罗王可不怕你多言好辩！”

以上公案，在禅门中非常的有名，这是洪諲初出茅庐之作，也是他一生当中最有名的机锋，如雄狮怒吼，声震丛林，奠定了他大宗师的地位。此时的他，可能只是个二十岁左右的少年郎，最多也不过三十岁。

披露头角之后，本可开山说法，扬名立万，但他却甘于隐晦，于宋太宗淳化元年（990 年），到南岳三生藏隐居。直到宋真宗大中祥符二年（1009 年），有一位潭州（治今湖南长沙）富豪来福严寺游玩，偶然看到他“气貌闲静”，室中除了一只钵挂在墙上之外一无长物，生起景仰之心，因而邀请他到潭州神鼎山弘法。十年之后，有徒众三十人，仍以一张朽木床，作为说法的床座。

北宋云门宗著名禅僧契嵩（1007～1072 年），年轻的时候曾经到神鼎山参访。洪諲跟他说：“你来得正是时候，我们寺院今年才刚有酱菜可以吃。”第二天早餐的时候，契嵩看到有人从竹筐拿东西分配到僧众的钵中，觉得很奇怪，特地出去看，原来都是一些碎饼饵。人家告诉他：“这寺院从来不煮粥，要是有施主请僧，住持洪諲便请僧众轮流赴请，把吃不完的食物带回来，弄碎后以小火焙干，当作早餐来吃。昨天堂头和尚说你来得正是时候，先前我们是没有酱菜吃的。”契嵩没想到这个寺院竟然节俭成这个样子，着实吃了一惊。

据《禅林僧宝传》，洪諲在神鼎山住持二十年时，智度寺沙门本延前来拜谒他。回去之后便禀报郡地方官：“洪諲公乃是真正的本色老宿，可惜隐没在山中，未能广度大众。”地方官乃备具礼数，延请洪諲开堂说法。洪諲推辞不掉，只得应命。宋真宗天禧二年（1018 年），洪諲于今长沙县北方十里的智度寺开堂说法，从此之后，才广收门徒。

洪諲晚年的时候，遭遇到一次法战的挫败，对手是他的法侄石霜楚圆（986～1039 年）。《禅林僧宝传》记载，此事发生在洪諲住神鼎山三十年的时候，清《宗统编年》系此事于宋洪諲坐在朽木床上说法仁宗天圣元年（1023 年）。当时他大约

七十岁，由于机锋凌厉，寻常的参禅僧，是不敢登门求教的。有一天，楚圆却故意留着长发，穿着破烂的衣服，讲粗俗的地方话，自称是洪禋的法侄来求见。话才说完，大家已被他逗得哈哈大笑。

洪禋请小徒弟过去问："请问长老，您是谁的弟子？"楚圆也不正视人家，把下巴抬得高高的，看着后面的屋子答："我是亲见汾阳善昭而来的。"洪禋一看，不敢怠慢，问道："传说汾州有只西河狮子，有这回事吗？"楚圆突然指着他后面，高声叫道："房子倒了！"小徒弟信以为真，赶紧逃开。洪禋也猛然回头看了一下，什么事也没有！这才警觉自己已着了楚圆的道。楚圆于是坐在地上，脱一只鞋子给洪禋看，表示自己就是传说中的那只西河狮子。

按禅门的规矩，楚圆既以机锋表明证悟者的身份，洪禋本该请他到方丈室奉茶的。但洪禋年纪大了，忘记自己刚才问了什么，也弄不清楚圆的意旨，一时答不上话。楚圆看他答不上，便慢慢地站起来，整理衣服，边走边说："好大的名气，见面不过尔尔。"洪禋派人去追，楚圆仍是扬长而去。

洪禋毕竟是气度非凡的一代宗师，他并不以之为忤，反而赞叹着说："汾阳善昭竟有这样的徒弟！"本延和尚因此向郡地方官推荐，让楚圆到道吾山兴化寺担任住持。石霜楚圆是汾阳善昭（947～1024 年）最重要的弟子，黄龙慧南和杨岐方会都是他的法嗣。楚圆后来能够发扬临济宗旨，与洪禋的推荐，有很大的关系。楚圆这件事，并不影响洪禋的声望，不但如此，大家反而越来越推崇他，将他与唐朝的赵州从谂禅师相提并论。

曾经有人画他的肖像，要求他题字。他写道：

神鼎真，谁人写？吾之相，一如也。

真相既尔，秋天月夜，瞻之写之。摩诃般若。

显然，他并不是以色相为自己的真相，而要人家在秋天月夜，看看、写写，这样才能找到他的真相。

七十六岁时，洪禋闲来于墙上写偈：

寿报七十六，千足与万足。

若问西来意，彼此莫相触。

何付嘱？报你张三、李四叔，山又青、水又绿。

这首偈相当于他的临终传法偈。意思是说，他能活到七十六岁，已经心满意足了。如果有人问他："何谓祖师西来意？"他会回答："彼此莫相触。"他付嘱后人最重要的话是："报你张三、李四叔，山又青、水又绿。"意思是说，你想知道西来意，就看看路上的张三、李四，还有青青的山、绿绿的水。他一直活到八十多岁，才与世长辞。

神鼎洪諲的生卒年皆不可考。仅能从文献中估计他是出生于954年（后周世宗显德元年），卒于1038年（宋仁宗景祐五年），误差大约十年。基本上他是生于五代末期，卒于北宋仁宗时代。

《建中靖国续灯录》记载，洪諲有法嗣十四人，其中澧州夹山子英禅师、随州善光山兰禅师、天台妙智光云禅师、潭州龙兴禹禅师、江陵开圣宝情山主五人有机语见录。

洪諲年纪轻轻便声震丛林，有锐利的智慧与辩才而甘于隐遁，一生随缘、随分，节俭而不事钻营；老来法战失利，不以为忤，而能举荐贤良。若非真实悟道，岂能如此？惠洪《禅林僧宝传》称赞他："譬如夜月行空，任运而去至，甘于枯淡，以遂夙志，依林樾以终天年。可以追媲其师也。"他的确是一位令人景仰的禅师。

谷隐蕴聪禅师

襄州谷隐山蕴聪慈照禅师，初参百丈恒和尚。因结夏，百丈上堂，举："《中观论》曰：'正觉无名相[1]，随缘即道场。'"师便出问："如何是正觉无名相？"丈曰："汝还见露柱么？"师曰："如何是随缘即道场？"丈曰："今日结夏。"

次参首山，问："'学人亲到宝山，空手回'时如何？"山曰："家家门前火把子。"师于言下大悟，呈偈曰："我今二十七，访道曾寻觅。今朝喜得逢，要且不相识。"

后到大阳，玄和尚问[2]："近离甚处？"师曰："襄州。"阳曰："作么生是不隔底句？"师曰："和尚住持不易。"阳曰："且坐吃茶。"师便参众去。

侍者问："适来新到，祇对'住持不易'，和尚为甚么教坐吃茶。"阳曰："我献他新罗附子[3]，他酬我舶上茴香[4]。你去问，他有语在。"侍者请师吃茶，问："适来祇对和尚，道'住持不易'，意旨如何？"师曰："真鍮不博金[5]。"

住后，僧问："如何是佛？"师曰："邛州多出九节杖。"曰："谢师指示。"师曰："且莫作答佛话会。"却问："来时无物去时空，二路俱迷，如何得不迷去？"师曰："秤头半斤，秤尾八两。"

问："如何是古佛心？"师曰："踏著秤锤硬似铁[6]。"曰："意旨如

何?”师曰：“明日向汝道。”

问：“青山渌水即不问，急切一句作么生道?”师曰：“手过膝，耳垂肩。”

问：“如何是道?”师曰：“车碾马踏。”曰：“如何是道中人?”师曰：“横眠竖坐。”

问：“日往月来迁，不觉年衰老，还有不老者么?”师曰：“有。”曰：“如何是不老者?”师曰：“虬龙筋力高声叫[7]，晚后精灵转更多。”

问：“如何是学人深深处?”师曰：“乌龟水底深藏六[8]。”曰：“未审其中事若何?”师曰：“路上行人莫与知。”

问：“古人索火，意旨如何?”师曰：“任他灭。”曰：“灭后如何?”师曰：“初三十一[9]。”

因作清凉河堰[10]，僧问：“忽遇洪水滔天，还堰得也无?”师曰：“上拄天，下拄地。”曰：“劫火洞然，又作么生?”师曰：“横出竖没。”

问：“深山岩崖中还有佛法也无?”师曰：“有。”曰：“如何是深山岩崖中佛法?”师曰：“奇怪石头形似虎，火烧松树势如龙。”

问：“古人道：‘见色便见心。’露柱是色，那个是心?”师曰：“昼见簸箕星[11]。”曰：“意旨如何?”师曰：“柳营[12]节级横阶上。”

问：“如何是道?”师曰：“善犬带牌。”曰：“为其如此?”师曰：“令人惧见。”

上堂：“十五日已前诸佛生，十五日已后诸佛灭。十五日已前诸佛生，你不得离我这里。若离我这里，我有钩子钩你。十五日已后诸佛灭，你不得住我这里。若住我这里，我有锥子锥你。且道正当十五日，用钩即是，用锥即是?”遂有偈曰：“正当十五日，钩锥一时息。更拟问如何，回头日又出。”

问：“如何是无缝塔?”师曰：“直下看。”曰：“如何是塔中人?”师曰：“退后！退后!”

问：“承古有言：‘只这如今谁动口。’意旨如何?”师曰：“莫认驴鞍桥作阿爷下颔[13]。”

张茂崇太保[14]问：“摩腾[15]入汉，已涉繁词。达磨单传，请师直指。”师曰：“冬不寒，腊后看。”

问："若能转物，即同如来。万象是物，如何转得？"师曰："吃了饭，无些子意智[16]。"

问："寸丝不挂，法网无边。为甚么却有迷悟？"师曰："两桶一担。"

问："有情有用，无情无用。如何是无情无用？"师曰："独扇门子尽夜开。"

上堂："春景温和，春雨普润，万物生芽，甚么处不沾恩？且道承恩力一句，作么生道？"良久曰："春雨一滴滑如油。"

问："如何是学人自己法身？"师曰："每日般柴不易。"曰："此是大众底，如何是学人底？"师曰："三生六十劫。"

问："逐日开单展钵，以何报答施主之恩？"师曰："被这一问，和我愁杀。"曰："恁么则谢供养也。"师曰："得甚么人气力？"僧礼拜，师曰："明日更吃一顿。"

问："古人急水滩头毛毬子，意旨如何？"师曰："云开月朗。"

问："急水滩头连底石，意旨如何？"师曰："屋破见青天。"曰："屋破见青天，意旨如何？"师曰："通上彻下。"

问："一处火发，任从你救。八方齐发时如何？"师曰："快。"曰："还求出也无？"师曰："若求出，即烧杀你。"僧礼拜，师曰："直饶你不求出，也烧杀你。"

示众："第一句道得，石里迸出。第二句道得，挨拶[17]将来。第三句道得，自救不了。"

上堂："五白猫儿爪距狞，养来堂上绝虫行。分明上树安身法，切忌遗言许外生。作么生是许外生底句？莫错举。"

僧入室问："正当与么时，还有师也无？"师曰："灯明连夜照，甚处不分明。"曰："毕竟事如何？"师曰："来日是寒食[18]。"

【注释】

［1］名相：名：指事物之名称，能诠显事物之本体；相：指事物之相状。以名能诠显事物之相状，故称名相。盖一切事物，皆有名有相，耳可闻者是为名，眼可见者是为相。然此名与相皆是虚假而非契于法之实性者，乃系一种方便教化之假立施设，而凡夫常分别此虚假之名相，生起种种妄想执着。

［2］后到大阳，玄和尚问：旧校本标点有误，"大阳玄和尚"下画线当成一个

人名。“大阳”是地名，“玄和尚”是人名，中间还必须加逗号，才能正确表述原意。

［3］附子：中药名，有毒。多年生草本，秋月开花，若僧鞋，俗称僧鞋菊。叶茎有毒，根尤剧，含乌头碱，性大热，味辛，可入药。对虚脱、水肿、霍乱等有疗效。《后汉书·霍谞传》：“譬犹疗饥于附子，止渴于酖毒，未入肠胃，已绝咽喉，岂可为哉！”明代李时珍《本草纲目·草六·附子》：“其母名曰乌头。初种为乌头，像乌之头也，附乌头而生者为附子，如子附母也。”

［4］茴香：多年生草本植物。叶子分裂呈丝状，夏天开花，黄色。果实长椭圆形，可以做调味香科。果实可榨油，茎和叶子嫩时可食。明代李时珍《本草纲目·菜一·蘹香》（释名）：“苏颂曰：‘蘹香，北人呼为茴香，声相近也。’思邈曰：‘煮臭肉，下少许，即无臭气。臭酱入末亦香，故曰回香。’”

［5］真鍮（tōu）不博金：真正的“鍮”不输于“金”。博，指以物赌输赢、角胜负。“真鍮不博金”是当时的谚语，甚言可贵。鍮，鍮石，又简称“鍮”。一种黄色有光泽的矿石，即黄铜矿或自然铜鍮石似金而非金也。（唐代慧琳《一切经音义》）又指人造鍮，指铜与炉甘石共炼而成的黄铜。关于“鍮”字，旧校本校勘有误，项楚撰写《〈五灯会元〉点校献疑续补一百例》（《季羡林教授八十华诞纪念论文集》上册）指出：“第一次印本作‘谕’，固误；第二次印本改作‘揄’，亦非。”宝祐本亦作“鍮”。在佛典里面，还见用“鍮”造立佛像。《大唐西域记》卷五“羯若鞠阇国”条所载，该国有鍮石佛像。同书卷七“婆罗痆斯国”条亦载，位于婆罗痆河东北十余里之鹿野伽蓝，有鍮石佛像。又《出三藏记集》卷十二“法苑杂缘原始集”目录亦出现“林邑国献无量寿鍮石像记”一项。

［6］踏著秤锤硬似铁：喻指机锋硬挣，难以应对，难以承领。《杨岐语录》：“上堂：‘踏著秤锤硬似铁，哑子得梦向谁说？须弥顶上浪滔天，大洋海底遭火爇。参！’”本书第十六章“法云法秀”条：“上堂：‘山僧不会巧说，大都应个时节。相唤吃碗茶汤，亦无祖师妙诀。禅人若也未相谙，踏著秤锤硬似铁。’”《续传灯录》卷三二“枯木祖元”条：“上堂：‘有佛处不得住，踏著秤锤硬似铁；无佛处急走过，脚下草深三尺。三千里外，逢人不得错举。’”（摘自《禅宗大词典》）

［7］呌（jiào）：同“叫”。

［8］乌龟水底深藏六：“龟藏六”是佛经典故，乃取龟之隐藏头、尾、四足等六处于甲壳内，能免他物之迫害危难，以之比喻行者应深藏六根而防护之。谓众生之六识由六根门而驰散、攀缘于色、声、香等六尘之境，以致妄想杂起，故应如龟之内藏六根，以防魔害。旧校本未弄清“龟藏六”典故，因不理解，将原“龟藏六”改为“龟藏穴”，把本来正确的字改错了。《杂阿含经》四十三曰：“过去世

时，有河中草，有龟于中住止。时有野干，饥行觅食。遥见龟虫，疾来捉取。龟虫见来即便藏六，野干守伺，冀出头足，欲取食之。久守龟虫，永不出头，亦不出足。野干饥乏，嗔恚而去。诸比丘汝等，今日亦复如是……尔时世尊，即说偈曰：‘龟虫畏野干，藏六于壳内。比丘善摄心，密藏诸觉想。’”

[9] 初三十一：初三或十一日，是文昌日，可得到文昌帝君的保佑，是好日子。本书第十九章“灵隐慧远禅师”条：“初三十一，不用择日。”

[10] 堰（yàn）：挡水的堤坝。唐代高适《自淇涉黄河途中作》诗之四：“古堰对河壖，长林出淇口。”

[11] 簸箕星：灾星，彗星。即扫帚星，俗传扫帚星出现是不祥的预兆。

[12] 柳营：汉代周亚夫为将军，治军谨严，驻军细柳，号细柳营。后因称严整的军营为“柳营”。唐代卢纶《送从叔程归西川幕》：“群鹤栖莲府，诸戎拜柳营。”

[13] 莫认驴鞍桥作阿爷下颔：莫错认驴鞍桥是先父的遗骨。驴鞍桥，禅林用语。又作驴鞍鞒。指驴骨中形状酷似马鞍之骨。鞍桥，即指马鞍；其形状颇似桥，故有此称。驴鞍桥虽似马鞍，而实非真马鞍，然有愚痴之子，误以驴鞍桥为其父之遗骨，故禅林中每以之比喻愚昧、不辨真假法义之情形。

[14] 太保：官名。古三公之一，位次太傅。

[15] 摩腾：梵语，“迦叶摩腾”之略。最早来中国译佛经的人。东汉明帝迎至洛阳，译《四十二章经》等，汉地之有佛法自此始。

[16] 无些子意智：太愚蠢了，没有一点意智。些子，一点点。禅林作“没意智”“无意智”。指愚蠢，愚者。宗宝本《坛经》：“欲学无上菩提，不可轻于初学。下下人有上上智，上上人有没意智。若轻人，即有无量无边罪。”

[17] 挨拶（zā）：亦作“挨匝”。形容人群拥挤。宋代葛长庚《海琼集·鹤林问道篇》：“昔者天子登封泰山，其时士庶挨拶。”

[18] 寒食：节日名。在清明前一日或二日。

【概要】

慈照禅师（965～1032年），宋代临济宗僧。广东南海人，俗姓张。出家后，参百丈道常，继之参首山省念，大悟，嗣其法，为临济宗传人。后游方，历参湖北洞山守初、大阳山警延、智门师戒等。景德三年（1006年），住襄州（今湖北襄樊）石门山，天禧四年（1020年），移住谷隐山太平兴国禅寺，两山徒众多达千人。并交结翰林学士杨文亿、中山刘筠等。天圣十年示寂，世寿六十八，谥号“慈照禅师”。李遵勖为撰碑文。著有语录《石门山慈照禅师凤岩集》一卷。

【参考文献】

《天圣广灯录》卷十七；《释氏稽古略》卷四。

【拓展阅读】

石门蕴聪

（摘自徐文明著、明生主编《广东佛教与海上丝绸之路》）

据《天圣广灯录》卷十七《先慈照聪禅师塔铭并序》：始悟于决汝州首山念。念为马祖九世嫡。襄阳虎溪凤凰两山聚千徒。历二纪。天下仰之。予表赐紫方袍。再号慈照。名蕴聪。南海人也。姓清河氏。幼不杂戏。终日习坐。里人异之。自落发。不执爱行书。而自义了。未三十。达宝所。有奇相。

如此蕴聪为广东南海人，姓清河张氏，幼年便终日习坐，不好戏耍，颇有佛缘。出家之后，不执着于经书，而能明其意，亦与六祖有似。他初入江西，参法眼文益门人百丈禅师，后又到河南汝州，参首山省念（927～993 年），淳化四年（993 年）首山省念入灭之后，蕴聪又南下襄州，参云门文偃门人洞山守初，再到郢州参曹洞宗大阳警玄（941～1025 年），又至随州参智门师宽禅师。如此蕴聪虽然得法临济，却历参法眼、云门、曹洞诸宗，故备得天下禅门精华。

蕴聪后来到襄州石门山，景德三年，知州查道请为此门主持，不久，雪窦重显出川南下，至襄州，从蕴聪问道三年。天禧四年（1020 年），郡守夏竦请住谷隐山太平兴国禅院。天圣四年（1026 年），蕴聪自谷隐退席，驸马都尉李遵勖请到京中，住资国寺。天圣十年（1031 年）春入灭，临终有偈：

故疾发动不多时，寅夜宾主且相依。

六十八岁看云水，云散青天月满池。

灭后茶毗之时，无色成焰，舍利无数，灵应极多，观者如市。门人遍布诸方，有果州光普、襄州了同等，特别是俗家弟子李遵勖，作《天圣广灯录》，有名当时，影响后世。

广慧元琏禅师

汝州广慧院元琏禅师，泉州陈氏子。

到首山，山问：“近离甚处？”师曰：“汉上。”山竖起拳曰：“汉上还有这个么？”师曰：“这个是甚么盌[1]鸣声？”山曰：“瞎！”师曰：“恰是。”拍一拍便出。他日又问：“‘学人亲到宝山，空手回’时如何？”山曰："家家门前火把子。"师当下大悟，云："某甲不疑天下老和尚舌头也。"山曰："汝会处作么生，与我说来看。"师曰："只是地上水硇[2]砂也。"山曰："汝会也。"师便礼拜。

住后，僧问："如何是祖师西来意？"师曰："竹竿头上曜红旗。"

杨亿侍郎[3]问："天上无弥勒，地下无弥勒，未审在甚么处？"师曰："敲砖打瓦[4]。"又问："风穴道：'金沙滩头马郎妇。'意旨如何？"师曰："更道也不及。"

僧问："如何是无位真人？"师曰："上木下铁。"曰："恁么则罪归有处也。"师曰："判官掷下笔。"僧礼拜，师曰："拖出！"

问："如何是佛？"师曰："两个不是多。"

上堂："临济两堂首座相见，同时下喝，诸人且道还有宾主也无？若道有，只是个瞎汉。若道无，亦是个瞎汉。不有不无，万里崖州。若向这里道得，也好与三十棒。若道不得，亦与三十棒。衲僧家到这里，作么生出得山僧圈䙌[5]去。"良久曰："苦哉！虾蟆蚯蚓趚[6]跳上三十三天，撞着须弥山百杂碎。"拈拄杖曰："一队无孔铁锤。速退！速退！"

【注释】

［1］盌（wǎn）：一种敞口而深的食器。通作"椀"，也作"碗"。

［2］硇（náo）：矿物名。

［3］侍郎：古代官名。汉制，郎官入台省，三年后称侍郎。隋、唐以后，中书、门下及尚书省所属各部皆以侍郎为长官之副。至清雍正时，递升至正二品，与尚书同为各部的堂官。

［4］敲砖打瓦：对沉埋于言句问答者的讥斥语。《密庵语录》："二老宿，敲砖打瓦。琅邪和尚，画虎成狸。诸人要见祖师面壁底意旨么？穷坑难满。"

［5］圈䙌（huì）：同"圈缋"。圈定的范围，圈套。多指禅家接人施设或机语作略。《圆悟语录》卷五："寸丝不挂，犹有赤骨律在。万里无片云处，犹有青天在。若乃不尽去，未免者也周由。直饶一切坐断，已落佛祖圈缋。到这里作么生举扬，作么生提持？"《碧岩录》卷一，第五则："只如道尽大地撮来如粟米粒大，这个时节，且道以情识卜度得么？须是打破罗笼，得失是非一时放下，洒洒落落，自然透得他圈缋，方见他用处。"亦作"圈䙌""绻缋"等。(摘自《禅宗大词典》)

［6］趚（bèng）：同"蹦"。

【概要】

元琏禅师，生卒年不详，俗姓陈，泉州晋江（今福建省）人，北宋临济宗僧人。他参学时，曾参招庆真觉禅师，在招庆门下做饭，有时间就诵经。有一次，真觉禅师看到他在诵经，就问："你念的什么经？"他回答说："《维摩诘经》。"真觉禅师又问："经在这里，维摩诘在什么地方呢？"元琏禅师茫然不知如何回答，他很震惊，哭着说："大丈夫汉，被人一问，无话可说，岂不愧哉！"于是，他再到别处去参，一共参了福建地区的五十多位禅师，都没有开悟，这才到河南参首山省念禅师，终于大梧。

白云守端禅师颂道："空手归时谁肯信？驴驮马载入门来。家家举起火把子，半夜天如白日开。"

佛鉴慧懃禅师颂道："宝山到日事如何，空手回时所得多，家家门前火把子，明如日月照山河。"

广慧元琏禅师和蕴聪禅师的最后开悟，问的问题一样，首山省念禅师的回答也一样，两人都能言下大悟，所以，撰写《补续高僧传》的明河禅师说："首山一把火，前烧谷隐，后烧广慧。"

【参考文献】

《续传灯录》卷一。

三交智嵩禅师

并州承天院三交智嵩禅师，参首山，问："如何是佛法的的大意？"山曰："楚王城畔，汝水东流。"师于此有省，顿契佛意，乃作三玄偈曰："须用直须用，心意莫定动。三岁师子吼，十方没狐种。""我有真如性，如同幕里隐。打破六门关，显出毗卢印。""真骨金刚体可夸，六尘一拂求无遮。廓落[1]世界空为体，体上无为真到家。"山闻乃请吃茶，问："这三颂是汝作来邪？"师曰："是。"山曰："或有人教汝现三十二相时如何？"师曰："某甲不是野狐精。"山曰："惜取眉毛[2]。"师曰："和尚落了多少？"山以竹篦头上打，曰："这汉向后乱作去在。"

住后，上堂："文殊仗剑，五台横行。唐明[3]一路，把断妖讹。三世诸佛，未出教乘。网底游鱼，龙门难渡。垂钩四海，只钓狞龙。格外玄谈，为求知识。若也举扬宗旨，须弥直须粉碎。若也说佛说祖，海水便须枯竭。宝剑挥时，毫光万里。放汝一路，通方[4]说话。把断咽喉，诸人甚处出气？”

僧问：“钝根乐小法，不自信作佛。作佛后如何？”师曰：“水里捉麒麟。”曰：“与么则便登高座也。”师曰：“骑牛上三十三天。”

问：“古人拈椎竖拂，意旨如何？”师曰：“骑驴不著靴。”

问：“如何是夺人不夺境？”师曰：“家乡有路无人到。”曰：“如何是夺境不夺人？”师曰：“暗传天子敕，陪行一百程。”曰：“如何是人境两俱夺。”师曰：“无头虾蟆脚指天。”曰：“如何是人境俱不夺？”师曰：“晋祠[5]南畔长柳巷。”

问：“古人东山西岭青，意作么生？”师曰：“波斯鼻孔大。”曰：“与么则西天迦叶，东土我师。”师曰：“金刚手板阔。”

问：“大悲千手眼，那个是正眼？”师曰：“开化石佛拍手笑，晋祠娘子解讴歌[6]。”

问：“临济推倒黄檗，因甚维那吃棒？”师曰：“正狗不偷油，鸡衔灯盏走。”

问：“如何是截人之机？”师曰：“要用便用。”曰：“请和尚用。”师曰：“拖出这死汉！”

郑工部[7]问：“‘百尺竿头独打球，万丈悬崖丝系腰’时如何？”师曰：“幽州著脚[8]，广南厮扑[9]。”郑无语。师曰：“勘破这胡汉。”郑曰：“二十年江南界里，这回却见禅师。”师曰：“瞎老婆吹火[10]。”

僧问：“二边纯莫立，中道不须安。未审意旨如何？”师曰：“广南出象牙。”曰：“不会，请师直指。”师曰：“番国皮毬八百价。”

上堂：“寒温冷暖，著衣吃饭，自不欠少。波波地[11]觅个甚么？只是诸人不肯承当，如今还有承当底么？有则不得孤负山河大地，珍重！”

问：“祖师西来，三藏东去，当明何事？”师曰：“佛殿部署[12]修，僧堂老僧羞。”僧曰：“与么则全明今日事也。”师曰：“今日事作么生？”僧便喝，师便打。

问：“如何是学人用心处？”师曰：“光剃头，净洗钵。”曰：“如何是学人行履处？”师曰：“僧堂前，佛殿后。”

上堂，举：[13]“法眼偈曰：‘见山不是山，见水何曾别？山河与大

地，都是一轮月。’大小法眼未出涅槃堂。三交即不然，见山河与大地，锥刀[14]各自用。珍重！”

【注释】

［1］廓落：空寂。《如净续语录》：“净妙妙时解活计，露堂堂处有家风。须知脱体卓然道，廓落圆通是个宗。”

［2］惜取眉毛：禅家常语，含有两层意思：一是省点精神；二是言句别太多，别违背不立文字语言的禅旨。本书第六章“澧州洛浦山元安禅师”条：“问：‘法身无为，不堕诸数，是否?’师曰：‘惜取眉毛好!’”本书第十三章“曹山光慧”条：“问：‘古人云：如红炉上一点雪。意旨如何?’师曰：‘惜取眉毛好!’”“惜取眉毛”来自“不惜眉毛”，意谓不顾惜因使用言辞说教而遭受惩罚。禅林有不合禅法、眉须堕落的著名传说，参见“丹霞烧木佛”“眉须堕落”。

［3］唐明：三交智嵩禅师又称“唐明智嵩”。

［4］通方：通达，契合道法。再看本书第二十章“琅邪慧觉”条：“上堂：‘承言须会宗，勿自立规矩。若人下得通方句，我当刎颈而谢之。’”

［5］晋祠：周代晋国开国君主唐叔虞的祠庙。在今山西省太原市西南悬瓮山麓。晋水发源于此。风景优美，为当地名胜之区，现为全国重点文物保护单位之一。

［6］开化石佛拍手笑，晋祠娘子解讴歌：参见本书无义句的注释。开化，指开化寺，位于山西晋城高平市区东北，创建于五代后唐同光年间（923~926年），初名清凉寺。北宋熙宁六年（1073年）建造了大雄宝殿以后，改名为“开化禅院”，所以后来一直称为开化寺。该寺以拥有依山势镌刻着高约六十三米的蒙山摩崖大佛像而著名。开化寺佛阁遗址最新考古发掘成果，称蒙山大佛及佛阁是中国北朝时期体量最大的摩崖大佛和佛阁，大佛高度是世界第二大佛，雕造年代是世界最早的大型石刻佛像。

［7］工部：官署名。北周设工部中大夫，掌管工程事务。隋朝始定工部为六部之一，掌管各项营造工程，历代相沿，其长官为工部尚书。

［8］著脚：立足，涉足。宋代刘克庄《贺新郎·送唐伯玉还朝》词：“可但红尘难著脚，便山林、未有安身地。”

［9］厮扑：即相扑。犹今之摔跤。

［10］瞎老婆吹火：无义句。参见宋代明辩禅师《自赞三首·瞎老婆半夜吹火》：“瞎老婆半夜吹火，张聋子日午闻歌。”（《嘉泰普灯录》卷二十九）

［11］波波地：奔波操劳的样子。

［12］部署：官名。北宋前期临时委任的大军区统帅，称行营、驻泊或驻泊行营都部署和副都部署。统兵较少、官位较低者为部署和副部署。掌军旅屯戍、攻防等事务。景德二年（1005 年），去行营之名，只留驻泊都部署等官称。诸路设都部署等渐成定制。后避英宗赵曙名讳，改称都总管和总管。

［13］上堂，举：旧校本标点有误。所谓“上堂，举”，指禅师上堂开示，举出祖师所说过的话或公案，从“举”后开始就要用冒号与引号，这是上堂开示的开始。禅师引用祖师的话要用单引号，然后就是禅师对前面所引的评论与开示。本书凡是出现“上堂，举”时，旧校本标点常有误。

［14］锥刀：小刀。《淮南子·说山训》：“断右臂而争一毛，折镆铘而争锥刀，用智如此，岂足高乎?”又，指一种制茶用具。唐代陆羽《茶经·器》：“棨，一曰锥刀，柄以坚木为之，用穿茶也。”

【概要】

智嵩禅师，住并州（今山西汾水中游一带）承天院，又称“唐明智嵩”，首山省念禅师之法嗣。初参首山省念和尚，问道：“如何是佛法的大意?”首山和尚道：“楚王城畔，汝水东流。”智嵩禅师一听，言下有省，顿契佛意。后作三玄偈，呈首山和尚印可。智嵩禅师悟道后，住并州承天寺接众。曾上堂开示云：“寒温冷暖，著衣吃饭，自不欠少。波波地觅个甚么? 只是诸人不肯承当，如今还有承当底么? 有则不得孤负山河大地。”

【参考文献】

《续传灯录》卷一;《宗鉴法林》卷二十九。

忻州铁佛院智嵩禅师

有同参到，师见便问：“还记得相识么?”参头拟议，第二僧打参头一坐具曰：“何不快祇对和尚?”师曰：“一箭两垛[1]。”

师问僧[2]：“甚处来?”曰：“台山来。”师曰：“还见龙王么?”曰：“和尚试道看。”师曰：“我若道，即瓦解冰消。”僧拟议，师曰：“不信道。”

问：“亡僧迁化向甚么处去也?”师曰：“下坡不走，快便难逢。”

【注释】

［1］一箭两垛：意同一箭双雕，谓射一箭而打中两物，常比喻一句机语同时勘

明两人的禅悟深浅或具有双重禅机。垛：土筑的箭靶。

［2］师问僧：旧校本标点有误，“僧”不能在引号内。

汝州首山怀志禅师

僧问：“如何是祖师西来意？”师曰：“三尺杖子破瓦盆。”

问：“如何是佛？”师曰：“桶底脱[1]。”

问：“从上诸圣有何言句？”师曰：“如是我闻[2]。”曰：“不会。”师曰：“信受奉行[3]。”

【注释】

［1］桶底脱：禅家常斥责痴迷愚暗者为“漆桶”，“桶底脱”则明亮通畅，比喻驱除妄见，领悟道法。《碧岩录》卷一第七则：“只如超（指慧超）禅客于此悟去，也是他寻常管带参究，所以一言之下，如桶底脱相似。”

［2］如是我闻：佛经开头第一句话。又译“闻如是”“我闻如是”。依传统的说法，佛灭后不久，有五百阿罗汉于王舍城举行第一次结集。其时阿难于会众前诵出经文。而在诵出经文之前，先言“如是我闻”，以表示此下所诵乃直接从佛陀处所亲闻。

［3］信受奉行：佛经最后的话。信受如来所说之法而奉行之也。

仁王处评禅师

池州仁王院处评禅师，问首山：“如何是佛法大意？”山便喝。师礼拜，山拈棒。师曰：“老和尚没世界那！”山抛下拄杖曰：“明眼人难谩。”师曰：“草贼大败。”

智门迥罕禅师

随州智门迥罕禅师，为北塔僧使[1]点茶次，师起揖曰：“僧使近上坐。”使曰：“鹞子[2]头上，争敢安巢？”师曰：“捧上不成龙。”随后打一坐具。使茶罢，起曰：“适来却成触忤和尚。”师曰：“江南杜禅客，觅甚么第二碗。”

【注释】

［1］僧使：僧人使者。

［2］鹞子：一种凶猛的鸟，样子像鹰，比鹰小，捕食小鸟。

襄州鹿门慧昭山主

杨亿[1]侍郎问曰：“‘入山不畏虎，当路却防人’时如何？”师曰：“君子坦荡荡。”

僧问：“如何是鹿门山[2]？”师曰：“石头大底大，小底小。”曰：“如何是山中人？”师曰：“横眠竖卧。”

【注释】

［1］杨亿（974～1020年）：宋建州浦城（今属福建）人，字大年。幼颖异。年十一，太宗召试诗赋，授秘书省正字。淳化中，献《二京赋》，赐进士及第。真宗即位，超拜左正言，预修《太宗实录》；又与王钦若同总修《册府元龟》，其功居多。曾两为翰林学士，官终工部侍郎，兼史馆修撰。性刚介耿直，重交游，与王旦、刘筠、谢绛等友善。娴熟典章制度，喜奖掖后进。为文才思敏捷，精密有规裁。诗学李商隐，辞藻华丽，号“西昆体”。卒谥文。编《西昆酬唱集》，有《杨文公谈苑》《武夷新集》等。

［2］鹿门山：又名苏岭山。在今湖北襄阳县东南。《清一统志·襄阳府一》引《襄阳记》：“鹿门山，旧名苏岭山。建武中，襄阳侯习郁立神祠于山，刻二石鹿夹神道口，俗因谓之鹿门庙，遂以庙名山也。”据《新唐书·孟浩然传》记载：浩然“隐鹿门山”，并作有《夜归鹿门歌》诗。

丞相王随居士

丞相王随居士，谒首山，得言外之旨。自尔履践，深明大法。临终书偈曰：“尽堂灯已灭，弹指向谁说。去住本寻常，春风扫残雪。”

【概要】

王随（973～1039年），北宋河南府（今河南洛阳）人，字子正。真宗咸平进士。累擢淮南转运使、知制诰，以不善制辞，出知应天府及扬州。入京权知开封府，旋复出知杭、通等州及江宁府。所至有惠政，曾在淮南和江宁救灾。天圣间，由知河南府召为御史中丞。仁宗明道二年（1033年），拜参知政事。景祐二年（1035年），知枢密院事，寻拜同中书门下平章事（丞相）。四年，以无所建树，及与同僚屡起忿争，为韩琦所弹劾，罢相。卒于判河阳任上。卒谥“文惠”。

王居士与佛有缘，真宗时，以给事中知杭州，往兴教寺谒小寿禅师，机语契合，竟明大法。曾为长水子璇禅师之《首楞严义疏》注经作序，并删次《景德传灯录》三十卷为《传灯玉英集》十五卷行世。临终书偈而逝。

【参考文献】

《宋史卷》三一一；《宋史新编》卷九十七。

第十二章　南岳下十世
——南岳下十五世（临济宗）

长江行不尽，帝里到何时？既得凉风便，休将橹棹施。（石霜楚圆禅师）

第一节　南岳下十世

汾阳昭禅师法嗣

石霜楚圆禅师

潭州石霜楚圆慈明禅师，全州李氏子。少为书生。年二十二，依湘山隐静寺出家。其母有贤行，使之游方。闻汾阳道望[1]，遂往谒焉。阳顾而默器之。经二年，未许入室。每见必骂诟，或毁诋诸方，及有所训，皆流俗鄙事。一夕诉曰："自至法席已再夏，不蒙指示，但增世俗尘劳。念岁月飘忽，己事不明[2]，失出家之利。"语未卒，阳熟视[3]，骂曰："是恶知识，敢裨贩[4]我！"怒举杖逐之。师拟伸救，阳掩师口，乃大悟曰："是知临济道出常情。"服役七年。

辞去，依唐明嵩禅师，嵩谓师曰："杨大年[5]内翰[6]知见高，入道稳实，子不可不见。"

师乃往见大年。年问曰："对面不相识，千里却同风。"师曰："近奉山门请。"年曰："真个脱空。"师曰："前月离唐明。"年曰："适来悔相问。"师曰："作家。"年便喝，师曰："恰是。"年复喝。师以手划一划。年吐舌曰："真是龙象。"师曰："是何言欤？"年唤客司[7]："点茶来，元来是屋里人。"师曰："也不消得。"茶罢又问："如何是上座为人一句？"师曰："切。"年曰："与么，则长裙新妇拖泥走。"师曰："谁得似内翰？"年曰："作家！作家！"师曰："放你二十棒。"年拊膝曰："这里是甚么所在？"师拍掌曰："也不得放过。"年大笑，又问："记得唐明当时悟底因缘么？"师曰："唐明问首山：'如何是佛法的的大意？'山曰：'楚王城畔，汝水东流。'"年曰："只如此语，意旨如何？"师曰："水上挂灯球。"年曰："与么则孤负古人去也。"师曰："内翰疑则别参。"年

曰："三脚虾蟆[8]跳上天。"师曰："一任跨[9]跳。"年乃大笑。馆于斋中，日夕质疑智证，因闻前言，往行恨见之晚。

朝中见驸马都尉[10]李公遵勖曰："近得一道人，真西河师子。"李曰："我以拘文[11]，不能就谒，奈何！"年默然，归语师曰："李公佛法中人，闻道风远至，有愿见之心，政以法不得与侍从过从。"师于是邃明谒李公，公阅谒[12]，使童子问曰："道得即与上座相见。"师曰："今日特来相看。"又令童子曰："碑文刊白字，当道种青松。"师曰："不因今日节，余日定难逢。"童又出曰："都尉言，与么则与上座相见去也。"师曰："脚头脚底。"公乃出，坐定问曰："我闻西河有金毛狮子，是否？"师曰："甚么处得此消息？"公便喝，师曰："野干鸣。"公又喝，师曰："恰是。"公大笑。

师辞，公问："如何是上座临行一句？"师曰："好将息[13]。"公曰："何异诸方？"师曰："都尉又作么生？"公曰："放上座二十棒。"师曰："专为流通。"公又喝，师曰："瞎！"公曰："好去！"师应喏喏。

自是往来杨李之门，以法为友。

久之，辞还河东。年曰："有一语寄与唐明，得么？"师曰："明月照见夜行人。"年曰："却不相当。"师曰："更深犹自可，午后更愁人。"年曰："开宝寺前金刚，近日因甚么汗出？"师曰："知。"年曰："上座临行，岂无为人底句？"师曰："重叠关山路。"年曰："与么则随上座去也。"师嘘一声，年曰："真师子儿，大师子吼。"师曰："放去又收来。"年曰："适来失脚踏倒，又得家童扶起。"师曰："有甚么了期？"年大笑。

师还唐明，李公遣两僧讯师，师于书尾画双足，写来僧名以寄之。公作偈曰："黑毫千里余，金椁示双趺[14]。人天浑莫测，珍重赤须胡[15]。"

师以母老，南归至瑞州。首众于洞山，时聪禅师居焉。先是汾阳谓师曰："我遍参云门儿孙，特以未见聪为恨。"故师依止三年，乃游仰山。杨大年以书抵宜春太守黄宗旦，使请师出世说法。守以南源致师，师不赴。旋特谒守，愿行。守问其故，对曰："始为让，今偶欲之耳。"守大贤之。

住后，上堂："一切诸佛及诸佛阿耨多罗三藐三菩提法，皆从此经出。”乃竖起拄杖曰：“这个是南源拄杖子，阿那个是经？”良久曰：“向下文长，付在来日。”喝一喝，下座。

上堂，良久曰：“无为无事人，犹是金锁难[16]。”喝一喝，下座。

问：“如何是佛？”师曰：“水出高原。”

问：“如何是南源境？”师曰：“黄河九曲，水出昆仑。”曰：“如何是境中人？”师曰：“随流人不顾，斫手望扶桑。”

上堂：“云收雾卷，杲日[17]当空。不落明暗，如何通信？”

僧问：“山深觅不得时如何？”师曰：“口能招祸。”

问：“如何是佛法大意？”师曰：“洞庭湖里浪滔天。”

问：“东涌西没时如何？”师曰：“寻。”

问：“夜静独行时如何？”师曰：“三把茅[18]。”

问：“宝剑未出匣时如何？”师曰：“响。”曰：“出匣后如何？”师嘘一声。

问：“闹中取静时如何？”师曰：“头枕布袋。”

问：“牛头未见四祖时如何？”师曰：“堆堆[19]地。”曰：“见后如何？”师曰：“堆堆地。”

问：“一得永得时如何？”师曰：“抱石投河。”

问：“‘仗镆耶[20]剑，拟取师头’时如何？”师曰：“斩将去。”僧拟议，师便打。

师住三年，弃去谒神鼎諲禅师（鼎，首山高第，望尊一时，衲子非人类精奇[21]，无敢登其门者。住山三十年，门弟子气吞诸方）。师发长不剪，弊衣楚音，通谒称法侄[22]，一众大笑。

鼎遣童子问：“长老谁之嗣？”师仰视屋曰：“亲见汾阳来！”鼎杖而出，顾见颀然。问曰：“汾州有西河师子，是否？”师指其后，绝叫曰：“屋倒矣！”童子返走，鼎回顾相矍铄[23]。师地坐，脱只履[24]而视之。鼎老忘所问，又失师所在。师徐起整衣，且行且语曰：“见面不如闻名。”遂去。鼎遣人追之不可，叹曰：“汾州乃有此儿邪？”师自是名重丛林。

定林沙门本延有道行，雅为士大夫所信敬。鼎见延，称师知见[25]可兴临济。会道吾虚席，延白郡，请以师主之。法令整肃，亡躯为法者集焉[26]。

上堂："先宝应曰：'第一句荐得，堪与祖佛为师。第二句荐得，堪与人天为师。第三句荐得，自救不了。'道吾则不然：'第一句荐得，和泥合水[27]。第二句荐得，无绳自缚。第三句荐得，四棱著地[28]。所以道，起也海晏河清，行人避路；住也乾坤失色，日月无光。汝辈向甚么处出气？如今还有出气者么？有即出来，对众出气看。如无，道吾为汝出气去也。'"乃嘘一声，卓拄杖下座。

上堂："道吾打鼓，四大部洲同参。拄杖横也挑括乾坤大地，钵盂覆也盖却恒沙世界。且问诸人向甚么处安身立命？若也知得，向北俱卢洲吃粥吃饭。若也不知，长连床[29]上吃粥吃饭。"

次住石霜，当解夏，谓众曰："昨日作婴孩，今朝年已老。未明三八九，难踏古皇[30]道。手铄黄河干，脚踢须弥倒。浮生梦幻身，人命夕难保。天堂并地狱，皆由心所造。南山北岭松，北岭南山草。一雨润无边，根苗壮枯槁。五湖参学人，但问虚空讨。死脱夏天衫，生披冬月袄。分明无事人，特地生烦恼。"喝一喝，下座。

上堂："一喝分宾主，照用一时行。要会个中意，日午打三更[31]。"遂喝一喝，曰："且道是宾是主？还有分得者么？若也分得，朝打三千，暮打八百[32]。若也未能，老僧失利。"

因同道相访，上堂："飒飒凉风景，同人访寂寥。煮茶山上水，烧鼎洞中樵。珍重！"

问："达磨未来时如何？"师曰："长安夜夜家家月。"曰："来后如何？"师曰："几处笙歌几处愁。"

问："一物不将来时如何？"师曰："槐木成林。"曰："四山火来时如何？"师曰："物逐人兴。"曰："步步登高时如何？"师曰："云生足下。"

问："古人封白纸，意旨如何？"师曰："家贫路富。"

问："如何是祖师西来意？"师曰："三日风，五日雨。"

上堂："夫宗师者，夺贫子之衣珠，究达人之见处。若不如是，尽是和泥合水汉。"良久曰："路逢剑客须呈剑，不是诗人莫献诗。"喝一喝。

上堂："我有一言，绝虑忘缘。巧说不得，只要心传。更有一语，无过直举。且作么生是直举一句？"良久，以拄杖画一画，喝一喝。

问："己事未明，以何为验？"师曰："玄沙曾见雪峰来。"曰："意旨如何？”师曰：“一生不出岭。”

问：“祖意教意，是同是别？”师曰：“马有垂缰之报[33]，犬有骤草之恩[34]。”曰：“与么则不别也。”师曰：“西天东土。”

问：“如何是学人自己？”师曰：“打骨出髓。”

上堂：“入水见长人[35]。珍重！”

上堂：“面西行向东，北斗正离宫。道去何曾去，骑牛卧牧童。珍重！”

上堂：“春生夏长即不问，你诸人脚跟下一句作么生道？”良久曰：“华光[36]寺主。”便下座。

上堂：“药多病甚，网细鱼稠。”便下座。

示众，以拄杖击禅床一下云：“大众还会么？不见道：‘一击忘所知，更不假修持。诸方达道者，咸言上上机。’香严恁么悟去，分明悟得如来禅，祖师禅未梦见在。且道祖师禅有甚长处？若向言中取则，误赚后人[37]；直饶棒下承当，辜负先圣。万法本闲，唯人自闹。所以山僧居福严，只见福严境界。晏起早眠。有时云生碧嶂，月落寒潭。音声鸟飞鸣般若台前，娑罗[38]花香散祝融峰畔。把瘦筇[39]，坐磐石[40]，与五湖衲子时话玄微。灰头土面住兴化，只见兴化家风，迎来送去。门连城市，车马骈阗[41]。渔唱潇湘，猿啼岳麓。丝竹歌谣，时时入耳。复与四海高人，日谈禅道，岁月都忘。且道居深山，住城郭，还有优劣也无？试道看！”良久云：“是处是慈氏[42]，无门无善财[43]。”

问：“行脚不逢人时如何？”师曰：“钓丝绞水。”

问：“寻枝摘叶即不问，如何是直截根源？”师曰：“椰栗[44]拄杖。”曰：“意旨如何？”师曰：“行即肩挑云水衲，坐来安在掌中擎。”

问：“既是护法善神，为甚么张弓架箭？”师曰：“礼防君子。”

问：“如何是佛？”师曰：“有钱使钱。”

上堂：“祖师心印，一印印空，一印印水，一印印泥。如今还有印不着者么？试向脚跟下，道将一句来。设你道得倜傥分明[45]，第一不得行过衲僧门下，且道衲僧有甚么长处？”良久曰：“人王三寸铁，遍地是刀铊[46]。”喝一喝，卓拄杖下座。

上堂：“天已明，鼓已响。圣众臻，齐合掌。如今还有不合掌者么？

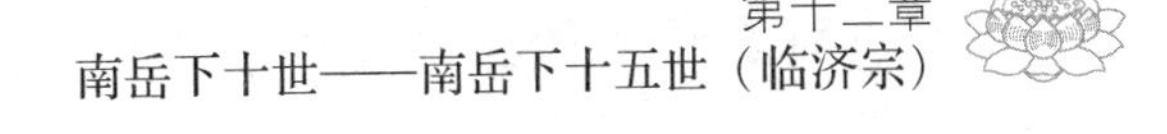

有即尼乾[47]欢喜，无则瞿昙[48]恶发。久立，珍重！”

问：“磨砻[49]三尺剑，去化不平人。师意如何？”师曰：“好去。”僧曰：“点。”师曰：“你看。”僧拍手一下，归众。师曰：“了。”

上堂：“北山南，南山北，日月双明天地黑。大海江河尽放光，逢着观音问弥勒。珍重！”

问：“有理难伸时如何？”师曰：“苦。”曰：“恁么则舌拄上腭也。”师嘘一声。僧曰：“将谓胡须赤[50]。”师曰：“梦见兴化脚跟么？”

示徒偈曰：“黑黑黑，道道道，明明明，得得得。”

师室中插剑一口，以草鞋一对、水一盆，置在剑边。每见入室，即曰：“看！看！”有至剑边拟议者，师曰：“险丧身失命了也。”便喝出。

师冬日牓[51]僧堂，作此字：“[illegible]”其下注曰：“若人识得，不离四威仪中。”首座见曰：“和尚今日放参。”师闻而笑之。

宝元戊寅，李都尉遣使邀师曰：“海内法友，唯师与杨大年耳。大年弃我而先，仆年来顿觉衰落，忍死以一见公。”仍以书抵潭帅，敦遣之[52]。师恻然与侍者舟而东下，舟中作偈曰：“长江行不尽，帝里到何时？既得凉风便，休将橹棹施。”至京师，与李公会月余，而李公果殁。临终画一圆相，又作偈献师：“世界无依，山河匪碍。大海微尘，须弥纳芥。拈起幞头[53]，解下腰带。若觅死生，问取皮袋。”师曰：“如何是本来佛性？”公曰：“今日热如昨日。”随声便问师：“临行一句作么生？”师曰：“本来无挂碍，随处任方圆。”公曰：“晚来困倦。”更不答话，师曰：“无佛处作佛。”公于是泊然而逝。

仁宗皇帝尤留神空宗，闻李公之化，与师问答，加叹久之。师哭之恸，临圹[54]而别。有旨赐官舟南归。中途谓侍者曰：“我忽得风痹[55]疾。”视之口吻已喎斜[56]，侍者以足顿地曰：“当奈何！平生呵佛骂祖，今乃尔。”师曰：“无忧，为汝正之。”以手整之如故，曰：“而今而后，不钝置[57]汝。”

后年正月五日示寂，寿五十四，腊三十二。铭行实于兴化，塔全身于石霜。

（《续通鉴》则平河东，在太平兴国己卯。据《佛运统纪》，则师入灭于康定庚辰。以寿数逆而推之，则雍熙丁亥师始生，《僧宝传》所载，恐失考证。）

【注释】

［1］道望：令誉，好声望。此处指禅师德高望重，大众向往。

［2］已事不明：自己的大事（解脱轮回）不清楚，旧校本作“已事不明”，校勘有误。宝祐本亦作“已事不明”。

［3］熟视：仔细看，注目细看。

［4］裨贩：做生意的贩子，小贩。《文选·张衡·西京赋》：“尔乃商贾百族，裨贩夫妇，鬻良杂苦，蚩眩边鄙。”薛综注：“裨贩，买贱卖贵，以自裨益。”此处名词作动词用，意思是敢把我视为做生意的小贩。

［5］杨大年：即杨亿，参见本书第十一章“襄州鹿门慧昭山主”条注释。

［6］内翰：唐、宋称翰林为内翰。

［7］客司：负责接待宾客的人。

［8］三脚虾蟆：歇后语：三脚虾蟆——没处寻。传说只有月亮上有三脚虾蟆，故以“三脚虾蟆”比喻没处可寻。参见清代翟灏《通俗编·禽鱼·三脚虾蟆》：“《五灯会元》：杨大年与石霜园参征，杨曰：‘三脚虾蟆跳上天。’园曰：‘一任跳。’按，俗言虾蟆唯月中者三脚，因有三脚虾蟆没处寻之谚。”“三脚虾蟆跳上天”可作无义句看，“三脚虾蟆”本来就不存在，更别说“跳上天”了。本书还有“三脚虾蟆背大象”亦可作无义句看，“三脚虾蟆”本来就不存在，更别说“背大象”了。

［9］跰（bèng）：同“蹦”。

［10］都尉：官名。唐代有轻车都尉、骑都尉等，皆勋官。

［11］拘文：拘泥于成法。《后汉书·崔骃传》：“俗人拘文牵古，不达权制。”宋代曾巩《杂诗》之二：“拘文已难骋，避世固多屈。”

［12］阅谒：看完请见的帖子。

［13］将息：珍重，保重。

［14］椁（guǒ）示双趺：释尊于拘尸那揭罗城外之娑罗林入灭后七日，迦叶方至，悲念而右绕释尊金棺，一心敬慕，赞叹佛德。时，千辐轮相（三十二相之一）之佛足示现金棺外。后世遂以椁示双趺表佛身出现棺外之意。椁：古代套于棺外的大棺。（参见《祖庭事苑》卷一、《云门录》卷上）

［15］赤须胡：出自谚语“将谓胡须赤，更有赤胡须”，比喻一个更比一个强。将谓：只说是，原以为。唐刘商《胡笳十八拍·第一拍》：“纱窗对镜未经事，将谓珠帘能蔽身。”

［16］无为无事人，犹是金锁难：参阅本书第八章“永隆慧瀛禅师”条注释。

［17］杲（gǎo）日：明亮的太阳，光明灿烂的太阳。杲：明亮，光明。

［18］三把茅：三把茅草。用三把茅草点燃当火把，以此回答僧人所提“夜静独行时”的问题。

［19］堆堆：久坐不动的样子，木然。禅宗即是屏蔽外界一切干扰，像个傻子一样什么也不管，才有开悟的可能。本书第十七章“双溪印首座”条：“折脚铛儿谩自煨，饭余长是坐堆堆。”《密庵语录・示芮禅人》：“白日只堆堆地坐，全不知佛法道理。”

［20］镆（mò）耶（yé）：即莫邪，宝剑名。因铸造者干将的妻子叫莫邪而得名，后泛指宝剑。传说春秋吴王阖庐使干将铸剑，铁汁不下，其妻莫邪自投炉中，铁汁乃出，铸成二剑。雄剑名干将，雌剑名莫邪。

［21］衲子非人类精奇：出家人中没有谁不把他视为惊奇不可思议的高僧形象。

［22］通谒称法侄：请求通报晋见神鼎諲禅师，称自己是法侄。

［23］矍铄：形容老人目光炯炯、精神健旺。《后汉书・马援传》：“援据鞍顾眄，以示可用。帝笑曰：‘矍铄哉，是翁也！’”

［24］只履：一只芒鞋。本书第一章“初祖菩提达磨祖师”条：“（达磨）端居而逝……葬熊耳山。起塔于定林寺。后三岁，魏・宋云奉使西域回，遇祖于葱岭，见乎携只履，翩翩独逝。云问：‘师何往？’祖曰：‘西天去！’”后以“只履”为僧人送行或追悼亡僧之典。

［25］知见：就意识云知，就眼识曰见，又推求名见，觉了云知。又三智云知，五眼云见。皆为慧之作用。《法华经・方便品》曰：“开佛知见。”又，指依自己之思虑分别而立之见解。与智慧有别，智慧乃般若之无分别智，为离思虑分别之心识。惟作佛知见、知见波罗蜜时，则知见与智慧同义。此处作“智慧”解释。

［26］会道吾虚席。延白郡，请以师主之。法令整肃，亡躯为法者集焉：正碰上道吾禅师圆寂，住持的位子正空。本延禅师就禀报当地长官，请求楚圆禅师担任住持。楚圆禅师担任住持后，整顿道风，严持戒律，许多为法忘躯的人都聚集到了他的门下。郡：古代行政区划。这段话旧校本标点甚乱，均更正。

［27］和泥合水：指用言语等方式启发、接引学人。从禅宗不立文字语言、要求当下省悟的角度来看，这并非高明的传授方式，只是随宜通融，应机接物，使中下根器者易于接受而已。如本书第二十章“开善道谦禅师”条：“放一线道，十方刹海，放光动地。是则是，争奈和泥合水！”亦作“合水和泥”。

［28］四棱著地：四个脚都踏在地上，比喻非常稳固，意在做人要踏踏实实。四棱，亦作“四楞”，四周，此处指四个脚。

［29］长连床：寺院僧堂中的大床，供僧徒们坐禅休息之用。《禅门规式》曰：“僧堂设长连床，施椸架，挂搭道具。”

［30］古皇：亦称“古皇氏”。传说中的有巢氏之号。宋代罗泌《路史·前纪九·有巢氏》：“（有巢氏）驾六龙从日月，是曰古皇。”

［31］日午打三更：参见本书无义句注释。

［32］朝打三千，暮打八百：是禅师对于僧徒参学失误的斥责。亦作“朝三千，暮八百”。

［33］马有垂缰之报：即“马有垂缰之义”的典故。其描述出自李汝珍所著《镜花缘》，典故出自《异苑》。说的是前秦世祖皇帝苻坚在一次战役中，不幸战败，落荒而逃。不料一失足掉在了山洞里，爬又爬不上来。在这个钧一发之际，他的坐骑突跪在涧边，将缰绳垂了下来，苻坚抓住缰绳爬上来，才脱了大难。此典故寓意为：牲畜尚且懂得知恩图报。

［34］犬有骣（zhàn）草之恩：“狗有湿草之恩”的典故。这典故出自晋人干宝所著之《搜神记》，讲的是三国时期吴国人李信纯的事。李信纯有一只狗，取名黑龙，颇通人性。有一天，李信纯外出会朋友，不料喝得酩酊大醉，回家路上摔倒在一片草地上便睡了过去。恰在这时，一批猎人放火围猎，眼看大火就要烧到李信纯身边，可他浑然不知。那狗想拉他，却拉不动。于是便跳到附近的水沟里把全身弄湿，然后跑回来，用身上的水将李信纯身边的草打湿，往返多次，才使得李信纯幸免一死。又，据《太平广记》，唐代太和年间，广陵人杨生有一爱犬时刻不离身边。一个寒冷的冬日，杨生酒醉卧于荒草中，遇火起风烈，情势紧急。爱犬狂吠而主人不醒，便几次跳入冰冷的水中，以水润湿四周干草，使主人得以脱险。从此便有了“犬有湿草之恩”的典故。骣，本指马在草地打滚，此指狗在草地打滚，把草弄湿。

［35］入水见长人：比喻在关键时刻才显出人的本领。

［36］华光：舍利弗未来成佛，云“华光如来”。《法华经·譬喻品》曰：“舍利弗，汝于未来世，过无量无边不可思议劫，供养若干千万亿佛，奉持正法，具足菩萨所行之道，当得作佛，号曰华光如来、应供、正遍知、明行足、善逝、世间解、无上士、调御丈夫、天人师、佛世尊。”

［37］若向言中取则，误赚后人：取则，取作准则、规范或榜样。误赚：误导蒙骗。旧校本未弄清“取则”一词的含义，将其分开标点为“若向言中取，则误赚后人”，不符合原意。

［38］娑罗：梵语。娑罗树之花。其色淡黄，属山茶花科。其果实可供食用。

［39］瘦筇（qióng）：指手杖。筇竹，节高干细，可作手杖，故称“瘦筇”。筇，也写作“邛”。唐代贾岛《延寿里精舍寓居》：“双履与谁逐，一寻青瘦筇。”

［40］磐（pán）石：厚而大的石头。

［41］骈（pián）阗（tián），同“骈田”，聚会，连属，形容多。

［42］慈氏：即弥勒菩萨，译为慈氏，现住在兜率天内院，是一生补处菩萨，将来当于住劫中的第十小劫，人寿减至八万岁时，下生此界，继释迦牟尼佛之后，为贤劫之第五尊佛。

［43］善财：即善财童子。《华严经·入法界品》里的主要人物，也是以“五十三参”事迹为人所知的佛教青年。参见本书第二章“善财童子”注释。

［44］楖（jí）栗：亦作“楖枥”。木名。可为杖。后借为手杖、禅杖的代称。外出行脚时，也常用拄杖来挑行李。“楖栗”系树木名，可制作拄杖，故有此借代义。唐代贾岛《送空公往金州》：“七百里山水，手中楖栗粗。”

［45］倜（tì）傥（tǎng）分明：形容明悟禅法，洞察禅机。

［46］铨（qiāng）：武器。

［47］尼乾：指尼乾子外道。印度古代六师外道之一，外道四执之一，外道十六宗之一，二十种外道之一。又作尼乾陀子外道、尼犍子外道、尼犍陀弗咀罗外道、尼干弗陀怛罗外道、尼犍陀子外道，或称尼犍子论师。此外道因以修苦行，离世间之衣食束缚，而期远离烦恼之结与三界之系缚，故有离系、不系、无继、无结等译名。又此外道不以露形为耻，故世人贬称为无惭外道、裸形外道。

［48］瞿昙：释尊俗家的古代族姓，华译为日，或甘蔗。

［49］磨砻（lóng）：本指磨石，此指在磨石上磨快。

［50］将谓胡须赤：出自谚语“将谓胡须赤，更有赤胡须”，比喻一个更比一个强。

［51］牓（bǎng）：题字。

［52］仍以书抵潭帅，敦遣之：接着又写信送给谭帅，敦促禅师尽快启程。旧校本标点校勘均有误。此句不是使者说话，而是叙述语言，故移出引号外。又，“潭帅”不是“潭师”，指潭州行政长官。

［53］幞（fú）头：又名折上巾、软裹，是一种包裹头部的纱罗软巾。因幞头所用纱罗通常为青黑色，也称“乌纱”，俗称为“乌纱帽”。幞头是中国隋唐时期男子的普遍服饰。

［54］临圹：亲送上山。圹，坟墓。

［55］风痹（bì）：中医学指因风寒湿侵袭而引起的肢节疼痛或麻木的病症。《灵枢经·寿夭刚柔》：“病在阳者命曰风病，在阴者命曰痹病，阴阳俱病，命曰风痹病。”

［56］㖞（wāi）斜：歪斜不正。㖞：指嘴歪。宋代宋慈《宋提刑洗冤集录·病死》：“或暗风如发惊搐死者，口眼多㖞斜。”

［57］钝置：亦作“钝致”。折磨，折腾。

【概要】

楚圆禅师（986～1039年），宋代临济宗僧。广西省全州（桂林）人，俗姓李。少为儒生，潜心举业。22岁回心向道，于湘山隐静寺得度。未久游襄沔之门，与守芝谷泉结伴入洛阳。闻善昭之道望为天下第一，遂赴汾州（今山西汾阳），依止二年仍未许入室。每见必诟骂，或毁诋诸方，所训亦皆流俗之鄙事。楚圆禅师一夕诉之，语未竟，昭熟视而骂曰："是恶知识，敢裨贩我！"举杖逐之。楚圆禅师欲伸解，昭更掩其口。楚圆禅师忽大悟，曰："是知临济道出常情。"遂服役约十二年（一说七年），尽领其旨。后至并州，访唐明智嵩，更与当世名士杨大年、李遵勖时聚论道。后欲归乡省母，过筠州（今江西高安），于洞山见晓聪，依止三年，又游仰山。时杨大年寄书宜春太守黄宗旦，请禅师住于袁州（今江西宜春）南源广利寺，居三年，辞而省母。又谒神鼎洪諲。洪諲大加赞赏，由是声名大扬。继主潭州（湖南）道吾之席，次住石霜山崇胜寺，又转南岳福严寺，后迁潭州兴化寺。宝元二年正月于潭州兴化寺示寂，世寿五十四。谥号"慈明禅师"。垂寂之际，感染风疾，口吻已斜，侍者泣曰："奈何平生呵佛骂祖，今乃尔！"师闻，以手正之，垂目而化。法嗣五十人中，以黄龙慧南、杨岐方会最为知名，且各成一派。遗有《石霜楚圆禅师语录》一卷。

《石霜楚圆禅师语录》一卷，又称《慈明禅师五会住持语录》，又作《慈明和尚语录》。宋代石霜楚圆撰，黄龙慧南重编。编集楚圆于袁州广利寺、潭州道吾山、石霜山崇胜院、南岳山福严寺等处的示众、上堂语以及机缘、勘辨、偈颂等。偈颂之中，除临济宗的三决三句、三玄三要外，亦有曹洞五位之颂。又《古尊宿语录》卷一一摘要刊录《楚圆语要》，题名《慈明禅师语录》。皆收入《续藏经》。

【参考文献】

《续传灯录》卷三；《禅林僧宝传》卷二十一；《天圣广灯录》卷十八；《建中靖国续灯录》卷四；《联灯会要》卷十二；《嘉泰普灯录》卷二。

【拓展阅读】

曾琦云《楚圆禅师的弯嘴风》

（摘自曾琦云著《心经心得》，线装书局出版）

楚圆禅师的禅风诙谐有趣。一天宋仁宗派官员送楚圆禅师坐船南归，禅师和侍者在船上欣赏沿途风景。大家说古论今，说得正起兴的时候，楚圆禅师突然说道：

“不好了！我得了歪嘴风！”

侍者扭头一看，只见楚圆禅师已经是嘴歪眼斜了。侍者非常着急，扶着禅师边跺脚边抱怨道：“这该怎么办才好呢？都怨禅师平生呵佛骂祖，遭到报应，才落到今天这个地步。”

楚圆禅师嘿嘿一乐，说：“不用担心！你看我给你正过来。”

说完，两手在脸上揉搓了一番，嘴不歪了，眼也不斜了。

接着，楚圆禅师一本正经地说：“我平生呵佛骂祖，佛祖没有记在心上，你倒记在心上了，我可不能小瞧你喽！”

在通常人那里，骂佛祖是属于最大的罪恶，是要得到下阿鼻地狱报应的。可楚圆禅师没有，他的作弄，表面看是一场玩笑，实际上有更深刻的思想内容。那就是，作为凡夫，你不可以呵佛骂祖，因为凡夫在业力中沉沦，作恶就会有恶报。而作为已经明心见性的禅师，业力已经不能左右他，他和佛已经达到了真正的平等，因此他痛骂也好，赞扬也好，于佛并无损害，佛性本来是空，骂也不减少，赞扬也不增加。

感言：“心不病则无病。”

琅邪慧觉禅师

滁州琅邪山慧觉广照禅师，西洛人也。父为衡阳太守，因疾倾丧。师扶榇[1]归洛，过澧阳药山古刹，宛若夙居。缘此出家，游方参问。得法汾阳，应缘滁水。与雪窦明觉同时唱道，四方皆谓二甘露门。逮今淮南遗化如在。

僧问：“如何是佛？”师曰：“铜头铁额。”曰：“意旨如何？”师曰：“鸟嘴鱼腮。”

上堂：“奇哉十方佛，元是眼中花。欲识眼中花，元是十方佛。欲识十方佛，不是眼中花。欲识眼中花，不是十方佛。于此明得，过在十方佛。于此未明，声闻[2]起舞，独觉[3]临妆。珍重！”

僧问：“阿难结集即不问，迦叶微笑事如何？”师曰：“克时克节[4]。”曰：“自从灵鹫分灯[5]后，直至支那[6]耀古今。”师曰：“点朱点漆。”

问：“如何是宾中宾？”师曰：“手携书剑谒明君。”曰：“如何是宾中主？”师曰：“卷起帘来无可睹。”曰：“如何是主中宾？”师曰：“三更过孟津[7]。”曰：“如何是主中主？”师曰：“独坐镇寰宇[8]。”

问：“莲花未出水时如何？”师曰：“猫儿戴纸帽。”曰：“出水后如何？”师曰：“狗子著靴行。”

问：“拈椎竖拂即不问，瞬目扬眉事若何？”师曰：“赵州曾见南泉来[9]。”曰：“学人未晓。”师曰：“今冬多雨雪，贫家争奈何！”

上堂：“欲知常住身，当观烂坏体。欲知常住性，当观拄杖子。拄杖子吞却须弥，须弥吞却拄杖子。衲僧到这里，若也拟议。剑梁落膊输降款，铁作胸襟到海隅。”击禅床，下座。

上堂：“见闻觉知，俱为生死之因。见闻觉知，正是解脱之本。譬如师子反踯，南北东西且无定止。汝等诸人，若也不会，且莫孤负释迦老子。吽！”

上堂：“山僧今日为诸人说破，明眼衲僧莫去泥里打坐。珍重！”

上堂：“天高莫测，地厚宁知？白云片片岭头飞，绿水潺潺涧下急。东涌西没一句即不问，你生前杀[10]后一句作么生道？”良久曰：“时寒吃茶去。”

上堂：“阿呵呵，是甚么？开口是，合口过。轻舟短棹泛波心，蓑衣箬笠从他破。咦！”

上堂：“十方诸佛是个烂木橛，三贤十圣是个茅溷[11]头筹子[12]。汝等诸人来到这里作么？”良久曰：“欲得不招无间业，莫谤如来正法轮。”

上堂：“剪除狂寇，扫荡搀枪[13]，犹是功勋[14]边事。君臣道合，海晏河清，犹是法身边事。作么生是衲僧本分事？”良久曰：“透网金鳞犹滞水，回途石马出纱笼。”

上堂：“承言须会宗，勿自立规矩。若人下得通方[15]句，我当刎颈而谢之。”

上堂，拈起拄杖曰：“山僧有时一棒作个漫天网，打俊鹰快鹞。有时一棒作个布丝网，摝蚬捞虾。有时一棒作金毛师子，有时一棒作虾蟆蚯蚓。山僧打你一棒，且作么生商量？你若缁素得出，不妨拄杖头上眼开照四天下[16]。若也未然，从教立在古屏畔，待使丹青入画图。”

上堂：“击水鱼头痛，穿林宿鸟惊。黄昏不击鼓，日午打三更。诸禅德既是日午，为甚却打三更？”良久曰：“昨见垂杨绿，今逢落叶黄。”

上堂：“拈起拄杖，更无上上。放下拄杖，是何模样？髑髅峰后即不问汝诸人，马镫[17]里藏身一句作么生道？若道不得，拄杖子道去也。”卓

一下，便归方丈。

上堂："进前即死，退后即亡。不进不退，又落在无事之乡。何故？长安虽乐，不是久居。"

上堂："汝等诸人在我这里过夏，与你点出五般病：一、不得向万里无寸草处去。二、不得孤峰独宿。三、不得张弓架箭。四、不得物外安身。五、不得滞于生杀[18]。何故？一处有滞，自救难为。五处若通，方名导师。汝等诸人若到诸方，遇明眼作者，与我通个消息，贵得祖风不坠。若是常徒，即便寝息。何故？躶形国里夸服饰[19]，想君太煞[20]不知时。"

上堂："山僧因看《华严金师子章》第九"由心回转善成门"，又释曰：如一尺之镜，纳重重之影象。若然者，道有也得，道无也得，道非亦得，道是亦得。虽然如是，更须知有拄杖头上一窍。若也不会，拄杖子穿灯笼，入佛殿，撞着释迦，磕倒弥勒。露柱拊掌，呵呵大笑。你且道笑个甚么？"卓拄杖下座。

上堂，拈拄杖曰："盘山道向上一路滑，南院道壁立千仞崄，临济道石火电光钝。琅邪有定乾坤底句，各各高著眼，高著眼！"卓拄杖下座。

【注释】

［1］扶榇（chèn）：扶柩。榇：古时指内棺，后泛指棺材。唐代杜甫《别蔡十四著作》："主人薨城府，扶榇归咸秦。"

［2］声闻：二乘之一。二乘指指声闻乘与缘觉乘。凡属修四谛法门而悟道的人，总称为声闻乘；凡属修十二因缘而悟道的人，总称为缘觉乘。佛为声闻、缘觉所说之法称小乘，佛为菩萨所说成佛之法称大乘。乘为运载之意，运载众生度生死海之法。

［3］独觉：上面所说的"缘觉乘"。

［4］克时克节：与时节相克。克：伤害。

［5］灵鹫分灯：指世尊与迦叶在灵山法会拈花微笑的典故。灵鹫：梵名，音译耆阇崛。位于中印度摩揭陀国王舍城东北。简称灵山，或称鹫峰、灵岳。山形似鹫头，又以山中多鹫，故名。如来尝讲《法华》等大乘经于此，遂成为佛教胜地。灵鹫分灯，指世尊与迦叶在灵山法会拈花微笑的典故。

［6］支那：古代印度、希腊和罗马等地人称中国为支那等音，或以为皆是秦国

的“秦”之对音。佛教经籍中作支那。也写作至那、脂那等。唐代义净《南海寄归内法传·师资之道》：“且如西国名大唐为支那者，直是其名，更无别义。”

［7］孟津：古黄河津渡名。在今河南省孟津县东北、孟县西南。相传周武王在此盟会诸侯并渡河，故一名盟津。一说本作盟津，后讹作孟津。为历代兵家争战要地。《书·禹贡》：“导河积石，至于龙门，南至于华阴，东至厎柱，又东至于孟津。”

［8］寰宇：天下。旧指国家全境，今亦指全世界。汉代焦赣《易林·升之临》：“权既在手，寰宇可驱。”

［9］赵州曾见南泉来：参见本书第四章“赵州观音院从谂禅师”注释。

［10］杀：死。

［11］溷（hùn）：厕所。

［12］筹子：古时大便后用以拭秽之具。也称“厕简”或“厕筹”。

［13］枪：宝祐原本作“抢”，疑误。

［14］功勋：指修行之功果、阶段。亦为对未达圆融见解之贬称。《抚州曹山元证禅师语录》：“辨不得，恐后人收落功勋，将为向上事。”曹洞宗之祖洞山良价将修行之阶段分为向、奉、功、共功、功功等五位，称为功勋五位。此外，禅林有“功勋中兼带”一语，即指于佛道修行阶段中，虽已了达平等之理，亦不再执着于各种阶段与义理之分别，但整体而言，犹偏重于“理”之一方，故对事理圆融之兼带而言，此一阶段仍属尚未究竟透脱之修行阶段。

［15］通方：通达，契合道法。

［16］你若缁素得出，不妨拄杖头上眼开照四天下：你们僧俗若要出离生死轮回，不妨在这拄杖头上着力，慧眼大开，可以照四天下。旧校本标点有误，均更正。

［17］马镫：挂在马鞍两边的脚踏。

［18］生杀：生与死，生或死。《列子·周穆王》：“阴阳俱壮则梦生杀。”

［19］躶形国里夸服饰：在不穿衣服的国家里，向他们夸耀你的服饰如何好。躶：古同“裸”。

［20］太煞：方言。过分。

【概要】

慧觉禅师，北宋僧。西洛人。又名广照。弱冠时，父为衡阳太守，因疾而殁于任地，禅师扶灵柩自衡阳归洛，过澧州药山古寺，宛若前世居于此，遂缘此出家。复游方参学，得法于汾阳善昭禅师，后住滁州琅玡山，大振临济宗风，世称“琅玡

慧觉”。同时，明州雪窦重显禅师则唱云门之法道，时人称“二甘露门”，淮南地区蒙其教化。

【参考文献】

《释氏稽古略》卷四；《续传灯录》卷三；《五灯严统》卷十二；《禅宗正脉》卷十二。

大愚守芝禅师

瑞州大愚山守芝禅师，才升座，僧问：“如何是和尚家风？”师曰：“一言出口，驷马难追。”

问：“如何是城里佛？”师曰：“十字街头石幢子。”

问：“不落三寸时如何？”师曰：“乾三长，坤六短[1]。”曰：“意旨如何？”师曰：“切忌地盈虚[2]。”

问：“昔日灵山分半座，二师相见事如何？”师曰：“记得么？”僧良久，师打禅床一下，曰：“多年忘却也。”乃曰：“且住！且住！若向言中取则[3]，句里明机，也似迷头认影。若也举唱宗乘，大似一场寐语。虽然如是，官不容针，私通车马[4]。放一线道，有个葛藤处。”遂敲禅床一下，曰：“三世诸佛，尽皆头痛。且道大众，还有免得底么？若一人免得，无有是处。若免不得，海印[5]发光。”师乃竖起拂子曰：“这个是印，那个是光？这个是光，那个是印？掣电之机，徒劳伫思。会么？老僧说梦，且道梦见个甚么？南柯[6]十更若不会，听取一颂：‘北斗挂须弥，杖头挑日月。林泉好商量，夏末秋风切。’珍重！”

问：“如何是祖师西来意？”师曰：“天寒日短。”

问：“心法无形，如何雕琢？”师曰：“一丁两丁。”曰：“未晓者如何领会？”师曰：“透七透八[7]。”

上堂：“一击响玲珑，喧轰宇宙通。知音才侧耳，项羽过江东[8]。与么会，恰认得驴鞍桥作阿爷下颔[9]。”

上堂：“大愚相接大雄孙，五湖云水竞头奔。竞头奔，有何门？击箭宁知枯木存。枯木存，一年还曾两度春。两度春，帐里真珠撒与人。撒与人，思量也是慕西秦。”

上堂：“竖穷三际，横遍十方。拈起也帝释心惊，放下也地神胆战。

不拈不放，唤作甚么?”自云：“虾蟆。”

上堂：“三世诸佛不知有，狸奴白牯却知有[10]。”乃拈起拂子云：“狸奴白牯总在这里放光动地，何谓如此？两段不同。”

问：“如何是佛?”师曰：“锯解秤锤[11]。”

上堂，大众集定，乃曰：“现成公案，也是打揲[12]不办。”便下座。

上堂：“大洋海底排班立，从头第二鬓毛斑。为甚么不道第一鬓毛斑？要会么，金蘂[13]银丝成玉露，高僧不坐凤凰台。”

上堂众集，乃曰：“为众竭力，祸出私门。”便下座。

上堂：“翠岩路崄巇[14]，举步涉千溪。更有洪源水，滔滔在岭西。”击禅床，下座。

示众，擎起香合云：“明头合，暗头合？道得天下横行，若道不得且合却。”下座。

问：“如何是为人一句?”师曰：“四角六张。”曰：“意旨如何?”师曰：“八凹九凸。”

上堂：“沙里无油事可哀，翠岩嚼饭馁[15]婴孩。他时好恶知端的，始觉从前满面埃。”击禅床下座。

【注释】

［1］乾三长，坤六短：出自八卦歌诀。乾是三长横，所以叫三连。坤是六条短横，样子像是三长横截断了，变成六短横。

［2］地盈虚：指天地盈虚变化。盈满或虚空，谓发展变化。道教南宗初祖张伯端诗云：“天地盈虚自有时，审观消息始知机。由来庚甲申明令，杀尽三尸道可期。”

［3］取则：参见本章“石霜楚圆禅师”条注释。

［4］官不容针，私通车马：参见本书第十一章“临济义玄禅师”条注释。

［5］海印：佛所得之三昧名，又作海印三昧。如于大海中印象一切之事物，湛然于佛之智海印现一切之法也。《祖庭事苑》卷七：“海印者，真如本觉也。妄尽心澄，万象齐现。犹如大海，因风起浪，若风止息，海水澄清，无象不现。”《大集经》十五曰：“譬如阎浮提一切众生身及余外色，如是等色，海中皆有印像。以是故，为大海印。”《宝积经》二十五曰：“如大海，一切众流悉入其中，一切诸法入法印中，亦复如是，故名海印。”

［6］南柯：唐代李公佐作《南柯太守传》，叙述淳于棼梦至槐安国，娶公主，封南柯太守，荣华富贵，显赫一时。后率师出征战败，公主亦死，遭国王疑忌，被遣归。醒后，在庭前槐树下掘得蚁穴，即梦中之槐安国。南柯郡为槐树南枝下另一蚁穴。后因以指梦境。亦比喻空幻。"南柯一梦"的典故即出于此。

［7］透七透八：命相名词。指命相中出现七杀、八杀，都是不好的。七杀是凶神。以九星术推算命运，其第八宫曰病厄宫，亦称八杀宫，简称"八杀"。

［8］项羽过江东：历史上的项羽失败后不肯过江东，而在乌江自刎。著名女词人李清照专门写诗说："至今思项羽，不肯过江东。"禅师用这个典故是反其意而用之。

［9］驴鞍桥作阿爷下颔：参见本书第十一章"谷隐蕴聪禅师"条注释。

［10］三世诸佛不知有，狸奴白牯却知有：参见本书第四章"湖南长沙景岑招贤禅师"注释。

［11］锯解秤锤：公案。想找到佛，就永远看不见佛。如一个实心的秤砣，你想要锯开去发现里面有什么奥秘，那是白费功夫。外面是看到铁，锯开后，看到里面也是铁。研读经典，从文字上去觅佛，就等于锯解秤锤。只有真修实证不从外觅，才有开悟的一天。

［12］打揲（tiē）：亦作"打贴"。收拾，安排。

［13］蘂（ruǐ）：同"蕊"。

［14］巇（xī）：同"巇"。高险，险恶。

［15］餧（wèi）：喂养。

潭州石霜法永禅师

僧问："如何是佛？"师曰："臂长衫袖短。"

问："如何是祖师西来意？"师曰："布裤膝头穿。"

法华全举禅师

舒州法华院全举禅师，到公安远和尚处。安问："作么生是伽蓝？"师曰："深山藏独虎，浅草露群蛇。"曰："作么生是伽蓝中人？"师曰："青松盖不得，黄叶岂能遮？"曰："道甚么？"师曰："少年玩尽天边月，潦倒扶桑[1]没日头。"曰："一句两句，云开月露，作么生？"师曰："照破佛祖。"

到大愚芝和尚处，愚问："古人见桃花，意作么生？"师曰："曲不藏直。”曰：“那个且从，这个作么生？”师曰：“大街拾得金，四邻争得知？”曰：“上座还知么？”师曰：“路逢剑客须呈剑，不是诗人不献诗[2]。”曰：“作家诗客！”师曰：“一条红线两人牵。”曰：“玄沙道：‘谛当甚谛当，敢保老兄未彻在。’又作么生？”师曰：“海枯终见底，人死不知心。”曰：“却是。”师曰：“楼阁凌云势，峰峦叠翠层。”

到琅邪觉和尚处，邪问：“近离甚处？”师曰：“两浙。”曰：“船来陆来？”师曰：“船来。”曰：“船在甚处？”师曰：“步下。”曰：“不涉程途一句，作么生道？”师以坐具摵[3]一摵曰：“杜撰长老，如麻似粟。”拂袖而出。邪问侍者：“此是甚么人？”者曰：“举上座。”邪曰：“莫是举师叔么？先师教我寻见伊。”遂下。旦过[4]问：“上座[5]！莫是举师叔么？莫怪适来相触忤。”师便喝，复问：“长老何时到汾阳？”邪曰：“某时到。”师曰：“我在浙江早闻你名，元来见解只如此，何得名播寰宇？”邪遂作礼曰：“某甲罪过。”

师到杭州西庵，庵主曾见明招[6]，主举颂曰：“绝顶西峰上，峻机谁敢当？超然凡圣外，瞥起两重光。”师曰：“如何是两重光？”主曰：“月从东出，日向西没。”师曰：“庵主未见明招时如何？”主曰：“满盏油难尽。”师曰：“见后如何？”主曰：“多心易得干。”

住后，僧问：“如何是夺人不夺境？”师曰：“白菊乍开重日暖，百年公子不逢春。”曰：“如何是夺境不夺人？”师曰：“大地绝消息，翛然独任真。”曰：“如何是人境两俱夺？”师曰：“草荒人变色，凡圣两齐空。”曰：“如何是人境俱不夺？”师曰：“清风与明月，野老笑相亲。”

上堂：“释迦不出世，达磨不西来，佛法遍天下，谈玄口不开。”

上堂：“钟鸣鼓响，鹊噪鸦鸣。为你诸人说般若、讲涅槃了也，诸人还信得及么？观音菩萨向诸人面前作大神通！若信不及，却往他方救苦利生去也。”

上堂：“开口又成增语，不开口又成剩语。”乃曰：“金轮天子敕，草店家风别。”

上堂：“三世诸佛，口挂壁上。天下老和尚作么生措手[7]？你诸人到诸方作么生举？山僧恁么道，也是久日桦来唇。”喝一喝。

上堂：“古者道，我若一向举扬宗教，法堂里草深一丈，不可为阇黎

锁却僧堂门去也。虽然如是，也是乌龟陆地弄尘行。”

上堂：“语‘渐’也返常合道，论‘顿[8]’也不留朕迹[9]。直饶论其‘顿’返其常，也是抑而为之。”

问：“牛头未见四祖时，为甚么百鸟衔花献？”师曰：“果熟猿兼重。”曰：“见后为甚么不衔花？”师曰：“林疏鸟不过。”

问：“七星光彩天将晓，不犯皇风试道看。”师曰：“将军马蹄红。”曰：“错。”师便打。僧礼拜，展坐具始收。师曰：“一展一收，法法皆周。拟欲更问，著其来由。”遂问：“会么？”僧曰：“不会。”师便打。

【注释】

［1］扶桑：古代神话传说中的地名。《梁书·诸夷传·扶桑国》：“扶桑在大汉国东二万余里，地在中国之东，其土多扶桑木，故以为名。”传说日出于扶桑之下，拂其树杪而升，因谓为日出处。亦代指太阳。《楚辞·九歌·东君》：“暾将出兮东方，照吾槛兮扶桑。”王逸注：“日出，下浴于汤谷，上拂其扶桑，爰始而登，照曜四方。”

［2］路逢剑客须呈剑，不是诗人不献诗：意谓较量机锋，应选择好手；遇上好手，则应有出色机语。禅家使用此语，常含有斥责对方未契禅机之义。

［3］搣（mí）：击，打。

［4］旦过：第二天早晨。一般行脚僧过了早晨就会走，所以禅林名叫“旦过僧”。指夕来投宿一夜，翌晨即离去之僧。行脚僧夕来寺院挂单，仅宿一夜，旦朝即离去，取其夕来宿、过旦去之意，故称旦过。此等行脚僧宿泊止住之寮舍，称为旦过寮。又志愿挂搭丛林之僧，于正式入堂前止宿于旦过寮，亦称旦过僧。

［5］上座：这是琅邪觉和尚的称呼语，须在引号内，旧校本标点有误。

［6］明招：参见本书第八章“明招禅师”注释。

［7］措手：着手应对或处置。常指应对禅机，处置参习中的问题。

［8］顿：与前文“渐”合称“顿渐二教”。不依次第，快速到达觉悟之教法，称为顿教；依顺序渐进，经长时间修行而觉悟者，称为渐教。若以教法形式观之，开始即讲说深奥之内容，称为顿教；而自浅显内容次第讲说进入深奥内容者，则称为渐教。上述为一般教判之标准，即以受教之根机而论，或由佛陀说法之方法与内容区别之。又南北朝诸师之顿渐二教判中，以天台之顿、渐、秘密、不定四教，及华严五教判之第四最为著名。此外，我国禅宗南北二系于证悟过程之旨趣互异，南方慧能系主张速疾直入究极之悟，世称“南顿”；北方神秀系则强调依序渐进之悟，

世称“北渐”，此即禅宗之顿渐二教。

［9］朕迹：征兆；痕迹。唐代元稹《望云骓马歌》：“犂开流电有辉光，突过浮云无朕迹。”

【拓展阅读】

法华全举禅师《颂云门透法身句》

（颂见《古尊宿语录卷》第二十六“舒州法华山举和尚语要”条）

北斗藏身事坦然，法身无状透何边？

后人不晓前人意，水底撑船捉月天。

法华全举禅师这一首颂，颂的是云门宗创始人文偃禅师回答僧人问的一个公案。有僧人问：“如何是透法身句？”文偃回答说：“北斗里藏身。”禅门中对于这个公案的参颂非常多，全举禅师的颂，也有一段机缘。他曾到庐山玉涧寺的林禅师处，谈到这个公案，林禅师举了他曾经作的一首颂：“北斗藏身事已彰，法身从此露堂堂。云门赚杀他家子，直至如今乱度量。”林禅师说：“老僧当时作此颂，天下老和尚都不认可，上座，你怎么看的？”全举禅师说：“怎敢！”林禅师问：“怎么讲？”全举禅师说：“凌晨升宝座，应不让南能。”于是，就作了这首颂。

全举此颂表明，云门禅师的“北斗里藏身”，已经说得很显然了，法身并没有形状，你怎么透？从哪边透？后来的禅者不明白前人的意思，作了那么多的解释，这些解释都如同在水底撑船，想去捞水里的月亮而已。

芭蕉谷泉禅师

南岳芭蕉庵大道谷泉禅师，泉州人也。受法汾阳，放荡[1]湖湘。后省同参慈明禅师。

明问：“白云横谷口，道人何处来？”师左右顾视，曰：“夜来何处火，烧出古人坟。”明曰：“未在，更道。”师作虎声，明以坐具便摵。师接住，推明置禅床上，明却作虎声。师大笑曰：“我见七十余员善知识，今日始遇作家。”

师因倚遇[2]上座来参（遇后住法昌），问：“庵主在么？”师曰：“谁？”曰：“行脚僧。”师曰：“作甚么？”曰：“礼拜庵主。”师曰：“恰值庵主不在。”曰：“你聻？”师曰：“向道不在，说甚么你我。”拽棒趁出。遇次日再来，师又趁出。遇一日又来，问：“庵主在么？”师曰：“谁？”曰：“行脚僧。”揭帘便入，师拦胸搊住曰：“我这里狼虎纵横，

尿床鬼子[3]三回两度来讨甚么？”曰：“人言庵主亲见汾阳来。”师解衣抖擞曰：“你道我见汾阳有多少奇特？”曰：“如何是庵中主？”师曰：“入门须辨取。”曰：“莫只这便是么？”师曰：“赚却几多人？”曰：“前言何在？”师曰：“听事不真，唤钟作瓮[4]。”曰：“万法泯时全体现，君臣合处正中邪去也。”师曰：“驴汉不会便休，乱统作么？”曰：“未审客来将何祇待[5]？”师曰：“云门胡饼赵州茶[6]。”曰：“恁么则谢师供养去也。”师叱曰：“我这里火种也未有，早言谢供养。”

师因大雪，作偈曰：“今朝甚好雪，纷纷如秋月。文殊不出头，普贤呈丑拙。”

慈明迁住福严，师又往省之，少留而还，作偈寄之曰：“相别而今又半年，不知谁共对谈禅。一般秀色湘山里，汝自匡徒我自眠。”明览笑而已。

【注释】

[1] 放荡：本指放纵、不受拘束或行为轻佻不检点。此处指禅师超然物外，行脚天下，虽然行为不检，但不是贬义词。

[2] 倚遇：禅师名。

[3] 尿床鬼子：禅林用语。为禅门骂人之词。本指尿床之饿鬼，或骂尿床之小僧；然于禅林中，多转用于叱骂年轻一辈之僧徒或小沙弥，犹如时下所称之小鬼、臭小子等语，而非谓真有尿床其事。如本书第六章“太原海湖”：“这尿床鬼！”

[4] 听事不真，唤钟作瓮：谚语，意思是指办事懵懂，弄错对象。

[5] 祇待：又作“祗待”。指恭敬地招待，款待。祇：同“祗”，“敬”的意思。

[6] 云门胡饼赵州茶：公案。“云门胡饼”公案参见本书第十五章“云门文偃禅师”注释。胡饼：又称胡麻饼，或写作“糊饼”“胡饼”“餬饼”。俗称“烧饼”。一种涂以香油，嵌入芝麻，炉中烘烤的面饼，其制法从胡地传来，故称。云门将“超佛越祖之谈”说成“胡饼”，既截断问者的思路，令其反顾自我；又指明禅旨体现在生活日用之中，反对学言学语，谈玄谈妙，妨碍如实修行。禅林常拈提。“赵州茶”公案参见本书第四章“赵州观音院从谂禅师”注释。吃茶是禅的日常事为，此中可以参悟道法，即所谓平常是道。公案也启示学人对于事物不可生分别妄念。后世禅林对此常有拈提。

【概要】

谷泉禅师，宋代临济宗僧。泉州（福建）人。号大道。俗姓、生卒年均不详。出家后，参谒临济宗汾阳善昭禅师，并嗣其法。后南归而游行湖湘一带，参谒石霜楚圆；既而登衡岳顶（湖南）灵峰寺，居于懒瓒岩。又迁住芭蕉庵、保真庵，世称“芭蕉庵主”“泉大道”。佯狂不检束，喜放言，拨置戒律。数有异行，所作诗偈，为人乐颂。嘉祐（1056～1063年）中，有以妖言诛者，牵连谷泉，杖配郴州（今属湖南）。嘉祐年间（1056～1063年）示寂，世寿九十二。遗著有《六巴鼻歌》。

【参考文献】

《禅林僧宝传》卷十五；《神僧传》卷九；《指月录》卷二十四；《禅苑蒙求》卷上。

【拓展阅读】

宋代临济宗谷泉禅师曾作“六巴鼻”之歌颂，用以接化学人，《禅苑蒙求》一书乃以“谷泉巴鼻”为题，录其颂词，为该书五百余则中之一则。又因“六巴鼻”颂中之第一颂以“大道”为主题，禅林遂以“大道谷泉”“泉大道”为谷泉之代称。

《禅苑蒙求》卷下：“大道巴鼻，问著瞌睡，背负葫芦，任歌逸戏。散圣巴鼻，逢场作戏，东涌西没，南州北里。禅师巴鼻，有利无利，碧岳崔嵬，龙行虎视。纳僧巴鼻，坐具尺二，休寻短长，风高云起。座主巴鼻，悬河无滞，地涌金莲，手擎如意。山童巴鼻，金将火试，客问山居，远来不易。”

龙华晓愚禅师

蕲州黄梅龙华寺晓愚禅师，到五祖戒和尚处，祖问曰：“不落唇吻一句，作么生道？”师曰：“老老大大[1]，话头也不照顾。”祖便喝，师亦喝。祖拈棒，师拍手便出。祖召曰：“阇黎且住，话在。”师将坐具搭在肩上，更不回首。

上堂：“摩腾[2]入汉，已涉繁词。达磨西来，不守己分。山僧今日与么道，也是为他闲事长无明。”

【注释】

［1］老老大大：对年老者的讥刺语，隐含偌大年纪，犹不明悟之义。讥讽他一

大把年纪的老修行，说话也只有这个水平，说不到点子上。

[2] 摩腾：梵语，“迦叶摩腾”之略。最早来中国译佛经的人。东汉明帝迎至洛阳，译《四十二章经》等，汉地之有佛法自此始。

天圣皓泰禅师

安吉州天圣皓泰禅师，到琅邪，邪问：“埋兵掉斗，未是作家。匹马单铃，便请相见。”师指邪曰：“将头不猛，带累三军。”邪打师一坐具，师亦打邪一坐具。邪接住曰：“适来一坐具，是山僧令行，上座一坐具，落在甚么处？”师曰：“伏惟尚飨[1]。”邪拓开曰：“五更侵早起，更有夜行人[2]。”师曰：“贼过后张弓[3]。”邪曰：“且坐吃茶。”

住后，僧问：“如何是佛？”师曰：“黑漆圣僧。”曰：“如何是佛法大意？”师曰：“看墙似土色。”

【注释】

[1] 伏惟尚飨（xiǎng）：伏在地上恭敬地请被祭者享用供品。伏惟：表示伏在地上想，下对上陈述时的表敬之辞。尚：希望的意思。飨：泛指请人受用，祭祀的意思。常用在祭文的最后。

[2] 五更侵早起，更有夜行人：自认为天不明就起床已经很早了，哪知路上还有连夜赶路的人。指自认为很勤快了，可还有更勤快的。五更，黎明前的一个更次。侵早：天刚亮，拂晓。

[3] 贼过后张弓：贼已逃走，方拉开弓。多用以斥责机思迟缓者。

龙潭智圆禅师

唐州龙潭智圆禅师辞汾阳，阳曰：“别无送路，与子一枝拄杖、一条手巾。”师曰：“手巾和尚受用，拄杖即不消得。”阳曰：“汝但将去，有用处在。”师便收。阳曰：“又道不用。”师便喝。阳曰：“已后不让临济。”师曰：“正令已行。”

阳来日送出三门，乃问：“汝介山[1]逢尉迟[2]时如何？”师曰：“一刀两段。”阳曰：“彼现那吒，又作么生？”师便拽拄杖，阳喝曰：“这回全体分付。”

住后，僧问：“承教有言：‘是真精进，是名真法供养如来[3]。’如何是真法？”师曰：“夜聚晓散。”

问：“如何是龙潭剑？”师曰：“触不得。”曰：“用者如何？”师曰：“白骨连山。”

问：“昔日穷经，今日参禅，此理如何？”师曰：“两彩一赛[4]。”曰：“作么生领会？”师曰：“去后不留踪。”曰：“如何是佛？”师曰：“火烧不燃。”

问：“古殿无佛时如何？”师曰：“三门前合掌。”

【注释】

[1] 介山：亦称“介子推”或“介之推”。春秋晋人。从晋公子重耳（文公）出亡。历经各国，凡十九年。在重耳饥饿时，曾经割下自己腿下的肉给他作食。文公还国为君，赏从亡者，介之推不言禄，禄亦不及。与母隐于绵山而终。

[2] 尉迟：指尉迟恭（585～658年），唐初大将。字敬德。朔州善阳（今山西朔州）人。隋末从刘武周为将，后降唐。曾击败王世充军，并参加镇压窦建德、刘黑闼起义军。玄武门之变中，助李世民夺取帝位。尉迟恭虽然是降将，但他的待遇与介山相反，论功行赏被列入凌烟阁二十四功臣，并得善终。

[3] 是真精进，是名真法供养如来：出自《妙法莲华经·药王菩萨本事品》第二十三：“善哉，善哉！善男子！是真精进，是名真法供养如来。”旧校本标点有误。

[4] 两彩一赛：禅林用语。彩：即赌博得胜。赛：即竞争比赛。两彩一赛，原指一场竞赛之后，竟有两人得彩，意谓双方棋逢对手，难分胜负。于禅林中，转指禅者之间，相互勘辨挨拶之双方，其参禅修学之境界两俱优胜而不分高下。

舒州投子圆修禅师

僧问：“达磨未来时如何？”师曰：“出口入耳。”曰：“来后如何？”师曰：“叉手并足。”

汾州太子院道一禅师

僧问：“如何是佛？”师曰：“卖扇老婆[1]手遮日。”

问：“红轮未出时如何？”师曰：“照烛分明。”曰：“出后如何？”师曰：“捞天摸地[2]。”

问：“如何是学人亲切处？”师曰：“慈母抱婴儿。”曰：“如何是学人转身处？”师曰：“街头巷尾。”曰：“如何是学人著力处？”师曰：“千斤担子两头摇。”

问：“古曲无音韵，如何和得齐？”师曰：“三九二十七，篱头吹觱栗[3]。”曰：“宫商角徵非关妙，石人拊掌笑呵呵。”师曰：“同道方知。”

【注释】

［1］老婆：老年妇女。

［2］捞天摸地：相当于“黑天摸地”，形容天黑得什么也看不见。为什么太阳出来了，反而黑天摸地，禅师的话是反其意而用之。自性本来就无时不存在，无论太阳出来与否，自性的光明永远不灭。如果只看见太阳的光芒，就等于埋没了自性的光明，所以说黑天摸地。

［3］三九二十七，篱头吹觱（bì）栗（lì）：三九：农历冬至后的第三个九天，俗称三九天。这里指头九至三九。篱头：篱笆上。觱栗：汉代由西域传入的管乐器。三九天，寒风吹过篱笆，声如觱栗。指三九天寒风凛冽，声如觱栗。

叶县省禅师法嗣

浮山法远禅师

舒州浮山法远圆鉴禅师，郑州人也。投三交嵩和尚出家。幼为沙弥，见僧入室请问赵州庭柏因缘[1]，嵩诘其僧，师傍有省。进具后，谒汾阳、叶县，皆蒙印可。尝与达观颖、薛大头七八辈游蜀，几遭横逆，师以智脱之。众以师晓吏事，故号“远录公[2]”。

开堂拈香曰：“汝海枯木上生花，别迎春色。”僧问：“师唱谁家曲，宗风嗣阿谁？”师曰：“八十翁翁辊绣球。”曰：“恁么则一句迥然[3]开祖胄，三玄戈甲振丛林。”师曰：“李陵[4]元是汉朝臣。”

问：“如何是佛？”师曰：“大者如兄，小者如弟。”

问：“如何是祖师西来意？”师曰：“平地起骨堆[5]。”

问：“祖师门下，壁立千仞[6]。正令[7]当行，十方坐断。和尚将何表示？”师曰：“寒猫不捉鼠[8]。”曰：“莫便是为人处也无？”师曰：“波斯[9]不系腰。”

问：“新岁已临，旧岁何往？”师曰：“目前无异怪，不用贴钟馗[10]。”曰：“毕竟如何？”师曰：“将谓目前无。”僧以手画曰：“争奈这个何！”师便打。

师与王质待制[11]论道，画一圆相，问曰：“一不得匹马单枪，二不得衣锦还乡，鹊不得喜，鸦不得殃，速道！”王罔措，师曰：“勘破了也。”

上堂：“更莫论古话今，只据目前事与你诸人定夺区分。”僧便问：“如何是目前事？”师曰：“鼻孔。”曰：“如何是向上事？”师曰：“眼睛。”

欧阳文忠[12]公闻师奇逸，造其室，未有以异之。与客棋，师坐其旁。文忠遽收局，请因棋说法。师即令挝鼓升座，曰：“若论此事，如两家著棋相似。何谓也？敌手知音，当机不让。若是缀五饶三[13]，又通一路始得。有一般底[14]，只解闭门作活，不会夺角冲关，硬节与虎口齐彰，局破后徒劳绰斡[15]。所以道，肥边易得，瘦肚难求。思行则往往失粘，心粗而时时头撞。休夸国手，谩说神仙。赢局输筹[16]即不问，且道黑白未分时，一著落在甚么处？”良久曰：“从来十九路[17]，迷悟几多人。”文忠加叹，从容谓同僚曰：“修初疑禅语为虚诞，今日见此老机缘，所得所造，非悟明于心地，安能有此妙旨哉！”

上堂：“天得一以清，地得一以宁，君王得一以治天下[18]。衲僧得一，祸患临身。”击禅床，下座。

上堂：“诸佛出世，建立化门，不离三身智眼，亦如摩醯首罗[19]三目。何故？一只水泄不通，缁素难辨。一只大地全开，十方通畅。一只高低一顾，万类齐瞻。虽然若是，本分衲僧陌路相逢，别具通天正眼始得。所以道：‘三世诸佛不知有，狸奴白牯却知有[20]。’且道狸奴白牯知有个甚么事？要会么？深秋帘幕千家雨，落日楼台一笛风[21]。”

师暮年休于会圣岩，叙佛祖奥义，作《九带》，曰《佛正法眼带》《佛法藏带》《理贯带》《事贯带》《理事纵横带》《屈曲垂带》《妙叶兼带》《金针双锁带》《平怀常实带》[22]。学者既已传诵，师曰：“若据圆极法门，本具十数，今此九带，已为诸人说了。更有一带，还见得么？若也见得亲切分明，却请出来，对众说看。说得分明，许汝通前九带圆明

道眼。若见不亲切，说不相应，唯依吾语而为己[23]解，则名谤法。诸人到此如何?”众无语，师叱之而去。

【注释】

［1］赵州庭柏因缘：参见本书第四章“赵州观音院从谂禅师”条：“问：‘如何是祖师西来意?’师曰：‘庭前柏树子。’”

［2］录公：称旧时官衙中掌管文书的官吏。古南方方言。

［3］迥然：卓越不群貌。《北齐书·孝昭帝纪》：“（帝）身长八尺，腰带十围，仪望风表，迥然独秀。”

［4］李陵：公元前134—前74年，字少卿，陇西成纪（今甘肃省秦安县）人。西汉名将、文学家，飞将军李广长孙。天汉二年（前99年），跟随贰师将军李广利出征匈奴，率五千步兵与八万匈奴兵战于浚稽山，终因寡不敌众兵败投降。得知汉武帝夷灭三族，将太史令司马迁处以腐刑的消息，心灰意冷，投降匈奴鞮侯单于，迎娶公主为妻，封为右校王，管理坚昆地区。汉昭帝即位后，拒绝大司马霍光迎接回国计划。元平元年（前74年），老死于匈奴。

［5］平地起骨堆：意谓做没有埋死人的假坟。讥刺禅人做作多事，虚妄徒劳。骨堆：坟墓。

［6］壁立千仞：又作“壁立万仞”。形容山崖石壁高峻陡峭。禅林常形容禅法高峻陡峭，世人难以仰攀。《禅宗大词典》：“形容禅悟者明见自心、自我为主、绝无依倚、超脱尘俗的气概与境界。”

［7］正令：在禅门中，则特指教外别传之旨。棒喝之外不立一法，谓之正令。丛林中每以“正令当行”谓佛祖之道通行于世。如《碧岩录》第六十三则以“正令当行，十方坐断”一语，喻指棒喝之外，不立一法，乃为教外别传之宗旨。

［8］寒猫不捉鼠：谚语，意思是挨冻没劲的猫捉不了老鼠。比喻没能力的人承担不了责任。

［9］波斯：国名。即伊朗。我国历史上亦称安息。位于西南亚，南临波斯湾和阿曼湾。早在公元前2世纪就和我国有友好往来，并通过“丝绸之路”进行经济、文化交流。

［10］钟馗（kuí）：中国民间传说中能打鬼驱除邪祟的神。旧时民间常挂钟馗的像以驱邪。唐人题吴道子画钟馗像，略云：“明皇梦二鬼，一大一小。小者窃太真紫香囊及明皇玉笛，绕殿而奔；大者捉其小者，擘而啖之。”上问何人，对曰：“臣钟馗，即武举不捷之士也。誓与陛下除天下之妖孽。”后世图其形以除邪驱祟。见宋代沈括《梦溪补笔谈·杂志》。

[11] 待制：官名。唐置。永徽中，命弘文馆学士轮番待制于武德殿西门。文明元年（684年），诏京官五品以上清官，日一人待制于章善、明福门，备皇帝顾问，称为待制。先天末，又命朝集使六品以上二人，随仗待制。永泰时，勋臣罢节制，无职事，皆待制于集贤门，凡十三人。崔佑辅为相，建议文官一品以上更直待制。其后着令，正衙待制官日二人。后人数渐多，设立官署，渐成官名。宋因其制，于殿、阁均设待制之官。

[12] 欧阳文忠：即欧阳修（1007～1072年），字永叔，号醉翁，晚号六一居士，生于绵州（今四川绵阳），籍贯吉州庐陵永丰（今江西省吉安市永丰县），北宋政治家、文学家。唐宋八大家之一。宋仁宗天圣八年（1030年）进士及第，历仕仁宗、英宗、神宗三朝，官至翰林学士、枢密副使、参知政事。死后累赠太师、楚国公，谥号"文忠"，故世称欧阳文忠公。

[13] 缀五饶三：围棋的技巧。宋代张拟《围棋十三篇》："饶路则宜疏，受路则勿战。择地而侵，无碍而进。此皆棋家之幽微也，不可不知也。"

[14] 又通一路始得。有一般底：旧校本标点作"又通一路，始得有一般底"，然后作句号，有误，弯曲了原意。

[15] 绰斡（wò）：据《围棋十三篇注释》（宋代张拟撰、元代严德甫、晏天章注释）："有斡，虚探入他曰斡。有绰，斜尖压所敌之子曰绰。"此处，"硬节""虎口""肥边""瘦肚"等都是说的围棋的技巧，而禅师意在借围棋来说禅悟。

[16] 输筹：谓负局，失利。

[17] 十九路：围棋有十九路。

[18] 天得一以清，地得一以宁，君王得一以治天下：出自老子《道德经》第三十九章。

[19] 摩醯首罗：即摩醯首罗天，《三藏法数》："梵语摩醯首罗，华言大自在，又翻威灵，或云三目，故为三界尊极之主。《辅行记》云：色界天三目、八臂，骑白牛，执白拂，有大威力，居菩萨住处；能知大千世界雨滴之数，统摄大千世界，于色界中此天独尊也。"旧校本标点有误，"摩醯首罗"是人名，而旧校本下划线只有"摩醯"二字。

[20] 三世诸佛不知有，狸奴白牯却知有：参见"湖南长沙景岑招贤禅师"注释。

[21] 深秋帘幕千家雨，落日楼台一笛风：深秋时节的密雨，如给千家万户挂上了层层的帘幕；落日时分，夕阳掩映着的楼台，在晚风中送出悠扬的笛声。出自唐代杜牧的《题宣州开元寺水阁阁下宛溪夹溪居人》："六朝文物草连空，天淡云闲今古同。鸟去鸟来山色里，人歌人哭水声中。深秋帘幕千家雨，落日楼台一笛

风。惆怅无日（又作“无因”）见范蠡，参差烟树五湖东。”

［22］作《九带》，曰《佛正法眼带》《佛法藏带》《理贯带》《事贯带》《理事纵横带》《屈曲垂带》《妙叶兼带》《金针双锁带》《平怀常实带》：旧校本标点有误，“九带”后面都是文章标题，但旧校本都没有书名号，当成一句话用引号引起来。

［23］已：宝祐本作“已”。因为“已”“已”字形大体相同，古本错刻正常。

【概要】

法远禅师（991～1067年），宋代临济宗僧。河南郑州人。从三交智嵩出家，嗣法于河南广教院之归省。欧阳修尝参其门下，法远与他因棋说法。后住舒州（安徽省）浮山，阐扬宗风，其特异之机法，世称“浮山九带”。英宗治平四年示寂，世寿七十七。谥号“圆鉴禅师”。

《浮山九带》，为法远禅师提示学人之宗门语句。由学人编集之，名为“佛禅宗教义九带集”，略称浮山九带。一是佛正法眼藏带，谓带贯一切理脉，直截佛之正法。二是佛法藏带，谓佛法乃教外别传，为方便之故，圣人以之示众。三是理贯带，谓至理佛法为言诠所不及，扬眉瞬目之间尽是佛法。四是事贯带，谓山河国土大地无非佛法。五是理事纵横带，谓理事融通，行于佛世界。六是屈曲垂带，谓虽证悟成佛却甘为菩萨而不安住佛位，以亟力济度众生。七是妙协兼带，谓不执着则大用现前。八是金针双锁带，谓自理事纵横带之立场更进一步，不执着于佛世界而自由自在。九是平怀常实带，谓佛法无特别处，日常著衣吃饭皆属真实佛法。

【参考文献】

《续灯录》卷四；《联灯会要》卷十三；《普灯录》卷二；《禅林僧宝传》卷十七；《释氏稽古略》卷四；《建中靖国续灯录》卷四；《人天眼目》卷二。

汝州宝应院法昭演教禅师

僧问：“一言合道时如何？”师曰：“七颠八倒[1]。”曰：“学人礼拜。”师曰：“教休不肯休，直待雨淋头。”

问：“大通智胜佛[2]，十劫坐道场。佛法不现前，不得成佛道。为甚么不得成佛道？”师曰：“赤脚骑铁驴，直至海南居。”

上堂：“十二时中，许你一时绝学，即是学佛法。不见阿难多闻第一，却被迦叶摈出，不得结集。方知聪明博学，记持忆想，向外驰求，与灵觉心转没交涉。五蕴壳中透脱不过，顺情生喜，违情生怒。盖覆深厚，自缠自缚，无有解脱。流浪生死，六根为患。众苦所逼，无自由分。而被妄心于中主宰。大丈夫儿早构[3]取好！”喝一喝，曰：“参。”

上堂：“宝应门风险，入者丧全身。作么生是出身一句？若道不得，三十年后。”

【注释】

［1］七颠八倒：形容纷乱颠倒，神魂颠倒，又，犹言颠三倒四、懵头转向。出自佛教语言，后多形容说话或做事没有条理，杂乱无章。又形容语无伦次。

［2］大通智胜佛：又作大通众慧如来、大通慧如来。据《法华经·化城喻品》所载，此佛于过去三千尘点劫前出世，其十六子在他证成佛道后，也出家为沙弥，请佛宣讲《妙法莲华经》，皆能信受奉行，后亦各自升座为四部众敷扬该经，于八万四千劫间广说不绝，各度化六百万亿那由他恒河沙等众生，皆证得无上正等正觉，现身于十方国土，如东方阿閦佛、东南方师子音佛、南方虚空住佛、西方阿弥陀佛和娑婆世界释迦牟尼佛等。又说，诸王子为沙弥时所教化的无量众生中，有仅得声闻地者，释迦如来于是常教化此等人令渐入佛道。

［3］构：明了，领悟。

唐州大乘山慧果禅师

僧问：“如何是从上来传底意？”师曰：“金盘拓出众人看。”

问：“拨尘见佛时如何？”师曰：“拨尘即乖，见佛即错。”曰：“总不如是时如何？”师曰：“错。”

问：“如何是道？”师曰：“宽处宽，窄处窄。”曰：“如何是道中人？”师曰：“苦处苦，乐处乐。”曰：“道与道中人相去多少？”师曰：“十万八千。”

问：“如何是祖师西来意？”师曰：“天晴日出。”曰：“学人不会。”师曰：“雨下泥生。”

神鼎諲禅师法嗣

荆南府开圣宝情山主

僧问："如何是开圣境?"师曰："三乌引路。"曰："如何是境中人?"师曰："二虎巡山。"

天台山妙智寺光云禅师

僧问："如何是祖师西来意?"师曰："东篱黄菊[1]。"曰："意旨如何?"师曰："九月重阳。"

【注释】

[1] 东篱黄菊：晋代陶潜《饮酒》诗之五："采菊东篱下，悠然见南山。"后因以"东篱黄菊"为典，写隐士的田园生活，或用以咏菊。唐代刘长卿《过湖南羊处士别业》："自有东篱菊，年年解作花。"

谷隐聪禅师法嗣

金山昙颖禅师

润州金山昙颖达观禅师，首谒大阳玄禅师，遂问："洞山特设偏正君臣[1]，意明何事?"阳曰："父母未生时事。"师曰："如何体会?"阳曰："夜半正明，天晓不露[2]。"师罔然。

遂谒谷隐，举前话，隐曰："大阳不道不是，只是口门窄，满口说未尽。老僧即不然。"师问："如何是父母未生时事?"隐曰："粪墼子[3]。"师曰："如何是夜半正明，天晓不露?"隐曰："牡丹花下睡猫儿。"师愈疑骇。

一日，普请[4]，隐问："今日运薪邪?"师曰："然。"隐曰："云门问僧：'人般柴柴般人?'如何会?"[5]师无对，隐曰："此事如人学书，点画可效者工，否者拙，盖未能忘法耳。当笔忘手，手忘心，乃可也。"师于是默契，良久曰："如石头云：'执事元是迷，契理亦非悟。'"隐曰："汝以为药语，为病语？"师曰："是药语。"隐呵曰："汝以病为药，又安可哉？"师曰："事如函得盖，理如箭直锋。妙宁有加者[6]？而犹以为病，实未喻旨。"隐曰："妙至是，亦只名理事。祖师意旨，智识所不能到，矧[7]事理能尽乎？故世尊云：'理障碍正见知，事障续诸生死。'"师恍如梦觉，曰："如何受用？"隐曰："语不离窠臼，安能出盖缠？"师叹曰："才涉唇吻，便落意思。尽是死门，终非活路。"

住后，示众曰："才涉唇吻，便落意思。尽是死门，俱非活路。直饶透脱，犹在沉沦。莫教孤负平生，虚度此世。要得不孤负平生么？"拈拄杖卓一下，曰："须是莫被拄杖瞒始得。看看拄杖子，穿过你诸人髑髅，踍跳入你鼻孔里去也。"又卓一下。

僧问："经文最初两字是甚么字？"师曰："以字。"曰："有甚么交涉？"师曰："八字。"曰："好赚人！"师曰："谤此经，故获罪如是。"

问："一百二十斤铁枷，教阿谁担？"师曰："老僧。"曰："自作自受。"师曰："苦，苦！"

问："和尚还曾念佛也无？"师曰："不曾念佛。"曰："为甚么不念佛？"师曰："怕污人口。"

上堂，众集定，首座出礼拜。师曰："好好问著。"座低头，问话次，师曰："今日不答话。"便归方丈。

上堂："山僧门庭别，已改诸方辙。为文殊拔出眼里楔，教普贤休嚼口中铁，劝人放开髂[8]蛇手，与汝斫却系驴橛。驻意拟思量[9]！"喝曰："捏，捏，参！"

上堂："山僧平生意好相扑[10]，只是无人搭对。今日且共首座搭对。"卷起袈裟，下座索首座相扑。座才出，师曰："平地上吃交。"便归方丈。

上堂："三世诸佛是奴婢，一大藏教是涕唾。"良久曰："且道三世诸佛是谁奴婢？"乃将拂子画一画曰："三世诸佛过这边，且道一大藏教是谁涕唾？"师乃自唾一唾。

上堂："秤锤井底忽然浮，老鼠多年变作牛。慧空见了拍手笑，三脚猢狲差异猴。"

上堂："五千教典，诸佛常谈。八万尘劳，众生妙用。犹未是金刚眼睛在。如何是金刚眼睛？"良久曰："瞎！"

上堂，大众集定，有僧才出礼拜，师曰："欲识佛性义，当观时节因缘。"僧便问："如何是时节因缘？"师便下座。

问："如何是向去底人？"师曰："从归青嶂里，不出白云来。"曰："如何是却来底人？"师曰："自从游紫陌[11]，谁肯隐青山？"

问："如何是夺人不夺境？"师曰："家里已无回日信，路边空有望乡牌。"曰："如何是夺境不夺人？"师曰："沧海尽教枯到底，青山直得碾为尘。"曰："如何是人境两俱夺？"师曰："天地尚空秦日月，山河不见汉君臣。"曰："如何是人境俱不夺？"师曰："莺啭千林花满地，客游三月草侵天。"

问："如何是和尚家风？"师曰："伸手不见掌。"曰："忽遇仙陀客来，又作么生？"师曰："对面千里。"

问："师唱谁家曲，宗风嗣阿谁？"师曰："临济。"曰："恁么则谷隐的子也。"师曰："德山。"

问："如何是长法身？"师曰："拄杖六尺。"曰："如何是短法身？"师曰："箅[12]子三寸。"曰："恁么则法身有二也。"师曰："更有方圆在。"

上堂："诸方钩又曲，饵又香，奔凑犹如蜂抱王。因圣这里，钩又直，饵又无，犹如水底捺葫芦[13]。"举拄杖作钓鱼势，曰："深水取鱼长信命，不曾将酒祭江神。"掷拄杖，下座。

【注释】

[1] 偏正君臣：即"君臣五位"。曹洞宗开祖洞山良价禅师以真理立为正位，以事物立为偏位，依偏正回互之理，立五位（正中偏、偏中正、正中来、偏中至、兼中到）之说。曹山本寂禅师复承洞山之本意而发明之，假托君臣之例而说明五位之旨诀，称为君臣五位。一，君位，指本来无物之空界，为正位，即五位中之正中来。二，臣位，指万象有形之色界，为偏位，即五位中之偏中至。三，臣向君，为舍事入理之意，即向上还灭之偏中正。四，君视臣，为背理就事之意，即向下缘起之正中偏。五，君臣道合，为冥应众缘而不堕诸有之意，即兼中到，指动静合一、事理不二、非正非偏之究竟大觉之道位。

［2］夜半正明，天晓不露：禅林用语。此语系转用自禅宗三祖僧璨所撰《参同契》“当明中有暗……当暗中有明”之文。夜半正明，指暗中有明；天晓不露，指明中有暗。又于洞山良价所立“洞山五位”中，夜半、不露，相当于正位，有平等性之意；正明、天晓，相当于偏位，有差别相之意。故“夜半正明，天晓不露”一语，即表示法性真如与森罗万法彼此相入，互为一如之状态。

［3］粪墼（jī）子：用粪屑压制而成的砖状物，可供取暖等用。

［4］普请：指禅寺中普请大众从事集体劳动。今俗称出坡。

［5］“云门问僧：‘人般柴柴般人？’如何会？”：旧校本标点有误，“僧”字不能进入单引号内。

［6］事如函得盖，理如箭直锋。妙宁有加者：旧校本标点有误，“妙”字是禅师赞叹之语，不能标点为“理如箭直锋妙”。

［7］矧（shěn）：况且。

［8］髂（qià）：捕捉。

［9］驻意拟思量：旧校本标点有误，这是禅师说的话，要放入引号内。

［10］相扑：犹今之摔跤。

［11］紫陌：原指京师郊野的道路，本书借指柳绿花红的红尘世界。唐代刘禹锡《元和十一年自朗州召至京戏赠看花诸君子》：“紫陌红尘拂面来，无人不道看花回。”

［12］筭（suàn）：古代计数的筹码。

［13］水底捺（nà）葫芦：即水底按葫芦。捺：用手向下按。水里按葫芦——此起彼落。这里起来，那里落下。形容接连不断。

【概要】

昙颖禅师（989～1060 年），宋代临济宗僧。杭州（浙江）钱塘人，俗姓丘，号达观。人称“达观昙颖”。十三岁投龙兴寺出家，神情秀逸，博览群籍。初礼谒大阳警玄，学曹洞宗风。后参于谷隐蕴聪，嗣其法，南岳十一世谷隐聪禅师法嗣，为临济宗传人。住于润州（江苏）金山龙游寺，弘扬临济宗风。仁宗嘉祐五年示寂，世寿七十二，法腊五十三。

【参考文献】

《建中靖国续灯录》卷四；《禅林僧宝传》卷二十七；《联灯会要》卷十三；《佛祖历代通载》卷十八；《释氏稽古略》卷四。

苏州洞庭翠峰慧月禅师

僧问：“‘一花开五叶，结果自然成’时如何？”师曰：“脱却笼头，卸却角驮[1]。”曰：“拶出虚空去，处处尽闻香。”师曰：“云愁闻鬼哭，雪压髑髅吟。”

问：“和尚未见谷隐时，一句作么生道？”师曰：“步步登山远。”曰：“见后如何？”师曰：“驱驱信马[2]蹄。”

【注释】

［1］角驮：牲口驮的行李驮。

［2］信马：任马行走而不加约制。唐代岑参《西掖省即事》：“平明端笏陪鹓列，薄暮垂鞭信马归。”

仗锡修己禅师

明州仗锡山修己禅师，与净山远公游。尝卓庵庐山佛手岩。后至四明山心，独居十余载，虎豹为邻。尝曰：“羊肠鸟道无人到，寂寞云中一个人。”尔后道俗闻风而至，遂成禅林。

僧问：“如何是无缝塔？”师曰：“四棱著地。”曰：“如何是塔中人？”师曰：“高枕无忧。”

问：“如何是祖师西来意？”师曰：“舶船过海，赤脚回乡。”

大乘德遵禅师

唐州大乘山德遵禅师，问谷隐曰：“古人索火，意旨如何？”曰：“任他灭。”师曰：“灭后如何？”曰：“初三十一。”师曰：“恁么则好时节也。”曰：“汝见甚么道理？”师曰：“今日一场困。”隐便打。师乃有颂曰：“索火之机实快哉，藏锋妙用少人猜。要会我师亲的旨，红炉火尽不添柴。”

僧问：“世界圆融一句，请师道。”师曰：“团团七尺余。”

问：“如何是祖师西来意？”师曰：“鼻大眼深。”

上堂：“上来又不问，下去又不疑。不知是不是，是即也大奇。”便下座。

荆南府竹园法显禅师

僧问："如何是佛？"师曰："好手画不成。"问："如何是道？"师曰："交横十字。"曰："如何是道中人？"师曰："往往不相识。"

彭州永福院延照禅师

僧问："如何是彭州境？"师曰："人马合杂。"僧以手作拽弓势，师拈棒。僧拟议，师便打。

安吉州景清院居素禅师

僧问："即此见闻非见闻，为甚么法身有三种病，二种光？"师曰："填凹就缺。"

问："承和尚有言：'寰中天子敕，塞外将军令。'如何是塞外将军令？"师曰："揭。"曰："其中事如何？"师曰："蹴[1]。"曰："莫便是和尚为人处也无？"师弹指一下。

问："远远投师，乞师一接。"师曰："新罗人打鼓。"曰："如何领会？"师曰："舶主未曾逢。"

问："如何是末上一句？"师曰："金刚树下。"曰："如何是末后一句？"师曰："拘尸[2]城边。"曰："向上更有事也无？"师曰："有。"曰："如何是向上事？"师曰："波旬[3]拊掌呵呵笑，迦叶抬头不识人。"

【注释】

[1] 蹴（cù）：踩，踏。

[2] 拘尸：又作俱尸那、拘夷那竭、究施、拘尸那竭、拘尸那揭罗，译为角城、茅城等。是世尊离开人世之处，即涅槃之地。

[3] 波旬：梵语。魔王之名。译为恶者、恶物、极恶、恶中恶、恶爱、杀者，经典中常作魔波旬、天魔波旬、魔王波旬。指断除人之生命与善根之恶魔。为释迦在世时之魔王名。

处州仁寿嗣珍禅师

僧问："知师已得禅中旨，当阳一句为谁宣？"师曰："土鸡瓦犬。"

曰：“如何领会？”师曰：“门前不与山童扫，任意松钗满路岐。”

上堂：“明明无悟，有法即迷。日上无云，丽天普照。眼中无翳，空本无花。无智人前，不得错举。参！”

越州云门显钦禅师

上堂，良久曰：“好个话头，若到诸方，不得错举。”便下座。

永庆光普禅师

果州永庆光普禅师，初问谷隐：“古人道：‘来日大悲院里有斋[1]。’意旨如何？”曰：“日出隈[2]阳坐，天寒不举头。”

师入室次，隐曰：“适来因缘汝作么生会？”师曰：“会则途中受用，不会则世谛流布。”曰：“未在，更道。”师拂袖便出。

住后，僧问：“如何是佛法大意？”师曰：“蜀地用镔铁[3]。”

【注释】

［1］来日大悲院里有斋：参见本书第四章“镇州普化和尚”注释。

［2］隈（wēi）：靠近。

［3］镔铁：古代的一种钢，把表面磨光再用腐蚀剂处理，可见花纹，又称“宾铁”。“镔铁”最早文献记载于隋代的《不空羂索咒经》，见于史书最早为初唐的《周书》《隋书》。唐代惠琳《一切经音义》有“镔铁”最早的词义解释。“镔”字除了外来语直接音译以外，也可解释为来自罽宾的铁。

驸马李遵勖居士

驸马都尉李遵勖居士，谒谷隐，问出家事。隐以“崔赵公问径山[1]”公案答之。公于言下大悟，作偈曰：“学道须是铁汉，著手心头便判。直趣无上菩提，一切是非莫管。”

公一日与坚上座送别，公问：“近离上党，得届中都。方接尘谈，遽回虎锡。指云屏之翠峤，访雪岭之清流。未审此处彼处，的的事作么生？”座曰：“利剑拂开天地静，霜刀才举斗牛寒。”公曰：“恰值今日耳聩。”座曰：“一箭落双雕。”公曰：“上座为甚么著草鞋睡？”座以衣袖一拂，公低头曰：“今日可谓降伏也。”座曰：“普化[2]出僧堂。”

公临终时，膈胃躁热，有尼道坚谓曰："众生见劫尽，大火所烧时，都尉切宜照管主人公。"公曰："大师与我煎一服药来。"坚无语，公曰："这师姑药也不会煎得。"公与慈明问答罢，泊然而终。语见《慈明传》中。

【注释】

［1］崔赵公问径山：参见本书第二章"杭州径山道钦禅师"注释。

［2］普化：禅师名，参见本书第四章"镇州普化和尚"注释。

【概要】

李遵勖（988～1038年），生于北宋端拱元年（988年），卒于北宋宝元元年（1038年），潞州上党（今山西长治）人。初名勖，因娶宋真宗赵恒妹万寿公主，而加"遵"字为"遵勖"。字公武。祖父为李崇矩，父李继昌。李遵勖进士及第后，历官左龙武将军、驸马都尉，澄州刺史，均州、宏州、康州团练使，泽州防御使，宣州观察使等。政绩颇著。

李遵勖精于佛学，多与禅师大德往来。曾礼谒谷隐蕴聪请问宗要，因大悟而获印可。尝作偈云："参禅须是铁汉，著手心头便判，直趣无上菩提，一切是非莫管。"自此往来于禅客间，与慈明楚圆、杨亿等禅者结交。景祐三年（1036年）十月辛酉，李遵勖将奉旨所撰《天圣广灯录》三十卷献给宋仁宗，请求将此书送到传播佛法的主管部门，朝廷采纳了他的意见，将其编入佛藏经典之中。他又著有《闲宴集》二十卷，《外馆芳题》七卷。将死，与浮图楚圆为偈颂。卒，谥"和文"。其玄孙是活佛济公，原名李修元，南宋禅宗高僧，法名道济。

【参考文献】

《天圣广灯录》序；《宋史》卷四六四；《联灯会要》卷十三；《居士分灯录》卷上；《欧阳文忠公全集》卷四《镇潼军节度观察留后李公墓志铭》；《嘉泰普灯录》卷二十二。

英公夏竦居士

英公夏竦居士，字子乔。自契机于谷隐，日与老衲游。

偶上蓝溥禅师至，公问："百骸溃散时，那个是长老自家底？"蓝曰："前月二十离蕲阳。"公休去。蓝却问："百骸溃散时，那个是相公自家

底？”公便喝。蓝曰：“喝则不无，毕竟那个是相公自家底？”公对以偈曰：“休认风前第一机，太虚何处著思惟？山僧若要通消息，万里无云月上时。”蓝曰：“也是弄精魂[1]。”

【注释】

［1］弄精魂：弄玄虚，虚妄施为。常指禅家示机应机之作略，因多系接人之方便法门，非真实大法，故用例多含贬义。

【概要】

夏竦（985～1051年），字子乔，江州德安县（今江西九江市德安县车桥镇）人。北宋时期大臣、文学家，世称夏文庄公、夏英公、夏郑公。

宋真宗景德元年（1004年），夏竦因父亲夏承皓死忠之事，被录官丹阳主簿。大中祥符三年（1010年），选为国史编修官，与王旦等同修《起居注》，又参与编写《册府元龟》。天禧年间，出知黄、邓、襄等州。遭遇大饥，劝令大姓出粟，得二万斛，救活贫者四十五万人。宋仁宗天圣年间，历知寿、安、洪等州，勒令巫觋一千九百余家还农，毁其淫祠。天圣五年，拜枢密副使。天圣七年（1029年），升为参知政事。天圣九年（1031年），进兵部侍郎、尚书左丞。景祐年间，出知青州，支持守城卒子，修建青州南阳桥，是一般认为的中国最早出现的虹桥。入朝迁刑部尚书、户部尚书等。康定年间，兼陕西四路经略安抚招讨使、知永兴军，主持对西夏战事。改判河中府，升拜同平章事，判大名府。庆历七年（1047年）入朝拜相，旋即改授枢密使，封英国公。次年，复拜同平章事。皇祐元年（1049年），进封郑国公。

皇祐三年（1051年），夏竦病逝，获赠太师、中书令兼尚书令，谥号“文庄”。

【参考文献】

《华阳集》卷四十七《夏文庄公竦神道碑》；《宋史》卷二八三《列传》第四十二。

广慧琏禅师法嗣

华严道隆禅师

东京华严道隆禅师，初参石门彻和尚，问曰：“古者道：‘但得随处安闲，自然合他古辙。’虽有此语，疑心未歇时如何？”门曰：“知有乃可随处安闲。如人在州县住，或闻或见，千奇百怪，他总将作寻常。不知有而安闲，如人在村落住，有少声色则惊怪传说。”师于言下有省。门尽授其洞上厥旨，后为广慧嗣。

一日，福严承和尚问曰：“禅师亲见石门，如何却嗣广慧？”师曰：“我见广慧，渠欲剃发，使我擎凳子来。慧曰：‘道者！我有《凳子诗》听取。’乃曰：‘放下便平稳。’我时便肯伊。因叙在石门处所得，广慧曰：‘石门所示，如百味珍羞，只是饱人不得。’”[1]

师至和[2]初游京，客景德寺。日纵观都市，归常二鼓。一夕不得入，卧于门之下。仁宗皇帝梦至寺门，见龙蟠[3]地，惊觉。中夜遣中使视之，睹师热睡鼻鼾，撼之惊矍[4]，问名归奏。帝闻名道隆，乃喜曰：“吉徵也。”

明日召至便殿，问宗旨。师奏对详允[5]，帝大悦。后以偈句相酬唱，络绎[6]于道。或入对留宿禁中，礼遇特厚。赐号“应制明悟禅师”。

皇祐间，诏大觉琏禅师于化成殿演法，召师问话，机锋迅捷，帝大悦，侍卫皆山呼[7]。师即奏疏举琏自代禁林待问，秘殿谭禅，乞归庐山。帝览表不允，有旨：于曹门外建精舍延师，赐号“华严禅院”。

开堂，僧问：“如何是道？”师曰：“高高低低。”曰：“如何是道中人？”师曰：“脚瘦草鞋宽。”

师年八十余，示寂于盛暑。安坐七日，手足柔和。全身塔于寺之东。

【注释】

［1］“我见广慧，渠欲剃发，使我擎凳子来。慧曰：‘道者！我有《凳子诗》听取。’乃曰：‘放下便平稳。’我时便肯伊。因叙在石门处所得，广慧曰：‘石门所示，如百味珍羞，只是饱人不得。’”：这一段全是禅师复述，旧校本标点有误，弄得很混乱，均更正。

［2］至和：年号。是宋仁宗赵祯的一个年号，前后共计三年。1054年3月至1056年9月。

［3］龙蟠：同“龙盘”，龙盘卧。

［4］惊矍（jué）：犹惊视。宋代苏轼《湖上夜归》：“睡眼忽惊矍，繁灯闹河塘。”

［5］详允：平正允当。南朝梁沈约《授萧惠休右仆射诏》：“才学淹通，识裁详允。”

［6］络绎：连续不断，往来不绝。此指禅师与仁宗皇帝酬唱之偈到处传播。

［7］山呼：封建时代对皇帝的祝颂仪式，叩头高呼“万岁”三次。唐代卢纶《皇帝感词》：“山呼一万岁，直入九重城。”

临江军[1]慧力慧南禅师

僧问：“师唱谁家曲，宗风嗣阿谁？”师曰：“铁牛不吃栏边草，直上须弥顶上眠。”曰：“恁么则昔日汝阳亲得旨，临江今日大敷扬。”师曰：“礼拜了退。”

问：“如何是佛？”师曰：“头大尾小。”曰：“未晓玄言，乞师再指。”师曰：“眉长三尺二。”曰：“恁么则人人皆顶戴，见者尽攒眉[2]。”师长嘘一声，僧拍一拍便礼拜。师曰：“一任跨跳。”

【注释】

［1］临江军：地名。今属江西新余市。宋淳化三年（992年），析清江、新淦、新喻三县置临江军。

［2］攒（cuán）眉：皱起眉头。不快或痛苦的神态。

汝州广慧德宣禅师

僧问：“祖祖相传传祖印，师今得法嗣何人？”师曰：“仲氏吹埙[1]，伯氏吹篪[2]。”曰：“恁么则广慧的子，首山亲孙也。”师曰：“椽塠[3]里坐地，不打阇黎。”

【注释】

［1］埙：亦作“壎”。古代一种吹奏乐器。陶制，也有用石、骨、象牙制成者。大如鹅蛋或鸡蛋，顶部稍尖，底平，中空，有球形或椭圆形等多种。顶上有吹口，前面有三、四或五孔，后面有二孔，古今各异。

［2］篪（chí）：亦作“箎”。古代竹制的管乐器之一。像笛，有八孔，横吹。唯其开孔数及尺寸古书记载不一。

［3］塠（duī）：同“堆”。

文公杨亿居士

文公杨亿居士，字大年。幼举神婴，及壮负才名而未知有佛。一日过同僚，见读《金刚经》，笑且罪之，彼读自若。公疑之曰："是岂出孔孟之右乎？何佞甚！"因阅数板，懵然始少敬信。后会翰林李公维，勉令参问。

及由秘书监[1]出守汝州，首谒广慧。慧接见，公便问："布鼓当轩击，谁是知音者？"慧曰："来风深辨。"公曰："恁么则禅客相逢只弹指也。"慧曰："君子可八[2]。"公应："喏！喏！"慧曰："草贼大败。"

夜语次，慧曰："秘监曾与甚人道话来？"公曰："某曾问云岩谅监寺：'两个大虫相咬时如何？'谅曰：'一合相。'某曰：'我只管看。'未审恁么道还得么？[3]"慧曰："这里即不然。"公曰："请和尚别一转语。"慧以手作拽鼻势，曰："这畜生更跨跳在。"公于言下脱然无疑。

有偈曰："八角磨盘空里走，金毛师子变作狗。拟欲将身北斗藏，应须合掌南辰后。"复杼其师承密证，寄李翰林曰："病夫夙以顽惷[4]，获受奖顾[5]。预闻南宗之旨，久陪上国之游。动静咨询，周旋策发。俾其刳心[6]之有诣，墙面之无惭[7]者，诚出于席间床下[8]矣。矧又故安公大师每垂诱导，自双林灭影，只履西归，中心浩然，罔知所止。仍岁[9]沈疴[10]，神虑迷恍。殆及小间[11]，再辨方位。又得云门谅公大士见顾[12]蓬蒿[13]。谅之旨趣，正与安公同辙，并自庐山云居归宗而来，皆是法眼之流裔。去年假[14]守兹郡，适会广慧禅伯，实承嗣南院念[15]，念嗣风穴，穴嗣先南院，南院嗣兴化，兴化嗣临济，临济嗣黄檗，黄檗嗣百丈，丈嗣马祖，祖出让和尚，让即曹溪之长嫡也。斋中务简，退食[16]之暇，或坐邀而至，或命驾从之。请扣[17]无方[18]，蒙滞[19]顿释。半岁之后，旷然弗疑。如忘忽记，如睡忽觉。平昔碍膺[20]之物，曝然自落[21]。积劫未明之事，廓尔[22]现前。固亦决择之洞分[23]，应接之无蹇[24]矣。重念先德，率多参寻。如雪峰九上洞山，三到投子，遂嗣德山；临济得法于大愚，终承黄檗；云岩多蒙道吾训诱，乃为药山之子；丹霞亲承马祖印可，而终作石头之裔。在古多有，于理无嫌。病夫今继绍[25]之缘，实属于广慧；而提激之自，良出于鳌峰也。欣幸！欣幸！"

公问广慧曰："承和尚有言，一切罪业，皆因财宝所生，劝人疏于财利。况南阎浮提众生，以财为命，邦国以财聚人，教中有财法二施，何得劝人疏财[26]乎？"慧曰："幡竿尖上铁龙头[27]。"公曰："海坛马子似驴大。"慧曰："楚鸡不是丹山凤。"公曰："佛灭二千岁，比丘少惭愧。"

公置一百问，请广慧答。慧一一答回。

公问李都尉曰："释迦六年苦行，成得甚么事？"尉曰："担折知柴重。"

公因微恙，问环大师曰："某今日忽违和[28]，大师慈悲，如何医疗？"环曰："丁香汤[29]一碗。"公便作吐势。环曰："恩爱成烦恼。"环为煎药次，公叫曰："有贼！"环下药于公前，叉手侧立。公瞠目视之曰："少丛林汉。"环拂袖而出。

又一日，问曰："某四大将欲离散，大师如何相救？"环乃槌胸三下。公曰："赖遇作家。"环曰："几年学佛法，俗气犹未除。"公曰："祸不单行。"环作嘘嘘声。

公书偈遗李都尉曰："沤生与沤灭，二法本来齐。欲识真归处，赵州东院西。"尉见遂曰："泰山庙里卖纸钱[30]。"尉即至，公已逝矣。

【注释】

［1］秘书监：官名。东汉桓帝时设置，南北朝末期以后为秘书省之长官，掌邦国经籍图书著作等事，明废。参考文献：《初学记》卷十二。

［2］君子可八：这个"八"字，宝祐本作"八"。旧校本是拿不准的，但又直接写成"入"。查阅佛教典籍有"入"，如《嘉泰普灯录》《五灯严统》《五灯全书》等都写作"君子可入"，应是形近而误。有的学者说，"八"应为"入"，比喻有道禅僧可以就此悟入。王长林在《语言研究》发表《禅语"君子可八"释义商兑》："'八'有分辨、知晓义，是一个闽方言词。禅录'君子可八'，意为君子可辨、君子可知。"乔立智《〈五灯会元〉点校疑误举例》也谈到"八"的原意是"分"，"分"有"辨别、区别"义。诚然如此。说文："八，别也，象分别相背之形。"高鸿缙《中国字例》："八之本意为分，取假象分背之形，指事字……后世借用为数目八九之八，久而不返，乃如刀为意符作分。"旧校本未弄清"八"的意义，校勘记："原作'八'，据清藏本改。"因此，旧校本校勘反而改错了。本书卷十八"天童了朴禅师"条："卓拄杖一下，云：'敢问诸人是生是杀？'良久云：

‘君子可八。’”从前后语境上可以看出，“八”作“分辨”解释很适宜，但旧校本又写校勘记：“八，据义应作‘入’。”

［3］‘我只管看。’未审恁么道还得么?：旧校本标点有误，“未审恁么道还得么”这句话不能放入单引号内。

［4］惷（chōng）：愚笨。

［5］奖顾：赏识眷顾。唐代黄滔《崔右丞启》：“况今攀托门墙，依凭奖顾，以坑谷苍黄之态，戴丘山岌嶪之恩。”

［6］刳心：挖出心脏，表示忠心。

［7］墙面之无惭：面壁反省而问心无愧。墙面：指面墙，即面壁。

［8］诚出于席间床下：确实超越于席间座位上诸位。床，古代坐具。

［9］仍岁：连年，多年。《南史·齐豫章文献王嶷传》：“旧楚萧条，仍岁多故。”

［10］沈疴：亦作“沉疴”“沉痾”。指重病、久治不愈的病。

［11］小间：病稍愈。《南史·褚彦回传》：“帝虽小间，犹怀身后虑。”

［12］见顾：看待我，赏识我。

［13］蓬蒿：蓬草和蒿草，借指荒野偏僻之处。此处是谦称自己，指自己是没有见过世面的人。唐代李白《南陵别儿童入京》云：“仰天大笑出门去，我辈岂是蓬蒿人?”

［14］假：借用，利用。

［15］念：禅师名。即省念禅师，人称“念法华”。

［16］退食：退朝就食于家或公余休息。此处指文公杨亿居士业余时间。

［17］请扣：请教，求教。扣：同“叩”，求教，探问。

［18］无方：没有方向、处所的限制。谓无所不至。

［19］蒙滞：蒙昧无知的疑虑障碍。

［20］碍膺：碍心，堵住心智。

［21］嚗（bó）然自落：“嚗”的一声就落下了。嚗：象声词，多形容物体落地或迸裂声。

［22］廓尔：开悟貌。觉悟貌。

［23］洞分：清楚地分开。

［24］謇（jiǎn）：阻塞。

［25］继绍：继承。唐代白居易《为崔相陈情表》：“德宗皇帝念臣亡伯位高无后，以犹子之义，命臣继绍，仍赐臣名。”

［26］疏财：轻视钱财而常布施。

［27］幡竿尖上铁龙头：意思是把财利比作幡竿上用来系幡的铁龙头，劝世人不要只见铁龙头，而不见旗幡。不要执迷钱财，要疏于财利。

［28］违和：身体失于调理而不适。用于称他人患病的婉词。

［29］丁香汤：大粪汤。

［30］泰山庙里卖纸钱：谚语，比喻在能人面前显示自己并不高明的本领。去泰山庙者不是皇帝封禅，便是官员百姓朝拜进香，他们都会携带众多的仪仗或供品香火，而纸钱只是祭奠鬼魂的东西，是最低等的，与泰山庙里的供品、祭物、香火是不能比的。所以，到泰山庙去卖纸钱，是不知高低贵贱的表现。

【概要】

杨亿（974～1020 年），字大年，建州浦城（今福建浦城县）人。北宋文学家，西昆体诗歌主要作家。亿少时，聪颖能文，祖父常叹道："兴吾门者在汝矣。"年十一，宋太宗闻其名，尝召入面试，叹为神童，授秘书省正字。淳化中，赐进士，曾为翰林学士兼史馆修撰，官至工部侍郎。政治上支持丞相寇准抵抗辽兵入侵，反对宋真宗大兴土木，求仙祀神的迷信活动。

在朝时，杨亿持身清正，不畏权势。时真宗欲立刘皇后，朝臣皆以为不可。真宗希望得到杨亿的支持，派使者传旨请亿草拟立后的奏文。杨亿不写，并责难立后之事。使者说："勉为之，不愁不富贵。"杨亿回答说："如此富贵，非所欲也。"其立身高尚，大致如此。

杨亿早年并不知佛为何事，后受居士李维勉的策发，遂留心释典、禅观之学，深信佛教。尝著有《发愿文》曰："愿亿与法界众生未契心者，开佛知见，悟自本心，一念发明，诸境纯净。虚空有尽，我愿无穷；法界有边，愿心无报。"

杨亿出知汝州（今河南临汝）期间，和广慧元琏禅师交往甚笃。首次谒见广慧禅师时，就脱然有悟。此后便日相从游，成为广慧禅法的嗣法弟子。杨亿就"教中有财法二施，何得劝人疏财"问于禅师，广慧说："幡竿尖上铁龙头。"禅师把财利比作"铁龙头"，而铁龙头只是幡竿上用系幡的，不要只见铁龙头，而不见旗幡。就是说不要为钱财执迷，也即"疏于财利"。杨亿前后提了一百个问题，请广慧解答，禅师皆一一答回。他曾自述曰："平昔碍膺之物，曝然自落。积劫未明之事，廓尔现前。"

宋代名僧惠洪对杨亿的禅学修养作了很高的评价，说："大年，士大夫，其辩慧足以达佛祖无传之旨。"（《林间录》卷上）

杨亿自信奉佛教后，便疏于财利。好散施钱物，周济亲友。有时因出手太多，连自己的生活也难以维持。宋太宗得知此情，便经常给以"沾资"（赏赐）。因其深于佛理，在朝时，屡奉诏编制大藏目录，裁定《景德传灯录》，润文“译经院”。还组织撰写了《太宗实录》《册府元龟》等史书。一时学佛士夫，推为领袖。

天禧四年（1020 年），擢为翰林学士。同年患病去世。天禧四年卒，年四十七，谥号为文。

杨亿博览强记，尤长于典章制度。除了预修《太宗实录》、主修《册府元龟》外，还著有《武夷新集》《浦城遗书》《摛藻堂四库全书荟要》《杨文公谈苑》十五卷等书。

【参考文献】

《居士传》卷二十；《宋史》卷三〇五。

第二节　南岳下十一世

石霜圆禅师法嗣

翠岩可真禅师

洪州翠岩可真禅师，福州人也。尝参慈明。因之金銮同善侍者坐夏[1]。善乃慈明高第，道吾真[2]、杨岐会[3]皆推伏之。师自负亲见慈明，天下无可意者。善与语，知其未彻，笑之。

一日，山行，举论锋发。善拈一片瓦砾，置磐石上，曰：“若向这里下得一转语，许你亲见慈明。”师左右视，拟对之，善叱曰：“伫思停机，情识未透，何曾梦见？”师自愧悚[4]，即还石霜。

慈明见来，叱曰：“本色行脚人，必知时节。有甚急事，夏未了早已至此？”师泣曰：“被善兄毒心，终碍塞人，故来见和尚。”明遽问：“如何是佛法大意？”师曰：“无云生岭上，有月落波心。”明嗔目喝曰：“头白齿豁[5]，犹作这个见解，如何脱离生死？”师悚然，求指示。明曰：“汝问我。”师理前语问之，明震声曰：“无云生岭上，有月落波心。”师

于言下大悟。师爽气逸出[6]，机辩迅捷，丛林惮之。

住翠岩日，僧问："如何是佛？"师曰："同坑无异土。"

问："如何是祖师西来意？"师曰："深耕浅种。"

问："如何是学人转身处？"师曰："一堵墙，百堵调。"曰："如何是学人著力处？"师曰："千日斫柴一日烧。"曰："如何是学人亲切处？"师曰："浑家送上渡头船[7]。"

问："利人一句，请师垂示？"师曰："三脚虾蟆[8]飞上天。"曰："前村深雪里，昨夜一枝开。"师曰："饥逢王膳不能餐[9]。"

问："如何是道？"师曰："出门便见。"曰："如何是道中人？"师曰："担枷过状[10]。"

上堂："先德道，此事如爆龟文，爆即成兆，不爆成钝。爆与不爆，直下便捏。上蓝即不然，无固无必。虚空走马，旱地行船，南山起云，北山下雨[11]。"遂拈拄杖曰："拄杖子变作天大将军，巡历四天下。有守节不守节，有戒行无戒行，一时奏与天帝释。"乃喝一喝曰："丈夫自有冲天志，莫向如来行处行[12]。"卓一下[13]。

上堂，举："龙牙颂曰：'学道如钻火，逢烟未可休。直待金星现，归家始到头。'神鼎曰：'学道如钻火，逢烟即便休。莫待金星现，烧脚又烧头。'"[14]师曰："若论顿也，龙牙正在半途。若论渐也，神鼎犹少悟在。于此复且如何？诸仁者！今年多落叶，几处扫归家？"

上堂："临阵抗敌，不惧生死者，将军之勇也。入山不惧虎兕[15]者，猎人之勇也。入水不惧蛟龙者，渔人之勇也。作么生是衲僧之勇？"拈拄杖曰："这个是拄杖子，拈得，把得，动得，三千大千世界，一时摇动；若拈不得，把不得，动不得，文殊自文殊，解脱自解脱。参！"

上堂，举："僧问巴陵：'如何是道？'陵曰：'明眼人落井。'又问宝应：'如何是道？'应曰：'五凤楼前。'又问首山：'如何是道？'山曰：'脚下深三尺。'此三转语，一句壁立千仞，一句陆地行船，一句宾主交参。诸人莫有拣得者么？出来道看。如无，且行罗汉慈，破结贼故；行菩萨慈，安众生故；行如来慈，得如相故[16]。"

"问："如何是佛法大意？"师曰："五通贤圣[17]。"曰："学人不会。"师曰："舌至梵天。"

师将入灭，示疾甚劳苦。席藁[18]于地，转侧不少休。哲侍者垂泣曰："平生诃佛骂祖，今何为乃尔？"师熟视，诃曰："汝亦作此见解邪？"即起趺坐，呼侍者烧香，烟起遂示寂。

【注释】

［1］坐夏：安居的别名，即在夏季里静坐以修行佛法。

［2］道吾真：禅师名。参见本章"道吾悟真禅师"注释。

［3］杨岐会：禅师名。参见本书第十九章"杨岐方会禅师"注释。

［4］愧悚：惭愧惶恐。

［5］头白齿豁：白发苍苍，牙齿全缺。描写老态龙钟的情景。佛经一般作"头白齿落"。

［6］逸出：超出，超越。清代周亮工《书影》卷一："近颇有尤异之士逸出其间者，然终不胜慎守故调者之多。"

［7］浑家送上渡头船：浑家，全家。唐代孟宾于《献主司》云："那堪雨后更闻蝉，溪隔重湖路七千。忆昔故园杨柳岸，全家送上渡头船。"

［8］三脚虾蟆：指一知半解的人。

［9］饥逢王膳不能餐：出自《法华经·授记品》："如从饥国来，忽遇大王膳，心犹怀疑惧，未敢即便食。"该吃苦时吃不得苦，该受用时心量太小，常常就说"饥逢王膳不能餐，病遇医王争得瘥"。

［10］过状：递交文状、诉状。蒋礼鸿曰："过状是送进文状。"见《敦煌变文字义通释·过》。

［11］南山起云，北山下雨：禅家所谓的"奇特句"。是除尽分别心之后的新的体验，在禅者看来，南山北山并无对立、区别，南山就是北山，北山就是南山。本书第十八章"圆通道旻"条："后侍潭（指泐潭）行次，潭以拄杖架肩长嘘，曰：'会么？'师拟对，潭便打。有顷，复拈草示之曰：'是甚么？'师亦拟对，潭遂喝。于是顿明大法，作拈华势，乃曰：'这回瞒旻上座不得也。'潭挽曰：'更道！更道！'师曰：'南山起云，北山下雨。'即礼拜，潭首肯。"《黄龙语录》："云门一曲二十五，不属宫商角徵羽。若人问我曲因由，南山起云北山雨。"（摘自《禅宗大词典》）

［12］丈夫自有冲天志，莫向如来行处行：大丈夫虽然有冲天的志向，却不敢向如来行处行。《金光明最胜王经》："复有十种希有之法，是如来行。"

［13］卓一下：旧校本标点有误，"卓一下"后是句号，结束这次上堂的动作。

［14］“龙牙颂曰：‘学道如钻火，逢烟未可休。直待金星现，归家始到头。’神鼎曰：‘学道如钻火，逢烟即便休。莫待金星现，烧脚又烧头。’”：这是禅师上堂举出的两个例子，旧校本标点有误。

［15］虎兕（sì）：虎与犀牛。

［16］行罗汉慈，破结贼故；行菩萨慈，安众生故；行如来慈，得如相故：出自《维摩诘所说经·文殊师利问疾品第五》：“行阿罗汉慈，破结贼故；行菩萨慈，安众生故；行如来慈，得如相故。”

［17］五通贤圣：指得五神通之仙人。天竺外道修有漏禅定而得五通者多。而佛法三乘之证果者，于五通之上，得漏尽通（尽断烦恼），而具六通。《维摩经·不思议品》曰：“或现离淫欲，为五通仙人。”五通，即天眼通、天耳通、他心通、宿命通、如意通。

［18］席藁（gǎo）：指用禾秆编成的席子。

【概要】

可真禅师（？～1064年），宋代临济宗僧。福州长溪（今福建霞浦）人。参临济宗石霜楚圆禅师，闻其语，豁然点胸，开悟得法，世称“真点胸”。为石霜楚圆之法嗣。曾住隆兴府（江西）翠岩山，故又称“翠岩可真”。后迁潭州（湖南长沙）道吾山。以其辩才无碍，名闻遐迩。治平元年示寂。遗有《翠岩真禅师语要》一卷，收入《续古尊宿语要》。

出自可真禅师著名的公案有“可真点胸”。此为可真禅师开悟得法之公案。可真初投石霜楚圆座下时，楚圆欲勘验之，乃问：“如何是佛法大意?”可真答：“无云生岭上，有月落波心。”楚圆斥道：“头白齿豁，犹作这见解!”可真闻言，垂泪求楚圆指示。楚圆道：“你可问我。”可真即以前语问之，楚圆乃震声答：“无云生岭上，有月落波心。”可真闻其语，豁然点胸（明达大法，了无所滞）而开悟得法。禅林中遂以此一因缘而称可真为“真点胸”。

盖可真答楚圆之问，与楚圆答可真之问，其语皆为“无云生岭上，有月落波心”，此语本即藉大自然云、月之有无，或款款生岭上，或漫漫落波心，皆所谓“法尔自然”之意，以之直指佛法真义，乃用表一切无非诸法实相，无须些许矫饰造作。然可真原虽知此中道理，奈何自信不足、所见未彻，待楚圆斥以“犹作这见解”，不禁惊惶泪下，打破从前所“知”，以为佛法另有境界道理。直至楚圆亦以同语答之，方才顿明玄旨，从此了无挂碍，真正超越“知”之层面而入于“悟”道之境。（此公案参见《禅苑蒙求》卷下）

可真禅师圆寂表现出甚痛苦的样子，与楚圆禅师圆寂时得了歪嘴风，有异曲同工之妙，亦是值得参的一个公案。可真禅师临终的时候，躺在地上的干草席上，展转反侧，极度痛苦，不得片刻休息。哲侍者站一旁，流着眼泪说道："平生呵佛骂祖，今何为乃尔？"可真禅师一听，便仔细地看着哲侍者，呵斥道："汝亦作此见解邪？"说完便爬起来，跏趺而坐，并唤侍者烧香。香烟刚一升起，可真禅师即奄然而逝。走得如此潇洒，可联系本章"石霜楚圆禅师"条一起阅读。

【参考文献】

《建中靖国续灯录》卷七；《联灯会要》卷十四；《嘉泰普灯录》卷三；《续传灯录》卷七；《禅宗正脉》卷十二；《佛祖纲目》卷三十六。

蒋山赞元禅师

蒋山赞元觉海禅师，婺州义乌人。姓傅氏，乃大士[1]之裔也。夙修种智[2]，随愿示生。父母感祥，闾里[3]称异。三岁出家，七岁为僧。十五游方，远造石霜，升于丈室。

慈明一见曰："好好著槽厂[4]。"师遂作驴鸣，明曰："真法器耳。"俾为侍者。二十年中，运水搬柴，不惮寒暑，悉已躬亲。

求道后出世苏台、天峰、龙华、白云，府帅请居志公道场，提纲宗要，机锋迅敏，解行相应，诸方推服。

丞相王公安石[5]重师德望，特奏章服师号。公又坚辞鼎席[6]，结庐定林山中，与师萧散[7]林下，清谈[8]终日。赠师颂曰："不与物违真道广，每随缘起自禅深。舌根已净谁能坏？足迹如空我得寻。"此亦明世希有事也。

僧问："如何是和尚家风？"师曰："东壁打西壁。"曰："客来如何祇待[9]？"师曰："山上樵，井中水[10]。"

问："如何是诸佛出身处？"师曰："驴胎马腹。"

问："鲁祖面壁[11]，意旨如何？"师曰："住持事繁。"

问："如何是大善知识？"师曰："屠牛剥羊。"曰："为甚么如此？"师曰："业在其中。"

上堂："这个若是，如虎戴角[12]。这个若不是，唤作甚么？"良久曰："倰驴倰马[13]，珍重！"

元祐元年，师乃迁化。丞相王公恸哭于塔，赞师真[14]曰："贤哉人也！

行厉而容寂，知言而能默。誉荣弗喜，辱毁弗戚。弗矜弗克[15]，人自称德。有缁有白[16]，来自南北。弗顺弗逆，弗抗弗抑。弗观汝华，唯食己实。孰其嗣之？我有遗则。”

【注释】

［1］大士：即傅大士，参见本书第二章“善慧大士”注释。

［2］种智：为一切种智之略称。即佛了知一切种种法之智慧。

［3］闾（lǘ）里：里巷，平民聚居之處。或指邻里。

［4］著槽厂：安置于僧徒宿舍，系禅院住持僧同意收留行脚僧的习语。著，安置。槽厂，本义畜棚之类，一谓碓米房，转指僧徒宿舍。此处禅师作驴鸣，则把“槽厂”视为驴圈了。

［5］王公安石：即王安石（1021～1086年），北宋政治家、文学家。字介甫，号半山，抚州临川（今属江西）人。庆历年间进士。初任知鄞县、知常州。宋神宗时拜相，推行变法，后遭保守派反对辞相位，退居江宁（今江苏南京）。封荆国公，卒后谥号文，世称王荆公、王文公。为“唐宋八大家”之一。有《游褒禅山记》《答司马谏议书》等名篇。著有《临川集》。

［6］鼎席：宰相之位。

［7］萧散：犹萧洒。形容举止、神情、风格等自然，不拘束；闲散舒适。

［8］清谈：此处指超俗高雅的谈论。

［9］祇待：又作“袛待”。指恭敬地招待，款待。祇：同“袛”，“敬”的意思。

［10］山上樵，井中水：烧的是山上柴，吃的是井中水。描写回归自然的状态。

［11］鲁祖面壁：参见本书第三章“池州鲁祖山宝云禅师”注释。“师寻常见僧来，便面壁”，这就是鲁祖平时接引学人的方式，这种方式太高峻，一般人不能企及，也难以模仿，所以引起后来高僧大德们的评论，成为“鲁祖面壁”“鲁祖家风”“古德火抄”为名的禅宗公案。此公案体现禅法超越言句诠解，后世禅林常见拈举。

［12］如虎戴角：老虎本来已经很厉害了，再加上两只角，那更是所向无敌了。形容禅悟者威风畅快的精神状态。

［13］餧（něi）驴餧马：病驴病马，长年饥饿。餒，饥饿。与上文“如虎戴角”意义相反。

［14］真：画像。

［15］弗矜弗克：不骄不躁。矜：自夸。克：好胜人。

［16］有缁有白：有出家人，有在家人。

【概要】

赞元禅师（？～1086年），宋代临济宗僧。浙江义乌人，为傅大士之后裔。字万宗。三岁出家，七岁受菩萨戒。遍历诸方，参谒石霜楚圆会下，并嗣其法。后住持苏台、天峰、龙华、白云等寺。又应府帅之请，住持蒋山宝志道场（即太平兴国寺）。王安石奏其德，受赐章服及“觉海禅师”号。元祐元年示寂，世寿不详。

【参考文献】

《禅林僧宝传》卷二十七；《续传灯录》卷七。

【拓展阅读】

南怀瑾先生谈赞元禅师与王安石

（摘自南怀瑾著《论语别裁》）

子曰：可与共学，未可与适道。可与适道，未可与立。可与立，未可与权。

这是做人做事最要注意的事。讲到这种人生的经验，孔子真是圣者，实在了不起。他说有些人可以同学，年轻做朋友蛮好，但没有办法和他同走一条道路，不一定能共事业。假如有一个事业，认为是好朋友，拉在一起做，往往后来朋友变成冤家，真不划算，如不共事业，还是好朋友，多圆满！朋友是难得，结果变成冤家，等于离婚一样，该多痛苦？所以，汉光武找严子陵，而严子陵始终不干，始终和皇帝是好朋友，多舒服！如果他作了汉光武的官，最后历史的记载，两人有没有这光荣史迹，就不知道了。“可与适道，未可与立。”有些人可以共赴事业，但是没有办法共同建立一个东西，无法创业。我们经历了几十年的人生，再回过来看这节书，真感到孔子的了不起。明太祖朱元璋最初尊孔子，反对孟子，把圣庙里孟子的牌位丢掉，说孟子没什么了不起。后来观念转变，翻开孟子一看，读到孟子说“天将降大任于斯人也，必先苦其心志，劳其筋骨”那一段，他又立即认为孟子真是圣人，恢复了孟子在圣庙的牌位。这就是说明要人生的经验多了，才体会得出圣贤之言的可贵。“可与立，未可与权。”有些人可以共同创业，但不能给他权力，无法和他共同权变。这在历史上很多故事中可以看到，有些人学问、道德都不错，作别人的高级干部，一人之下万人之上也不错，但权力一集中到他手里，他自己会害了自己，就坏了。譬如现代史中的袁世凯，和曹操差不多，是乱世奸雄，治世未必能。如果

一个人大权在手，又有道德学问的修养，把权力看成非常平淡，那就高明了。

再说，由“可与共学”到“未可与权”这三句话，我们可以借用宋代蒋山赞元禅师对王安石说的话，作为更进一层的了解。王安石与赞元禅师交情犹如兄弟，一个出家当了和尚，一个作了宰相，王安石每个月都要写信给赞元，而赞元始终不打开来看。有一天王安石问他能不能学道，赞元禅师说：“你只有一个条件可以学道。但有三个障碍永远去不了，只好再等一世，来生再说学道的事吧！”王安石听了很不痛快，要他说明。他便说，你“秉气刚大，世缘深”，你的气大，又热心于人世的功名事业，成功与失败，没有绝对的把握，你心里永远不会平静，哪里能够学道呢？并且你脾气大，又容易发怒。作学问，重理解，对学道来说，是“所知障”，你有这三个大毛病，怎么可以学道？不过，不大重视名利，而且生活习惯很淡泊，很像一个苦行僧，只有这一点比较近道而已。所以说，你可以先研究修道的理论，等来生再说吧！我们看了这一段对话，再研究一下王安石的一生与宋神宗时代历史上的成败得失，便可以了解孔子所说的这三句话的分量了。

瑞州武泉山政禅师

僧问：“如何是佛法大意？”师曰：“衣成人，水成田。”

上堂：“黄梅席上，海众千人。付法传衣，碓坊行者。是则红日西升，非则月轮东上。参！”

南岳双峰寺省回禅师

上堂：“南番人泛船，塞北人摇橹。波斯入大唐，须弥山作舞。是甚么说话？”

师元丰六年九月十七日净发，沐浴，辞众，偈曰：“九十二光阴，分明对众说。远洞散寒云，幽窗度残月。”言讫坐逝。荼毗，齿顶不坏，上有五色异光。

洪州大宁道宽禅师

僧问：“饮光[1]正见，为甚么见拈花却微笑？”师曰：“忍俊不禁。”

问：“丹霞烧木佛，院主为甚么眉须堕落？”师曰：“贼不打贫儿家[2]。”

问：“既是一真法界，为甚么却有千差万别？”师曰：“根深叶茂。”

僧打圆相曰："还出得这个也无？"师曰："弄巧成拙。"

问："如何是前三三，后三三[3]？"师曰："数九不到九。"

问："如何是佛法大意？"师曰："点茶须是百沸汤。"曰："意旨如何？"师曰："吃尽莫留滓。"

有僧造师之室，问："如何是露地白牛[4]？"师以火箸插火炉中，曰："会么？"曰："不会。"师曰："头不欠，尾不剩。"

师在同安日，时有僧问："既是同安，为甚么却有病僧化去？"师曰："布施不如还却债。"

上堂："少林妙诀，古佛家风。应用随机，卷舒自在。如拳作掌，开合有时。似水成沤，起灭无定。动静俱显，语默全彰。万用自然，不劳心力。到这里唤作顺水放船。且道逆风举棹，谁是好手？"良久曰："弄潮须是弄潮人。"喝一喝曰："珍重！"

上堂："无念为宗，无住为本。真空为体，妙有为用。所以道，尽大地是真空，遍法界是妙有。且道是甚么人用得？四时运用，日月长明。法本不迁，道无方所。随缘自在，逐物升沈。此土他方，入凡入圣。虽然如是，且道'入乡随俗'一句作么生道？"良久曰："西天梵语，此土唐言。"

【注释】

［1］饮光：即摩诃迦叶，佛陀十大弟子之一，禅宗西天祖师第一祖。又作摩诃迦叶波、摩诃厠叶、大迦叶、大迦叶波、大迦摄。略作迦叶、迦叶波、迦摄波。译为大饮光或大龟。在佛弟子中，有"头陀第一""上行第一"等称号。以"拈花微笑"之故事，成为西天祖师第一祖。

［2］贼不打贫儿家：谚语，意思是盗贼不打劫贫困人家。

［3］前三三，后三三：详见本书第九章"无著文喜禅师"注释。唐杭州无著禅师，名文喜，年七岁出家，习律听教，宣宗初，往五台礼文殊。"前三三，后三三"便是文殊菩萨化身说的。

［4］露地白牛：置于露天的白牛。《法华经·譬喻品》中用以比喻大乘教法，禅宗著作中多以比喻微妙禅法。本书第十五章"北禅智贤"条："岁夜小参曰：'年穷岁尽，无可与诸人分岁。老僧烹一头露地白牛，炊黍米饭，煮野菜羹，烧榾柮火，大家吃了，唱《村田乐》。'"

潭州道吾悟真禅师

上堂："古今日月，依旧山河。若明得去，十方薄伽梵[1]，一路涅槃门。若明不得，谤斯经故，获罪如是。"

上堂："师子儿哮吼，龙马驹跨跳。古佛镜中明，三山孤月皎。"遂作舞，下座。

上堂，举："洞山道：'五台山上云蒸饭，佛殿阶前狗尿天。刹竿头上煎䭔[2]子，三个猢狲夜簸钱[3]。'老僧即不然。三面狸奴脚踏月，两头白牯手拏烟。戴冠碧兔立庭柏，脱壳乌龟飞上天。老僧葛藤[4]尽被汝诸人觑破了也。洞山老人，甚是奇特。虽然如是，只行得三步四步，且不过七跳八跳。且道诮讹在甚么处？老僧今日不惜眉毛[5]，一时布施。"良久曰："叮咛损君德，无言真有功。任从沧海变，终不为君通。"

问："凝然便会时如何？"师曰："老鼠尾上带研槌[6]。"

问："如何是真如[7]体？"师曰："夜叉屈膝眼睛黑。"曰："如何是真如用？"师曰："金刚杵打铁山摧。"

问："如何是常照？"师曰："针锋上须弥。"曰："如何是寂照？"师曰："眉毛里海水。"曰："如何是本来照？"师曰："草鞋里宽跳。"僧退。师曰："寂照常照本来照，草鞋底下常跨跳。更会针锋上须弥，眉毛中水常渺渺[8]。"

问："如何是佛？"师曰："洞庭无盖。"

上堂："山前麦熟，庐陵米价[9]，镇州萝卜[10]，更有一般。"良久曰："时挑野菜和根煮，旋斫生柴带叶烧。"

上堂："古人道，认著依前还不是，实难会。土宿颔下髭须多[11]，波斯眼深鼻孔大。甚奇怪，歘然[12]透过新罗界。"

问僧："甚处来？"曰："堂中来。"师曰："圣僧道甚么？"僧近前："不审"。师曰："东家作驴，西家作马。"曰："过在甚么处？"师曰："万里崖州。"

师不安，僧问："和尚近日尊位如何？"师曰："粥饭头不了事。"僧无语，师鸣指一下。

上堂："普化明打暗打[13]，布袋横撒竖撒[14]，石室行者踏碓[15]，因甚志却下脚。”

问：“如何是第一玄？”师曰：“释尊光射阿难肩。”曰：“如何是第二玄？”师曰：“孤轮众象攒。”曰：“如何是第三玄？”师曰：“泣向枯桑泪涟涟。”曰：“如何是第一要？”师曰：“最好精粗照。”曰：“如何是第二要？”师曰：“闪电乾坤光晃耀。”曰：“如何是第三要？”师曰：“路夹青松老。”

上堂，举：“僧问首山：‘如何是佛？’山曰：‘新妇骑驴阿家牵[16]。’”师曰：“手提巴鼻[17]脚踏尾，仰面看天听流水。天明送出路傍边，夜静还归茅屋里。”

【注释】

［1］薄伽梵：为佛陀十号之一，诸佛通号之一。又作婆伽婆、婆伽梵、婆嚩诫帝。意译有德、能破、世尊、尊贵。即有德而为世所尊重者之意。在印度用于有德之神或圣者之敬称，具有自在、正义、离欲、吉祥、名称、解脱六义。在佛教中则为佛之尊称，又因佛陀具有德、能分别、受众人尊敬、能破除烦恼等众德，故薄伽梵亦具有有德、巧分别、有名声、能破等四种意义。

［2］饳（duī）：古代一种蒸饼。《玉篇》：“蜀人呼蒸饼为饳。”《李萼·馋语诗》：“拈饳舐指不知休。”

［3］簸（bǒ）钱：古代一种以掷钱赌输赢的游戏。赌博者先用手簸钱，然后掷下，用手捂住，使人猜测正反面，以言中否为胜负。唐代王建《宫词》之九三：“暂向玉花阶上坐，簸钱赢得两三筹。”

［4］葛藤：指文字、语言一如葛藤之蔓延交错，本用来解释、说明事相，反遭其缠绕束缚。此外，又指公案中难以理解之语句；更引申作问答功夫。玩弄无用之语句，称为闲葛藤；执着于文字语言，而不得真义之禅，称为文字禅，或葛藤禅。

［5］不惜眉毛：不惜眉须堕落，即不顾惜因使用言辞说教而遭受惩罚。言句作略不契宗旨，禅家讥斥为“眉须堕落”。典故出自“丹霞烧木佛”。参见本书第五章“邓州丹霞天然禅师”注释。

［6］老鼠尾上带研槌：研槌，擀面杖，闽语。老鼠尾巴细，难道带一根擀面杖就变大了吗？禅师警戒问者，装模作样没有用，开悟不从外得。

［7］真如：指遍布于宇宙中真实之本体，为一切万有之根源。又作如如、如实、法界、法性、实际、实相、如来藏、法身、佛性、自性清净身、一心、不思议界。早期汉译佛典中译作本无。真：真实不虚妄之意；如：不变其性之意。

［8］渺渺：幽远貌，悠远貌。《管子·内业》："折折乎如在于侧，忽忽乎如将不得，渺渺乎如穷无极。"尹知章注："渺渺，微远貌。"

［9］庐陵米价：禅宗公案，又作"青原米价"。盖庐陵位于江西省，乃著名之良米产地。此则公案，青原行思不针对僧所问之"佛法大意"作答，而另行提出"庐陵米价"，其意概谓佛法原本即是自己直接体悟之问题，既不宜向外驰求，更不应予以抽象化、观念化，为避免学人产生此类抽象化、观念化之谬思，遂特意以十足表现实际生活意味之"庐陵米价"来显示"生活即事理"之佛法精神。久之，"庐陵米价"或"青原米价"一语遂成为禅门中用以表示佛法不离实际生活之惯用语。

［10］镇州萝卜：参见本书第四章"赵州观音院从谂禅师"条："问：'承闻和尚亲见南泉，是否？'师曰：'镇州出大萝卜头。'"公案旨在说明，禅在当下事实、眼前事物中，无须许多葛藤。此答亲切生动，富有生活气息，体现了赵州平实的禅风。

［11］土宿颔下髭须多：鼻子下下巴下胡须多。"土宿"即"土星"，指鼻。《广鉴集》："鼻为土宿。万物生于土，归于土，象乎山岳。山不厌高，土不厌厚。"髭须，胡子。唇上曰髭，唇下为须。

［12］欻（xū）然：忽然。

［13］普化明打暗打：参见本书第四章"镇州普化和尚"注释："振一铎曰：'明头来，明头打。暗头来，暗头打。四方八面来，旋风打。虚空来，连架打。'"

［14］布袋横撒竖撒：参见本书第二章"明州布袋和尚"注释。

［15］石室行者踏碓：参见第一章"五祖弘忍大满禅师"注释："卢礼足而退，便入碓坊，服劳于杵臼之间，昼夜不息"石室行者，指卢行者慧能。行者指未出家剃发的居士。

［16］新妇骑驴阿家牵：参见本书第十一章"首山省念禅师"条注释。

［17］巴鼻：禅林用语。又作把鼻、巴臂、把臂。"巴"即"把"，"鼻"指"牛鼻"。即穿绳于牛鼻，以牵制之。其后转为可把持之处，犹言根据、把柄。领悟禅法的着手处，悟入处。亦指禅机，机锋。

【概要】

悟真禅师，宋代禅僧。参石霜楚圆开悟，嗣其法，为临济宗传人。住潭州（今湖南长沙）道吾山兴化寺。著有《潭州道吾真禅师语要》一卷。

【参考文献】

《建中靖国续灯录》卷七；《续传灯录》卷六；《联灯会要》卷十四；《指月录》卷二十五；《禅宗正脉》卷六。

蒋山保心禅师

僧问："月未圆时如何？"师曰："顺数将去。"曰："圆后如何？"师曰："倒数将来。"

问："如何是吹毛剑？"师曰："黑漆露柱。"

问："声色两字如何透得？"师曰："一手吹，一手拍。"

洪州百丈惟政禅师

上堂："岩头和尚用三文钱索得个妻，只解捞鰕摝蚬，要且不解生男育女[1]。直至如今，门风断绝。大众要识奯公[2]妻么？百丈今日不惜唇吻[3]，与你诸人注破[4]：'蓬鬓荆钗世所稀，布裙犹是嫁时衣[5]。'"

僧问："牛头未见四祖时，为甚么百鸟衔花献？"师曰："有钱千里通。"曰："见后为甚么不衔花？"师曰："无钱隔壁聋。"

问："达磨未来时如何？"师曰："六六三十六[6]。"曰："来后如何？"师曰："九九八十一。"

问："如何是祖师西来意？"师曰："木耳树头生。"

问："一切法是佛法，意旨如何？"师曰："一重山下一重人。"

问："上行下学，未是作家。背楚投吴，方为达士。岂不是和尚语？"师曰："是。"曰："父财子用也。"师曰："汝试用看。"僧拟议，师便打。

上堂："天台普请，人人知有。南岳游山，又作么生？会则灯笼笑你，不会有眼如盲。"

【注释】

[1] 岩头和尚用三文钱索得个妻，只解捞鰕摝蚬，要且不解生男育女：旧校本标点有误。"要且"是转折连词不能分开，旧校本却用逗号点断。

[2] 奯（huò）公：禅师名。参见本书第七章"岩头全奯禅师"注释。

[3] 唇吻：口舌。

[4] 注破：说破。

[5] 蓬鬓荆钗世所稀，布裙犹是嫁时衣：出自唐代葛鸦儿《怀良人》："蓬鬓荆钗世所稀，布裙犹是嫁时衣。胡麻好种无人种，正是归时不见归。"蓬鬓，如蓬

草一样乱的鬓发。荆钗，以灌木荆枝当髻钗。荆钗布裙为贫家妇女的装束。她鬓云散乱，头上别着自制的荆条发钗，身上穿着当年出嫁时所穿的布裙，白天在地里辛勤耕种，夜晚，拖着疲惫的身躯却在牵挂与忧虑中无法入眠。已经到了春耕的时候，该播种芝麻了，然而丈夫在外，谁来和我一起播种呢？按说现在已到了丈夫回家的时候了，为什么还不见回来呢？

[6] 六六三十六："六"与后文"九九八十一"的"九"都是易卦中的名词。六，阴爻之名。易以阳爻（用连线符号"—"表示）为九，阴爻（用断线符号"- -"表示）为六，后称太阳为九，太阴为六。

明州香山蕴良禅师

僧问："如何是透法身句？"师曰："刹竿头上舞三台。"曰："如何是接初机句？"师曰："上大人[1]。"曰："如何是末后句？"师曰："双林树下[2]。"问："如何是学人转身处？"师曰："磨坊里。"

上堂，良久，呵呵大笑曰："笑个甚么？笑他鸿鹄冲天飞，乌龟水底逐鱼儿。三个老婆六只奶，金刚背上烂如泥。呵呵呵，知不知，东村陈大耆。参！"

【注释】

[1] 上大人：由"上大人"开头的一组字，在唐代的敦煌写本里就有儿童习字的记载，"上大人"早在唐代就被用于儿童的启蒙读物了，其后在宋代的《续传灯录》里略有改动，直至清代，逐渐定型为后来的二十四字："上大人，孔乙己，化三千，七十士，尔小生，八九子，佳作仁，可知礼。"禅师以此回答提问者，就是拒绝回答，因为落入言语就不是"悟"的境界。或者说明一代时教如孩子启蒙课本那样简单。禅宗不立文字，教外别传，直指人心，见性成佛，就如孩子识字课本那么简单。一张白纸才可以画最新最美的画。什么知识也没有的时候，正是清净心的显露。

[2] 双林树下：世尊涅槃的地方。

苏州南峰惟广禅师

上堂："一问一答，如钟含响，似谷应声，盖为事不获已。且于建化门[1]中，放一线道。若据衲僧门下，天地悬殊，且道衲僧有甚么长处？"良久曰："尽日觅不得，有时还自来。咄！"

【注释】

[1] 建化门：佛祖建立的教化法门。禅家认为建化门并非顿悟妙法，只是适宜于多数中下根器的方便法门。

潭州大沩德乾禅师

僧问："如何是祖师西来意？"师曰："水从山上出。"曰："意旨如何？"师曰："溪涧岂能留？"乃曰："山花似锦，文殊撞着眼睛；幽鸟绵蛮[1]，观音塞却耳际。诸仁者更思量个甚么？昨夜三更睡不着，翻身捉得普贤，贬向无生国里，一觉直至天明。今朝又得与诸人相见说梦。噫！是甚么说话。"卓拄杖，下座。

【注释】

[1] 绵蛮：《诗·小雅·绵蛮》："绵蛮黄鸟，止于丘阿。"毛传："绵蛮，小鸟貌。"朱熹集传："绵蛮，鸟声。"

全州灵山本言禅师

僧问："如何是佛？"师曰："谁教汝恁么问？"曰："今日起动和尚也。"师曰："谢访及。"

安吉州广法院源禅师

僧问："如何是祖师西来意？"师曰："砖头瓦片。"

问："闹中取静时如何？"师曰："冤不可结。"

问："如何是正法眼？"师曰："眉毛下。"曰："便与么会时如何？"师曰："瞳儿笑点头。"

问："如何是向上事？"师曰："日月星辰。"曰："如何是向下事？"师曰："地狱镬汤。"

问："万里无云时如何？"师曰："猢狲忍饿。"曰："乞师拯济。"师曰："甚么火色[1]。"

问："古人拈槌举拂，意旨如何？"师曰："白日无闲人。"曰："如何承当？"师曰："如风过耳。"

问："握剑当胸时如何？"师曰："老鸦成队。"曰："正是和尚见处。"师曰："蛇穿鼻孔。"僧拂袖便出，师曰："大众相逢。"

问："从上诸圣向甚么处行履？"师曰："十字街头。"曰："与么则败缺也。"师曰："知你不到这田地。"曰："到后如何？"师曰："家常茶饭。"

问："祖意教意，是同是别？"师曰："干姜附子[2]。"曰："与么则不同也。"师曰："冰片雪团。"

上堂："春雨微微，檐头水滴。闻声不悟，归堂面壁。"

上堂："若论大道，直教杼山无开口处。你诸人试开口看。"僧便问："如何是大道？"师曰："担不起。"曰："为甚么担不起？"师曰："大道。"

上堂："若论此事，切莫道着，道着即头角生。"有僧出曰："头角生也。"师曰："祸事。"曰："某甲罪过。"师曰："龙头蛇尾，伏惟珍重！"

师元丰八年十月十二晚，忽书偈曰："雪鬓霜髭九九年，半肩毳[3]衲尽诸缘。廓然[4]笑指浮云散，玉兔[5]流光照大千。"掷笔而寂。

【注释】

［1］火色：犹火候。指情况，时机。

［2］附子：中药名，有毒。多年生草本，秋月开花，若僧鞋，俗称僧鞋菊。叶茎有毒，根尤剧，含乌头碱，性大热，味辛，可入药。对虚脱、水肿、霍乱等有疗效。

［3］毳（cuì）：指毛皮或毛织品所制的衣服。此处指简朴的僧衣。

［4］廓然：空寂的样子。

［5］玉兔：指月亮，此处比喻佛光。

灵隐德章禅师

灵隐德章禅师，初住大相国寺西经藏院。庆历八年九月一日，仁宗皇帝诏师于延春阁下斋，宣普照大师问："如何是当机一句？"师曰："一言迥出青霄外，万仞峰前崄处行。"曰："作么生是崄处行？"师便喝。曰："皇帝面前，何得如此？"师曰："也不得放过。"

明年又宣入内斋，复宣普照问："如何是夺人不夺境？"师曰："雷惊细草萌芽发，高山进步莫迟迟。”曰：“如何是夺境不夺人？”师曰：“戴角披毛异，来往任纵横。”曰：“如何是人境两俱夺？”师曰：“出门天外迥，流山影不真。”曰：“如何是人境俱不夺？”师曰：“寒林无宿客，大海听龙吟。”

后再宣入化成殿斋，宣守贤问：“斋筵大启，如何报答圣君？”师曰：“空中求鸟迹。”曰：“意旨如何？”师曰：“水内觅鱼踪。”

师进《心珠歌》曰：“心如意，心如意，任运随缘不相离。但知莫向外边求，外边求，终不是，枉用工夫隐真理。识心珠，光耀日，秘藏深密无形质。拈来掌内众人惊，二乘精进争能测？碧眼胡，须指出[1]，临机妙用何曾失？寻常切忌与人看，大地山河动岌岌。”

师皇祐二年，乞归山林养老。御批杭州灵隐寺住持，赐号“明觉”。

【注释】

[1] 碧眼胡，须指出：旧校本作“碧眼胡鬚指出”，标点与文字均有误。中间不标点与整体韵文格式不匹配，“鬚”也错误，应是必须的“须”。

琅邪觉禅师法嗣

苏州定慧院超信海印禅师

僧问：“如何是佛法的的大意？”师曰：“湘源斑竹杖。”曰：“意旨如何？”师曰：“枝枝带泪痕[1]。”

问：“如何是第一句？”师曰：“那吒忿怒。”曰：“如何是第二句？”师曰：“衲僧罔措。”曰：“如何是第三句？”师曰：“西天此土。”

上堂：“泥蛇咬石鳖，露柱啾啾叫[2]。须弥打一棒，阎老呵呵笑。参！”

上堂：“若识般若，即被般若缚。若不识般若，亦被般若缚。识与不识，拈放一边，却问诸人，如何是般若体？参堂去！”

上堂：“莺声阑，蝉声急，入水乌龟头不湿。鹭鸶飞入芦花丛，雪月交辉俱不及。咄[3]！”

【注释】

［1］枝枝带泪痕：指“斑竹泪”典故。一种茎上有紫褐色斑点的竹子，也叫湘妃竹。晋代张华《博物志》卷八：“尧之二女，舜之二妃，曰湘夫人，帝崩，二妃啼，以涕挥竹，竹尽斑。”唐代杜甫《奉先刘少府新画山水障歌》：“不见湘妃鼓瑟时，至今斑竹临江活。”元代张可久《寨儿令·送别》曲：“白玉连环，斑竹阑干，回首泪偷弹。”毛泽东《答友人》：“斑竹一枝千滴泪，红霞万朵百重衣。”

［2］泥蛇咬石鳖，露柱啾啾叫：无义句，参见本书无义句解释。

［3］吽：原为牛、虎之叫声，一般多用于密教，表示摧破、恐怖之声；于禅林中，吽吽二字连用，即表示无法用文字言句诠释之无分别境。

洪州泐潭晓月禅师

僧问：“修多罗[1]教，如标月指[2]，未审指个甚么？”师曰：“请高著眼。”曰：“曙色未分人尽望，及乎天晓也寻常。”师曰：“年衰鬼弄人[3]。”

【注释】

［1］修多罗：梵语。所指有二：一是指一切佛法之总称。二是特指九分教或十二分教中之第一类，此时又意译为契经、正经、贯经。本意指由线与纽串连花簇，引申为能贯串前后法语、法意使不散失者。亦即契于理、合于机，贯穿法相摄持所化之义。就文体与内容而言，佛陀所说之教法，凡属直说之长行者，皆属于修多罗。

［2］如标月指：如路标指向目的地。月指，即指月，以指譬修多罗，以月譬字相。以指譬教，以月譬法。《楞严经》卷二：“如人以手指月示人，彼人因指，当应看月。若复观指，以为月体，此人岂唯亡失月轮，亦亡其指。”故诸经论多以指月一语以警示对文字名相之执着。禅宗则借此发挥其“不立文字，教外别传”之教义。

［3］年衰鬼弄人：即“世乱奴欺主，年衰鬼弄人”，谚语，意思是指乱世奴才会欺侮主人，年老体衰连鬼都会来捉弄。宋代陆游《老学庵笔记》四：“今世所道俗语，多唐以来人诗……‘世乱奴欺主，年衰鬼弄人’，杜荀鹤诗也。”

越州姜山方禅师

僧问：“如何是不动尊？”师曰：“单著布衫穿市过。”曰：“学人未晓。”师曰：“骑驴踏破洞庭波。”曰：“透过三级浪，专听一声雷。”师曰：“伸手不见掌。”曰：“还许学人进向也无？”师曰：“踏地告虚空。”曰：“雷门之下，布鼓难鸣。”师曰：“八花球子上，不用绣红旗。”曰：“三十年后，此话大行。”师便打。

问：“莲花未出水时如何？”师曰：“穿针嫌眼小。”曰：“出水后如何？”师曰：“尽日展愁眉。”

问：“如何是一尘入正受？”师曰：“蛇衔老鼠尾。”曰：“如何是诸尘三昧起？”师曰：“鳖咬钓鱼竿。”曰：“恁么则东西不辨，南北不分去也。”师曰：“堂前一盌[1]夜明灯，帘外数茎青瘦竹。”

问：“诸佛未出世时如何？”师曰：“不识酒望子[2]。”曰：“出世后如何？”师曰：“钓鱼船上赠三椎。”

问：“如何是佛？”师曰：“留髭表丈夫。”

问：“奔流度刃[3]，疾焰过风[4]，未审姜山门下还许借借也无？”师曰：“天寒日短夜更长。”曰：“锦帐绣鸳鸯，行人难得见。”师曰：“髑髅里面气冲天。”

僧召：“和尚！”师曰：“鸡头凤尾。”曰：“诸方泥里洗，姜山画将来。”师曰：“姜山今日为客，且望阇黎善传。虽然如是，不得放过。”便打。

上堂：“穿云不渡水，渡水不穿云。乾坤把定不把定，虚空放行不放行。横三竖四、乍离乍合、将长补短即不问汝诸人，饭是米做一句要且难道[5]。”良久曰：“私事不得官酬。”

上堂：“不是道得道不得，诸方尽把为奇特。寒山烧火满头灰，笑骂丰干这老贼。”

【注释】

［1］盌（wǎn）：一种敞口而深的食器。通作“椀”，也作“碗”。《方言》第五：“盂，宋、楚、魏之间或谓之盌。”

［2］酒望子：即酒帘。《新编五代史平话·梁史上》：“见那酒店前挂着一个酒望儿。”宋代朱翌《猗觉寮杂记》卷下：“酒家揭帘，俗谓之酒望子。”

［3］奔流度刃：形容机锋迅疾，法眼明亮。

［4］疾焰过风：形容禅机迅疾。《如净语录》卷下《一上座下火》：“生死脱著

不相干，一道神光常独露。咦！疾焰过风发大机，尘尘刹刹没回互。”

［5］横三竖四、乍离乍合、将长补短即不问汝诸人，饭是米做一句要且难道：旧校本标点有误，均更正，恢复原意。

福州白鹿山显端禅师

僧问：“如何是道？”师曰：“九州百粤[1]。”曰：“如何是道中人？”师曰：“乘肥衣锦[2]。”

问：“如何是大善知识？”师曰：“持刀按剑。”曰：“为甚么如此？”师曰：“礼防君子。”

问：“如何是异类？”师曰：“鸦巢生凤。”

上堂：“摩腾入汉，肉上剜疮。僧会来吴，眼中添屑。达磨九年面壁，鬼魅之由。二祖立雪求心，翻成不肖。汝等诸人到这里，如何吐露？若也道得，海上横行。若道不得，林间独卧。”以拄杖击禅床一下。

问：“如何是无相佛？”师曰：“滩头石师子。”曰：“意旨如何？”师曰：“有心江上住，不怕浪淘沙。”

问：“凝然湛寂时如何？”师曰：“不是阇黎安身立命处。”曰：“如何是学人安身立命处？”师曰：“云有出山势，水无投涧声。”

问：“如何是教意？”师曰：“楞伽会[3]上。”曰：“如何是祖意？”师曰：“熊耳山[4]前。”曰：“教意祖意，相去几何？”师曰：“寒松连翠竹，秋水对红莲。”

【注释】

［1］百粤：亦作“百越”。我国古代南方越人的总称。分布在今浙、闽、粤、桂等地，因部落众多，故总称百越。亦指百越居住的地方。

［2］乘肥衣锦：亦作“乘肥衣轻”。坐着骏马驾的车子，穿着轻暖的皮袍。比喻豪华的生活。《论语·雍也》：“赤之适齐也，乘肥马，衣轻裘。”

［3］楞伽会：佛说《楞伽经》的法会。《楞伽经》，全称《楞伽阿跋多罗宝经》。刘宋求那跋陀罗译。收于《大正藏》第十六册。楞伽：山名；阿跋多罗：入之义。意谓佛陀入此山所说之宝经，为法相宗所依六经之一。本经宣说世界万有皆由心所造，吾人认识作用之对象不在外界而在内心。

［4］熊耳山：位于河南卢氏南方，与永宁（今洛宁县）为界。山之两峰并峙

如熊耳，故称熊耳山。乃禅宗初祖菩提达磨之塔所。

滁州琅邪山智迁禅师

僧问："如何是琅邪境？"师曰："松因有限萧疏[1]老，花为无情取次开。"曰："如何是境中人？"师曰："发长僧貌丑。"

问："如何是和尚为人句？"师曰："眼前三尺雪。"曰："莫便是也无？"师曰："脑后一枝花。"

【注释】

［1］萧疏：稀疏；稀少。唐代唐彦谦《秋霁夜吟寄友人》："槐柳萧疏溽暑收，金商频伏火西流。"

泉州凉峰洞渊禅师

僧问："如何是涅槃？"师曰："刀斫斧劈。"曰："如何是解脱。"师曰："衫长裤短。"

问："诸圣不到处，师还知也无？"师曰："老来无力下禅床。"

问："'离四句，绝百非[1]'时如何？"师曰："柴门草自深。"

问："狗子还有佛性也无[2]？"师曰："松直棘曲。"

问："如何是佛？"师曰："金沙照影。"曰："如何是道？"师曰："玉女抛梭。"曰："佛与道相去几何？"师曰："龟毛长一丈，兔角长八尺。"

【注释】

［1］离四句，绝百非：参见本书第八章"水陆洪俨禅师"注释。

［2］狗子还有佛性也无：参见本书第四章"赵州观音院从谂禅师"注释。

真如方禅师

真州真如院方禅师参琅邪，唯看柏树子话[1]。每入室，陈其所见，不容措词，常被喝出。忽一日大悟，直入方丈曰："我会也。"琅邪曰："汝作么生会？"师曰："夜来床荐[2]暖，一觉到天明。"琅邪可之。

【注释】

[1] 看柏树子话：参柏树子话头。即“庭前柏树子”公案，参见本书第四章“赵州观音院从谂禅师”注释。

[2] 床荐：床席。荐，草席。

兴教坦禅师

宣州兴教院坦禅师，永嘉牛氏子。业打银，因淬砺[1]瓶器有省[2]，即出家。参琅邪，机语顿契。后依天衣怀禅师，时住兴教，擢为第一座。衣受他请，欲闻州[3]，乞师继之。时刁景纯[4]学士守宛陵，衣恐刁涉外议[5]，乃于观音前祝曰：“若坦首座道眼明白，堪任住持，愿示梦于刁学士。”刁夜梦牛在兴教法座上。衣凌晨辞州，刁举所梦，衣大笑。刁问其故，衣曰：“坦首座姓牛，又属牛。”刁就座出帖请之，师受请升座。

有雪窦化主省宗出问：“诸佛未出世，人人鼻孔辽天[6]。出世后为甚么杳无消息？”师曰：“鸡足峰前风悄然。”宗曰：“未在，更道。”师曰：“大雪满长安。”宗曰：“谁人知此意，令我忆南泉。”拂袖归众，更不礼拜。师曰：“新兴教今日失利。”便归方丈。

令人请宗至，师曰：“适来错祇对一转语，人天众前何不礼拜盖覆却[7]？”宗曰：“大丈夫膝下有黄金，争肯礼拜无眼长老？”师曰：“我别有语在。”宗乃理前语，至“未在，更道”处，师曰：“我有三十棒寄你打雪窦。”宗乃礼拜。

【注释】

[1] 淬砺：淬火磨砺。北齐刘昼《新论·崇学》：“越剑性利，非淬砺而不铦。”

[2] 有省：有所醒悟。

[3] 欲闻州：想要报告当地行政长官。

[4] 刁景纯：即刁约（994～1077年），字景纯，丹徒（今江苏镇江）人。少卓越刻苦学问，能文章，始应举京师，与欧阳修、富彦国声誉相高下。天圣年间登进士第，不治产业，宾客故人，常满其门。善书。卒年八十余。

[5] 涉外议：牵涉到讨论其他人来担任住持。

[6] 鼻孔辽天：意谓省悟禅法、超然脱世。辽天：冲向天际，飞向天空。《密庵语录·示中侍者》："入红尘堆里，逆顺界中，与一切人，和泥合水，拔楔抽钉。令他不觉不知，蓦地见彻本心，悟其本性，不在内，不在外，不在中间。人人鼻孔辽天，个个壁立万仞，方敢称为行脚道流。"《法演语录》卷上："曹源一滴，弥满人间，衲僧一吸，鼻孔辽天。"（摘自《禅宗大词典》）

[7] 盖覆却：用话头转过来，把前面的翻过去。却：助词，用在动词后，相当于"了"或"掉"。

归宗可宣禅师

江州归宗可宣禅师，汉州人也。壮为僧，即出峡依琅邪，一语忽投，群疑顿息。琅邪可之。未几，令分座[1]。

净空居士郭功甫[2]过门问道，与厚[3]。及师领归宗[4]，时功甫任南昌尉，俄郡守恚师不为礼[5]，捃[6]甚。遂作书寄功甫曰："某世缘尚有六年，奈州主抑逼，当弃余喘[7]，托生公家，愿无见阻。"功甫阅书惊喜，且颔[8]之。中夜，其妻梦间见师入其寝，失声曰："此不是和尚来处。"功甫撼而问之，妻详以告。呼灯取书示之，相笑不已。遂孕。及生，乃名宣老。期年[9]记问如昔。

至三岁，白云端禅师抵其家，始见之，曰："吾侄来也。"云曰："与和尚相别几年？"宣倒指曰："四年矣。"（盖与相别一年方死）云曰："甚处相别？"曰："白莲庄上。"云曰："以何为验？"曰："爹爹妈妈明日请和尚斋。"忽闻推车声，云问："门外是甚么声？"宣以手作推车势，云曰："过后如何？"曰："平地两条沟。"果六周无疾而逝。

【注释】

[1] 分座：寺院中的首座或其他得道禅僧，由住持僧推举，代替住持僧为大众说法称为"分座"。《禅林僧宝传》卷二四"仰山伟"条："首座已分座授道，又老师所赏识，昧心罔众，他人犹不可为，乃甘自破坏乎？"本书第十九章"育王端裕"条："侍悟（指圆悟）居天宁，命掌记室。寻分座，道声蔼著。"亦作"分坐"，"分半座"。（摘自《禅宗大词典》）

[2] 郭功甫：即郭祥正（1035～1113年），北宋诗人。字功父，一作功甫，自号谢公山人、醉引居士、净空居士、漳南浪士等。当涂（今属安徽）人。皇祐五年

进士，历官秘书阁校理、太子中舍、汀州通判、朝请大夫等，虽仕于朝，不营一金，所到之处，多有政声。一生写诗一千四百余首，著有《青山集》三十卷。他的诗风纵横奔放，酷似李白。

［3］与厚：与禅师交情很好。

［4］及师领归宗：到禅师住持归宗的时候。

［5］俄郡守恚师不为礼：不久郡守怨恨禅师，不去为礼。郡守，郡的长官，主一郡之政事。

［6］捃（jùn）：指收集材料以打击别人。引申指弹劾。

［7］当弃余喘：准备离世投胎。

［8］颔（hàn）：点头。表示允诺、赞许、领会等意。

［9］期年：一年。

长水子璿讲师

秀州长水子璿讲师[1]，郡之嘉兴人也。自落发，诵《楞严》不辍。从洪敏法师讲至“动静二相，了然不生”，有省，谓敏曰：“敲空击木（“木”一作“竹”），尚落筌蹄[2]。举目扬眉[3]，已成拟议[4]。去此二途，方契斯旨。”敏拊[5]而证之。

然欲探禅源，罔知攸往[6]。闻琅邪道重当世，即趋其席。值上堂次，出问：“清净本然，云何忽生山河大地？”琅邪凭陵[7]答曰：“清净本然，云何忽生山河大地？”师领悟，礼谢曰：“愿侍巾瓶。”琅邪谓曰：“汝宗不振久矣，宜厉志扶持，报佛恩德，勿以殊宗为介也。”乃如教，再拜以辞。

后住长水，承禀日，顾众曰：“道非言象得，禅非拟议知。会意通宗，曾无别致。”由是二宗[8]仰之。尝疏《楞严》等经，盛行于世。

【注释】

［1］讲师：讲解经义之师，讲经说法的高僧。丁福保《佛学大辞典》：“法华会最胜会等讲经义之人也，每讲会选其人。”

［2］筌（quán）蹄：比喻为达到某种目的所用之工具或手段。筌：捕鱼之具；蹄：捕兔之网。即比喻经论或言语皆是引导修行者入佛境地之道具，若达于真理，即可舍之。《法华文句》卷一：“若微若著，若权若实，皆为佛道而作筌蹄。”

［3］举目扬眉：举目、扬眉均系禅家示机、应机的特殊动作，泛指禅机作略。

又作扬眉瞬目、扬眉动目、瞬目杨眉等。

［4］拟议：思虑，迟疑。

［5］拊（fǔ）：拍。

［6］攸往：长久且圆满态。《易经》："利见攸往。"攸，长久、如水绵延不断；往，假借字，通"望"。望：本指阴历十五的月亮。望朔之望，圆满的意思。利见攸往，就是秋实呈现出长久且圆满态。利：以刀割禾。禾指谷物，即粮食，指秋收。见，现也。

［7］凭陵：高昂，此处指高声。

［8］二宗：宗门与教门。谓宗门指教外别传之禅门，以禅乃离言教，采以心传心之方式传宗；教门指依大小乘之经论等言教而立之教宗，如天台宗、三论宗、法相宗、华严宗等均属之，相对于禅家而言，称之为教家。

【概要】

子璿讲师，与众不同，是一位融通宗与教的悟道高僧。俗姓郑，号东平，又称长水大师，嘉兴人。虽然是琅邪慧觉禅师之法嗣，他在师父那里开悟后也"愿侍巾瓶"，不再离开，但他师父开示他不要有门户之见，继续讲经说法以报佛恩。子璿讲师离开师父后住长水，继续从事先前的讲经事业，专以《华严》《楞严》授徒，其门下徒众多达千人。华严一宗，于宋代再兴，子璿讲师功不可没。因为他讲经时，会通禅教，不厚此薄彼，因此禅教二宗的学人都很敬重他。子璿讲师生前著有《首楞严经义疏注》二十卷、《首楞严经科》二卷、《金刚般若经纂要科》一卷等行世，影响很大。

【参考文献】

《大佛顶首楞严经疏解蒙钞》卷十；《五灯全书》卷二十四；《指月录》卷二十五；《教外别传》卷九；《禅宗正脉》卷六。

大愚芝禅师法嗣

云峰文悦禅师

南岳云峰文悦禅师，南昌徐氏子。

初造大愚，闻示众曰："大家相聚吃茎齑[1]，若唤作一茎齑，入地狱

如箭射。”便下座。师大骇，夜造方丈，愚问：“来何所求?”师曰：“求心法。”愚曰：“法轮未转，食轮先转。后生趁色力健，何不为众乞食?我忍饥不暇，何暇为汝说禅乎?”师不敢违。

未几，愚移翠岩，师纳疏罢，复过翠岩求指示。岩曰：“佛法未到烂却，雪寒宜为众乞炭。”师亦奉命，能事罢，复造方丈。岩曰：“堂司[2]阙人，今以烦汝。”师受之不乐，恨岩不去心地。坐后架，桶箍忽散，自架堕落。师忽然开悟，顿见岩用处。走搭伽梨[3]，上寝堂。岩迎笑曰：“维那，且喜大事了毕。”师再拜，不及吐一辞而去，服勤八年。

后出世[4]翠岩，时首座领众出迎，问曰：“德山宗乘即不问，如何是临济大用?”师曰：“你甚处去来?”座拟议，师便掌。座拟对，师喝曰：“领众归去!”自是一众畏服。

僧问：“如何是道?”师曰：“路不拾遗。”曰：“如何是道中人?”师曰：“草贼大败。”僧礼拜，师嘘一声。

问：“万法归一，一归何所?”师曰：“黄河九曲。”曰：“如何是第一句?”师曰：“垂手过膝。”曰：“如何是第二句?”师曰：“万里崖州[5]。”曰：“如何是第三句?”师曰：“粪箕扫帚。”

问：“如何是深山岩崖佛法?”师曰：“猢狲倒上树。”

问：“如何是衲衣下事?”师曰：“皮里骨。”

问：“不涉廉纤[6]，请师速道。”师曰：“须弥山。”

问：“如何是清净法身?”师曰：“柴场荻[7]草。”

上堂：“语不离窠道，焉能出盖缠[8]?片云横谷口，迷却几人源。所以道：‘言无展事[9]，语不投机。承言者丧，滞句者迷。’汝等诸人，到这里凭何话会?”良久曰：“欲得不招无间[10]业，莫谤如来正法轮。”

上堂：“过去诸佛已灭，未来诸佛未生。正当今日，佛法委在翠岩。放行则随机利物，把住则瓦解冰消。且道把住好，放行好?”良久曰：“咄！这野狐精[11]。”击禅床下座。

上堂：“汝等诸人与么上来，大似刺脑入胶盆[12]。与么下去，也是平地吃交。直饶不来不去，朝打三千，暮打八百。”

上堂：“道远乎哉[13]?触事而真。圣远乎哉?体之则神。所以，娑婆世界，以音声为佛事。香积[14]世界，以香饭为佛事。翠岩这里，只于出入息内供养承事。过现未来，尘沙诸佛，无一空过者。过现未来，尘沙诸佛，是翠岩侍者，无一不到。如一不到，三十拄杖。诸上座还会么？将此深心奉尘刹，是则名为报佛恩[15]。”

上堂：“有情之本，依智海以为源；含识之流，总法身而为体。只为情生智隔，想变体殊。达本情忘，知心体合。诸禅德会么？古佛与露柱相交，佛殿与灯笼斗额[16]。若也不会，单重交拆[17]。”

上堂：“竿木随身，逢场作戏[18]。然虽如是，一手不独拍[19]。众中莫有作家禅客、本分衲僧，出来共相唱和，有么？”时有僧出，礼拜，师曰：“依稀似曲才堪听，又被风吹别调中。”便下座。

上堂：“天明平旦，万事成办。北俱卢洲[20]长粳米饭。”下座。

上堂：“有佛处不得住，无佛处急走过。你等诸人，横担拄杖，向甚么处行脚？”良久曰：“东胜身洲[21]持钵，西瞿耶尼[22]吃饭。”

上堂：“假使心通无量时，历劫何曾异今日？且道今日事作么生？”良久曰：“乌龟钻破壁。”

上堂：“见闻觉知无障碍，声香味触常三昧。衲僧道：会也！山是山，水是水，饥来吃饭，困来打睡。忽然须弥山踍跳入你鼻孔里，摩竭鱼[23]穿你眼睛中，作么生商量？”良久曰：“参堂去！”

上堂：“一刀两段，未称宗师。就下平高，固非作者。翠岩到这里，口似匾担[24]，你等诸人作么生商量？”良久曰：“欲得不招无间业，莫谤如来正法轮。”

上堂：“若见诸相非相，即山河大地，并无过咎。诸上座终日著衣吃饭，未曾咬著一粒米，未曾挂著一缕丝，便能变大地作黄金，搅长河为酥酪[25]。然虽如是，著衣吃饭即不无，衲僧门下汗臭气也未梦见在。”

上堂：“普贤行，文殊智，补陀[26]岩上清风起，瞎驴趁队过新罗，吉獠舌头[27]三千里。”

上堂，拈起拄杖曰：“掌钵盂向香积世界，为甚么出身无路？挑日月于拄杖头上，为甚么有眼如盲？直得风行草偃[28]，响顺声和，无纤芥可留，犹是交争[29]底法。作么生是不交争底法？”卓拄杖下座。

上堂：“临济先锋，放过一著。德山后令，且在一边。独露无私一句，作么生道？”良久曰：“堪嗟楚下钟离昧[30]！”以拂子击禅床，下座。

上堂：“教中道：‘种种取舍，皆是轮回。未出轮回而辨圆觉，彼圆觉性即同流转。若免轮回，无有是处[31]。’你等诸人，到这里且作么生辨圆觉？”良久曰：“荷叶团团团似镜，菱角尖尖尖似锥[32]。”以拂击禅床。

上堂：“古人道，山河石壁，不碍眼光。”师曰：“作么生是眼？”拈拄杖打禅床一下，曰：“须弥山百杂碎即不问，你且道娑竭罗龙王[33]年多少？”

俗士问：“如何是佛？”师曰：“著衣吃饭量家道。”曰：“恁么则退身三步，叉手当胸去也。”师曰：“醉后添杯不如无[34]。”

小参，举百丈岁夜示众曰：“你这一队后生，经律论固是不知，入众参禅禅又不会，腊月三十日，且作么生折合[35]去！”师曰：“灼然[36]，诸禅德！去圣时遥，人心澹泊[37]。看却今时丛林，更是不得所在之处。或聚徒三百五百，浩浩地只以饭食丰浓、寮舍稳便为旺化[38]，中间孜孜为道者无一人。设有十个五个，走上走下，半青半黄，会即总道我会，各各自谓握灵蛇之珠，孰肯知非？及乎挨拶鞭逼将来，直是万中无一。苦哉！苦哉！所谓般若丛林岁岁凋，无明荒草年年长。就中今时后生，才入众来，便自端然[39]拱手，受他别人供养。到处菜不择一茎，柴不般[40]一束，十指不沾水，百事不干怀[41]。虽则一期快意，争奈三涂累身？岂不见教中道：‘宁以热铁缠身，不受信心人[42]衣。宁以洋铜灌口[43]，不受信心人食。’上座若也是去，直饶变大地作黄金，搅长河为酥酪，供养上座，未为分外。若也未是，至于滴水寸丝，便须披毛戴角[44]，牵犁拽杷，偿他始得。不见祖师道：‘入道不通理，复身还信施。’此是决定底事，终不虚也。诸上座！光阴可惜，时不待人。莫待一朝眼光落地，缁田[45]无一篑之功[46]，铁围[47]陷百刑之痛。莫言不道。珍重！”

【注释】

[1] 虀（jī）：同“齑”，咸菜。

[2] 堂司：禅林维那寮之别号。维那司僧堂之事，故其居所谓之堂司，又呼其人为堂司。

[3] 伽梨：三衣中“僧伽梨”之略称。指九条以上之衣。

[4] 出世：禅师于自身修持功成后，再度归返人间教化众生，称出世。或被任命住持之职、升进高阶位之僧官等，皆称为出世。《禅苑清规》卷七“尊宿住持”

条："传法各处一方，续佛慧命，斯曰住持；初转法轮，命为出世。"亦可作"出山"。

［5］万里崖州：意谓与禅义相隔极远。崖州：地名，在今海南省南部海岸崖县一带。当时中国最偏远地区。

［6］廉纤：指情识分别对参学者的纠缠，亦指言句啰唆。

［7］荻（zāo）：烧焦的木头。《广韵·平豪》："荻，火余木也。"《敦煌变文集·破魔变文》："且眼如珠盏，面似火荻。"

［8］盖缠：盖与缠皆为烦恼之异名。盖：覆障之义；因烦恼可覆障善心，故称盖。贪欲盖、嗔恚盖、惛沉睡眠盖、掉举恶作盖、疑盖等五种烦恼，称为五盖。缠，缠缚之义；因烦恼可缠缚修善之心，故称缠。无惭、无愧、嫉、悭，悔、睡眠、掉举、惛沈等八随烦恼，称为八缠，再加忿、覆，则为十缠。（参见《维摩经·佛国品》）

［9］展事：行事，办事。《周礼·地官·乡师》："攷教察辞，稽器展事。"郑玄注："展犹整具。"贾公彦疏："云展事者，谓行事。展，省视之。"

［10］无间：指无间地狱，痛苦没有间断的地狱。

［11］野狐精：禅林用语。原指野狐之精魅能作变幻，以欺诳他人。比喻自称见性悟道而欺瞒他人者。

［12］刺脑入胶盆：把脑袋钻入胶水盆里，喻指糊涂愚痴。刺：宝祐本与续藏本作"刺"。本书第十八章"圆通道旻"条："切莫刺脑入胶盆。"又作"刺头入胶盆"。《大慧语录》卷四："早是刺头入胶盆了也，不可更向雪上加霜。"本书第十六章"法昌倚遇"条："你又刺头入胶盆作甚么？"

［13］道远乎哉：类似于孔子所说"仁远乎哉"。出自《论语·述而》："仁远乎哉，我欲仁，斯仁至矣"

［14］香积：佛名。众香世界之佛名。《玄应音义》三曰："香积，梵言乾陀罗耶。"《维摩经·香积佛品》曰："上方界分，过四十二恒河沙佛土，有国名众香，佛号香积，今现在。其国香气，比于十方请佛世界人天之香，最为第一……其界一切皆以香作楼阁，经行香地，苑园皆香，云云。"又，僧家之食厨或供料，盖取香积世界香饭之意也。

［15］将此深心奉尘刹，是则名为报佛恩：出自《楞严经》："妙湛总持不动尊，首楞严王世希有，销我亿劫颠倒想，不历僧祇获法身；愿今得果成宝王，还度如是恒沙众，将此深心奉尘刹，是则名为报佛恩。"尘刹：刹为梵语国土之意，尘刹谓微尘数的无量世界。将此深心奉尘刹，指将自已的一切乃至宝贵的生命，全部奉献给微尘数世界的一切众生，如此才算真正报答佛恩。

［16］斗额：互相碰撞。《云门广录》卷上："上堂云：'眼睫横亘十方，眉毛上透乾坤、下透黄泉，须弥山塞却汝咽喉。还有会处么？若会得，拽取占波国，共新罗国斗额。"

［17］单重交拆：用钱占卜的方法。卜法是：用三钱掷之，两面一背为单，两背一面为拆，三钱皆背为重，皆面为交。见《仪礼·士冠礼》"所卦者"贾公彦疏。又作"单拆重交"。

［18］竿木随身，逢场作戏：本指江湖艺人随身带着竹木道具等，遇上适合的场所便可随时演出。比喻悟道者随处作主，自在无碍之机用。参见本书第三章"江西马祖道一禅师"注释。

［19］一手不独拍：一个巴掌拍不响。比喻一个人或单方面的力量难以办事。《韩非子·功名》："人主之患在莫之应，故曰：一手独拍，虽疾无声。"

［20］北俱卢洲：佛经所说四大洲之一，在须弥山之北方，人民平等安乐，寿足千年，洲形正方。

［21］东胜身洲：四大洲之一。在须弥山东方之碱海中。其身形胜，故名胜身。《俱舍论》十一曰："东胜身洲，东狭西广，三边量等，形如半月。东三百五十三，边各二千。"《同光记》八曰："东胜身洲，身形胜故，或身胜赡部故，名胜身，梵云毗提诃。"

［22］西瞿耶尼：四大洲之一。梵语"瞿耶尼"，华言牛货。为彼多牛，以牛为货，故名牛货。在须弥山西，其土形如满月，纵广八千由旬；人面亦如满月，人身长十六肘，人寿五百岁。

［23］摩竭鱼：摩竭，梵名，又作摩伽罗鱼、么迦罗鱼。意译为大体鱼、鲸鱼、巨鳌。为经论中多处记载之大鱼。被视为与鳄、鲨鱼、海豚等同类。或为假想中之鱼。印度神话中，以之为水神之坐骑，爱神所执之旗上亦附有摩竭鱼图。旧校本标点有误，"摩竭"非专有名词，不要下划线。

［24］口似匾担：意谓哑口无言，闭口不言。

［25］酥（sū）酪（lào）：以牛羊乳精制成的食品。

［26］补陀：即梵语"补陀洛"，意译作小花树、小白华、小树蔓庄严、海岛、光明。山名。位于印度南海岸，传为观世音菩萨之住处。即在南印度秣罗矩吒国秣剌耶山之东，中有观世音菩萨往来之石天宫。据新译《华严经》卷六十八载，此山由众宝所成，极为清净，遍满华果树林、泉流池沼。《大唐西域记》卷十"南印度秣罗矩吒国"条亦载，山顶有池，其水澄净，流出大河，周流绕山而入南海，池侧有石天宫，观自在菩萨往来游舍，欲见菩萨者须发大愿心，跋山涉水，忘其艰险，始能到达，故能至者甚寡。盖补陀洛山为观音居住之灵地，故以补陀洛命名之地殊

多，如浙江之普陀山、日本之那智山补陀洛寺等。

［27］吉獠舌头：即吉了舌头。对不明心地、只知背诵机语者的讥斥语。《旧唐书·音乐志》：“岭南有鸟，似鸜鹆而稍大，乍视之，不相分辨，笼养久，则能言，无不通，南人谓之吉了。”可见，吉了是一种能模仿人言的鸟，“吉了舌头”即取此为喻。又写作“吃嘹舌头、吉獠舌头、咭嘹舌头、乞嘹舌头”。

［28］风行草偃：出自《论语·颜渊》。“君子之德风，小人之德草，草，上之风，必偃。”偃：倒伏。风一吹草就倒下。后遂以“风行草偃”等比喻道德文教能感化人。

［29］交争：互相争论。

［30］钟离昧（mèi）（？—前200年）：钟离氏，名眛（多被误为“昧”或“眜”），朐县伊芦乡（今江苏省连云港市灌云县伊芦乡）人，楚汉之际项羽麾下的大将。后来遭项羽猜忌，在垓下之战时逃离楚军。最后自杀身亡。钟离眛的“眛”，应为“眛”，目不明也（说文）。而非“昧”或“眜”。眛为“目未”合字，而非“日未”“目末”等。宝祐本作“昧”。

［31］若免轮回，无有是处：旧校本标点有误，句末不是问号。

［32］荷叶团团团似镜，菱角尖尖尖似锥：谚语。意思是比喻温和对人有利，尖刻对人有害。

［33］娑竭罗龙王：梵语。又作娑伽罗龙王。娑竭罗，意译为海。八大龙王之一。依其所住之海而得名。龙宫居大海底，纵广八万由旬，七重宫墙，七重栏楯，七重罗网，七重行树，周匝皆以七宝严饰，无数众鸟和鸣。然诸龙皆为金翅鸟所食，仅娑竭罗龙王、难陀龙王等十六龙王幸免此难。此龙为降雨龙神，古来祈雨皆以之为本尊。又此龙为千手观音之眷属，为观音二十八部众之一。身呈赤白色，左手执赤龙，右手握刀，状甚威武。其女年八岁，智慧利根，以持《法华经》之功，即身成佛，现男子身，具菩萨行。（可参见《长阿含经》卷十九“龙鸟品”、《起世经》卷五、《法华文句》卷二下、《华严经疏》卷五）

［34］醉后添杯不如无：出自谚语：“渴时一点如甘露，醉后添杯不如无。”意思是口渴时喝一点水如同甘露，酒醉后再饮酒索然无味。《清平山堂语本·杨温拦路虎传》：“求人须求大丈夫，救人须救急时无。渴时一点如甘露，醉后添杯不如无。”

［35］折合：应对，对付。又指了结、结果。（参见《禅宗大词典》）

［36］灼（zhuó）然：明显貌，显然。本书一般指确实、实在、显然。可译为“显然”，即众所周知，大家都知道。

［37］人心澹泊：指人心不古，淡于追求大道。不同于“澹泊以明志”之“澹

泊”，那是恬淡寡欲的意思。

［38］旺化：兴旺景象。

［39］端然：公然，不知羞耻的样子。

［40］般：同“搬”。

［41］百事不干怀：世间各种事情与他们没有关系，不劳而获的意思。干怀，本指扰乱心意。此处指这些人不管世事，只管洗手吃饭，其他什么也不做。

［42］信心人：虔诚信仰的佛教徒。

［43］洋铜灌口：应作“烊铜灌口”，地狱里面的景象。烊：熔化。刚刚熔化的铜汁从罪人的口里灌进去。

［44］披毛戴角：身上披毛，头上戴角。意谓堕为畜牲。佛门有偈曰：“施主一粒米，大如须弥山；此生不了道，披毛戴角还。”这就是佛教所说的因果报应。出家人只接受施主布施，没有“舍身求法”的精神，贪图享乐，那么下一辈子就会投胎做牛做马以偿还施主的功德。所以，本书云峰文悦禅师说：“岂不见教中道：‘宁以热铁缠身，不受信心人衣。宁以洋铜灌口，不受信心人食。’上座若也是去，直饶变大地作黄金，搅长河为酥酪，供养上座，未为分外。若也未是，至于滴水寸丝，便须披毛戴角，牵犁拽杷，偿他始得。不见祖师道：‘入道不通理，复身还信施。’此是决定底事，终不虚也。”此外，“披毛戴角”喻参禅者应像畜类一样任其天性而不受言教知解及分别心之羁绊。如《禅林僧宝传》卷一“曹山本寂”条：“所以不如黧奴白牯，兀兀无知。不知佛，不知祖，乃至菩提涅槃，及以善恶因果。但饥来吃草，渴来饮水。若能恁么，不愁不成办。不见道，计较不成，是以知有。乃能披毛戴角，牵犁拽耒。得此便宜，始较些子。”

［45］缁田：缁者缁衣，僧衣也。缁田犹言僧园。

［46］一篑之功：篑：盛土的筐。指成功前的最后一筐土。比喻成功前的最后一分努力。

［47］铁围：地狱所在之处。《起世经·地狱品》：“诸比丘！于四大洲、八万小洲、诸余大山及须弥山王之外，别有一山名斫迦罗（旧译云铁围山），高六百八十万由旬，纵广亦六百八十万由旬，弥密牢固，金刚所成，难可破坏。诸比丘！此铁围外，复有一重大铁围山，高广正等，如前由旬。两山之间，极大黑暗无有光明，日月有如是大威神大力大德，不能照彼令见光明。诸比丘！于两山间，有八大地狱。”

【概要】

文悦禅师（998～1062年），宋代临济宗僧。江西南昌人，俗姓徐。七岁时剃发于龙兴寺，十九岁游历诸方。参谒筠州（江西）大愚守芝，开悟后承其法，并随侍守芝八年。守芝入寂后，禅师再游方，参谒同安院慧南，为首座。历住翠岩寺、南岳法轮寺等，后又住南岳云峰，故又称“云峰文悦”。嘉祐七年示寂，世寿六十五。说法四十年，弟子满天下。有语录二卷行世。

【参考文献】

《建中靖国续灯录》卷八；《禅林僧宝传》卷二十二；《佛祖历代通载》卷十八。

苏州瑞光月禅师

僧问：“俱胝一指[1]，意旨如何?”师曰：“月落三更穿市过。”

【注释】

[1] 俱胝一指：参见本书第四章“婺州金华山俱胝和尚”注释。

瑞州洞山子圆禅师

上堂，有僧出，抛下坐具。师曰：“一钓便上。”僧提起坐具。师曰：“弄巧成拙。”僧曰：“自古无生曲，须是遇知音。”师曰：“波斯入唐土[1]。”僧大笑归众。

【注释】

[1] 波斯入唐土：波斯人进入大唐国土。虽然古代中国人认为波斯是海外出产珍宝的地方，但波斯与礼仪之邦比起来就是蛮夷地区。《西域记》十一曰：“波斯人，性躁暴，俗无礼仪，无学艺，多工伎，婚姻杂乱，死多弃尸。”又波斯僧为袄教徒，从佛教来看是外道。所以，要从波斯人那里找知音就是笑话。这是禅师针对僧人所说“自古无生曲，须是遇知音”而回答的。讽刺僧人不看看自己是什么人，是不是到了“无生”的境界。

石霜永禅师法嗣

南岳福严保宗禅师

上堂：“世尊周行七步，举足全乖。目顾四方，触途成滞。金襕[1]授去，殃及儿孙。玉偈传来，挂人唇吻。风幡悟性，未离色尘。钵水投针[2]，全成管见。祖师九年面壁，不见纤毫。卢公六代传衣，图他小利。江西一喝，不解慎初。德嶠[3]全施，未知护末。南山鳖鼻，谩指踪由。北院枯松，徒彰风彩。云门顾鉴[4]，落二落三。临济全提[5]，错七错八。若说君臣五位[6]，直如纸马过江。更推宾主[7]交参，恰似泥人澡洗。独超象外，且非捉兔之鹰。混迹尘中，未是咬猪之狗。何异越坑堕堑[8]？正是避溺投罝[9]。如斯之解，正在常途。出格道人，如何话会？岂不见陶潜[10]俗子，尚自睹事见机？而今祖室子孙，不可皮下无血。”喝一喝。

【注释】

[1] 金襕（lán）：即以金缕织成之袈裟。又作金襕袈裟、金缕袈裟、金色衣、黄金氎衣、金色氎衣。《贤愚经》卷十二载，佛陀之姨母摩诃波阇波提尝手织金色之氎，欲赠如来，如来因使憍昙弥施舍众僧，众僧不取，后为弥勒所披著。《长阿含经》卷三、《佛般泥洹经》卷下载，佛陀欲般涅槃时，阿罗汉弟子福贵献予佛陀黄金氎衣，佛陀乃为之宣说妙法。又《大唐西域记》卷九、《景德传灯录》卷一载，佛陀以姨母所献之金色袈裟传于迦叶。另《法苑珠林》卷三十五引王玄策之《西域志》载，于裟罗双树林边，见金色袈娑覆于释迦佛像，则此袈裟当系佛陀入灭后所制，非复前述之弥勒或迦叶所传持者。

[2] 钵水投针：参见本书第一章“十五祖迦那提婆尊者”条：“龙树知是智人，先遣侍者以满钵水置于座前。尊者睹之，即以一针投之而进，欣然契会。”

[3] 德嶠（qiáo）：指德山。嶠，高而锐的山。德山宣鉴禅师，龙潭崇信禅师的法嗣。参见本书第七章“德山宣鉴禅师”注释。

[4] 云门顾鉴：云门大师出外散步时，每逢遇到僧人，也不打招呼，只睁大眼睛顾视着他，说：“鉴。”学僧准备答话，他马上又说：“咦。”有人把这情形记录下来，就成了云门顾鉴咦。顾：是指瞪视的动作。鉴：作名词用，是指镜子；作动

词用，是指鉴照。咦：是感叹词，用在此处，有否定的意味。云门大师每每如此，丛林广传，却无人领会其宗旨。后来，云门弟子德山圆明缘密禅师，把云门顾鉴咦中的顾抽掉不用，只留鉴与咦，并作诵发明意旨，谓之《抽顾诵》。参见本书第十五章“云门文偃禅师”注释。

［5］全提：完全彻底的提示。是超越言句义理的、直指人心的禅机施设。本书第十八章“泉州南峰永程禅师”条：“教分三藏，直指一心。或全提而棒喝齐施，或纵夺而宾主互设，或金刚按剑，或师子翻身，或照用雷奔，或机锋电掣。无非剪除邪妄，开廓玄微，直下明宗，到真实地。”

［6］君臣五位：参见本章“金山昙颖禅师”条注释。

［7］宾主：临济、曹洞二家各立四宾主，其义不同。临济之宾主为师弟之别名：一主中主，有师家鼻孔者。二宾中主，有学人鼻孔者。三主中宾，无师家鼻孔者。四宾中宾，无学人鼻孔者。曹洞之宾主为体用之异名。一主中宾，体中之用也。二宾中主，用中之体也。三宾中宾，用中之用，于头上安头也。四主中主，体中之体，物我双亡，人法俱泯也。

［8］越（tiáo）坑堕堑（qiàn）：跳坑落沟。越：跳跃。堑：壕沟。即掉进泥坑里，跌入壕沟中。比喻陷入错误境地。又作“堕坑落堑”。本书第十一章“首山省念禅师”条：“时有僧问：‘灵山一会，何异今朝？’师曰：‘堕坑落堑。’”

［9］避溺投罝（jū）：避开淹死的危险却陷入了更大的罗网。罝：捕兔网，泛指捕兽的网。又：避溺而投火，意义相似。

［10］陶潜（365～427 年）：即陶渊明。东晋文学家、诗人。名潜，字元亮，私谥靖节。浔阳柴桑（今江西九江市西南）人，曾为江州祭酒、镇江参军，后任彭泽令。因不满当时官员的腐败而去职，归隐田园，至死不仕。其诗以《归去来兮辞》《饮酒》《桃花源诗》《咏荆轲》《读山海经·精卫衔微木》等为代表，今存《陶渊明集》。

郢州大阳如汉禅师

僧问：“如何是敲磕[1]底句？”师曰：“槛外竹摇风，惊起幽人睡。”曰：“观音门大启也。”师曰：“师子咬人。”乃曰：“闻声悟道，失却观音眼睛。见色明心，昧了文殊巴鼻[2]。一出一入，半开半合。泥牛昨夜游沧海，直至如今不见回[3]。咄！”

【注释】

［1］敲磕：亦作“敲搕”。犹推敲，琢磨。此处指什么句子才是经得住推敲的

句。《朱子语类》卷十四："吾儒与老·庄学皆无传，惟有释氏常有人，盖他一切办得不说，都待别人自去敲搕，自有个通透处。"

［2］巴鼻：禅林用语。又作把鼻、巴臂、把臂。"巴"即"把"，"鼻"指"牛鼻"。即穿绳于牛鼻，以牵制之。其后转为可把持之处，犹言根据、把柄。领悟禅法的着手处，悟入处。亦指禅机，机锋。

［3］泥牛昨夜游沧海，直至如今不见回："泥牛入海"是禅林用语。比喻绝踪迹、断消息，即一去不返之意。盖"泥牛"一词，比喻思虑分别之作用。故以"泥牛入海"比喻正与偏、平等与差别之交互掺杂；又以泥牛入于大海之中即全然溶化，失其形状，故亦用以比喻人、物之一去不返，毫无消息。

浮山远禅师法嗣

东京净因院道臻净照禅师

僧问："如何是佛？"师曰："朝装香，暮换水。"

问："如何是观音妙智力？"师曰："河南犬吠，河北驴鸣。"

上堂，拈拄杖曰："楖栗[1]木杖子，善能谈佛祖。聋人既得闻，哑人亦解语。指白石为玉，点黄金为土。便恁么会去，他家未相许。不相许，莫莽卤[2]，南街打鼓北街舞。"

【注释】

［1］楖（jí）栗：亦作"楖栃"。指禅僧所用拄杖。外出行脚时，也常用拄杖来挑行李。"楖栗"系树木名，可制作拄杖，故有此借代义。

［2］莽卤：粗疏，马虎。唐代寒山《诗》之一六一："男儿大丈夫，作事莫莽卤。"

兴化仁岳禅师

庐州兴化仁岳禅师，泉南人也。

僧问："如何是佛法大意？"师曰："临济问黄檗。"曰："学人不会。"师曰："三回吃棒来。"

问："如何是和尚家风？"师曰："曲录禅床[1]。"曰："客来如何衹待？”师曰：“拄杖子。”

问：“一大藏教尽是名言，离此名言，如何指示？”师曰：“癞马揩枯柳。”曰：“学人不会。”师曰：“骆驼好吃盐。”曰：“毕竟如何？”师曰：“铁鞭指处马空嘶。”

【注释】

［1］曲录禅床：禅师说法时的座椅、法座。曲录：木料天然的或加工后的曲屈状。又作曲录木、曲禄、曲木。盖我国古代席地而坐，未尝有椅，至汉末两晋期间，随胡人与中原之关系密切而传入，时称胡床。一般多为木制，有四脚，每两脚交叉，并设有椅背，以其形状屈曲，故称为曲录。为胡床之俗称，又称圆椅、交椅、参椅。《大明高僧传》卷六，有“坐曲录床”一语，可知曲录亦被用为床之形容语；而“坐曲录床”一语亦于禅林中成为住持一山一寺、弘扬佛法之代用语。《嘉泰普灯录》“应庵昙华禅师”条：“二十年来坐曲录木，悬羊头，卖狗肉，知他有甚凭据？虽然，一年一度烧香日，千古令人恨转深。”

荆门军玉泉谓芳禅师

僧问：“从上诸圣，以何法示人？”师拈起拄杖，僧曰：“学人不会。”师曰：“两手分付。”僧拟议，师便打。

宿州定林惠琛禅师

僧问：“如何是道？”师曰：“只在目前。”僧曰：“为甚么不见？”师曰：“瞎！”

秀州本觉若珠禅师

僧问：“如何是道？”师举起拳，僧曰：“学人不会。”师曰：“拳头也不识。”

上堂：“说佛说祖，埋没宗乘。举古谈今，淹留衲子。拨开上路，谁敢当头？齐立下风，不劳拈出。无星秤子，如何辨得斤两？若也辨得，须弥只重半铢[1]。若辨不得，拗折秤衡[2]，向日本国与诸人相见。”

【注释】

［1］半铢（zhū）：比喻精细，微小。铢：古代衡制中的重量单位，为一两的

二十四分之一。

［2］拗折秤衡：折断称杆。拗折：折断。秤衡：称杆。

东京华严普孜禅师

僧问："如何是宾中宾？"师曰："客路如天远。"曰："如何是宾中主？"师曰："侯门似海深。"曰："如何是主中主？"师曰："寰中天子敕。"曰："如何是主中宾？"师曰："塞外将军令。"乃曰："宾中问主，互换机锋。主中问宾，同生同死。主中辨主，饮气吞声。宾中觅宾，白云万里。故句中无意，意在句中。于斯明得，一双孤雁扑地高飞。于斯未明，一对鸳鸯池边独立。知音禅客，相共证明。影响异流，切须子细。"良久曰："若是陶渊明，攒眉便归去。"

南康军清隐院惟湜禅师

僧问："如何是道？"师曰："斜街曲巷。"曰："如何是道中人？"师曰："百艺百穷。"

潭州衡岳寺奉能禅师

上堂："宗风才举，万里云收。法令若行，千峰寒色。须弥顶上，白浪滔天。大海波中，红尘满地。应思黄梅昔日，少室当年，不能退己让人，遂使舂糠答志，断臂酬心[1]。何似衡岳这里？山畲[2]粟米饭，一桶没盐羹。苦乐共住，随高就低。且不是南头买贵，北头卖贱。直教文殊稽首，迦叶攒眉，龙树[3]、马鸣[4]吞声饮气，目连[5]、鹙子[6]且不能为。为甚如此？谛观法王法，法王法如是。"

【注释】

［1］黄梅昔日，少室当年，不能退己让人，遂使舂糠答志，断臂酬心：这是讲的两个禅宗典故。"黄梅昔日"与后文"舂糠答志"相关联，说的是五祖弘忍刚见到六祖慧能时，安排他到碓房碓米。"少室当年"与"断臂酬心"相关联，说的是初祖达磨在少林寺面壁时，二祖慧可断臂明志。禅师在这里反其意而用之，因为他们"不能退己让人"，所以就不能开悟，所以就必须先吃尽苦头，然后才能明心见性。

［2］山畬（shē）：山中田地。畬：刀耕火种的田地。宋代陆游《子聿欲暂归山阴赠以此诗》：“两篇易象能忘老，百亩山畬可免饥。”

［3］龙树：参见本书第一章“十四祖龙树尊者”注释。

［4］马鸣：菩萨名，中天竺人，是佛灭后六百年间出世的大乘论师，有马鸣比丘、马鸣大士、马鸣菩萨等尊称。

［5］目连：摩诃目犍连的简称。是佛十大弟子之一，以神通第一著称。

［6］鹙子：又作鹙鹭子。舍利弗之译名。“舍利”译为鹙鹭，“弗”译为子，因其母之眼似鹙鹭，故被号为舍利弗，或舍利子，亦称身子，为佛十大弟子之一，以智慧第一著称。

宝应昭禅师法嗣

滁州琅邪方锐禅师

上堂：“造化无生物之心，而物物自成。雨露非润物之意，而灵苗自荣。所以药剂不食病自损，良师不亲而心自明。故知妙慧灵光，不从缘得。到这里方许你进步，琅邪与你别作个相见。还有么？若无，不可压良为贱[1]。”

【注释】

［1］压良为贱：又作厌良为贱。良：指平民，贱：指奴婢。掠买平民作为奴婢，称为压良为贱，这是当时法律所禁止的。禅林使用它，转谓强将人当作贱恶之人，亦即比喻不令人本具之真性生起作用，而令其行凡夫之杂芜修行。常常指初见面引起的机锋辩论。如六祖初见五祖，五祖说他岭南人无佛性，六祖反驳，南北人有不同，但佛性并无不同。往往因未明各人本来是佛，师家、学人同为主人，故于言句作略之间，将自己与对方处于分别位。此外，指武断地否定对方的机锋施设。

郢州兴阳山希隐禅师

僧问：“如何是悬崖撒手底句？”师曰：“明月照幽谷。”曰：“如何是绝后再苏底句？”师曰：“白云生太虚。”曰：“恁么则樵夫出林丘，处处歌春色。”师曰：“是人道得。”

上堂：“了见不见，见了未了。路上行人，林间宿鸟。月里塔高十二

层，天外星躔[1]五百杪[2]。要会么？手执夜明符，几个知天晓[3]。参!”

【注释】

［1］星躔（chán）：日月星辰运行的度次。南朝梁武帝《阊阖篇》：“长旗扫月窟，凤迹辗星躔。”

［2］杪（miǎo）：尽头。多指年月或季节的末尾。

［3］手执夜明符，几个知天晓：比喻人人心里都有一颗夜明宝珠，不分白天黑夜都照亮着自己，可有几个人知道它能带来光明呢？

石门进禅师法嗣

明州瑞岩智才禅师

僧问：“如何是截断众流句？”师曰：“好。”曰：“如何是随波逐浪句？”师曰：“随。”曰：“如何是函盖乾坤句？”师曰：“合。”曰：“三句[1]蒙师指，如何辨古今？”师曰：“向后不得错举。”

上堂：“天平等故常覆，地平等故常载，日月平等故四时常明，涅槃平等故圣凡不二，人心平等故高低无诤。”拈拄杖卓一下，曰：“诸禅者！这拄杖子昼夜为诸人说平等法门，还闻么？若闻去，敢保诸人行脚事毕。若言不闻，亦许诸人顶门眼[2]正。何故？是法平等，无有高下，是名阿耨多罗三藐三菩提[3]。”良久，笑曰：“向下文长[4]。”

【注释】

［1］三句：本书第十八章“九顶惠泉”条：“昔日云门有三句，谓函盖乾坤句，截断众流句，随波逐浪句。”故函盖乾坤句、截断众流句、随波逐浪句构成云门三句。云门三句，依起信论，则第一句为一心门，第二句为真如门，第三句为生灭门。

［2］顶门眼：摩醯首罗天具有三眼。其中，顶门竖立一眼，超于常人两眼，具有以智慧彻照一切事理之特殊眼力，故称顶门眼。后用来比喻卓越之见解。禅林用语中“顶门有眼”“顶门具一只眼”，皆作此意。依《碧岩录》第三十五则载，若不是顶门上有眼，肘臂下有符，往往当头蹉过。

［3］阿耨多罗三藐三菩提：佛智名，译为无上正等正觉，即是真正平等觉知一切真理的无上智慧。

［4］向下文长：旧校本校勘错误，作“向下丈长”，“丈”乃“文”之误。

金山颖禅师法嗣

润州普慈院崇珍禅师

僧问：“如何是普慈境？”师曰：“出门便见鹤林山[1]。”曰：“如何是境中人？”师曰：“入门便见珍长老。”

【注释】

［1］鹤林山：指世尊涅槃的地方。世尊于印度拘尸那揭罗城跋提河畔入灭之娑罗树林。又称白鹤林、白林、鹄林。据《大般涅槃经》后分卷上所载，世尊入涅槃已，娑罗林乃垂覆宝床，遮盖如来，其时娑罗树惨然变白，犹如白鹤。即以世尊入灭时，娑罗树变成白色，犹如白鹤，故有此称。又因世尊于此林入灭，故“鹤林”一词亦转用为“佛涅槃”之意。

太平州瑞竹仲和禅师

僧问：“得坐披衣人尽委，向上宗乘事若何？”师曰：“但知冰是水。”曰：“更有事也无？”师曰：“休问水成冰。”曰：“弄潮须是弄潮人。”师曰：“这僧从浙中来。”

润州金山怀贤圆通禅师

僧问：“师扬宗旨，得法何人？”师拈起拂子。僧曰：“铁瓮城[1]头曾印证，碧溪崖畔祖灯辉。”师拂一拂，曰：“听事不真，唤钟作瓮[2]。”

【注释】

［1］铁瓮城：铁瓮城又名子城、京城，位于江苏省镇江市京口区北固山的前峰，即青云门街北面的鼓楼岗上。1991年起发掘，清理出六朝夯土及包砖墙遗迹、历代官衙建筑遗迹等。铁瓮城始建于195年三国孙权时期，形成于209年，在吴国

几座都城中建城年代最久。

［2］听事不真，唤钟作瓮：谚语，意思是指办事懵懂，弄错对象。

越州石佛寺显忠祖印禅师

僧问："如何是不动尊？"师曰："热鏊[1]上猢狲。"曰："如何是千百亿化身？"师曰："添香换水，点灯扫地。"曰："如何是毗卢[2]师、法身主？"师曰："系马柱。"曰："有甚么交涉？"师曰："缚杀这汉。"

问："会杀佛祖底始是作家，如何是杀佛祖底剑？"师曰："不斩死汉。"曰："如何是和尚剑？"师曰："令不重行。"

问："如何是相生？"师曰："山河大地。"曰："如何是想生？"师曰："兔子望月。"曰："如何是流注[3]生？"师曰："无间断。"曰："如何是色空？"师曰："五彩屏风。"

上堂："咄咄咄！海底鱼龙尽枯竭，三脚虾蟆飞上天，脱壳乌龟火中活。"

上堂："点时不到，皂白[4]未分。到时不点，和泥合水。露柱蹿跳入灯笼里，即且从他，汝眉毛因甚么却拖在脚跟下？直饶于此明得，也是猢狲戴席帽。于此未明，何异曲蟮[5]穿靴。然虽如此，笑我者多，哂[6]我者少。"

【注释】

［1］鏊（ào）：一种平底锅，常用以烙饼。

［2］毗卢：毗卢舍那的简称，也是法身佛的通称。

［3］流注：谓有为法之刹那刹那前灭后生，相续不断，如水之流注。又比喻烦恼妄想之无间断。

［4］皂白：黑与白，多比喻非与是。又佛教称僧徒和俗人，僧徒衣黑，俗人衣白，故称。也称缁素。

［5］曲蟮：亦作"曲蟺"。蚯蚓的别名。

［6］哂（shěn）：微笑。《论语·先进》："夫子哂之。"

净住居说禅师

杭州净住院居说真净禅师，参达观，遂问曰："某甲经论粗明，禅直不信，愿师决疑。”观曰：“既不信禅，岂可明经？禅是经纲，经是禅网。提纲正网，了禅见经。”师曰：“为某甲说禅看。”观曰：“向下文长。”师曰：“若恁么，经与禅乃一体。”观曰：“佛及祖非二心，如手搦[1]拳，如拳搦手。”师因而有省，乃成偈曰：“二十余年用意猜，几番曾把此心灰。而今潦倒逢知己，李白元来是秀才[2]。”

【注释】

[1] 搦（nuò）：握，持。

[2] 李白元来是秀才：李白虽然是历史上著名的诗人，但他不是秀才。这里是比喻。说明人人自有佛性，佛性不从外得，就如李白没有考取过秀才，但不妨碍他成为诗人，这个秀才比喻内才或佛性。

安吉州西余山拱辰禅师

上堂：“灵云见华[1]，眼中著翳。玄沙蹙[2]指，体上遭迍[3]。不如且恁么过时，自然身心安乐。”

上堂：“理因事有，心逐境生。事境俱忘，千山万水。作么生得恰好去？”良久曰：“且莫剜肉成疮。”

师有《祖源通要》三十卷行于世。

【注释】

[1] 华：同“花”。

[2] 蹙（cù）：皱眉。

[3] 迍（zhūn）：困顿，灾难。

苏州昆山般若寺善端禅师

僧问：“有生有灭，尽是常仪。无生无灭时如何？”师曰：“昆仑著靴空中立。”曰：“莫便是为人处也无？”师曰：“石女簪花火里眠。”曰：“大众证明。”师曰：“更看泥牛斗入海。”

节使李端愿居士

节使[1]李端愿居士，儿时在馆舍，常阅禅书。长虽婚宦，然笃志祖

道。遂于后圃筑室类兰若，邀达观处之。朝夕咨参，至忘寝食。观一日视公曰："非示现力，岂致尔哉？奈无个所入何！"公问曰："天堂地狱，毕竟是有是无？请师明说。"观曰："诸佛向无中说有，眼见空花。太尉就有里寻无，手揸[2]水月。堪笑眼前见牢狱不避，心外闻天堂欲生。殊不知忻怖在心，善恶成境[3]。太尉但了自心，自然无惑。"公曰："心如何了？"观曰："善恶都莫思量。"公曰："不思量后，心归何所？"观曰："且请太尉归宅。"公曰："只如人死后，心归何所？"观曰："未知生，焉知死？"公曰："生则某已知之。"观曰："生从何来？"公罔措。观起，揕[4]其胸曰："只在这里，更拟思量个甚么？"公曰："会得也。"观曰："作么生会？"公曰："只知贪程，不觉蹉路。"观拓开曰："百年一梦，今朝方省。"既而说偈曰："三十八岁，懵然无知。及其有知，何异无知？滔滔汴水，隐隐隋堤。师其归矣，箭浪东驰。"

【注释】

［1］节使：节度使的简称。官名。唐初沿北周及隋旧制，于重要地区设总管，后改称都督，总揽数州军事。宋以节度使为虚衔，辽、金沿置，元废。

［2］揸（zhā）：抓取；捕捉。《方言》第十："抯，揸，取也。南楚之间凡取物沟泥中，谓之抯，或谓之揸。"《释名·释姿容》："揸，叉也，五指俱往叉取也。"

［3］堪笑眼前见牢狱不避，心外闻天堂欲生。殊不知忻怖在心，善恶成境：旧校本："堪笑眼前见牢狱，不避心外闻天堂。欲生殊不知忻怖在心，善恶成境。"如此看起来很乱。关键是把骈语"眼前见牢狱不避，心外闻天堂欲生"看错了，所以标点混乱。忻（xīn）怖：心喜与恐怖。

［4］揕（zhèn）：击。

【概要】

李端愿（？~1091年），字公谨，宋潞州上党（今长治市）人。宁国军节度使李遵勖（参见本章"驸马李遵勖居士"条）之次子。以母万寿长公主恩，七岁授如宗副使，四迁恩州团练使，又进邢州观察使、镇东军留后，知襄、郢二州。时转运使恭敬地送来余财数十万，李端愿知常赋三折，民众已不堪重负，遂夺转运使之赏，告诫其要体谅民之疾苦。后调庐州。治平元年（1064年），拜武康军节度使，知相州。又任醴泉观使。神宗时，以老疾请求休养。不久，以太子少保致仕。哲宗时，进太子太保。元祐六年（1091 年）病卒。赠开府仪同三司。

李端愿居士是金山县颖达观禅师之在家弟子。他少时在馆舍学习，即经常阅读禅宗典籍。成人后，虽然也结婚、当官，但是笃志祖道之心丝毫未曾改变。他在自家的后花园内筑一小室，类似兰若，邀请达观和尚居住，并朝夕请益参学，乃至废寝忘食。

达观和尚开示道："堪笑眼前见牢狱不避，心外闻天堂欲生，殊不知忻怖在心，善恶成境。"李公问："只如人死后，心归何所?"达观和尚道："未知生，焉知死?"李公道："生则某已知之。"达观和尚便追问道："生从何来?"李公被这一问问得茫然不知所措。达观和尚突然站起来，敲着李公的胸口道："只在这里，更拟思量个什么?"李公一听，豁然开悟。

《宋人轶事汇编》卷九引《南游纪旧》："李端愿，文和长子，治园池，延宾客。每休沐，必置酒高会，延侍从馆阁，率以为例。"

【参考文献】

《宋人轶事汇编》卷九。

洞庭月禅师法嗣

苏州荐福亮禅师

僧问："不假言诠，请师示诲。"师曰："大众总见汝恁么问。"曰："莫只这便是也无?"师曰："罕逢穿耳客[1]。"

【注释】

[1] 罕逢穿耳客：意谓上等根器、极具悟性者难以遇到。系禅家常语。穿耳客：原指印度僧人，因其多穿耳系环，这里指灵悟者。又如本书第十一章"风穴延沼禅师"条："问：'问问尽是捏怪，请师直指根源。'师曰：'罕逢穿耳客，多遇刻舟人。'"

仗锡己禅师法嗣

台州黄岩保轩禅师

僧问："'不欲无言，略凭施设'时如何？"师曰："知而故犯。"僧礼拜，师便打。

龙华岳禅师法嗣

西余净端禅师（或出洞庭月下）

安吉州西余师子净端禅师，本郡人也。姓丘氏。始见弄师子，发明心要。往见龙华，蒙印可。遂旋里，合采为师子皮，时被[1]之，因号"端师子"。丞相章公慕其道，躬请开法吴山，化风盛播。

开堂日，僧官宣疏，至"推倒回头，趯翻[2]不托[3]。七轴之莲经未诵，一声之渔父先闻"，师止之，遂登座拈香，祝圣罢，引声吟曰："本是潇湘一钓客[4]，自西自东自南北。"大众杂然称善，师顾笑曰："谛观法王法，法王法如是。"便下座。

上堂："二月二，禅翁有何谓？春风触目百花开，公子王孙日日醺醺醉。唯有殿前陈朝桧，不入时人意。禅家流，只这是，莫思虑，坦然斋后一瓯[5]茶，长连床[6]上伸脚睡。咄！"

师到华亭，众请上堂："灵山师子，云间哮吼，佛法无可商量，不如打个筋斗。"便下座。

问："羚羊未挂角[7]时如何？"师曰："怕。"曰："既是善知识，因何却怕？"师曰："山僧不曾见恁么差异畜生。"

【注释】

[1] 被：同"披"。

[2] 趯（tì）翻：踢翻。趯：踢。

[3] 不托：汤饼的别名。唐代李匡乂《资暇集》卷下："至如不托，言旧未有

刀机之时，皆掌托烹之，刀机既有，乃云‘不托’。今俗字有‘馎饦’，乖之且甚。”

［4］钓客：旧校本作“钩客”有误。参见冯国栋《〈五灯会元〉校点疏失类举》。

［5］瓯（ōu）：量词。指一杯、一碗、一壶等。宋代邵雍《安乐窝中吟》：“有酒时时泛一瓯，年将七十待何求。”

［6］长连床：寺院僧堂中的大床，供僧徒们坐禅休息之用。《禅门规式》曰：“僧堂设长连床，施椸架，挂搭道具。”

［7］羚羊未挂角：“羚羊挂角”是禅林常用公案。传说羚羊夜宿时，角挂在树上，脚不着地面，猎狗无以寻其迹。比喻禅家启发学人领悟禅道，不凭借语言文字、知识见解。

第三节　南岳下十二世

翠岩真禅师法嗣

大沩慕喆禅师

潭州大沩慕喆真如禅师，抚州临川闻氏子。

僧问：“赵州庭柏[1]，意旨如何？”师曰：“夜来风色紧，狐客已先寒。”曰：“先师无此语，又作么生？”师曰：“行人始知苦。”曰：“十载走红尘，今朝独露身。”师曰：“雪上加霜。”

问：“如何是城里佛？”师曰：“万人丛里不插标[2]。”曰：“如何是村里佛？”师曰：“泥猪疥狗。”曰：“如何是山里佛？”师曰：“绝人往还。”曰：“如何是教外别传底一句？”师曰：“翻译不出。”

问：“牛头未见四祖时如何？”师曰：“寒毛卓竖。”曰：“见后如何？”师曰：“额头汗出。”

上堂：“月生一，天地茫茫谁受屈。月生二，东西南北没巴鼻。月生

三，善财特地向南参。所以道，放行也怛萨[3]舒光[4]，把住也泥沙匿曜。且道放行是？把住是？”良久曰：“圆伊三点水，万物自尖新。”

上堂：“古佛道，昔于波罗奈[5]转四谛法轮，堕坑落堑。今复转最妙无上大法轮，土上加泥[6]。如今还有不历阶梯、独超物外者么？”良久曰：“出头天外看，谁是个中人？”

上堂：“阿剌剌[7]是甚么？翻思当年破灶堕[8]，杖子忽击着，方知孤负我。”以拄杖击香台一下曰：“堕！堕！”

上堂：“扪空追响，劳汝精神。梦觉觉非，复有何事？德山老人在汝诸人眉毛眼睫上，诸人还觉么？若也觉去，梦觉觉非；若也未觉，扪空追响，终无了期。直饶向这里倜傥分明[9]，犹是梯山[10]入贡[11]。还有独超物外者么？”良久曰：“且莫诈明头[12]。”

问：“大通智胜佛，十劫坐道场[13]。为甚么不得成佛道？”师曰：“苦杀人。”

上堂：“白云澹泞[14]，水注沧溟[15]。万法本闲，复有何事？所以道，也有权，也有实，也有照，也有用。诸人到这里，如何履践？”良久曰：“但有路可上，更高人也行。”

上堂：“山僧本无积畜，且得粥足饭足，困来即便打眠，一任东卜西卜[16]。”

上堂：“古者道：‘一释迦，二元和[17]，三佛陀，自余是甚么椀脱丘[18]？’慧光即不然，一释迦，二元和，三佛陀，总是碗脱丘，诸人还知慧光落处么？若也知去，许你具铁眼铜睛[19]。若也不知，莫谓几经风浪险，肩舟曾向五湖游。”

上堂，拈起拄杖曰：“一尘才起，大地全收。”卓一下，曰：“妙喜世界[20]百杂碎，且道不动如来即今在甚么处？若人识得，可谓不动步而登妙觉。若也未识，向诸人眉毛眼睫里涅槃去也。”又卓一下。

上堂：“不用思而知，不用虑而解。庐陵米价高，镇州萝卜大。”

上堂，拈起拄杖曰：“智海拄杖，或作金刚王宝剑，或作踞地师子，或作探竿影草[21]，或不作拄杖用。诸人还相委悉么？若也委悉去，如龙得水，似虎靠山，出没卷舒[22]，纵横应用。如未相委，大似日中逃影[23]。”

上堂：“十方同聚会，个个学无为。此是选佛场，心空及第归[24]。慧光门下直拔超升，不历科目。诸人既到这里，风云布地，牙爪已成，但欠雷声烧尾。如今为你诸人震[25]忽雷去也。”以拄杖击禅床，下座。

师于绍圣二年十月八日，无疾说偈曰：“昨夜三更，风雷忽作。云散长空，前溪月落。”良久，别众趋寂。阇维，舍利斗许，大如豆，目睛齿爪不坏。门弟子分塔于京潭。

【注释】

［1］赵州庭柏：参见本书第四章“赵州观音院从谂禅师”注释。

［2］插标：旧时于物品上或人身上插草以为出卖的标志。《三国演义》第二五回：“关公举目一望，谓操曰：‘吾观颜良，如插标卖首耳！’”

［3］怛萨：“怛萨阿竭阿罗诃三耶三佛”之简称。“怛萨阿竭”为如来。“阿罗诃”为应供。“三耶三佛”为正遍知。佛十号中之三号。《玄应音义》三曰：“怛萨阿竭阿罗诃三耶三佛，《大品经》作多陀阿伽度阿罗诃三藐三佛陀，同一名也，此则十号中三号也。”

［4］舒光：发出光芒。

［5］波罗奈：又作波罗捺，波罗奈斯，婆罗痆斯，婆罗捺写。国名。译作江绕城，因在恒河之流域故也。释迦牟尼佛成道后，曾在此地的鹿野苑初转法轮，度憍陈如等五比丘。佛灭后二百余年，阿育王于此处建石柱二座。唐代玄奘旅印时，此地之佛教已告衰颓，伽蓝仅三十所，僧徒三千余人，学小乘正量部法。国人信外道者多。

［6］土上加泥：比喻增添一层痴迷、纠缠。《景德传灯录》卷二九“龙牙”条：《居遁颂》：“迷人未了劝盲聋，土上加泥更一重。”《大慧语录》卷一：“无上禅师已为诸人入泥入水，葛藤不少，径山（系大慧之法号）不可更向土上加泥。”

［7］阿剌剌：细语不休之意。又作阿喇喇。又恐怖或惊骇之意。如《金陵报宁语录》三：“东西南北，土旷人稀，天上天下，唯我独尊，阿喇喇。”之类是也。又散见于《禅林类聚》第十七“刀剑门”等。（参见丁福保《佛学大辞典》“阿喇喇”注释）

［8］破灶堕：参见本书第二章“嵩岳破灶堕和尚”注释。

［9］倜（tì）傥（tǎng）分明：形容明悟禅法，洞察禅机。

［10］梯山：攀登高山。亦泛指远涉险阻。《陈书·高祖纪上》：“楛矢素翚，梯山以至；白环玉玦，慕德而臻。”

［11］入贡：向朝廷进献财物土产。《周礼·秋官·小行人》：“令诸侯春入贡，秋献功，王亲受之，各以籍礼之。”

［12］诈明头：欺骗明白的人。明头，明白人。

［13］大通智胜佛，十劫坐道场：出自《妙法莲华经》卷三：“大通智胜佛，十劫坐道场，佛法不现前，不得成佛道。”这是本书常出现的一个公案。大通智胜佛：又作大通众慧如来、大通慧如来。即出现于过去三千尘点劫以前，演说《法华经》之佛名。依《法华经》卷三化城喻品所载，过去无量无边不可思议阿僧祇劫有一佛，名为大通智胜如来，此佛未出家前有十六王子，于父王成道后，十六王子亦出家为沙弥，听闻大通智胜佛宣讲《妙法莲华经》而信受奉行。诸王子中之第十六沙弥，即为释迦如来。

［14］澹（dàn）泞（nìng）：和舒，荡漾。多形容春天的景色。宋代范成大《题徐熙杏花》：“老枝当岁寒，芳蘤春澹泞。”

［15］沧溟：大海。

［16］东卜西卜：多处占卜，指机语问答，反复参究。《云门广录》卷中：“师一日云：‘三家村里卖卜，东卜西卜，忽然卜着也不定。’僧便问：‘忽然卜着时如何？’师云：‘伏惟！’”

［17］元和：天地造化。

［18］椀脱丘：即“碗脱丘”。“椀”是“碗”的古字。脱，在西北方言里面指用模子脱成土坯建房。“碗脱丘”则是用碗脱出来的土坯，很小，轻蔑的语言：“什么东西！”例如《禅林象器笺》第十一类“垂说门”：“在小参时，长老力作文言，谓是提纲，或举古则，拈之颂之，以当宗旨。以予观之，当得甚么椀脱丘？”

［19］铁眼铜睛：形容禅僧眼目明锐。《碧岩录》卷一第一则：“直饶铁眼铜睛，也摸索不著。到这里，以情识卜度得么！”本书第十九章“上方日益”条：“开堂日，上首白椎罢，师曰：‘白椎前观一又不成，白椎后观二又不是。到这里任是铁眼铜睛，也须百杂碎。莫有不避危亡底衲僧，试出来看。’”（摘自《禅宗大词典》）

［20］妙喜世界：维摩诘居士之国土。《维摩诘所说经·见阿閦佛国品》曰：“佛告舍利弗：‘有国名妙喜，佛号无动，是维摩诘于彼国没而来生此。’”

［21］探竿影草：原为两种捕鱼方法，比喻禅师对于学人的诱导接引。亦系“临济四喝”机用之一。探竿，用鹈羽绑在竹竿头上，插在水中诱鱼。影草，割草抛在水中，诱引鱼儿聚集在草影里。

［22］出没卷舒：进退自由。形容禅悟之后机用无碍、自在随意。

［23］日中逃影：在日光下企图避开自己的身影。多讥刺禅人示机应机中的非

本色作略。

［24］心空及第归：本书出现多次的公案。参见本书第三章“襄州居士庞蕴”注释。庞居士与马祖初相见时，尝问“不与万法为侣者是什么人?”马祖答“待汝一口吸尽西江水，即向汝道”。居士言下豁然大悟，复呈一偈“十方同一会，各各学无为，此是选佛处，心空及第归”。大意谓领悟万法皆空之理，除尽俗情妄念，中选成佛。这是用科举考试作比喻的说法。及第：科举考试中选。后世多见拈用。

［25］震：《易》卦五十一。雷电滚滚惊天动地。

【拓展阅读】

《龙舒净土文》记载：

有喆老者，住京师大刹，四十年不睡。坐禅精苦如此。坐化后，纸袄亦烧出舍利。中官有以三十千买一纸袄者，以其有舍利故也。其效验已如此。若修西方必为不退转地菩萨，即生死自如矣。却来此世界济度众生，有何不可。不知修此，乃生大富贵处。一生多受忧苦，可哀也哉。纵使受大富贵，亦终有尽，依旧轮回。

南岳西林崇奥禅师

僧问：“一问一答，宾主历然。不问不答，如何辨别?”师曰：“坐底坐，立底立。”曰：“便恁么会时如何?”师曰：“舌拄上腭[1]。”僧礼拜，师曰：“不得讳却[2]。”

【注释】

［1］舌拄上腭：古养生学与道家气功均提及舌拄上腭，调心调息而达到打通任督二脉的目的。但禅林经常使用“舌拄上腭”不会是这个意思。禅宗破除一切，就是要在文字语言外明心见性。所以这个“舌拄上腭”与“合取两片皮”“合取口”“合取狗口”等语言意义相同，就是闭上你的嘴巴，不要说话。试想，我们“舌拄上腭”，怎么还可能说话呢?

［2］讳却：隐瞒，骗人。

蒋山元禅师法嗣

明州雪窦法雅禅师

僧问：“学人不问西来意，乞师方便指迷情。”师曰：“霹雳过头犹瞌

睡。”曰：“谢师答话。”师曰：“再三启口问何人？”曰：“争奈学人未礼拜何！”师曰：“休钝置[1]。”

【注释】

［1］钝置：亦作“钝致”。折腾，折磨，作弄。

丞熙应悦禅师

邵州丞熙应悦禅师，抚之宜黄戴氏子。

上堂：“我宗无语句，徒劳寻露布[1]。现成公案已多端，那堪更涉他门户？觌面[2]当机直下提，何用波吒[3]受辛苦？咄！”

【注释】

［1］露布：指言句、机语。旧校本校勘失误，误将“露布”作“路布”。

［2］觌（dí）面：见面，当面。

［3］波吒：劳碌奔波，没有停息。冯国栋《〈五灯会元〉校点疏失类举》将“波吒”误作“波吒釐子”，“波吒利补怛罗”之简称，意译作“华氏城”，为中印度摩揭陀国之都。因此，认为旧校本“波吒”应作专有名词而下划线。通观前后意义以及佛典所载，此处“波吒”显然不是“波吒利补怛罗”，故不宜作专有名词看。只要联系文中所阐述的内容进行综合分析，就知道“波吒”与“华氏城”无关。“波吒：“波波吒吒”之略，亦作“波波劫劫”“劫劫波波”。波波者，奔波流浪也；劫劫者，汲汲不息也。《类书纂要》九曰：“波吒，劳苦也。劳碌奔波也。”《丛林盛事》下曰：“我波波吒吒出岭来。”《六祖坛经》曰：“离道别觅道，终身不见道，波波度一生，到头还自懊。”因此，“波吒”在这里就是“劳碌奔波，没有停息”的意思。整个禅师所说的话，可以这样理解：“我宗现成的公案已经很多了，怎么还要去别人家找归宿呢？见面就要当下承当，何必劳碌奔波，行脚四方，毫无休止地去寻找自己的归宿呢？”综合禅诗的意境分析，显然“波吒”与“华氏城”毫无联系。本书第十七章“瑞州黄檗道全禅师”说了一首相同意境的禅诗：“一槌打透无尽藏，一切珍宝吾皆有。拈来普济贫乏人，免使波吒路边走。”此处项楚先生把“波吒”与“地狱”联系起来，提出旧校本不能作专有名词画线。诚然，“波吒”又是地狱之名，但此处的整体意思是：把那些珍宝拿来普济贫苦的人，以免使他们劳碌奔波在流浪的路上。

双峰回禅师法嗣

阆州光国文赞禅师

僧问："不二之法，请师速道。"师曰："领。"曰："恁么则人人有分也。"师曰："了。"曰："锦屏天下少，光国世间稀。"师曰："退。"

定慧信禅师法嗣

苏州穹窿智圆禅师

上堂："福臻不说禅，无事日高眠。有问祖师意，连擉[1]两三拳。大众且道，为甚么如此？不合恼乱山僧睡。"

【注释】

[1] 擉（chuò）：亦作"捔"。戳，刺。《庄子·则阳》："冬则擉鳖于江，夏则休乎山樊。"陆德明释文："擉……司马云：刺也。"

云峰悦禅师法嗣

桂州寿宁齐晓禅师

上堂："触目不会道，犹较些子。运足焉知路，错下名言。诸仁者！山僧今日将错就错，汝等诸人，见有眼，闻有耳，嗅有鼻，味有舌，因甚么却不会？"良久曰："武帝求仙不得仙，王乔端坐却升天[1]。咄！"

僧问："大众云臻，合谈何事？"师曰："波斯入闹市[2]。"曰："恁么则草偃风行[3]去也。"师曰："万里望乡关[4]。"

【注释】

［1］武帝求仙不得仙，王乔端坐却升天：据《汉武帝内传》及《墉城集仙录》中金母元君、上元夫人的传记等处记载，西王母曾在汉武帝的感召下下降香坛。但他终究不能清心寡欲而使求仙成泡影。王乔是古代神话人物，道教崇奉的神仙。即王子乔，周灵王的太子。据《历世真仙体道通鉴》云："生而神异，幼而好道。虽燕居宫掖，往往不食。端默之际，累有神仙降之，虽左右之人弗知也。"王乔虽然贵为太子，但他却视富贵如烟云，只是闭关静坐，绝食辟谷，致使妄念净除，在生感动神仙作伴。最后骑鹤升天。

［2］波斯入闹市：外国来的大胡子进了闹市，大家能不看稀奇吗？这是禅师警戒僧人不要把自身的宝贝（佛性）当作稀奇看。

［3］草偃风行：又作"风行草偃"。出自《论语·颜渊》。"君子之德风，小人之德草，草，上之风，必偃。"偃：倒伏。风一吹草就倒下。后遂以"风行草偃"等比喻道德文教能感化人。

［4］万里望乡关：离开悟的境界越来越远。万里之外，遥望家乡。比喻离开禅法极远。乡关：故乡，比喻终极目标。《碧岩录》卷六第五一则："垂示云：'才有是非，纷然失心。不落阶级，又无摸索。且道放行即是，把住即是？到这里若有一丝毫解路，犹滞言诠，尚拘机境，尽是依草附木。直饶便到独脱处，未免万里望乡关。还构得么？'"

净因臻禅师法嗣

福州长庆惠暹文慧禅师

僧问："离上生之宝刹，登延圣之道场，如何是不动尊？"师曰："孤舟载明月。"曰："忽遇橹棹俱停，又作么生？"师曰："渔人偏爱宿芦花。"

问："长期进道，西天以蜡人为验[1]，未审此间以何为验？"师曰："铁弹子。"曰："意旨如何？"师曰："大底大，小底小。"

【注释】

［1］长期进道，西天以蜡人为验：旧校本标点有误，"西天"移入下句，不能

作“长期进道西天”。蜡人：即腊人，指出家僧人。《续传灯录》卷二十八云，西天于结夏日铸蜡人藏土窟中，结夏九十日，戒行精洁则蜡人冰（冰清玉洁），不然则蜡人不全，故号为僧蜡。故“腊”为比丘受具足戒后之年数。比丘出家之年岁与世俗不同，系以受戒以后结夏安居数为年次，故有戒腊、夏腊、法腊、年腊等称。“不坠蜡人机”，不坠落出家人的机锋。

福州栖胜继超禅师

上堂，拈拄杖，良久曰：“三世诸佛尽在这里跨跳，大众还会么？过去诸佛说了，未来诸佛未说，现在诸佛今说。敢问诸人，作么生是说底事？”卓一下，曰：“苏嚧苏嚧[1]！”

【注释】

[1] 苏嚧苏嚧：梵语。甘露水。此处有啰唆之意，本书出现“苏嚧苏嚧”常有此意。

兴化岳禅师法嗣

潭州兴化绍清禅师

上堂：“祖师门下，佛法不存。善法堂[1]前，仁义休说。然虽如是，事无一向。窃闻：‘哀哀父母，生我劬劳。欲报深恩，昊天罔极。发肤身体，弗敢毁伤。’此鲁仲尼[2]之孝也。轮转三界中，恩爱不能舍。弃恩入无为，真实报恩者。故我大觉世尊，雪山苦行，摩竭[3]成道，往忉利天[4]为母说法。此释迦之孝也。得大解脱，运大神通，手擎金锡，掌拓龙盂，诣地狱门，卓然寻省，见其慈母，悲泣无量。此目连[5]之孝也。作么生是兴化之孝？”良久曰：“兴化今日不上天堂，不入地狱，于善法堂中、灯王座上，为母说法，以报劬劳。且道我母即今在甚么处？”乃曰：“我母生前足善缘，无劳问佛定生天。人间上寿古今少，九十春秋减一年。”下座：“敢烦大众烧一炷香，以助山僧报孝。既是山僧之母，为甚么却烦诸人烧香？不见道，东家人死，西家人助哀。”以手槌胸曰：“苍天！苍天！”

【注释】

［1］善法堂：帝释天讲堂名。在须弥山顶喜见城外之西南角。于此论人中之善恶。《俱舍论》十一曰："外西南角有善法堂，三十三天时集于彼，详论如法不如法事。"《涅槃经》十二曰："是善法堂忉利诸天常集其中，论人天事。"

［2］鲁仲尼：指鲁国孔子。

［3］摩竭：即"摩竭陀国"。古代中印度国名，位于今印度比哈尔邦南部。西天禅宗一祖摩诃迦叶系此国王舍城人，释迦牟尼佛曾在此国传播道法，禅家经常称提的"摩竭掩室"故事也发生于此。本书第十八章"胜因咸静"条："世尊在摩竭陀国为众说法。"亦作"摩竭提国""摩伽陀国"，略称"摩竭"。

［4］忉（dāo）利天：译为三十三天，为欲界六天中之第二重天，其宫殿在须弥山顶，天主名释提桓因，居中央，他有三十二个天臣，分居忉利天的四方，连他自己的宫殿，共成了三十三个天宫，所以叫作三十三天。此天一昼夜，人间已经一百年。

［5］目连："摩诃目犍连"的简称。简称目犍连，或目连，是佛十大弟子之一，以神通第一著称。

玉泉芳禅师法嗣

临江军[1]慧力善周禅师

上堂："辽天鹘[2]，万重云，只一突，是甚么？咄!"

师元祐元年十二月望日，沐浴净发，说偈曰："山僧住瑞筠，未尝形言句。七十三年来，七十三年去。"言毕而逝，五日后须发再生。

【注释】

［1］军：中国宋代行政区划名，与府、州、监同属于路。

［2］鹘（gǔ）：鸟类的一科。翅膀窄而尖，嘴短而宽，上嘴弯曲并有齿状突起。飞得很快，善于袭击其他鸟类。也叫隼。唐代杜甫《义鹘行》："斯须领健鹘，痛愤寄所宣。"

第四节　南岳下十三世

大沩喆禅师法嗣

东京智海普融道平禅师

上堂："山僧不会佛法，为人总没来由。或时半开半合，或时全放全收。还如万人丛里，冷地掉个石头，忽然打着一个，方知触处周流。"

上堂："赵州有四门，门门通大道。玉泉有四路，路路透长安。门门通大道，毕竟谁亲到？路路透长安，分明进步看。"拍膝一下曰："岁晚未归客，西风门外寒。"

上堂，举："盘山示众曰：'似地擎山，不知山之孤峻。如石含玉，不知玉之无瑕。古人恁么说话，大似抱赃叫屈[1]。'智海门下，人人慷慨。生擒虎兕[2]，活捉狞龙。眼里著得须弥山，耳里著得大海水。"遂拈拄杖曰："不是向人夸伎俩，丈夫标致[3]合如斯。"卓拄杖，下座。

【注释】

[1] 抱赃叫屈：手里抱着偷来或抢来的赃物，别人指认他是盗贼，他自己喊冤枉。指笨拙可笑的抵赖或辩解。禅宗用以讥讽不高明的禅师在接引学人时，处处离不开佛经或他人的言句义解，却认为自己手段高明。（摘自张维张主编《佛源语词词典》）

[2] 虎兕（sì）：虎与犀牛。

[3] 标致：风貌，风采。此处指风格高雅。

泐潭景祥禅师

洪州泐潭景祥禅师，建昌南城傅氏子。

僧问："如何是祖师西来意？"师曰："十个指头八个丫。"

问："我手何似佛手?"师曰："金鍮[1]难辨。"曰："我脚何似驴脚?"师曰："黄龙路险。"曰："人人有个生缘，如何是和尚生缘?"师曰："把定要津，不通凡圣。"

中秋上堂："灵山话，曹溪指，放过初生斫额[2]底。未问龙眠老古锥，昨夜三更转向西。正当恁么时，有人问如何是月。向明暗未分处道得一句，便与古人共出一只手。如或未然，宝峰不免依模画样，应个时节。"乃打一圆相曰："清光万古复千古，岂止人间一夜看!"

师室中问僧："达磨西归，手携只履，当时何不两只都将去?"曰："此土也要留个消息。"师曰："一只脚在西天，一只脚在东土，著甚来由?"僧无语。

问僧："唯一坚密身，一切尘中现[3]。如何是尘中现底身?"僧指香炉曰："这个是香炉。"师曰："带累三世诸佛，生陷地狱。"僧罔措，师便打。

师不安次，有僧问："和尚近日尊候如何?"师曰："土地前烧二陌[4]纸著。"

师常叉手夜坐，如对大宾。初坐手与趺缀，至五鼓必齐膺，因号"祥叉手"焉。

【注释】

[1] 鍮（tōu）：亦作"鋀"。黄铜矿或自然铜。《敦煌变文集·维摩诘经菩萨品变文甲》："以小计大，将鍮喻金。"

[2] 斫（zhuó）额：手放置额前，遥望远处。

[3] 唯一坚密身，一切尘中见：出自《大方广佛华严经》卷六："唯一坚密身，一切尘中见，无生亦无相，普现于诸国。随诸众生心，普现于其前，"

[4] 陌：量词。祭奠所烧的纸钱，约相当于"迭"。元代王实甫《西厢记》第一本第二折："自父母下世之后，并不曾有一陌纸钱相报。"

【概要】

景祥禅师（1062～1132年），宋代临济宗僧。俗姓傅。南丰（今属江西）人。出家后历参名僧，师事大沩慕哲，嗣其法，为临济宗传人。后闲居临川（今属江西）达十余年之久。五十四岁时，住隆兴（治今江西南昌）泐潭宝峰，从学修行僧常达数千人，宗风大振。宣和年间（1119～1125年），住金陵（治今江苏南京）蒋山，移住江州（治今江西九江）圆通寺。建炎（1127～1130年）末年归沩潭。绍兴二年（1132年）十月，寂于福建鸿福寺。世寿七十一，法腊五十二。

【参考文献】

《僧宝正续传》卷四；《宗门统要续集》卷二十一；《嘉泰普灯录》卷八；《续传灯录》卷十七。

光孝慧兰禅师

和州光孝慧兰禅师，不知何许人也。自号“碧落道人”。尝以触衣[1]书七佛名，丛林称为“兰布裩[2]”。有《拟草庵歌》一篇行于世，具载《普灯》。

建炎末，逆虏犯淮，执师见酋长[3]。长曰：“闻我名否?”师曰：“我所闻者，唯大宋天子之名。”长恚，令左右以锤击之。锤至辄断坏。长惊异，延麾下[4]敬事之。经旬，师索薪自焚，无敢供者。亲拾薪成龛[5]，怡然端坐。烟焰一起，流光四腾，虏跪伏灼肤者多。火绝，得五色舍利，并其骨而北归。所执僧尼，悉得自便。和人[6]至今咏之。

【注释】

[1] 触衣：不净之衣。指直接接触肌肤之衣类或床，如裙子、内衣、袜子等。《禅苑清规》卷一“装包”条：“后包内安被单、绵衣、衬汗，应系触衣之类。”

[2] 裩（kūn）：同“褌”。满裆裤。以别于无裆的套裤而言。

[3] 酋（qiú）长：盗贼的首领。《汉书·张敞传》：“求问长安父老，偷盗酋长数人。”颜师古注引应劭曰：“酋长，帅。”

[4] 麾下：部下。

[5] 龛：原指掘凿岩崖为室，以安置佛像之所。传至后世，亦称以石或木为材料，建龛供奉佛像（或奉置开山祖师像）。或转称收纳死尸之棺舆为龛，另有龛子、龛柩、龛棺等别名。又，敛尸于龛，称为入龛或进龛；注以香油而锁之，称锁龛或封龛；移龛至佛堂或佛前，称为移龛；开龛荼毗，称为起龛；至于安置龛之堂舍，则称龛荐堂。此等仪式之作法，《敕修百丈清规》中均有所载。

[6] 和人：和州人。和州，北齐天保六年（555年）置。治历阳县（今和县）。辖境相当今安徽和县、含山等县地。元至元十五年（1278年）升为路，二十

八年仍降为州。属庐州路。明洪武三年（1370 年）废。寻复置。直隶南京。清康熙六年（1667 年）属安徽省。

潭州东明仁仙禅师

开堂日，僧问："世尊出世，梵王前引，帝释后随。和尚出世，有何祥瑞？"师曰："任是百千诸佛，一时赶向水牯[1]栏里。"曰："有何祥瑞？"师曰："山僧不曾眼花。"

【注释】

[1] 水牯：公水牛。

泗州普照晓钦明悟禅师

僧问："师唱谁家曲，宗风嗣阿谁？"师曰："东边更近东。"曰："沩山的子，智海亲孙也。"师曰："却笑傍人把钓竿。"

上堂："引手撮空，展转莫及。翻身掷影，徒自劳形。当面拈来，却成蹉过。毕竟如何？"拍禅床曰："洎合[1]错商量。"

【注释】

[1] 洎合：几乎。

庐山东林自遵正觉禅师

上堂："十五日已前放过一著，十五日已后未可商量。正当十五日，试道一句看。"良久曰："山色翠秾[1]春雨歇，柏庭香拥木兰开。"

【注释】

[1] 秾：花木茂盛浓密。《诗·召南·何彼秾矣》："何彼秾矣，唐棣之华。"朱熹集传："秾，盛也。"

潭州福严寘[1]禅师

上堂："福严山上云，舒卷任朝昏。忽尔落平地，客来难讨门。"

【注释】

[1] 寘（zhì）：安排，放置。同“置”。此处为禅师名。

东明迁禅师

潭州东明迁禅师，久侍真如，晚居沩山。真如庵忠道者高其风，每叩之。

一日，阅《首楞严》次，忠问：“‘如我按指，海印发光。’佛意如何？”师曰：“释迦老子[1]好与二十棒。”曰：“为甚么如此？”师曰：“用按指作么？”曰：“汝暂举心，尘劳先起又作么生？”师曰：“亦是海印发光。”

【注释】

[1] 释迦老子：指释迦牟尼佛。老子，老汉。

雪窦雅禅师法嗣

光孝普印禅师

衢州光孝普印慈觉禅师，泉州许氏子。

室中问僧：“父母未生已前，在甚么处行履？”僧拟对，即打出。或曰：“达磨在你脚下。”僧拟看，亦打出。或曰：“道！道！”僧拟开口，复打出。

庆善震禅师法嗣

杭州庆善院普能禅师

上堂：“事不获已，与诸人葛藤。一切众生，只为心尘未脱，情量[1]不除，见色闻声，随波逐浪，流转三界，汩没[2]四生[3]。致使正见不明，

触途成滞。若也是非齐泯，善恶都忘。坐断报化佛头，截却圣凡途路。到这里方有少许相应。直饶如是，衲僧分上未为奇特。何故如此？才有是非，纷然失心。咄!”

上堂，拈拄杖曰：“未入山僧手中，万法宛然。既入山僧手中，复有何事？”良久曰：“有意气时添意气，不风流处也风流。”卓拄杖一下。

【注释】

［1］情量：情识俗念。《黄檗传心法要》：“言宝所者，乃真心本佛，自性之宝。此宝不属情量，不可建立。”又：“尔情量知解但销熔，表里情尽，都无依执，是无事人。”《洞山语录》：“所以古人道，临终之际，若一毫头圣凡情量未尽，未免入驴胎马腹里去。”

［2］汩没：沉沦，埋没。杜甫《入衡州》：“萧条向水陆，汩没随鱼商。”

［3］四生：众生四种出生的样式，包括胎生、卵生、湿生、化生。胎生是在母胎内成体之后才出生的生命，如人类。卵生是在卵壳内成体之后才出生的生命，如鸟类。湿生是依靠湿气而受形的生命，如虫类。化生是无所依托，只凭业力而忽然出生的生命，如诸天和地狱及劫初的人类。

净土思禅师法嗣

杭州灵凤山万寿法诠禅师

僧问：“如何是佛？”师曰：“抱桩打拍浮[1]。”曰：“如何是法？”师曰：“黄泥弹子。”曰：“如何是僧？”师曰：“剃除须发。”曰：“三宝外，还别有为人处也无？”师举起一指，僧曰：“不会。”师曰：“指在唯观月，风来不动幡。”

上堂：“德山棒，临济喝，尽是无风波匝匝[2]。灯笼跨跳过青天，露柱[3]魂惊头脑裂。然虽如是，大似食盐加得渴。”喝一喝。

【注释】

［1］抱桩打拍浮：抱住木柱子学游泳，永远也学不会。比喻禅者如果不离开文字语言，那么也永远不能开悟。拍浮：游泳。又，禅林还有“抱桥柱洗澡”。如

《五灯全书》卷八十八“楚南芙蓉百凝一禅师”条：“大道只在目前，要且目前难睹。欲识大道真体，不离声色言语。古人恁么说话，大似抱桥柱洗澡。”“抱桥柱洗澡”也是不能放开的意思，被桥柱约束了自己。

［2］波匝匝：波涛滚滚。匝匝：水波翻腾的样子。

［3］露柱：露在外面之柱，指法堂或佛殿外正面之圆柱。与瓦砾、墙壁、灯笼等俱属无生命之物，禅宗用以表示无情、非情等意。

杭州庆善守隆禅师

开堂日，僧问：“知师久蕴囊中宝，今日当筵略借看。”师曰：“多少分明。”曰：“师子吼时全露现，文殊仗剑又如何？”师曰：“惊杀老僧。”

问：“千佛出世，各有奇祥。和尚今日，以何为验？”师曰：“木人把板云中拍。”曰：“意旨如何？”师曰：“石女拈笙水底吹。”

上堂：“花蔟蔟，锦蔟蔟，盐酱年来事事足。留得南泉打破锅，分付沙弥煮晨粥。晨粥一任诸人吃，洗钵盂一句作么生会？多少人疑着。”

护国月禅师法嗣

江陵府护国慧本禅师

僧问：“有物先天地，无形本寂寥，未审是甚么物？”师曰：“一铤[1]墨。”曰：“恁么则耀古照今去也。”师曰：“作么生是耀古照今底？”僧便喝，师便打。

上堂：“好个时节，谁肯承当？苟或无人，不如惜取[2]。”良久曰：“弹雀夜明珠[3]。”

【注释】

［1］铤（dìng）：量词。常用以计块状物。清代周亮工《与倪阇公书》：“今赠君自制笔一床，小华墨一铤。”

［2］惜取：指“惜取眉毛”典故。惜取眉毛：禅家常语，含有两层意思：一是省点精神；二是言句别太多，别违背不立文字语言的禅旨。本书第六章“澧州洛浦山元安禅师”条：“问：‘法身无为，不堕诸数，是否？’师曰：‘惜取眉毛好！’”

本书第十三章“曹山光慧”条：“问：‘古人云：如红炉上一点雪。意旨如何?’师曰：‘惜取眉毛好!’”“惜取眉毛”来自“不惜眉毛”，意谓不顾惜因使用言辞说教而遭受惩罚。禅林有不合禅法、眉须堕落的著名传说，参见“丹霞烧木佛”“眉须堕落”。

［3］弹雀夜明珠：即“随珠弹雀”。意思是用夜明珠去弹鸟雀，泛指做事不知道衡量轻重，该做的事情而没有去做，不该做的事情却做了。出自《庄子·让王》：“今且有人于此，以随侯之珠，弹千仞之雀，世必笑之。是何也？以其所用者重，而所要者轻也。”

第五节　南岳下十四世

智海平禅师法嗣

净因继成禅师

东京净因蹒庵继成禅师，袁之宜春刘氏子。

上堂，拈拄杖曰：“清净本然，云何忽生山河大地？看看富楼那[1]穿过释迦老子鼻孔，释迦老子钻破虚空肚皮。且道山河大地在甚么处？”掷下拄杖，召大众曰：“虚空翻筋斗，向新罗国里去[2]也。是你诸人，切忌认叶止啼[3]，刻舟寻剑。”

上堂：“茫茫尽是觅佛汉，举世难寻闲道人。棒喝交驰成药忌，了亡药忌未天真。”

上堂：“昆仑奴，著铁裤，打一棒，行一步[4]。争似火中钓鳖，日里藏冰？阴影间翻魍魉，虚空缚杀麻绳。”

上堂：“狭路相逢且莫疑，电光石火已迟迟。若教直下三心[5]彻，只在如今一饷时。到这里，直使问来答去，火迸星飞，互换主宾，照用得失，波翻岳立[6]，玉转珠回，衲僧面前了无交涉。岂不见拈花鹫岭，独许饮光[7]？问疾毗耶，谁当金粟[8]？那知微笑已成途辙[9]，纵使默然，未免风波。要须格外相逢，始解就中颖契。还会么？一曲寥寥动今古，洛阳三十六峰西。”

上堂：“举不顾，即差互[10]。拟思量，何劫悟？大众！枯桑知天风，是顾不顾？海水知天寒，是思不思？且唤甚么作悟底道理？兔角杖头挑法界，龟毛拂子舞三台[11]。”

上堂：“鼻里音声耳里香，眼中咸淡舌玄黄。意能觉触身分别，冰室如春九夏凉。如斯见得，方知男子身中入定时，女子身中从定出。葵花随日转，犀纹玩月生[12]。香枫化老人，螟蠕成蜾蠃[13]。若也不知，苦哉！佛陀耶[14]许你具只眼。”

上堂：“一念心清净，佛居魔王殿。一念恶心生，魔王居佛殿。怀禅师曰：‘但恁么信去，唤作脚踏实地而行。终无别法，亦无别道理。’老僧恁么举了，只恐你诸人见兔放鹰[15]，刻舟求剑。何故？功德天、黑暗女[16]，有智主人，二俱不受。”

上堂，举：“汾阳拈拄杖示众曰：‘三世诸佛在这里，为汝诸人无孔窍，遂走向山僧拄杖里去，强生节目。”师曰：“汾阳与么示徒，大似担雪填井[17]，傍若无人。山僧今日为汝诸人出气。”拈起柱杖曰：“三世诸佛不敢强生节目，却从山僧拄杖里走出，向诸人道，我不敢轻于汝等，汝等皆当作佛。说是语已，翻筋斗向拘尸罗城[18]里去也。”掷下拄杖曰：“若到诸方，分明举似。”

师同圆悟、法真、慈受并十大法师、禅讲千僧，赴太尉陈公良弼府斋。时徽宗皇帝私幸观之，太师鲁国公亦与焉。

有善华严[19]者，乃贤首宗[20]之义虎[21]也，对众问诸禅曰：“吾佛设教，自小乘至于圆顿，扫除空有，独证真常。然后万德庄严，方名为佛。尝闻禅宗一喝，能转凡成圣，则与诸经论似相违背。今一喝若能入吾宗五教[22]，是为正说；若不能入，是为邪说。”

诸禅视师，师曰：“如法师所问，不足三大禅师之酬，净因小长老可以使法师无惑也。”

师召：“善。”善应诺[23]。师曰：“法师所谓愚法小乘教者，乃有义也。大乘始教者，乃空义也。大乘终教者，乃不有不空义也。大乘顿教者，乃即有即空义也。一乘圆教者，乃不有而有，不空而空（或作空而

不有，有而不空）义也。如我一喝，非唯能入五教，至于工巧技艺，诸子百家悉皆能入。”

师震声喝一喝，问善曰：“闻么?”曰：“闻。”师曰：“汝既闻，此一喝是有，能入小乘教。”须臾，又问善曰：“闻么?”曰：“不闻。”师曰：“汝既不闻，适来一喝是无，能入始教。”遂顾善曰：“我初一喝，汝既道有；喝久声销，汝复道无。道无则元初实有，道有则而今实无。不有不无，能入终教。我有一喝之时，有非是有，因无故有。无一喝之时，无非是无，因有故无。即有即无，能入顿教。须知我此一喝，不作一喝用。有无不及，情解俱忘。道有之时，纤尘不立。道无之时，横遍虚空。即此一喝入百千万亿喝，百千万亿喝入此一喝。是故能入圆教。”

善乃起再拜。师复谓曰：“非唯一喝为然。乃至一语一默，一动一静，从古至今，十方虚空，万象森罗，六趣四生，三世诸佛，一切圣贤，八万四千法门，百千三昧无量妙义，契理契机，与天地万物一体，谓之法身。三界唯心，万法唯识，四时八节，阴阳一致，谓之法性。是故《华严经》云：‘法性遍在一切处。’有相无相，一声一色，全在一尘中含四义。事理无边，周遍无余，参而不杂，混而不一。于此一喝中，皆悉具足。犹是建化门庭，随机方便。谓之小歇场，未至宝所。殊不知，吾祖师门下，以心传心，以法印法，不立文字，见性成佛。有千圣不传底向上一路在。”

善又问曰：“如何是向上一路?”师曰：“汝且向下会取。”善曰：“如何是宝所?”师曰：“非汝境界。”善曰：“望禅师慈悲。”师曰：“任从沧海变，终不为君通。”善胶口[24]而退。

闻者靡不叹仰。

皇帝顾谓近臣曰：“禅宗玄妙深极如此，净因才辩亦罕有也。”近臣奏曰：“此宗师之绪余[25]也。”

【注释】

[1] 富楼那：梵语。为释尊十大弟子之一。全名富楼那弥多罗尼子。意译为满慈子、满祝子、满愿子。“满”是其名，“慈”是其母姓，从母得名，故称满慈子。为迦毗罗婆苏（即迦毗罗卫）人，净饭王国师之子，属婆罗门种。以其长于辩才，善于分别义理，后专事演法教化，因闻其说法而解脱得度者，多达九万九千人，故

被誉为“说法第一”。

［2］向新罗国里去：一下子飞到新罗国了。新罗：故朝鲜，此处比喻离禅法越来越远了。

［3］认叶止啼：同“黄叶为金，止小儿啼”。《联灯会要》卷一八“明州天童咸杰禅师”条：“达磨大师不会当头句，却向少林，面壁九年。后代儿孙承虚接响，扬眉瞬目，行棒行喝，尽是黄叶止啼。”“黄叶止啼”出自《涅槃经》：“如彼婴儿啼哭之时，父母即以杨树黄叶，而语之言：‘莫啼莫啼，我与汝金。’婴儿见已，生真金想，便止不啼，然此杨叶实非金也。”

［4］昆仑奴，著铁袴，打一棒，行一步：“昆仑奴”又作“昆仑子”，指昆仑国（南海诸国）之黑人，唐朝时期黑人奴仆和黑人艺人很多，当时流传的一句行话，叫作“昆仑奴，新罗婢”。又，对来自印度、西域人之蔑称为“昆仑奴”。如东晋道安法师，因其肤色黝黑，而得绰号“昆仑子”。楚石禅师的意思，不能活在当下的人，就譬如黑奴穿了一条铁裤，打一棒才会走一步。

［5］三心：参见本书第二章“牛头山法融禅师”条：“行者体境有，因觉知境亡。前觉及后觉，并境有三心。”

［6］岳立：耸立，屹立。引申为特出，卓立不群。

［7］饮光：即释迦牟尼佛大弟子迦叶。佛陀十大弟子之一，禅宗西天祖师第一祖。又作摩诃迦叶波、摩诃㕧叶、大迦叶、大迦叶波、大迦摄。略作迦叶、迦叶波、迦摄波。译为大饮光或大龟。在佛弟子中，有“头陀第一”“上行第一”等称号。以“拈花微笑”之故事，成为西天祖师第一祖。

［8］金粟：佛名。化身为维摩诘居士。维摩诘，译为净名，净是清净无垢之义，名是声名远扬之义，相传是金粟如来的化身，自妙喜国化生在人间，以居士的身份在毗耶离城辅助释迦牟尼教化众生。佛在毗耶离城庵摩罗园，城中五百长者子诣佛所请说法时，彼故现病不往，为欲令佛遣诸比丘菩萨问其病床，以成方等时弹诃之法，故其经名为《维摩经》。

［9］途辙：路上之车迹。喻行事所遵循的途径或方向。

［10］差互：错过时机，差错。

［11］兔角杖头挑法界，龟毛拂子舞三台：龟毛拂子，兔角拄杖，指龟毛做的拂子，兔角做的拄杖。龟毛兔角：佛典中常见之譬喻，指现实中全然不存在之事物。龟本无毛，然龟游水中时，身沾水藻，人视之，乃有误认水藻为龟毛者。又，兔亦无角，然直竖之长耳亦有被误认为兔角之时。经论中常用以比喻凡夫之妄执实我实法。盖凡夫常将因缘所成之假有法，妄执为实有之故。

［12］犀纹玩月生：即“云犀玩月”。用以赞叹游于悟境者之用语。云犀：又

称灵犀；月：指佛性真如，譬喻得道者之灵妙境界。《从容录》第三则“东印请祖之颂”：“云犀玩月璨含辉，木马游春骏不羁。”意谓禅者之心玲珑剔透，毫无阴影，且显现灵妙之光彩。

［13］螟蠕（líng）成蜾（guǒ）蠃（luǒ）：“螟蠕”同“螟蛉”。蜾蠃常捕螟蛉喂它的幼虫，古人误认为蜾蠃养螟蛉为己子。后因以为养子的代称。《诗》曰：“螟蛉有子，蜾蠃负之”

［14］佛陀耶：梵语。简称为“佛”，觉者的意思。

［15］见兔放鹰：望见兔子，放出猎鹰。禅家用作比喻。①针对来机之不同，采取不同施设，准确、迅速地启发、接引学人。本书第十六章“雪峰思慧禅师”条：“布大教网，摝人天鱼。护圣不似老胡，拖泥带水，只是见兔放鹰，遇獐发箭。”②谓拘泥言辞，追寻义解。此处即出第二个含义。

［16］功德天、黑暗女：佛经神话中的两位姐妹天女。功德天为姐，能使人富裕；黑暗女为妹，能使人贫困。姐妹永不相离（事见《涅槃经》卷一二）。比喻相反、相对的事理，实际上也是相依相随的。《古尊宿语录》卷二“大鉴下三世”条：“第一须具两只眼，照破两头事。莫只带一只眼，向一边行，即有那个边到。功德天、黑暗女相随。有智主人，二俱不受。”

［17］担雪填井：挑易溶之雪，企图填平水井，比喻不合情理、愚蠢徒劳的言行。《密庵语录》：“说到行不到，好肉剜疮。行到说不到，扶篱摸壁。行说俱到，石笋抽条。行说俱不到，担雪填井。”

［18］拘尸罗城：梵语。即“拘尸那揭罗”，佛陀涅槃的地方。据《大唐西域记》卷六载，此城周围十余里，城郭颓毁，邑里萧条，居人稀旷。城东北有无忧王（阿育王）所建之佛塔，西岸建有大砖精舍，内有如来涅槃像。

［19］善华严：僧人外号，擅长《华严经》的僧人。

［20］贤首宗：华严宗，因此宗为贤首国师所发扬，故别名为贤首宗。

［21］义虎：外号。义解之猛，譬如虎也。《释氏要览》中曰：“高僧道光，在江东，研究义理，号义虎。”

［22］五教：教判之名。即诠判如来一代圣教为五类教旨。华严三祖贤首所立，称为贤首五教。即小乘教（愚法声闻教）、大乘始教（权教）、大乘终教（实教）、顿教、圆教。（参见《华严五教章》卷一）

［23］师召：“善。”善应诺：旧校本：“师召善，善应诺。”有误。凡是出现“师召”，后面有称呼语，旧校本标点均失误。善：指外号“善华严”者。

［24］胶口：闭口。宋代王禹偁《别长沙彭暐序》：“抱古人道，胶口而不敢谈；求君子儒，恍目而不得见。”

［25］绪余：抽丝后留在蚕茧上的残丝。借指事物之残余或主体之外所剩余者。《庄子·让王》："道之真以治身，其绪余以为国家，其土苴以治天下。"陆德明释文："司马、李云：绪者，残也，谓残余也。"

【概要】

继成禅师，宋代临济宗僧。生卒年不详。江西宜春人，俗姓刘。字踽庵。崇宁年间（1102～1106年）参礼仰山普禅师得度，不久，又参礼云盖智本。后至开封（今属河南）智海禅院参普融道平，嗣其法，为临济宗传人。宣和六年（1124年）春，奉诏住右街显忠寺。曾授徽宗归依，赐号"佛慈禅师"。宋高宗潜邸时，尝书扇面下赐。建炎初年（1127年），入天台山华顶峰。绍兴年间（1131～1162年），入福建秀峰。

【参考文献】

《嘉泰普灯录》卷十二；《释氏稽古略》卷四。

法轮彦孜禅师

南岳法轮彦孜禅师，处之龙泉陈氏子。

上堂："若是谛当汉，通身无隔碍。举措绝毫厘，把手出红尘。拨开向上窍，当头劄定，不犯锋棱。转握将来，应用恰好。丝毫不漏，函盖相应。任是诸佛诸祖，觑着寒毛卓竖。会么？吃茶去。"

僧问："如何是不涉烟波底句？"师曰："皎皎寒松月，飘飘谷口风。"曰："万差俱扫荡，一句截流机。"师曰："点。"僧曰："到。"师曰："借人面具舞三台。"

问："如何是佛？"师曰："白额大虫[1]。"曰："只如洞山道：'麻三斤[2]。'又作么生？"师曰："毒蛇钻露柱。"曰："学人不晓。"师曰："踏着始惊人。"

【注释】

［1］白额大虫：猛虎。白额：猛虎。大虫：老虎。

［2］麻三斤：禅宗公案名。全称洞山麻三斤。又称答麻三斤、麻三斤话、洞山佛麻三斤。即五代宋初云门宗洞山守初禅师，显示尽大地无一不是佛之当体之公

案。本书第十五章“洞山守初禅师”条：“问：‘如何是佛？’师曰：‘麻三斤。’”盖麻三斤乃彼时洞山眼前之物，洞山以此作答，用以表示佛法之真实，意谓身旁无论何物均是佛法。

开福崇哲禅师

衡州开福崇哲禅师，邵州刘氏子。

上堂：“妙体堂堂触处彰，快须回首便承当。今朝对众全分付，莫道侬家[1]有覆藏[2]。”掷拂子，召侍者曰：“因甚打下老僧拂子？”

问：“一水吞空远，三峰峭壁危。猊[3]台重拂拭，共喜主人归。未审到家如何施设？”师曰：“空手捻双拳。”曰：“意旨如何？”师曰：“突出难辨。”

上堂：“山僧有三印，更无增减剩。觌面便相呈，能转凡成圣。诸人还知么？若也未知，不免重重注破。一印印空，日月星辰列下风。一印印泥，头头物物显真机。一印印水，捩[4]转鱼龙头作尾。三印分明体一同，看来非赤又非红。互换高低如不荐，青山依旧白云中。”

【注释】

[1] 侬（nóng）家：自称。犹言我。家，后缀。唐代寒山《诗》之一六九：“侬家暂下山，入到城隍里。”

[2] 覆藏：遮掩隐藏。又，谓诸众生本有真如法身之理，在第八识中，为无明烦恼之所隐覆，而不能见，故名隐覆藏。

[3] 猊（ní）：狻猊的省称。狮子。

[4] 捩（liè）：扭转。

泐潭祥禅师法嗣

鸿福德升禅师

台州鸿福德升禅师，衡阳人也。

上堂：“诸人恁么上来，堕在见闻觉知。恁么下去，落在动静施为。若也不去不来，正是鬼窟活计。如何道得出身底句？若也道得，则分付拄杖子。若道不得，依而行之。”卓拄杖，下座。

建宁府万寿慧素禅师

上堂，僧问：“劫火洞然，大千俱坏，未审这个还坏也无？大随曰：‘坏。’修山主曰：‘不坏。’未审孰是孰非？”师曰：“一坏一不坏，笑杀观自在。师子蓦咬人，狂狗尽逐块。”复曰：“会么？”曰：“不会。”师曰：“漆桶不快。”便下座。

一日，有僧来作礼，师问：“甚处来？”曰：“和尚合知某来处。”师曰：“湖南担屎汉，江西刈禾客。”曰：“和尚真人天眼目[1]！某在大沩充园头[2]，东林作藏主[3]。”师打三棒，喝出。

绍兴三十三年六月朔，沐浴趺坐，书偈曰：“昨夜风雷忽尔，露柱生出两指。天明笑倒灯笼，拄杖依前扶起。拂子踍跳过流沙，夺转胡僧一只履。”于是俨然而逝。

【注释】

［1］人天眼目：寓“人类及天界一切众生眼目”之意。此处比喻禅师有天眼。又，宋朝晦岩智昭编著《人天眼目》一书，收于《大正藏》第四十八册。系收集当时临济、云门、曹洞、沩仰、法眼等禅门五家各宗祖师之遗篇、残偈、垂示等，及五宗纲要，以明五宗之特征。

［2］园头：又作圆头。禅林中，司掌栽培耕作菜园之职称。敕修《百丈清规》卷四列职杂务条谓，园头须不惮勤苦，以身率先，栽种菜蔬，及时灌溉，供给堂厨，毋令缺乏。

［3］藏主：于禅林中，主掌经藏之职称。为六头首之一。主事者须通义学。藏主为藏殿之主管，掌管禅院大众之阅藏看经。藏殿分为看经堂与经藏（指经堂），分别由看经首座与藏殿主掌理，此二者皆隶属于藏主。

香山道渊禅师

明州香山道渊禅师，本郡人。

上堂：“酒市鱼行，头头宝所。鸦鸣鹊噪，一一妙音。”卓拄杖，曰：“且道这个是何佛事？狼籍[1]不少！”

上堂：“香山有个话头，弥满四大神洲。若以佛法批判[2]，还如认马

作牛。诸人既不作佛法批判，毕竟是甚么道理？”击拂子[3]，“无𫄧[4]锁子，不厌动摇。半夜枕头，要须摸着。”下座。

【注释】

［1］狼藉：纵横散乱貌。

［2］批判：评论，评断。

［3］击拂子：旧校本标点有误。此为叙述语言，禅师说话中间的动作，移出引号外。

［4］𫄧（xū）：锁簧。

开善道琼禅师

建宁府开善木庵道琼首座，信之上饶人。丛林以耆德尊之。沩潭亦谓其饱参。

分座日，尝举“只履西归”语，谓众曰：“坐脱、立亡、倒化即不无，要且未有逝而复出遗履者。为复后代儿孙不及祖师，为复祖师剩有这一著子？”乃大笑曰：“老野狐。”

绍兴庚申冬，信守以超化革律为禅，迎为第一祖[1]。师语专使曰：“吾初无意人间，欲为山子，正为宗派耳。然恐多，不能往。”受请已，取所藏沩潭绘像与“木庵”二字，仍书偈，嘱清泉亨老寄得法弟子慧山曰：“口嘴不中祥老子，爱向丛林鼓是非。分付雪峰山首座，为吾痛骂莫饶伊。”顾专使曰：“为我传语侍郎，行计迫甚，不及修答。”声绝而化。

【注释】

［1］信守以超化革律为禅，迎为第一祖：信州最高行政长官因为要把超化寺由律寺改为禅寺，迎请道琼禅师作第一祖。信守，指信州（治所在今江西上饶）最高行政长官。守：官名，秦为一郡之长，后世用为刺史、太守、郡守的简称。旧校本标点有误，未在超化这个专有名词下画线。

宝峰景淳禅师

景淳知藏，梅州人，于化度寺得度。往依沩潭，入室次，潭问：“陕府铁牛[1]重多少？”师叉手近前曰：“且道重多少？”潭曰：“尾在黄河北，头枕黄河南。善财无鼻孔，依旧向南参。”师拟议，潭便打。忽顿彻。巾侍有年，竟隐居林壑。

尝作偈曰：“怕寒懒剃鬔松发[2]，爱暖频添榾柮[3]柴。破衲伽黎[4]撩乱搭，谁能劳力强安排。”

【注释】

[1] 陕府铁牛：唐时陕州（今属河南三门峡市）城南铸有铁牛，以镇河妖。铁牛即铁铸的牛，古人治河或建桥，往往铸铁为牛状，置于堤下或桥堍，用以镇水。禅林以譬不可动，又譬无容嘴之处。丁福保《佛学大词典》举例：“《碧岩》三十八则曰：‘祖师心印，状似铁牛之机。’同著语曰：‘千人万人撼不动。’《五灯会元·药山章》曰：‘某甲在石头，如蚊子上铁牛。’”《佛光大辞典》：“河南陕府城外有大铁牛，传说是禹王为防黄河泛滥所铸，为黄河之守护神。禅宗‘铁牛之机’一语，即谓其‘体’不动、‘用’无应迹而自在之大机用；又用来形容无相之佛心印。”

[2] 鬔（péng）松发：蓬乱的头发。鬔：髮亂貌。

[3] 榾（gǔ）柮（duò）：木柴块，树根疙瘩。可代炭用。

[4] 伽黎：同“僧伽梨”。僧人的衣服。为三衣中之最大者，故称为大衣。以其条数最多，称为杂碎衣。

怀玉用宣禅师

信州怀玉用宣首座，四明彭氏子。幼为僧，径趋丛席，侍泐潭于黄檗。

一日，自临川持钵归，值潭晚参，有云：“一叶飘空便见秋，法身须透闹啾啾。”师闻领旨，潭为证据。

后依大慧，慧亦谓其类己。以是名卿钜公列刹迎礼，不就。

尝有《颂大愚答佛话曰锯解秤锤》，出老杜诗[1]：“红稻啄残鹦鹉颗，碧梧栖老凤凰枝[2]。”

【注释】

[1] 尝有《颂大愚答佛话曰锯解秤锤》，出老杜诗：旧校本标点有误。“锯解秤锤”公案出自本书第十二章“大愚守芝禅师”条：“问：‘如何是佛？’师曰：

‘锯解秤锤。’”老杜：指唐代大诗人杜甫。

［2］红稻啄残鹦鹉颗，碧梧栖老凤凰枝：出自杜甫《秋兴八首》第八首：“香稻啄余鹦鹉粒，碧梧栖老凤凰枝。”应理解为：“鹦鹉啄余香稻粒，凤凰栖老碧梧枝。”

光孝兰禅师法嗣

芦山法真禅师

明州芦山无相法真禅师，江南李主之裔也。

上堂：“欲明向上事，须具顶门眼。若具顶门眼，始契出家心。既契出家心，常具顶门眼。要会顶门眼么？四京人著衣吃饭，两浙人饱暖自如。通玄峰顶香风清，花发蟠桃三四株。”

第六节　南岳下十五世

净因成禅师法嗣

台州瑞岩如胜佛灯禅师

上堂：“人人领略释迦，个个平欺达磨。及乎问著宗纲，束手尽云放过。放过即不无，只如女子出定[1]，赵州洗钵盂，又作么生话会？鹤有九皋[2]难翥翼[3]，马无千里谩追风[4]。”

【注释】

［1］女子出定：公案。参见本书第一章“释迦牟尼佛”注释。文殊菩萨不能使该女子出定，罔明菩萨可以出女子定。

［2］九皋：曲折深远的沼泽。《诗·小雅·鹤鸣》：“鹤鸣于九皋，声闻于野。”

毛传："皋，泽也。言身隐而名著也。"郑玄笺："皋，泽中水溢出所为坎，自外数至九，喻深远也。鹤在中鸣焉，而野闻其鸣声……喻贤者虽隐居，人咸知之。"陆德明释文："《韩诗》云：九皋，九折之泽。"

［3］翥（zhù）翼：飞举翅膀。

［4］追风：骏马名。北魏杨衒之《洛阳伽蓝记·法云寺》："琛在秦州，多无政绩，遣使向西域求名马，远至波斯国，得千里马，号曰'追风赤骥'。"

冶父道川禅师

无为军冶父实际道川禅师，昆山狄氏子。初为县之弓级，闻东斋谦首座为道俗演法，往从之，习坐不倦。一日，因不职遭笞，忽于杖下大悟，遂辞职依谦。谦为改名"道川"，且曰："汝旧呼狄三，今名道川，川即三耳。汝能竖起脊梁，了办个事，其道如川之增；若放倒，则依旧狄三也。"师铭于心。

建炎初，圆顶[1]游方，至天封蹣庵，与语锋投，庵称善。归憩东斋，道俗愈敬。有以《金刚般若经》请问者，师为颂之，今盛行于世。

隆兴改元[2]，殿撰[3]郑公乔年漕淮西，适冶父，虚席迎开法。

上堂："群阴剥尽一阳生，草木园林尽发萌。唯有衲僧无底钵，依前盛饭又盛羹。"

上堂，举："雪峰一日登座，拈拄杖东觑曰：'东边底。'又西觑曰：'西边底。'诸人还知么?"掷下拄杖曰："向这里会取。"师曰："东边觑了复西观，拄杖重重话岁寒。带雨一枝花落尽，不烦公子倚栏干。"

【注释】

［1］圆顶：又称圆颅。即完成剃发而呈现出家人之形相。此为象征出离烦恼之相。

［2］改元：君主改用新年号纪年。年号以一为元，故称"改元"。

［3］殿撰：官名。宋代集英殿修撰、集贤殿修撰（后改为右文殿修撰）的省称。陆游诗有《送辛幼安殿撰造朝》，因辛弃疾曾任右文殿修撰及集英殿修撰，故称。后元代张起岩以进士第一名特授集贤院修撰，明、清沿其制，"殿撰"遂成为状元的通称。

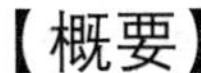

【概要】

道川禅师，宋代临济宗僧。姑苏（江苏）玉峰人，俗姓狄。初参东斋谦，豁然大悟。建炎初年（1127～1130年），至天峰，投净因寺蹣庵继成门下，蒙其认可，并嗣其法，为临济宗传人。后复归东斋座下，为道俗所仰。有以《金刚经》质问者，师以颂答之，此即著名之《川老金刚经注》。于淮西遇殿撰郑公乔年，请任无为军（安徽）冶父山实际禅院住持。生卒年不详。

【参考文献】

《嘉泰普灯录》卷十七；《续传灯录》卷三十。

第十三章　青原下四世
——青原下六世（曹洞宗）

枯木花开劫外春，倒骑玉象趁麒麟。而今高隐千峰外，月皎风清好日辰。（洞山良价禅师）

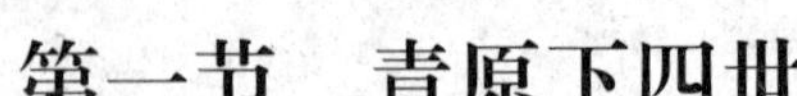

第一节　青原下四世

云岩晟禅师法嗣

洞山良价禅师

瑞州洞山良价悟本禅师，会稽俞氏子。幼岁从师念《般若心经》，至“无眼耳鼻舌身意”处，忽以手扪面，问师曰：“某甲有眼耳鼻舌等，何故经言无?”其师骇然异之，曰：“吾非汝师。”即指往五泄山[1]礼默禅师披剃。年二十一，诣嵩山具戒。

游方首诣南泉，值马祖讳辰修斋。泉问众曰：“来日设马祖斋，未审马祖还来否?”众皆无对，师出对曰：“待有伴即来。”泉曰：“此子虽后生，甚堪雕琢。”师曰：“和尚莫压良为贱[2]。”

次参沩山，问曰：“顷闻南阳忠国师有无情说法话，某甲未究其微。”沩曰：“阇黎莫记得么?”师曰：“记得。”沩曰：“汝试举一遍看。”师遂举：“僧问：‘如何是古佛心?’国师曰：‘墙壁瓦砾是。’僧曰：‘墙壁瓦砾，岂不是无情?’国师曰：‘是。’僧曰：‘还解说法否?’国师曰：‘常说炽然，说无间歇。’僧曰：‘某甲为甚么不闻?’国师曰：‘汝自不闻，不可妨他闻者也。’僧曰：‘未审甚么人得闻?’国师曰：‘诸圣得闻。’僧曰：‘和尚还闻否?’国师曰：‘我不闻。’僧曰：‘和尚既不闻，争知无情解说法?’国师曰：‘赖我不闻，我若闻，即齐于诸圣，汝即不闻我说法也。’僧曰：‘恁么则众生无分去也。’国师曰：‘我为众生说，不为诸圣说。’僧曰：‘众生闻后如何?’国师曰：‘即非众生。’僧曰：‘无情说法，据何典教?’国师曰：‘灼然！言不该典[3]，非君子之所谈。汝岂不见《华严经》云：‘刹说、众生说、三世一切说。[4]’’”师举了，沩曰：“我这里亦有，只是罕遇其人。”师曰：“某甲未明，乞师指示。”沩竖起

拂子曰：“会么？”师曰：“不会，请和尚说。”沩曰：“父母所生口，终不为子说。”师曰：“还有与师同时慕道者否？”沩曰：“此去澧陵攸县，石室相连，有云岩道人，若能拨草瞻风[5]，必为子之所重。”师曰：“未审此人如何？”沩曰：“他曾问老僧：‘学人欲奉师去时如何？’老僧对他道：‘直须绝渗漏[6]始得。’他道：‘还得不违师旨也无？’老僧道：‘第一不得道老僧在这里。’”

师遂辞沩山，径造云岩，举前因缘了，便问：“无情说法，甚么人得闻？”岩曰：“无情得闻。”师曰：“和尚闻否？”岩曰：“我若闻，汝即不闻吾说法也。”师曰：“某甲为甚么不闻？”岩竖起拂子曰：“还闻么？”师曰：“不闻。”岩曰：“我说法汝尚不闻，岂况无情说法乎？”师曰：“无情说法，该[7]何典教？”岩曰：“岂不见《弥陀经》云：‘水鸟树林，悉皆念佛念法[8]。’”师于此有省，乃述偈曰：“也大奇，也大奇，无情说法不思议。若将耳听终难会，眼处闻时方得知。”

师问云岩：“某甲有余习未尽。”岩曰：“汝曾作甚么来？”师曰：“圣谛亦不为。”岩曰：“还欢喜也未？”师曰：“欢喜则不无，如粪扫堆头，拾得一颗明珠。”

师问云岩：“拟欲相见时如何？”曰：“问取通事舍人[9]。”师曰：“见问次[10]。”曰：“向汝道甚么？”

师辞云岩，岩曰：“甚么处去？”师曰：“虽离和尚，未卜所止。”曰：“莫湖南去？”师曰：“无。”曰：“莫归乡去？”师曰：“无。”曰：“早晚却回。”师曰：“待和尚有住处即来。”曰：“自此一别，难得相见。”师曰：“难得不相见。”

临行又问：“百年后忽有人问，还邈得师真[11]否，如何祗对？”岩良久，曰：“只这是。”师沈吟，岩曰：“价阇黎[12]承当个事，大须审细。”师犹涉疑，后因过水睹影，大悟前旨。有偈曰：“切忌从他觅，迢迢[13]与我疏。我今独自往，处处得逢渠。渠今正是我，我今不是渠。应须恁么会，方得契如如[14]。”

他日，因供养云岩真次，僧问：“先师道：‘只这是。’莫便是否？”师曰：“是。”曰：“意旨如何？”师曰：“当时几错会先师意。”曰：“未审先师还知有也无？”师曰：“若不知有，争解恁么道？若知有，争肯恁么道?”

（长庆云：“既知有，为甚么恁么道?”又云：“养子方知父慈。”）

师在泐潭，见初首座，有语曰：“也大奇，也大奇，佛界道界不思议。”师遂问曰：“佛界道界即不问，只如说佛界道界底是甚么人?”初良久无对。师曰：“何不速道?”初曰：“争即不得。”师曰：“道也未曾道，说甚么争即不得?”初无对。师曰：“佛之与道，俱是名言[15]，何不引教?”初曰：“教道甚么?”师曰：“得意忘言。”初曰：“犹将教意向心头作病在。”师曰：“说佛界道界底病大小?”初又无对。次日忽迁化，时称师为“问杀首座价”[16]。

师自唐大中末，于新丰山接诱学徒。厥后盛化[17]豫章高安之洞山。权开五位[18]，善接三根[19]；大阐一音，广弘万品。横抽宝剑，剪诸见之稠林[20]；妙叶弘通，截万端之穿凿[21]。又得曹山深明的旨，妙唱嘉猷[22]，道合君臣，偏正回互。由是洞上玄风，播于天下。故诸方宗匠，咸共推尊之曰“曹洞宗”。

师因云岩讳日营斋，僧问：“和尚于云岩处得何指示?”师曰：“虽在彼中，不蒙指示。”曰：“既不蒙指示，又用设斋作甚么?”师曰：“争敢违背他?”曰：“和尚初见南泉，为甚么却与云岩设斋?”师曰：“我不重先师道德佛法，只重他不为我说破。”曰：“和尚为先师设斋，还肯先师也无?”师曰：“半肯半不肯。”曰：“为甚么不全肯?”师曰：“若全肯，即孤负先师也。”

问：“欲见和尚本来师，如何得见?”师曰：“年牙[23]相似，即无阻矣。”僧拟进语，师曰：“不蹑前踪，别请一问。”僧无对。

（云居代云：“恁么则不见和尚本来师也。”僧问长庆：“如何是年牙相似者?”庆云：“古人恁么道，阇黎久向这里觅个甚么?”）

问：“寒暑到来，如何回避?”师曰：“何不向无寒暑处去?”曰：“如何是无寒暑处。”师曰：“寒时寒杀阇黎，热时热杀阇黎。”

上堂：“还有不报四恩三有[24]者么?”众无对。又曰：“若不体此意，何超始终之患?直须心心不触物，步步无处所，常无间断，始得相应。直须努力，莫闲过日。”

问僧：“甚处来?”曰：“游山来。”师曰：“还到顶么?”曰：“到。”

师曰："顶上有人么？"曰："无人。"师曰："恁么则不到顶也。"曰："若不到顶，争知无人？"师曰："何不且住。"曰："某甲不辞住，西天有人不肯。"师曰："我从来疑着这汉。"

师与泰首座冬节吃果子次，乃问："有一物上拄天，下拄地，黑似漆，常在动用中，动用中收不得。且道过在甚么处？"泰曰："过在动用中。"（同安显别云："不知。"）师唤侍者，掇退果卓[25]。

问雪峰："从甚处来？"曰："天台来。"师曰："见智者[26]否？"曰："义存[27]吃铁棒有分。"

僧问："如何是西来意？"师曰："大似骇鸡犀[28]。"

问："蛇吞虾蟆，救则是，不救则是？"师曰："救则双目不睹，不救则形影不彰[29]。"

有僧不安[30]，要见师，师遂往。僧曰："和尚何不救取人家男女。"师曰："你是甚么人家男女？"曰："某甲是大阐提[31]人家男女。"师良久，僧曰："四山相逼[32]时如何？"师曰："老僧日前也向人家屋檐[33]下过来。"曰："回互不回互？"师曰："不回互。"曰："教某甲向甚处去？"师曰："粟畲[34]里去。"僧嘘一声，曰："珍重！"便坐脱。师以拄杖敲头三下，曰："汝只解与么去，不解与么来。"

因夜参，不点灯，有僧出问话。退后，师令侍者点灯，乃召："适来问话僧出来。"其僧近前，师曰："将取三两粉来，与这个上座。"其僧拂袖而退。自此省发，遂罄舍[35]衣资设斋。得三年后，辞师。师曰："善为！"时雪峰侍立，问曰："只如这僧辞去，几时却来？"师曰："他只知一去，不解再来。"其僧归堂，就衣钵下坐化。峰上报师，师曰："虽然如此，犹较老僧三生[36]在。"

雪峰上问讯，师曰："入门来须有语，不得道早个入了也。"峰曰："某甲无口。"师曰："无口且从，还我眼来。"峰无语。

（云居别前语云："待某甲有口即道。"长庆别云："恁么则某甲谨退。"）

雪峰般柴次，乃于师面前抛下一束。师曰："重多少？"峰曰："尽大地人提不起。"师曰："争得到这里？"峰无语。

问僧："甚处来？"曰："三祖塔头来。"师曰："既从祖师处来，又要见老僧作甚么？”曰：“祖师即别，学人与和尚不别。”师曰：“老僧欲见阇黎本来师，还得否？”曰：“亦须待和尚自出头[37]来，始得。”师曰：“老僧适来暂时不在。”

官人[38]问：“有人修行否？”师曰：“待公作男子即修行。”

僧问：“‘相逢不拈出，举意便知有’时如何？”师乃合掌顶戴。

问僧：“作甚么来？”曰：“孝顺和尚来。”师曰：“世间甚么物最孝顺？”僧无对。

上堂：“有一人在千人万人中，不背一人，不向一人。你道此人具何面目？”云居出曰：“某甲参堂去。”

师有时曰：“体得佛向上事，方有些子语话分。”僧问：“如何是语话？”师曰：“语话时阇黎不闻。”曰：“和尚还闻否？”师曰：“不语话时即闻。”

问：“如何是正问正答？”师曰：“不从口里道。”曰：“若有人问，师还答否？”师曰：“也未曾问。”

问：“如何是从门入者非宝[39]？”师曰：“便好休。”

问：“和尚出世几人肯？”师曰：“并无一人肯。”曰：“为甚么并无一人肯？”师曰：“为他个个气宇[40]如王。”

师问讲《维摩经》，僧曰：“不可以智知，不可以识识，唤作甚么语？”曰：“赞法身语。”师曰：“唤作法身，早是赞也。”

问：“时时勤拂拭[41]，为甚么不得他衣钵？未审甚么人合得？”师曰：“不入门者。”曰：“只如不入门者，还得也无？”师曰：“虽然如此，不得不与他。”却又曰：“直道本来无一物[42]，犹未合得他衣钵，汝道甚么人合得？这里合下得一转语，且道下得甚么语？”时有一僧，下九十六转语，并不契，末后一转，始惬师意。师曰：“阇黎何不早恁么道？”别有一僧密[43]听，只不闻末后一转，遂请益其僧，僧不肯说，如是三年相从，终不为举。一日因疾，其僧曰：“某三年请举前话，不蒙慈悲，善取不得，恶取去。”遂持刀白曰：“若不为某举，即杀上座去也。”其僧悚然[44]，曰：“阇黎且待，我为你举。”乃曰：“直饶将来亦无处着。”其僧礼谢。

有庵主不安，凡见僧便曰：“相救！相救！”多下语不契。师乃去访

之。主亦曰：“相救！”师曰：“甚么相救？”主曰：“莫是药山之孙，云岩嫡子么？”师曰：“不敢。”主合掌曰：“大家相送。”便迁化。僧问：“亡僧迁化向甚么处去？”师曰：“火后一茎茆[45]。”

问：“师寻常教学人行鸟道[46]，未审如何是鸟道？”师曰：“不逢一人。”曰：“如何行？”师曰：“直须足下无私去。”曰：“只如行鸟道，莫便是本来面目否？”师曰：“阇黎因甚颠倒？”曰：“甚么处是学人颠倒？”师曰：“若不颠倒，因甚么却认奴作郎[47]？”曰：“如何是本来面目？”师曰：“不行鸟道。”

师谓众曰：“知有佛向上人，方有语话分。”僧问：“如何是佛向上人？”师曰：“非佛。”

（保福别云：“佛非。”法眼别云：“方便呼为佛。”）

师与密师伯[48]过水，乃问：“过水事作么生？”伯曰：“不湿脚。”师曰：“老老大大，作这个语话。”伯曰：“你又作么生？”师曰：“脚不湿。”

问僧：“甚处去来？”曰：“制鞋来。”师曰：“自解？依他？[49]”曰：“依他。”师曰：“他还指教汝也无？”曰：“允即不违。”

僧问茱萸：“如何是沙门行？”萸曰：“行则不无，有觉即乖。”别有僧举似师，师曰：“他何不道未审是甚么行？”僧遂进此语，萸曰：“佛行，佛行。”僧回举似师，师曰：“幽州犹似可，最苦是新罗。”（东禅齐拈云：“此语还有疑讹也无？若有，且道甚么处不得？若无，他又道最苦是新罗。还点检得出么？他道行则不无，有觉即乖。却令再问是甚么行？又道佛行，那僧是会了问，不会了问？请断看。”）僧却问：“如何是沙门行？”师曰：“头长三尺，颈长二寸。”师令侍者持此语问三圣然和尚，圣于侍者手上掐一掐。侍者回，举似师。师肯之。

师见幽上座来，遽起向禅床后立。幽曰：“和尚为甚么回避学人？”师曰：“将谓阇黎不见老僧？”

问：“如何是玄中又玄[50]？”师曰：“如死人舌。”

师洗钵次，见两乌争虾蟆。有僧便问：“这个因甚么到恁么地？”师曰：“只为阇黎。”

问：“如何是毗卢师、法身主？”师曰：“禾茎粟干。”

问：“三身之中，阿那身不堕众数？”师曰：“吾常于此切[51]。”

（僧问曹山：“先师道‘吾常于此切’，意作么生？”山云：“要头便斫去。”又问雪峰，峰以拄杖劈口打云：“我亦曾到洞山来。”）

会下有老宿去云岩回，师问：“汝去云岩作甚么？”宿曰：“不会。”师代曰：“堆堆地。”

师行脚时，会一官人，曰：“三祖《信心铭》，弟子拟注[52]。”师曰：“‘才有是非，纷然失心[53]。’作么生注？”

（法眼代云：“恁么则弟子不注也。”）

师看稻次，见朗上座牵牛，师曰：“这个牛须好看，恐伤人苗稼。”朗曰：“若是好牛，应不伤人苗稼。”

僧问：“如何是青山白云父？”师曰：“不森森[54]者是。”曰：“如何是白云青山儿？”师曰：“不辨东西者是。”曰：“如何是白云终日倚？”师曰：“去离不得。”曰：“如何是青山总不知？”师曰：“不顾视者是。”

问：“清河彼岸是甚么草？”师曰：“是不萌之草。”

师作《五位君臣颂》曰：

正中偏，三更初夜月明前。莫怪相逢不相识，隐隐犹怀旧日嫌。

偏中正，失晓[55]老婆逢古镜。分明觌面别无真，休更迷头犹认影？

正中来，无中有路隔尘埃。但能不触当今讳，也胜前朝断舌才。

兼中至，两刃交锋不须避。好手犹如火里莲，宛然自有冲天志。

兼中到，不落有无谁敢和？人人尽欲出常流，折合还归炭里坐。

上堂：“向时作么生？奉时作么生？功时作么生？共功时作么生？功功时作么生？”僧问：“如何是向？”师曰：“吃饭时作么生？”曰：“如何是奉？”师曰：“背时作么生？”曰：“如何是功？”师曰：“放下镢头时作么生？”曰：“如何是共功？”师曰：“不得色。”曰：“如何是功功？”师曰：“不共。”

乃示颂曰[56]：

圣主由来法帝尧，御人以礼曲龙腰。有时闹市头边过，到处文明贺圣朝。

净洗浓妆为阿谁，子规声里劝人归。百花落尽啼无尽，更向乱峰深处啼。

枯木花开劫外春，倒骑玉象趁麒麟。而今高隐千峰外，月皎风清好日辰。

众生诸佛不相侵，山自高兮水自深。万别千差明底事，鹧鸪啼处百花新。

头角才生已不堪，拟心求佛好羞惭。迢迢空劫无人识，肯向南询五十三[57]。

师因曹山辞，遂嘱曰："吾在云岩先师处，亲印《宝镜三昧[58]》，事穷的要[59]，今付于汝。"

词曰：

如是之法，佛祖密付。汝今得之，宜善保护。银碗盛雪，明月藏鹭。类之弗齐，混则知处。意不在言，来机亦赴。动成窠臼，差落顾伫[60]。背触俱非，如大火聚。但形文彩，即属染污。夜半正明，天晓不露。为物作则，用拔诸苦。虽非有为，不是无语。如临宝镜，形影相睹。汝不是渠，渠正是汝。如世婴儿，五相完具。不去不来，不起不住。婆婆和和[61]，有句无句。终不得物，语未正故。重离六爻[62]，偏正回互。叠而为三，变尽成五。如荎[63]草味，如金刚杵。正中妙挟，敲唱双举。通宗通涂，挟带挟路。错然则吉，不可犯忤。天真而妙，不属迷悟。因缘时节，寂然昭著。细入无间，大绝方所。毫忽之差，不应律吕[64]。今有顿渐[65]，缘立宗趣。宗趣分矣，即是规矩。宗通趣极，真常流注。外寂中摇，系驹伏鼠。先圣悲之，为法檀度[66]。随其颠倒，以缁为素。颠倒想灭，肯心自许。要合古辙，请观前古。佛道垂成，十劫观树。如虎之缺，如马之馵[67]。以有下劣，宝几珍御。以有惊异，狸奴白牯[68]。羿[69]以巧力，射中百步。箭锋相直，巧力何预？木人方歌，石女起舞。非情识到，宁容思虑？臣奉于君，子顺于父。不顺非孝，不奉非辅。潜行密用，如愚若鲁。但能相续，名主中主。

师又曰："末法时代，人多干慧[70]。若要辨验真伪，有三种渗漏。一曰见渗漏，机不离位，堕在毒海。二曰情渗漏，滞在向背，见处偏枯。三曰语渗漏，究妙失宗，机昧终始，浊智流转。于此三种，子宜知之。"

又，《纲要偈》三首：

一、敲唱俱行，偈曰："金针双锁备，叶路隐全该。宝印当风妙，重重锦缝开。”

二、金锁玄路，偈曰：“交互明中暗，功齐转觉难。力穷忘进退，金锁网鞔鞔[71]。”

三、不堕凡圣（亦名理事不涉），偈曰：“事理俱不涉，回照绝幽微。背风无巧拙，电火烁难追。”

上堂：“道无心合人，人无心合道。欲识个中意，一老一不老。”

（后僧问曹山：“如何是一老？”山云：“不扶持。”云：“如何是一不老？”山云：“枯木。”僧又举似逍遥忠，忠云：“三从六义。”）

问僧：“世间何物最苦？”曰：“地狱最苦。”师曰：“不然，在此衣线[72]下，不明大事[73]，是名最苦。”

师与密师伯行次，指路傍院曰：“里面有人说心说性？”伯曰：“是谁？”师曰：“被师伯一问，直得去死十分。”伯曰：“说心说性底谁？”师曰：“死中得活。”

问僧：“名甚么？”曰：“某甲。”师曰：“阿那个是阇黎主人公？”曰：“见祗对次[74]。”师曰：“苦哉！苦哉！今时人例皆如此，将认得驴前马后[75]底，将为自己。佛法平沈[76]，此之是也。宾中主尚未分，如何辨得主中主？”僧便问：“如何是主中主？”师曰：“阇黎自道取。”曰：“某甲道得，即是宾中主。（云居代云：“某甲道得，不是宾中主。”）如何是主中主？”[77]师曰：“恁么道即易，相续也大难[78]。”遂示颂曰：“嗟见今时学道流，千千万万认门头。恰似入京朝圣主，只到潼关[79]便即休。”

师不安，令沙弥传语云居，乃嘱曰：“他或问和尚安乐否，但道云岩路相次绝也。汝下此语须远立，恐他打汝。”沙弥领旨去，传语声未绝，早被云居打一棒，沙弥无语。

（同安显代云：“恁么则云岩一枝不坠也。”云居锡云：“上座且道云岩路绝不绝？”崇寿稠云：“古人打此一棒，意作么生？”）

师将圆寂，谓众曰：“吾有闲名[80]在世，谁人为吾除得？”众皆无对。时沙弥出曰：“请和尚法号。”师曰：“吾闲名已谢。”

（石霜云：“无人得他肯。”云居云：“若有闲名，非吾先师。”曹山云：“从古至今，无人辨得。”疏山云：“龙有出水之机，无人辨得。”）

僧问：“和尚违和，还有不病者也无？”师曰：“有。”曰：“不病者还

看和尚否？”师曰：“老僧看他有分。”曰：“未审和尚如何看他？”师曰：“老僧看时，不见有病。”师乃问僧：“离此壳漏子[81]，向甚么处与吾相见。”僧无对。

师示颂曰：“学者恒沙无一悟，过在寻他舌头路。欲得忘形泯踪迹，努力殷勤空里步。”

乃命剃发、澡身、披衣，声钟辞众，俨然坐化。时大众号恸，移晷[82]不止，师忽开目谓众曰：“出家人心不附物，是真修行。劳生惜死，哀悲何益？”复令主事办愚痴斋[83]，众犹慕恋不已。延七日，食具方备，师亦随众斋毕，乃曰：“僧家无事，大率临行之际，勿须喧动。”遂归丈室，端坐长往。当咸通十年三月，寿六十三，腊四十二，谥“悟本禅师”，塔曰“慧觉”。

【注释】

［1］五泄山：在今浙江诸暨市西五泄镇。宋《嘉泰会稽志》卷九“诸暨县”条，五泄山“在县西五十里，自山五级泄水以至溪，山川最为秀绝”，有小雁荡之称。

［2］压良为贱：又作厌良为贱。良：指平民，贱：指奴婢。掠买平民作为奴婢，称为压良为贱，这是当时法律所禁止的。禅林使用它，转谓强将人当作贱恶之人，亦即比喻不令人本具之真性生起作用，而令其行凡夫之杂芜修行。常常指初见面引起的机锋辩论。如六祖初见五祖，五祖说他岭南人无佛性，六祖反驳，南北人有不同，但佛性并无不同。往往因未明各人本来是佛，师家、学人同为主人，故于言句作略之间，将自己与对方处于分别位。此外，指武断地否定对方的机锋施设。

［3］该典：完备典雅。《陈书·颜晃传》：“晃献《甘露颂》，词义该典，高祖甚奇之。”“言不该典，非君子之所谈”，指说话没有出处，不是君子的做法，这里指佛教说法都要有经典记载作为依据。

［4］刹说、众生说、三世一切说：出自《大方广佛华严经·普贤菩萨行品》：“佛说菩萨说，刹说众生说，三世一切说，菩萨分别知。”

［5］拨草瞻风：禅宗用语。亦作“拨草参玄”。意为拨开无明愚痴的荒草，瞻仰觉悟的玄风。禅家引申为历经艰险，寻求善知识的指点。

［6］渗漏：“漏”是流注漏泄之意，烦恼之异称。烦恼灭尽即称为漏尽，佛教最高的神通就是漏尽通。有渗漏，谓众生因为烦恼，常由眼耳等六根门漏泄过患，又于生死中流转三界，故此烦恼，称为漏。此外，本书还喻文字、语言上的破绽，

如本书第十章“天台德韶国师”条：“若如是会得，始会法门绝拣择，一切言语绝渗漏。”

［7］该：记载。本书还指包容、包括。

［8］水鸟树林，悉皆念佛念法：《阿弥陀经》：“是诸众鸟，皆是阿弥陀佛欲令法音宣流，变化所作。舍利弗！彼佛国土微风吹动，诸宝行树及宝罗网出微妙音，譬如百千种乐同时俱作，闻是音者，皆自然生念佛、念法、念僧之心。”

［9］通事舍人：官名。掌诏命及呈奏案章等事。能直达皇帝之人。此处比喻直达自性宝藏之人。

［10］见问次：现在正在问。旧校本标点有误，“次”不能移出引号。次：表状态，中，间，也可解释为“……的时候”。词典解释为“中，间”，如《庄子·田子方》：“喜怒哀乐不入于胸次。”《三国演义》：“途次绝粮，尝往村中求食。”置于动词或动词结构之后，表示行为动作正在进行或持续。

［11］邈（miáo）得师真：画得师像。邈：同“描”，用同“貌”，描绘，摹写。真：肖像，摹画的人像。如本书第三章“幽州盘山宝积禅师”条：“有人邈得吾真否？”

［12］价阇黎：指良价禅师。

［13］迢（tiáo）迢（tiáo）：道路遥远貌；水流绵长貌。晋代潘岳《内顾诗》之一：“漫漫三千里，迢迢远行客。”

［14］如如：如如者，不变不异，真如之理也。指如来本性，不生不灭，如如不动。

［15］名言：非我们现在所说“名人言论”或“著名的言论或话语”之意。此为佛教术语，名字与言说之并称。所谓名字、言说，乃依相而立，然相无有体性，故名言亦假立而无实。世间由于妄执，以名言为实谓名字即实物，而分别假名言所成之相。名言为能诠者，能诠显真如本体之真义，然以其无有实体，而系一种方便教化之权巧施设，故若执着拘泥于名言，则易落入舍义求文，舍本逐末之大患中，而难以悟知实相中道之理。

［16］时称师为“问杀首座价”：当时大家称良价禅师为“问杀首座价”。旧校本标点有误，“问杀首座价”是良价禅师获得的绰号，“价”字不能移开。

［17］盛化：昌明的教化。汉代董仲舒《春秋繁露·正贯》：“声响盛化运于物，散入于理，德在天地，神明休集，并行而不竭，盈于四海而讼咏。”南朝宋代傅亮《为宋公求加赠刘前军表》：“方宣赞盛化，缉隆圣世，志绩未究，远迩悼心。

［18］五位：即“君臣五位”。曹洞宗开祖洞山良价禅师以真理立为正位，以事物立为偏位，依偏正回互之理，立五位（正中偏、偏中正、正中来、偏中至、兼

中到）之说。曹山本寂禅师复承洞山之本意而发明之，假托君臣之例而说明五位之旨诀，称为君臣五位。一，君位，指本来无物之空界，为正位，即五位中之正中来。二，臣位，指万象有形之色界，为偏位，即五位中之偏中至。三，臣向君，为舍事入理之意，即向上还灭之偏中正。四，君视臣，为背理就事之意，即向下缘起之正中偏。五，君臣道合，为冥应众缘而不堕诸有之意，即兼中到，指动静合一、事理不二、非正非偏之究竟大觉之道位。

［19］三根，指众生的三种根性，即上根、中根、下根三者，又称利根、中根、钝根。上根指根性优良，速发智解，堪忍难行，能忍妙果者；中根次于上根；下根为最劣者。

［20］稠林：密林。此处比喻众说纷纭的见解如密林一样多。

［21］穿凿：牵强附会。此处指牵强附会的解说。

［22］嘉猷：善谋，善道。《书·君陈》："尔有嘉谋嘉猷，则入告尔后于内，尔乃顺之于外。"孔传："汝有善谋善道则入告汝君于内。"蔡沈集传："言切于事谓之谋，言合于道谓之猷。"《文选·王融·永明九年策秀才文》："寤寐嘉猷，延伫忠实。"李周翰注："嘉，善；猷，道也。"

［23］年牙：年龄。相当于"年齿"。

［24］四恩三有：出自佛教。四恩：指父母恩（家庭）、众生恩（社会）、国土恩（国家）、三宝恩（宗教）。三有：指三界众生。三有指欲有、色有、无色有，义同三界，即欲界、色界、无色界。

［25］掇（duó）退果卓：撤退果桌。掇：搬。卓：桌子。今作桌、棹。

［26］智者：指智者大师。即智顗（yǐ），他在天台山创立天台宗，世称天台大师。

［27］义存：即雪峰禅师。唐懿宗咸通六年（865年），义存归芙蓉山，十一年登福州象骨山，立庵兴法。其山为闽越之胜景，未冬先雪，盛夏尚寒，故有雪峰之称，师亦以之为号。

［28］骇鸡犀：即通天犀，传说以通天犀角盛米喂鸡，鸡见之退走，不敢接近，故称骇鸡犀。东汉时大秦国（罗马帝国）之奇物。《后汉书·西域传》载，大秦国："土多金银奇宝，有夜光璧、明月珠、骇鸡犀……"

［29］不彰：不显。

［30］不安：不适，指有病。

［31］大阐提：断善的大恶人。阐提：一阐提迦的简称，是极难成佛的意思。他是不信因果，造五逆十恶，断诸善根，坠入阿鼻地狱的人，此种人极难成佛，名断善阐提。

［32］四山相逼：“四山”用以表示人身无常，必受生、老、病、死等四相逼迫之譬喻。谓人身无常，常为生、老、病、死四苦所逼迫，而无所逃逸。南本《涅槃经》卷二十七：“有四大山，从四方来，欲害人民……四大山者，即生老病死也。”然别译《杂阿含》卷四，则以四山比喻老、病、死、衰耗四相。此外，《增一阿含经》卷二十六“四意断品”，以四山比喻老、病、死及无常。

［33］櫚（yán）：同“檐”。屋檐：屋瓦边滴水的部分。

［34］畬：畬（shē），刀耕火种的田地；畬（yú），开垦过二三年的田地。

［35］罄舍：把自己的财物布施净尽。罄：尽、竭。舍：布施。

［36］三生：即三世转生之意。《传灯录》曰：“有一省郎，梦至碧岩下一老僧前，烟穗极微，云此是檀越结愿，香烟存而檀越已三生矣。’白居易诗：‘世说三生如不谬，共疑巢许是前身。’此三生指转生而言。其外又有诸宗所立三生成佛之义。如声闻乘之修行，极速者三生得极果，极迟者六十劫得极果。

［37］出头：露面，出面。

［38］官人：对男子的敬称。据清代赵翼《陔余丛考》卷三七载，唐以前唯有官者方称官人，至宋已为时俗通称，明代以后遍及士庶，奴仆称主及尊长呼幼，皆可称某官人。

［39］从门入者非宝：同“从门入者，不是家珍”（参见本书第六章“抚州黄山月轮禅师”条）。从门外取来之物，终非自家的珍宝，比喻向外驰求所获得的，并非自心本佛。意思是佛在心中不要外求。《碧岩录》卷一“第五则”：“后在鳌山阻雪，（雪峰）谓岩头云：‘我当时在德山棒下，如桶底脱相似。’岩头喝云：‘尔不见道：从门入者，不是家珍。须是自己胸中流出，盖天盖地，方有少分相应。’雪峰忽然大悟。”

［40］气宇：气概，风度。

［41］时时勤拂拭：禅宗五祖弘忍弟子神秀语。参见本书第一章“五祖弘忍大满禅师”注释。

［42］本来无一物：禅宗六祖慧能语。参见本书第一章“五祖弘忍大满禅师”注释。

［43］密：秘密，偷偷。此处指某僧人偷听。

［44］悚然：惊慌恐怖的样子。

［45］茎茆（máo）：一束茅草。茎：量词，用于称长条形的东西。茆：同“茅”。

［46］鸟道：禅林用语。原意小径。禅林中，引申为禅道至难，犹鸟道之险峻。又比喻至道寥廓，如鸟飞空中绝其纵迹，不堕有无迷悟之一切见。即取无踪迹、断

消息，往来空寂处之意。《洞山录》：“师云：‘洞山有何言句示徒?’僧云：‘寻常教学人三路学。’夹山云：‘何者三路?’僧云：‘玄路、鸟道、展手。’”《祖庭事苑》卷四：“鸟道犹虚空也。”

［47］认奴作郎：将奴仆错认作主人。喻参学者不明自心是佛，自我为主，却向外寻觅成佛之道，将种种言教施设、权宜法门认作佛法。郎：主人。

［48］师伯：称师父之师兄。

［49］自解？依他？：这是选择问句，要加问号。旧校本标点有误，没加问号，也没断句。

［50］玄中又玄：出自老子《道德经》第一章：“玄之又玄，众妙之门。”又作“玄玄”。原为道家语，形容道的微妙无形，后多形容非常奥妙，不易理解。参见本书第六章“南岳玄泰禅师”条“玄玄”注释。

［51］常于此切：这是“洞山常切”公案的出处。又作洞山那身说法。乃洞山良价对僧有关于三身之问答机缘。三身即法身、报身、应身，此系就教理上分析佛身观，然真实之佛身超越教理之理解，乃于即今即处现成。洞山言“吾常于此切”即表示佛法之究竟。“切”可理解为最关切的紧要处，也就是究竟之处。

［52］注：注释。

［53］才有是非，纷然失心：出自《信心铭》。

［54］森森：众多貌。晋代张协《杂诗》之四：“翳翳结繁云，森森散雨足。”

［55］失晓：谓不知天晓。后多指起身晚。《南史·后妃传上·齐高昭刘皇后》：“太子初在孕，后尝归宁，遇家奉祠，尔日阴晦失晓，举家狼狈，共营祭食。”

［56］乃示颂曰：下面共有五颂，旧校本标点有误，没有将五颂分开标点。

［57］南询五十三：出自《华严经·入法界品》。善财童子次第南游，参见五十三之知识也。

［58］宝镜三昧：曹洞宗祖洞山良价撰《宝镜三昧歌》，又作《洞山良价禅师宝镜三昧》《宝镜三昧》。咏叙曹洞正偏回互之玄旨。然偏正回互之说实渊源于石头希迁所撰之参同契。其后，石头传药山，药山传云岩，云岩传洞山，至洞山始集五位说之大成。故本歌与参同契同为曹洞宗之宗典而备受重视。全篇由四言九十四句、三七六字所组成。

［59］的要：真实要旨。

［60］差落顾伫：才想驻足了解其中真意就有了错漏。差落，错漏。

［61］婆婆和和：禅林用语。原意为模拟婴儿言语不清楚之状态。转喻如来言行之不偏不党。系比喻南本《涅槃经》卷十八所载“婴儿行”之一种用语。参见

“婴儿行”。

［62］重离六爻：出自《易》。重离：《易·离》：“明两作离，大人以继明照于四方。”孔颖达疏：“明两作离者，离为日，日为明。”《离》卦为离上离下相重，故以“重离”指太阳。古以帝王喻日，因本《易·离》之义，以“重离”指帝王或太子。六爻：《易》卦之画曰爻。六十四卦中，每卦六画，故称。爻分阴阳，“–”为阳爻，称九；“– –”为阴爻，称六。每卦六爻，自下而上数：阳爻称初九、九二、九三、九四、九五、上九；阴爻称初六、六二、六三、六四、六五、上六。《易·系辞上》：“六爻之动，三极之道也。”孔颖达疏：“言六爻递相推动而生变化，是天、地、人三才至极之道。”后因以指占卜。

［63］茎（chí）：茎藸，即“五味子”，一种落叶藤本植物，果实入药。海南版注音释义均有误。

［64］律吕：古代校正乐律的器具。

［65］顿渐：我国禅宗南北二系于证悟过程之旨趣互异，南方慧能系主张速疾直入究极之悟，世称“南顿”；北方神秀系则强调依序渐进之悟，世称“北渐”，此即禅宗之顿渐二教。

［66］檀度：六度之一。檀波罗蜜也。檀为施与之义，波罗蜜为度之义，谓度生死之行法也。施与为可度生死而到涅槃之一行法。

［67］馵（zhù）：后左脚白色的马。

［68］狸奴白牯：本书多次出现的公案，大意是，不知道有三世诸佛，如猫牛一样只知道水草，饥来吃草，渴来饮水，不愁不成就。《祖堂集》卷一六“南泉”条：“师每上堂云：‘近日禅师太多生，觅一个痴钝底不可得。阿你诸人，莫错用心……所以道：祖佛不知有，狸奴白牯却知有。何以如此？他却无许多般情量。’”又卷一三，福先招庆：“问：‘南泉道：三世诸佛不知有，狸奴白牯却知有。只如三世诸佛，为什麼不知有？’师云：‘只为慈悲利物。’僧云：‘狸奴白牯为什麼却知有？’师云：‘唯思水草，别也无求。’”此公案重点在告诫学人，参禅应祛除情识知解，应如狸奴白牯一样“唯思水草，别无所求”。这与南泉普愿“平常心是道”的说法旨趣相近。知有：知道，不要理解为“知道有”，就是知道的意思。“有”为助词。狸奴：偶亦作“黧奴”，猫的别称。牯：公牛。后世丛林常拈提引用此公案。《禅林僧宝传》卷一“曹山本寂”条：“黧奴白牯修行却快，不是有禅有道，如汝种种驰求，觅佛觅祖，乃至菩提涅槃，几时休歇成办乎？皆是生灭心。所以，不如黧奴白牯兀兀无知，不知佛不知祖……但饥来吃草，渴来饮水。若能恁么，不愁不成办。”

［69］羿（yì）：古代神话传说中善射的人。

［70］干慧：此地有慧而无定，故称干慧地。即徒有智慧，只是追求言句知解，不能真实参学、明心见性，禅家称为“干慧”。在菩萨修行阶位中有十地，干慧地是第一地。此说见于《大品般若经》卷六、卷十七等，以此十地共通于三乘，故称三乘共十地。天台宗称之为通教十地。干慧地是十地中第一地，又作过灭净地、寂然杂见现入地、超净观地、见净地、净观地。干慧，意指单有观真理之智慧，而尚未为禅定水所滋润。此位相当于声闻之三贤位，以及菩萨自初发心乃至得顺忍前之觉位。《大乘义章》十四曰：“虽有智慧，未得定水，故云干慧。又此事观，未得理水，亦名干慧。”其智慧干燥而未淳熟，故云干慧。佛典上作“乾慧”，宝祐本亦作“乾慧”，“干”与“乾”，古字相通。

［71］鞔（mán）鞔（mán）：蛛网。如蛛网一样连缀，陷于其中不能出离。

［72］衣线：指衣服。

［73］大事：学佛修行出生死轮回的大事，禅宗以见本来面目为极致。

［74］见祇对次：旧校本标点有误，将“祇对次”作叙述语言移出引号之外。次，表状态，置于动词或动词结构之后，表示行为动作正在进行或持续。祇对，回答，应答。“见祇对次”，大意是，所见到正在答话的人。这是僧人回答禅师所问“阿那个是阇黎主人公”。

［75］驴前马后：参见本书第四章“睦州陈尊宿”条“驴前马后汉”注释。驴前马后指奴仆在主人前后服役效劳。禅宗提倡自我为主，认识自己主人公的地位，用“驴前马后”比喻失去自我。《碧岩录》卷六第五十三则：“若只依草附木，认个驴前马后，有何用处？”

［76］平沈：亦作“平沉”。沉没，隐没。此指佛法没落，不再兴旺。海南版作“平觉”有误。

［77］“某甲道得，即是宾中主。（云居代云：“某甲道得，不是宾中主。”）如何是主中主？”：此处旧校本标点混乱。这是僧人一次说的一段话，中间插入其他禅师的评点与转语。

［78］恁么道即易，相续也大难：旧校本标点有误，标点为：“恁么道即易相续也，大难。”曲解了原意。

［79］潼关：关隘名。古称桃林塞。东汉时设潼关，故址在今陕西省潼关县东南，处陕西、山西、河南三省要冲，素称险要。此处借潼关比喻学人往往还没过关就半途而废，最终到不了涅槃的彼岸。

［80］闲名：指浮名、虚名。

［81］壳漏子：人的躯体。又作可漏子。可、壳唐音相近，故假用。壳者卵之皮甲，漏者漏泄污物之义，子者指物之语，此譬人之身体也。又，封皮谓之壳

漏子。

［82］移晷（guǐ）：日影移动。犹言经过了一段时间。晷：指日影、日光。

［83］愚痴斋：洞山良价禅师临命终时设僧斋名为“愚痴斋”，以诫弟子之恋情也。

【概要】

良价禅师（807～869年），中国佛教禅宗五大家之一曹洞宗开祖。唐代筠州会稽（今属浙江）人。俗姓俞。幼从师诵《般若心经》，至“无眼耳鼻舌身意”时，忽以手扪面，问曰：“我有眼耳鼻舌等，何故经言无？”其师异之，知其资禀异赋，遂令至五泄山从灵默披剃。

二十一岁，至嵩山受具足戒。不久，谒南泉普愿，深领玄旨。又访沩山灵祐，参“无情说法”之话头。然不契。遂依灵佑之指示往诣云岩昙晟，举前因缘有省，然犹涉疑滞。于是更历参鲁祖宝云、南源道明等人。后于过水睹影时，豁然开悟。乃嗣云岩之法。

大中（847～859年）末年，于新丰山接引学徒，不久，移豫章（江西省）洞山普利院盛振法化。世称“洞山良价”。

咸通十年（869年）三月朔，剃发沐身，鸣钟辞众，大众恸哭不止。师忽开目谓曰：“出家人心不附物，是真修行。劳生惜死，哀悲何益？’遂令主事僧办愚痴斋。由于众心恋慕不已，乃延七日，至八日斋毕，在方丈室端坐而寂。寿年六十三，法腊五十五。世称“洞山良价”或单称“洞山”。

良价真身葬洞山普利寺后，唐懿宗赐其“悟本禅师”谥号，并敕建“慧觉宝塔”。俗称“价祖塔”，是为中外曹洞宗信徒共尊之祖塔。

嗣法弟子有云居道膺、曹山本寂、龙牙居遁、华严休静、青林师虔等二十六人。

著有《玄中铭》《五位君臣颂》《功勋五位颂》《宝镜三昧歌》等，有《洞山悟本大师语录》传世。

良价主张“出家人心不附物，为真修行”，倡立“五位君臣”说，以“正”“偏”“兼”三者，配以“君”“臣”之位，藉以分析佛教真如和世界万有之关系。作《五位显诀》，对其所创教义加以详细阐述。良价强调顿悟，反对“拘束其心”的渐悟。其禅风则以回互细密见称，一时风靡禅林。四方僧侣纷纷到洞山学法。弟子本寂（840～901年）师从良价数年并得良价衣钵，后又到曹山（今江西宜黄境内）进一步弘扬师法，愈使洞山宗风广扬。

因良价住洞山首创禅宗新法，本寂居曹山续振此法，故后世将此法称为“曹洞

宗”，为中国禅宗五家之一，并成为中国禅宗主流。日本僧侣瓦室能光也曾千里迢迢求法于良价，并在洞山住了三十年。良价圆寂后，新罗僧人利严从良价另一法嗣道膺学法，归国后创须弥山派。13 世纪，日本僧人又将曹洞宗传入日本，开立日本曹洞宗，与临济宗共为日本两大禅宗主要派别。正如本书所说：“洞上玄风，播于天下。故诸方宗匠，咸共推尊之曰：‘曹洞宗’”。

【参考文献】

《洞山悟本大师语录》（《大正藏》第四十七册）；《宋高僧传》卷十二；《景德传灯录》卷十五；《武溪集》卷九《筠州洞山普利禅院传法记》；《祖堂集》卷六。

第二节　青原下五世

洞山价禅师法嗣

曹山本寂禅师

抚州曹山本寂禅师，泉州莆田黄氏子。少业儒，年十九，往福州灵石[1]出家，二十五登戒。寻谒洞山，山问：“阇黎名甚么？”师曰：“本寂。”山曰：“那个聻？”师曰：“不名本寂。”山深器之，自此入室。盘桓数载，乃辞去，山遂密授洞上宗旨，复问曰：“子向甚么处去？”师曰：“不变异处去。”山曰：“不变异处，岂有去邪？”师曰：“去亦不变异。”遂往曹溪礼祖塔，回吉水。众向师名，乃请开法。师志慕六祖，遂名山为“曹[2]”。寻值贼乱，乃之宜黄。有信士王若一，舍何王观[3]请师住持。师更何王为荷玉[4]，由是法席大兴，学者云萃。洞山之宗，至师为盛。

师因僧问“五位君臣”旨诀[5]，师曰：“正位即空界，本来无物。偏位即色界，有万象形。正中偏者，背理就事。偏中正者，舍事入理。兼带者，冥应众缘[6]，不堕诸有，非染非净，非正非偏，故曰虚玄大道、无著真宗。从上先德，推此一位，最妙最玄，当详审辨明。君为正位，臣为偏位。臣向君是偏中正，君视臣是正中偏，君臣道合是兼带语。”

僧问：“如何是君？”师曰：“妙德尊寰宇，高明朗太虚。”曰：“如何是臣？”师曰：“灵机弘圣道，真智利群生。”曰：“如何是臣向君？”师曰：“不堕诸异趣，凝情望圣容。”曰：“如何是君视臣？”师曰：“妙容虽不动，光烛本无偏。”曰：“如何是君臣道合？”师曰：“混然无内外，和融上下平。”师又曰：“以君臣偏正言者，不欲犯中，故臣称君，不敢斥言是也。此吾法宗要。”

乃作偈曰：“学者先须识自宗，莫将真际杂顽空。妙明体尽知伤触，力在逢缘不借中。出语直教烧不着，潜行须与古人同。无身有事超岐路，无事无身落始终。”

复作五相：

◓偈曰：“白衣须拜相，此事不为奇。积代簪缨者，休言落魄时。”

◒偈曰：“子时当正位，明正在君臣。未离兜率界，乌鸡雪上行[7]。”

⊙偈曰：“焰里寒冰结，杨花九月飞。泥牛吼水面，木马逐风嘶。”

○偈曰：“王宫初降日，玉兔不能离。未得无功旨，人天何太迟。”

●偈曰：“浑然藏理事，眹[8]兆卒难明。威音王未晓，弥勒岂惺惺。”

稠布衲问：“披毛带角[9]是甚么堕？”师曰：“是类堕。”曰：“不断声色是甚么堕？”师曰：“是随堕。”曰：“不受食是甚么堕？”师曰：“是尊贵堕。”乃曰：“食者即是本分事，知有不取，故曰尊贵堕。若执初心，知有自己及圣位，故曰类堕。若初心知有己事，回光之时，摈却色声香味触法，得宁谧即成功勋。后却不执六尘等事，随分而昧，任之则碍。所以，外道六师，是汝之师。彼师所堕，汝亦随堕。乃可取食。食者，即是正命食也。亦是就六根门头，见闻觉知，只是不被他染污，将为堕。且不是同向前均他本分事，尚不取，岂况其余事邪？”师凡言堕，谓混不得、类不齐；凡言初心者，所谓悟了同未悟耳。

师作《四禁偈》曰：“莫行心处路，不挂本来衣。何须正恁么？切忌未生时。”

僧问：“学人通身是病，请师医。”师曰：“不医。”曰：“为甚么不医？”师曰：“教汝求生不得，求死不得。”

问："沙门岂不是具大慈悲底人？"师曰："是。"曰："忽遇六贼来时如何？"师曰："亦须具大慈悲。"曰："如何具大慈悲？"师曰："一剑挥尽。"曰："尽后如何？"师曰："始得和同。"

问："五位对宾时如何？"师曰："汝即今问那个位？"曰："某甲从偏位中来，请师向正位中接。"师曰："不接。"曰："为甚么不接？"师曰："恐落偏位中去。"师却问僧："只如不接是对宾，是不对宾？"曰："早是对宾了也。"师曰："如是！如是！"

问："万法从何而生？"师曰："从颠倒生。"曰："不颠倒时，万法何在？"师曰："在。"曰："在甚么处？"师曰："颠倒作么？"

问："不萌之草为甚么能藏香象？"师曰："阇黎幸是作家，又问曹山作么[10]？"

问："三界扰扰，六趣昏昏，如何辨色？"师曰："不辨色。"曰："为甚么不辨色？"师曰："若辨色即昏也。"

师闻钟声，乃曰："阿耶！阿耶！"僧问："和尚作甚么？"师曰："打着我心。"僧无对。

（五祖戒代云："作贼人心虚。"）

问维那："甚处来？"[11]曰："牵醋槽去来。"师曰："或到险处，又作么生牵？"那无对。

（云居代云："正好着力。"疏山代云："切须放却始得。"）

问金峰志曰："作甚么来？"曰："盖屋来。"师曰："了也未[12]？"曰："这边则了。"师曰："那边事作么生？"曰："候下工日白和尚。"师曰："如是！如是！"

师一日入僧堂向火，有僧曰："今日好寒！"师曰："须知有不寒者。"曰："谁是不寒者？"师筴火示之。僧曰："莫道无人好！"师抛下火。僧曰："某甲到这里却不会。"师曰："日照寒潭明更明。"

问："不与万法为侣者是甚么人？"师曰："汝道洪州城里如许多人，甚么处去？"

问："眉与目还相识也无？"师曰："不相识。"曰："为甚么不相识？"师曰："为同在一处。"曰："恁么则不分去也。"师曰："眉且不是目。"曰："如何是目？"师曰："端的[13]去。"曰："如何是眉？"师曰：

“曹山却疑。”曰：“和尚为甚么却疑？”师曰：“若不疑，即端的去也。”

问：“如何是无刃剑[14]？”师曰：“非淬[15]炼所成。”曰：“用者如何？”师曰：“逢者皆丧。”曰：“不逢者如何？”师曰：“亦须头落。”曰：“逢者皆丧则固是，不逢者为甚么头落？”师曰：“不见道：‘能尽一切[16]。’”曰：“尽后如何？”师曰：“方知有此剑。”

问：“于相何真？”师曰：“即相即真。”曰：“当何显示？”师竖起拂子。

问：“幻本何真？”师曰：“幻本元真。”（法眼别云：“幻本不真。”）曰：“当幻何显？”师曰：“即幻即显。”（法眼别云：“幻即无当。”）曰：“恁么则始终不离于幻也。”师曰：“觅幻相不可得。”

问：“即心即佛即不问，如何是非心非佛？”师曰：“兔角不用无，牛角不用有。”

问：“如何是常在底人？”师曰：“恰遇曹山暂出。”曰：“如何是常不在底人？”师曰：“难得。”

僧问：“清税[17]孤贫，乞师赈济。”师召：“税阇黎。”税应诺[18]。师曰：“清原[19]白家酒三盏，吃了犹道未沾唇。”（玄觉云：“甚么处是与他酒吃？”）

问：“拟岂不是类？”师曰：“直是不拟亦是类。”曰：“如何是异？”师曰：“莫不识痛痒好！”

镜清问：“清虚之理，毕竟无身时如何？”师曰：“理即如此，事作么生？”曰：“如理如事。”师曰：“谩曹山一人即得，争奈诸圣眼何！”曰：“若无诸圣眼，争鉴得个不恁么？”师曰：“官不容针，私通车马。”

云门问：“不改易底人来，师还接否？”师曰：“曹山无恁么闲工夫。”

问：“人人尽有，弟子在尘中，师还有否？”师曰：“过手来。”其僧过手，师点曰：“一、二、三、四、五、六，足。”

问：“鲁祖面壁[20]，用表何事？”师以手掩耳。

问：“承古有言：‘未有一人倒地，不因地而起。’如何是倒？”师曰：“肯即是。”曰：“如何是起？”师曰：“起也。”

问：“子归就父，为甚么父全不顾？”师曰：“理合如是。”曰：“父子之恩何在？”师曰：“始成父子之恩。”曰：“如何是父子之恩？”师曰：

“刀斧斫不开。”

问：“灵衣不挂时如何？”师曰：“曹山孝满。”曰：“孝满后如何？”师曰：“曹山好颠酒[21]。”

问：“教中道：‘大海不宿死尸[22]。’如何是大海？”师曰：“包含万有者。”曰：“既是包含万有，为甚么不宿死尸？”师曰：“绝气息者不着。”曰：“既是包含万有，为甚么绝气息者不着？”师曰：“万有非其功，绝气息者有其德。”曰：“向上还有事也无？”师曰：“道有道无即得，争奈龙王按剑何？”

问：“具何知解，善能问难？”师曰：“不呈句。”曰：“问难个甚么？”师曰：“刀斧斫不入。”曰：“恁么问难，还有不肯者么？”师曰：“有。”曰：“是谁？”师曰：“曹山。”

问：“世间甚么物最贵？”师曰：“死猫儿头最贵。”曰：“为甚么死猫儿头最贵？”师曰：“无人着价。”

问：“无言如何显？”师曰：“莫向这里显。”曰：“甚么处显？”师曰：“昨夜床头失却三文钱。”

问：“日未出时如何。”师曰：“曹山也曾恁么来。”曰：“出后如何？”师曰：“犹较曹山半月程。”

问僧：“作甚么？”曰：“扫地。”师曰：“佛前扫，佛后扫？”曰：“前后一时扫。”师曰：“与曹山过靸[23]鞋来。”

僧问：“抱璞投师，请师雕琢。”师曰：“不雕琢。”曰：“为甚么不雕琢？”师曰：“须知曹山好手。”

问：“如何是曹山眷属？”师曰：“白发连头戴，顶上一枝花。”

问：“古德道：‘尽大地唯有此人。’未审是甚么人？”师曰：“不可有第二月也。”曰：“如何是第二月？”师曰：“也要老兄定当。”曰：“作么生是第一月？”师曰：“险。”

师问德上座：“菩萨在定，闻香象渡河，出甚么经？”曰：“出《涅槃经》。”师曰：“定前闻，定后闻？”曰：“和尚流也。”师曰：“道也太煞道[24]，只道得一半。”曰：“和尚如何？”师曰：“滩下接取。”

问：“学人十二时中如何保任？”师曰：“如经蛊毒[25]之乡，水也不得沾着一滴。”

问："如何是法身主？"师曰："谓秦无人[26]。"曰："这个莫便是否？"师曰："斩。"

问："亲何道伴[27]，即得常闻于未闻。"师曰："同共一被盖。"曰："此犹是和尚得闻，如何是常闻于未闻？"师曰："不同于木石。"曰："何者在先，何者在后？"师曰："不见道：'常闻于未闻。'"

问："国内按剑者是谁？"师曰："曹山。"（法灯别云："汝不是恁么人。"）曰："拟杀何人？"师曰："一切总杀。"曰："忽逢本生父母又作么生？"师曰："拣甚么！"曰："争奈自己何！"师曰："谁奈我何？"曰："何不自杀？"师曰："无下手处。"

问："'一牛饮水，五马不嘶'时如何？"师曰："曹山解忌口[28]。"

问："常在生死海中沉没者是甚么人？"师曰："第二月。"曰："还求出也无？"师曰："也求出，只是无路。"曰："未审甚么人接得伊？"师曰："担铁枷者。"

问："雪覆千山，为甚么孤峰不白？"师曰："须知有异中异。"曰："如何是异中异？"师曰："不堕诸山色。"

纸衣道者来参，师问："莫是纸衣道者否？"者曰："不敢。"师曰："如何是纸衣下事？"者曰："一裘才挂体，万法悉皆如。"师曰："如何是纸衣下用？"者近前应诺，便立脱[29]。师曰："汝只解恁么去，何不解恁么来？"者忽开眼，问曰："'一灵真性，不假胞胎'时如何？"师曰："未是妙。"者曰："如何是妙？"师曰："不借借。"者珍重便化[30]。师示颂曰："觉性圆明无相身，莫将知见妄疏亲。念异便于玄体昧，心差不与道为邻。情分万法沈前境，识鉴多端丧本空。如是句中全晓会，了然无事昔时人。"

问强上座曰："佛真法身，犹若虚空。应物现形，如水中月。作么生说个'应'底道理？"曰："如驴觑井。"师曰："道则太煞道，只道得八成。"曰："和尚又如何？"师曰："如井觑驴。"

僧举："药山问僧：'年多少？'曰：'七十二。'山曰：'是七十二那！'曰：'是。'山便打。此意如何？"师曰："前箭犹似可，后箭射人深。"曰："如何免得此棒？"师曰："王敕既行，诸侯避道。"

问："如何是佛法大意？"师曰："填沟塞壑。"

问：“如何是师子？”师曰：“众兽近不得。”曰：“如何是师子儿？”师曰：“能吞父母者。”曰：“既是众兽近不得，为甚么却被儿吞？”师曰：“岂不见道：‘子若哮吼，祖父俱尽。’”曰：“尽后如何？”师曰：“全身归父。”曰：“未审祖尽时父归何所？”师曰：“所亦尽。”曰：“前来为甚么道全身归父？”师曰：“譬如王子，能成一国之事。”又曰：“阇黎，此事不得孤滞，直须枯木上更撒些子华。”

云门问：“如何是沙门行？”师曰：“吃常住苗稼者是。”曰：“便恁么去时如何？”师曰：“你还畜得么？”曰：“畜得。”师曰：“你作么生畜？”曰：“着衣吃饭有甚么难？”师曰：“何不道披毛戴角？”门便礼拜。

陆亘大夫问南泉：“姓甚么？”泉曰：“姓王。”曰：“王还有眷属也无？”泉曰：“四臣不昧。”曰：“王居何位？”泉曰：“玉殿苔生。”

后僧举问师：“玉殿苔生，意旨如何？”师曰：“不居正位。”曰：“八方来朝时如何？”师曰：“他不受礼。”曰：“何用来朝？”师曰：“违则斩。”曰：“违是臣分上，未审君意如何？”师曰：“枢密[31]不得旨。”曰：“恁么则燮理[32]之功，全归臣相也。”师曰：“你还知君意么？”曰：“外方不敢论量。”师曰：“如是！如是！”

问：“‘才有是非，纷然失心’时如何？”师曰：“斩。”

僧问香严：“如何是道？”严曰：“枯木里龙吟[33]。”曰：“如何是道中人？”严曰：“髑髅里眼睛[34]。”（玄沙别云：“龙藏枯木。”）僧不领，乃问石霜：“如何是枯木里龙吟？”霜曰：“犹带喜[35]在。”曰：“如何是髑髅里眼睛？”霜曰：“犹带识在。”

又不领，乃问师：“如何是枯木里龙吟？”师曰：“血脉不断。”曰：“如何是髑髅里眼睛？”师曰：“干不尽。”曰：“未审还有得闻者么？”师曰：“尽大地未有一人不闻。”曰：“未审枯木里龙吟是何章句？”师曰：“不知是何章句，闻者皆丧。”遂示偈曰：“枯木龙吟真见道，髑髅无识眼初明。喜识尽时消息尽，当人那辨浊中清！”

问：“朗月当空时如何？”师曰：“犹是阶下汉。”曰：“请师接上阶。”师曰：“月落后来相见。”

师寻常应机，曾无轨辙。于天复辛酉夏夜，问知事曰：“今日是几何日月？”曰：“六月十五。”师曰：“曹山平生行脚到处，只管九十日为一夏[36]。明日辰时行脚去。”及时，焚香宴坐而化。阅世六十二，腊三十七。葬全身于山之西阿。谥“元证禅师”，塔曰“福圆”。

【注释】

［1］灵石：山名。在今福建福清西南。《寰宇记》卷四十五“福州府”记载，灵石山“在福清县西南二十五里，上有灵石，声闻必雨，雨久，闻则开霁”。

［2］曹：因为六祖之法在“曹溪”，所以禅师喜欢“曹”。禅宗六祖惠能，在广东韶州府曹溪，说法渡生，后人遂把曹溪代表六祖。

［3］何王观（guàn）：道观名。观，指道教的庙宇。

［4］荷玉：据有关资料记载，“荷玉”为“曹山”之旧名。《明一统志》卷五十四“抚州府”条记载，曹山“在宜黄县北三十里。旧名荷玉山，山巅曰罗汉峰。昔本寂禅师因礼曹溪六祖回此，遂易名曹山。山前有回龙亭，其下有泉，昔白眉禅师结庵山中时，其水一日三潮”。山有宝积寺，为唐僧本寂驻锡处。本寂受传于良价，良价住洞山，故世称其派曰“曹洞宗”。

［5］师因僧问“五位君臣”旨诀：旧校本标点有误，不能作“师因僧问：‘五位君臣旨诀?’”这是叙述语，叙述有一位僧人向本寂禅师求问“五位君臣”的内容与旨意。

［6］兼带者，冥应众缘：旧校本标点有误。“兼带者”与前面“正中偏者”“偏中正者”都是“五位君臣”的内容，要加逗号，下面是阐述“兼带者”的内容。正偏五位，指正中偏、偏中正、正中来、偏中至、兼中到等五位。正是阴，意即真如之本体；偏是阳，意即生灭之现象。正中偏指平等中存有差别；偏中正指差别即平等。基于此，作静中之动之修行工夫，则谓正中来；动中之静则为偏中至。兼以上二者，达于自由自在之境界，即谓兼中到。这就是“兼带者”。本寂解释为：“冥应众缘，不堕诸有，非染非净，非正非偏”。

［7］乌鸡雪上行：禅林用语。以乌鸡喻指理体、平等；以白雪喻指事体（现象）、差别。乌鸡行于白雪上，黑白分明，丝毫不杂；比喻事与理之间、平等与差别之间之任运妙用。（摘自《佛光大辞典》）

［8］眹（zhèn）：通“朕”。指征兆、迹象。《庄子·齐物论》：“必有真宰，而特不得其眹。”

［9］披毛带角：同“披毛戴角”。身上披毛，头上戴角。意谓堕为畜牲。佛门有偈曰：“施主一粒米，大如须弥山；此生不了道，披毛戴角还。”这就是佛教所说的因果报应。出家人只接受施主布施，没有“舍身求法”的精神，贪图享乐，那么下一辈子就会投胎做牛做马以偿还施主的功德。所以，本书云峰文悦禅师说：“岂

不见教中道：‘宁以热铁缠身，不受信心人衣。宁以洋铜灌口，不受信心人食。’上座若也是去，直饶变大地作黄金，搅长河为酥酪，供养上座，未为分外。若也未是，至于滴水寸丝，便须披毛戴角，牵犁拽杷，偿他始得。不见祖师道：‘入道不通理，复身还信施。’此是决定底事，终不虚也。”此外，“披毛戴角”喻参禅者应像畜类一样任其天性而不受言教知解及分别心之羁绊。如《禅林僧宝传》卷一“曹山本寂”条：“所以不如黧奴白牯，兀兀无知。不知佛，不知祖，乃至菩提涅槃，及以善恶因果。但饥来吃草，渴来饮水。若能恁么，不愁不成办。不见道，计较不成，是以知有。乃能披毛戴角，牵犁拽耒。得此便宜，始较些子。”此处属于第一种意义。

[10] 阇黎幸是作家，又问曹山作么：旧校本标点有误，“又问曹山作么”属于同一答话的内容，不能移出引号，标点为“又问：‘曹山作么?’”。

[11] 问维那：“甚处来?”：与“问僧”句式相同，本书凡是出现“问僧”，旧校本均将“僧”字移入引号之内，此处亦将“维那”移入引号之内：“问：‘维那甚处来?’”

[12] 了也未：旧校本校勘错误，作“了也来”。

[13] 端的：真实的。

[14] 无刃剑：没有刃的剑，本是世间不存在的剑。但从本处问答，可以知道答案：“问：‘如何是无刃剑?’师曰：‘非淬炼所成。’曰：‘用者如何?’师曰：‘逢者皆丧。’曰：‘不逢者如何?’师曰：‘亦须头落。’曰：‘逢者皆丧则固是，不逢者为甚么头落?’师曰：‘不见道：‘能尽一切。’’曰：‘尽后如何?’师曰：‘方知有此剑。’”从最后可以知道“无刃剑”有“能尽一切”的功用。谁能做到“能尽一切”? 这是佛的境界。所以“无刃剑”不是凡间的剑，而是无所不能斩断一切妄想的心剑。从这个意义来看，“无刃剑”的刃是我们世人看不见的，所以名叫“无刃剑”

[15] 淬（cuì）：锻造时，把烧红的锻件浸入水中，急速冷却，以增强硬度。

[16] 能尽一切：出自佛经中的文句。如《大宝积经》卷六十七：“若知寂灭甘露者，能尽一切诸有相，是为真实如来子，寂灭能除世间畏。”再如《大方等大集经》卷三十五：“能尽一切我见、一切边见、一切疑、一切戒取、一切常见、一切断见、一切众生见、一切障碍见、一切逋沙见、一切富伽罗见、一切作者见、一切受者见、一切色见、一切声见、一切香味触见、一切四大见、一切生见、一切灭见、一切法见。”

[17] 清税：僧人名。

[18] 师召：“税阇黎。”税应诺：旧校本：“师召税阇黎，税应诺。”有误。参

见冯国栋《〈五灯会元〉校点疏失类举》。

［19］清原：《景德传灯录》作“泉州”，意义大体指来自本源的泉水，比喻自性。“清原白家酒”，指用自家泉水做成的酒。

［20］鲁祖面壁：参见本书第三章“池州鲁祖山宝云禅师”注释。“师寻常见僧来，便面壁”，这就是鲁祖平时接引学人的方式，这种方式太高峻，一般人不能企及，也难以模仿，所以引起后来高僧大德们的评论，成为“鲁祖面壁”“鲁祖家风”“古德火抄”为名的禅宗公案。此公案体现禅法超越言句诠解，后世禅林常见拈举。

［21］曹山好颠酒：旧校本标点有误，作“曹山好颠！酒!”，把“颠酒”分开，却不知道“颠酒”就是发酒疯的意思，不能分开标点。如五代王定保《唐摭言·酒失》：“及泳归，公庭责之曰：‘席内有颠酒同年，不报我，岂人子耶!’”清代蒲松龄《聊斋志异·酒狂》：“颠酒无赖子！日将暮，各去寻眠食，尔何往?”

［22］大海不宿死尸：见《贤愚经》卷十：“萨薄答曰：‘吾闻大海不宿死尸。汝等今者，悉各捉我，我为汝故，当自杀身，以济尔厄，誓求作佛。后成佛时，当以无上正法之船，度汝生死大海之苦。’”

［23］靸（sǎ）：把鞋后帮踩在脚跟下，穿（拖鞋）。

［24］道也太煞道：说得太过分了。参见本书第五章“潭州云岩昙晟禅师”条注释。

［25］蛊毒：指毒药。

［26］谓秦无人：指“无谓秦无人”的典故，别说秦国没有人。常用以驳斥对方对己方缺乏人才的藐视。语出《左传·文公十三年》：“子无谓秦无人，吾谋适不用也。”

［27］道伴：修道的同伴，同道。

［28］忌口：本指因病或其他原因忌吃不相宜的食物。也说忌嘴。此处之意，宜为该说什么，不说什么，应当有顾忌。

［29］立脱：立即去世。脱，同“蜕”。道家、佛家谓人死为解脱。唐代王适《潘尊师碣》：“翌日，师曰：‘吾其蜕矣。’”

［30］师曰：“不借借。”者珍重便化：旧校本标点有误。“者珍重便化”不是禅师说的话，是叙述语言，说明纸衣道者告别便化去（死了）。“珍重”有两个含义，一是道别语，有时相当于“保重”。二是道别，告辞，作动词用。此处属于第二个含义。

［31］枢密：“枢密使”的简称，古代官名。枢密使一职始置于唐后期，为枢密院主官，以宦官充任，五代时改由士人充任，后又逐渐被武臣所掌握，办事机构

也日益完善。为适应连年战争的局面，枢密使把军政大权握于一己之手以便宜从事，枢密使的职掌范围扩大到了极限，枢密使的地位迅速上升，“权侔于宰相”。

［32］爕（xiè）理：协和治理。爕：同“燮”。

［33］枯木里龙吟：禅宗公案名。又称“枯木龙吟”。意谓绝灭一切妄念妄想，至大死一番处，便苏生还来，而得大自在。

［34］髑（dú）髅（lóu）里眼睛：禅林用语。又作棺木里瞠眼。髑髅：原指死人之头骨；于禅林，转喻人已断除情识分别，获得解脱。髑髅里眼睛，即比喻由死中得活之意。盖究极之道乃非分别之“识”所能了知，若心识灭尽，即有大活处，此即髑髅无识之境界。

［35］喜：眼等五识无分别而悦豫，谓之乐，意识分别而悦豫，谓之喜。五受中之二。

［36］一夏：禅宗安居之行事，即以每年四月十五日至七月十五日为夏安居之时期，共九十日。

【概要】

本寂禅师（840～901 年）唐代禅僧，中国禅宗曹洞宗创始人之一。泉州莆田（今属福建）人，俗姓黄。为禅宗曹洞宗之祖洞山良价之法嗣。世称“曹山本寂”。幼习儒学，十九岁入福州福唐县灵石山出家。二十五岁受具足戒。咸通年间（860～873 年），禅风极盛，乃谒洞山良价，往来请益，遂得密受宗门玄旨。后开堂于抚州吉水，改名曹山，以表思慕曹溪之情。

未久，迁住荷玉山（或谓师以该山改名曹山），学徒云集，大振洞门宗风，讲授洞山五位之旨诀，成为丛林之标准，并注解《寒山诗》以飨学人。时有洪州钟氏，屡请不赴，仅书写大梅法常之《山居颂》一首答之。天复元年六月，焚香安坐而终，世寿六十二，僧腊三十七。敕谥“元证禅师”。

著有《解释洞山五位显诀》《注寒山子诗》，后人又辑得《抚州曹山本寂禅师语录》《抚州曹山元证禅师语录》两种存世。

法嗣有曹山慧霞、金峰从志、鹿门处真、荷玉光慧、育王弘通等十四人。

本寂在曹山弘禅接化三十来年，法席大兴，学者荟萃，嗣法弟子杰出者十四人，门人不计其数，而趋集于其座下参禅的十方僧侣，常年“冬夏盈千二百三百”，大振良价的洞上宗风，形成一大新兴的宗派。其开法遵循云岩昙晟的“宝镜三昧”基本原则，发挥洞山良价“即事而真”的禅法。洞山良价所确立的曹洞宗规模，至此而告大成。后世合取其师徒二人住以传禅的二山之名称为“曹洞宗”，其法裔广泛盛传天下禅门。

曹山禅风大振之际，山下有一钟陵大王仰慕本寂盛德逸才，再三派遣使者请他到府作客，均被本寂婉言辞绝。第三次遣使迎请之时，大王乃告使者："此番若不见曹山大师前来，你休想活命！"使者奉命到山，跪在本寂座前潸然泣道："和尚慈悲，救度一切。和尚此番若然不赴王命，弟子满门便成灰粉！"本寂将其扶起来就坐并安慰道："尊使不须忧虑，贫道作一首古人偈呈上大王，必保无事！"偈曰："摧残枯木倚青林，几度逢春不变心。樵客见之犹不顾，郢人那更苦追寻。"全偈陈情言志，语言朴素优美，尤以郢人比喻知己的人，婉辞手法绝妙。钟陵大王读罢此偈，遥向曹山顶礼曰："弟子今生无缘拜见曹山大师也！"

作为青原下第五世的本寂禅师，是曹洞宗禅法之大成者，其禅风立"五位君臣"为宗要，从事理、体用关系上说明事理不二，体用无碍的道理。宋智绍《人天眼目》说："家风细密，言行相应，随机利物，就语接人。"此宗形成而异军突起，大振青原行思一系的禅风。

【参考文献】

《宋高僧传》卷十三；《景德传灯录》卷十七。

云居道膺禅师

洪州云居[1]道膺禅师，幽州玉田王氏子。童丱出家于范阳延寿寺，二十五成大僧。其师令习声闻篇聚，非其好，弃之[2]。游方至翠微问道，会有僧自豫章来，盛称洞山法席，师遂造焉。

山问："甚处来？"师曰："翠微来。"山曰："翠微有何言句示徒？"师曰："翠微供养罗汉，某甲问：'供养罗汉，罗汉还来否？'微曰：'你每日噇[3]个甚么？'"山曰："实有此语否？"师曰："有。"山曰："不虚参见作家来！"

山问："汝名甚么？"师曰："道膺。"山曰："向上更道。"师曰："向上即不名道膺。"山曰："与老僧祇对道吾底语一般。"

师问："如何是祖师意？"山曰："阇黎，他后有把茅盖头[4]，忽有人问，如何祇对？"师曰："道膺罪过。"山谓师曰："吾闻思大和尚[5]生倭国[6]作王，是否？"师曰："若是思大，佛亦不作。"山然之。

山问师："甚处去来？"师曰："蹋山来。"山曰："那个山堪住？"师曰："那个山不堪住？"山曰："恁么则国内总被阇黎占却。"师曰："不

然。”山曰：“恁么则子得个入路。”师曰：“无路。”山曰：“若无路，争得与老僧相见？”师曰：“若有路，即与和尚隔山[7]（山或作生）去也。”山乃曰：“此子已后千人万人把不住去在。”

师随洞山渡水次，山问：“水深多少？”师曰：“不湿。”山曰：“粗人。”师曰：“请师道。”山曰：“不干。”

南泉问僧：“讲甚么经？”曰：“《弥勒下生经[8]》。”泉曰：“弥勒几时下生？”曰：“见在天宫，当来下生。”泉曰：“天上无弥勒，地下无弥勒。”

师问洞山：“天上无弥勒，地下无弥勒，未审谁与安名？”山被问，直得禅床震动，乃曰：“膺阇黎，吾在云岩曾问老人，直得火炉震动；今日被子一问，直得通身汗流。”

师后结庵于三峰，经旬不赴堂。山问：“子近日何不赴斋？”师曰：“每日自有天神送食。”山曰：“我将谓汝是个人，犹作这个见解在？汝晚间来。”师晚至，山召：“膺庵主。”师应诺，山曰：“不思善，不思恶，是甚么？”师回庵，寂然宴坐，天神自此竟寻不见，如是三日乃绝。

山问师：“作甚么？”师曰：“合酱。”山曰：“用多少盐？”师曰：“旋[9]入。”山曰：“作何滋味？”师曰：“得。”

山问：“大阐提人作五逆罪[10]，孝养何在？”师曰：“始成孝养。”

自尔洞山许为室中领袖。初止三峰，其化未广。后开法云居，四众臻萃。

上堂，举：“先师道：‘地狱未是苦，向此衣线下不明大事，却是最苦。’”师曰：“汝等既在这个行流[11]，十分去九，不较多也，更着些子精彩，便是上座不屈平生行脚，不孤负丛林。古人道：‘欲得保任[12]此事，须向高高山顶立，深深海底行[13]，方有些子气息。’汝若大事未办，且须履践玄途。”

上堂：“得者不轻微，明者不贱用，识者不咨嗟，解者无厌恶。从天降下则贫穷，从地涌出则富贵。门里出身易，身里出门难。动则埋身千丈，不动则当处生苗。一言迥脱，独拔当时。言语不要多，多则无用处。”僧问：“如何是从天降下则贫穷？”师曰：“不贵得。”曰：“如何是从地涌出则富贵？”师曰：“无中忽有。”

刘禹端公问："雨从何来？"师曰："从端公问处来。"公欢喜赞叹。师却问公："雨从何来？"公无语。

（有老宿代云："适来道甚么？"归宗柔别云："谢和尚再三。"）

问："如何是沙门所重？"师曰："心识不到处。"

问："佛与祖还有阶级[14]否？"师曰："俱在阶级。"

问："如何是西来意？"师曰："古路不逢人。"

问："如何是一法？"师曰："如何是万法？"曰："未审如何领会。"师曰："一法是你本心，万法是你本性。且道心与性，是一是二？"僧礼拜，师示颂曰："一法诸法宗，万法一法通。唯心与唯性，不说异兼同。"

问："如何是口诀。"师曰："近前来。"僧近前，师掷拂子曰："会么？"曰："不会。"师曰："趁雀儿也不会。"

僧问："有人衣锦绣入来见和尚，后为甚寸丝不挂？"师曰："直得琉璃殿上行，扑倒也须粉碎。"

问："马祖出八十四人善知识，未审和尚出多少人？"师展手示之。

问："如何是向上人[15]行履处？"师曰："天下太平。"

问："游子归家时如何？"师曰："且喜归来。"曰："将何奉献？"师曰："朝打三千，暮打八百。"

问："如何是诸佛师？"师喝曰："这田库儿[16]。"僧礼拜，师曰："你作么生会？"僧喝曰："这老和尚！"师曰："元来不会。"僧作舞出去，师曰："沿台盘乞儿[17]。"

师曾令侍者送裤与一住庵道者。道者曰："自有娘生裤。"竟不受。师再令侍者问："娘未生时着个甚么？"道者无语。后迁化有舍利，持似于师。师曰："直饶得八斛四斗，不如当时下得一转语好。"

师在洞山作务，误铲杀蚯蚓。山曰："这个聻？"师曰："他不死。"山曰："二祖往邺都[18]，又作么生？"师不对。后有僧问："和尚在洞山铲杀蚯蚓因缘，和尚岂不是无语？"师曰："当时有语，只是无人证明。"

问："山河大地从何而有？"师曰："从妄想有。"曰："与某甲想出一铤金得么？"师便休去，僧不肯。

师问雪峰："门外雪消也未？"曰："一片也无，消个甚么？"师曰："消也。"

僧问："一时包裹时如何？"师曰："旋风千匝。"

上堂："如人将三贯钱买个猎狗，只解寻得有踪迹底。忽遇羚羊挂角，莫道踪迹，气息也无。"僧问："羚羊挂角时如何？"师曰："六六三十六。"曰："挂角后如何？"师曰："六六三十六。"僧礼拜。师曰："会么？"曰："不会。"师曰："不见道：'无踪迹。'"

其僧举似赵州，州曰："云居师兄犹在。"僧便问："羚羊挂角时如何？"州曰："九九八十一。"曰："挂角后如何？"州曰："九九八十一。"曰："得恁么难会？"州曰："有甚么难会？"曰："请和尚指示。"州曰："新罗！新罗！"

又问长庆："羚羊挂角时如何？"庆曰："草里汉。"曰："挂后如何？"庆曰："乱叫唤。"曰："毕竟如何？"庆曰："驴事未去，马事到来。"

众僧夜参，侍者持灯来，影在壁上。僧见便问："两个相似时如何？"师曰："一个是影。"

问："学人拟欲归乡时如何？"师曰："只这是。"

新罗僧问："佛陀波利[19]见文殊，为甚却回去？"师曰："只为不将来，所以却回去。"

问："如何是佛？"师曰："赞叹不及。"曰："莫只这便是否？"师曰："不劳赞叹。"

问："教中道：'是人先世罪业，应堕恶道，以今世人轻贱故[20]。'此意如何？"师曰："动则应堕恶道，静则为人轻贱。"

（崇寿稠别云："心外有法，应堕恶道；守住自己，为人轻贱。"）

问："香积饭甚么人得吃？"师曰："须知得吃底人，入口也须抉出[21]。"

有僧在房内念经，师隔窗问："阇黎！念者是甚么经？"僧曰："《维摩经》。"师曰："不问《维摩经》，念者是甚么经？"其僧从此得入。

上堂："孤迥迥[22]，峭巍巍[23]。"僧出问曰："某甲不会。"师曰："面前案山[24]子也不会？"

新罗僧问："是甚么得恁么难道？"师曰："有甚么难道？"曰："便请和尚道。"师曰："新罗！新罗！"

问："明眼人为甚么黑如漆？"师曰："何怪！"

荆南节度使成汭入山设供[25]，问曰：“世尊有密语，迦叶不覆藏。如何是世尊密语？”师召：“尚书。”书应诺，师曰：“会么？”书曰：“不会。”师曰：“汝若不会，世尊有密语；汝若会，迦叶不覆藏。”

僧问：“才生为甚么不知有？”师曰：“不同生。”曰：“未生时如何？”师曰：“不曾灭。”曰：“未生时在甚么处？”师曰：“有处不收。”曰：“甚么人不受灭？”师曰：“是灭不得者。”

上堂：“僧家发言吐气[26]，须有来由，莫将等闲。这里是甚么所在？争受容易。凡问个事，也须识些子好恶。若不识尊卑良贱，不知触犯，信口乱道，也无利益。傍家行脚[27]，到处觅相似语。所以，寻常向兄弟道，莫怪不相似，恐同学太多去。第一莫将来，将来不相似，言语也须看前头。八十老人入场屋[28]，不是小儿嬉，不是因循事。一言参差即千里万里，难为收摄。盖为学处不着力，敲骨打髓[29]，须有来由。言语如钳如夹，如钩如锁，须教相续不断，始得头头[30]上具，物物上明。岂不是得妙底事？一种学大须子细研穷，直须谛当，的的无差。到这里有甚么踂跣[31]处，有甚么拟议处？向去底人，常须惨悚[32]、戢翼[33]始得。若是知有底人，自解护惜，终不取次[34]。十度发言，九度休去。为甚么如此？恐怕无利益。体得底人，心如腊月扇子[35]，直得口边醭[36]出，不是强为，任运如此。欲得恁么事，须是恁么人。既是恁么人，不愁恁么事。恁么事即难得。”

上堂：“汝等诸人，直饶学得佛边事，早是错用心。不见古人讲得天花落，石点头[37]，亦不干自己事。自余是甚么闲？拟将有限身心，向无限中用[38]。如将方木逗圆孔[39]，多少诮讹？若无恁么事，饶你攒花蔟锦[40]，亦无用处，未离情识在。一切事须向这里及尽，若有一毫去不尽，即被尘累[41]，岂况更多！差之毫厘，过犯山岳。不见古人道：‘学处不玄，尽是流俗；闺阁中物舍不得，俱为渗漏[42]。’直须向这里及取、及去、及来，并尽一切事，始得无过。如人头头上了，物物上通，只唤作了事人，终不唤[43]作尊贵。将知尊贵一路自别。不见道：‘从门入者非宝[44]。’棒上不成龙[45]，知么？”

师为南昌钟王尊之，愿为世世师。

天复元年秋，示疾。明年正月三日，问侍者曰：“今日是几？”曰：

“初三。”师曰：“三十年后，但道只这是。”乃告寂。谥“弘觉禅师”。

【注释】

［1］云居：山名。在江西南康建昌县西南三十里。其山峻崄，顶上常有云，故名。又名欧山，为欧岌得道之地。又以洞山之上足道膺住此山振洞上之宗风而有名。

［2］其师令习声闻篇聚，非其好，弃之：旧校本标点有误。“声闻篇聚”指有关佛教声闻僧（小乘）的戒律，不能分开标点。旧校本标点为“其师令习声闻篇，聚非其好”，连“篇聚”这个特有名词也分开，大误。项楚老先生纠正，但他将“篇聚”解释为“佛教典籍”亦有误。他把“声闻篇聚”拆开，标点为“其师令习声闻，篇聚非其好”亦不妥。“篇聚”，指戒律。比丘、比丘尼所学之戒律，因有五篇、六聚、七聚之分，故称篇聚。具足戒类别为篇门与聚门，篇门系依结成之罪果及急要之义而区别为五篇；聚门则类聚其罪性及因罪而为六聚、七聚、八聚。声闻僧乃以出家沙门形象，修小乘三学（戒学、定学、慧学）者。此处文字，《景德传灯录》更详细，云：“本师令习声闻篇聚，乃叹曰：‘大丈夫岂可桎梏于律仪耶！’”明确告诉我们，声闻篇聚就是出家人的戒律。

［3］噇（chuáng）：吃喝，没节制地吃喝。唐代寒山《诗》之七四：“背后噇鱼肉，人前念佛陀。”

［4］把茅盖头：指禅僧住持的寺院。把，一把。亦作“一把茅盖头”。言有一把茅，作个草庵，盖在头上，以蔽风雨也。《六祖坛经》曰：“汝向去有把茅盖头，也只成个知解宗徒。”《竹窗随笔》曰：“余单丁行脚时，忍饥渴，冲寒暑，备历诸苦，今幸得把茅盖头。”《〈景德传灯录〉译注》译为“有一把茅草盖头”，有误。“有把茅盖头”，指禅僧拥有了自己的寺院，当了住持。

［5］思大和尚：南岳尊者慧思，从陈帝受大禅师之号，因云思大。更尊而云“思大禅师”，或云“思大和尚”。《佛祖统纪》六曰：“帝可之，令随师还山。将行，饯以殊礼，称为大禅师。思大之名，盖得于此。”

［6］倭国：我国古代对日本的称呼。

［7］隔山：根据括号内的说明，此词或作“隔生”，都是相隔很远的意思。若是“隔山”，则是相隔有一座山；若是“隔生”，则是生死相隔了。

［8］弥勒下生经：说弥勒自兜率天下生阎浮成佛之事。后秦鸠摩罗什译。又竺法护译，《观弥勒菩萨下生经》之异名。同本异译也。

［9］旋：逐渐，渐渐。

［10］五逆罪：五种极逆于理的罪恶，即杀父、杀母、杀阿罗汉、出佛身之血，

破和合之僧。因此五种是极端罪恶的行为，任犯一种，即堕无间地狱，故又名无间业。

［11］行流：人的类别。

［12］保任：禅宗谓涵养真性而运用之。也就是在禅悟以后，还必须加以保持、维护，也就是巩固觉悟成果。

［13］高高山顶立，深深海底行：参见本书第五章“鼎州李翱刺史”条注释。

［14］阶级：修学的等级层次。又菩萨由凡夫到成佛，一共要经过五十二个阶位，即十信、十住、十行、十回向、十地、等觉、妙觉。十信是由十住中的第一发心住内，分开另立的，若将其缩入发心住内，则只有四十二位。

［15］上人：对智德兼备而可为众僧及众人师者之高僧的尊称。《释氏要览》卷上谓，内有智德，外有胜行，在众人之上者为上人。《大品般若经》卷十七坚固品则载，若菩萨摩诃萨能一心行阿耨多罗三藐三菩提，护持心不散乱，称为上人。

［16］田厍（shè）儿：参见本书“田厍奴”注释。

［17］沿台盘乞儿：围着筵席讨吃的小子。沿，同“沿”。台盘，桌子，引申为席面、筵席。《儒林外史》第五十回：“胡老爹上不得台盘，只好在厨房里。”

［18］二祖往邺都：参见本书第一章“二祖慧可大祖禅师”：“祖付嘱已，即往邺都，随宜说法。一音演畅，四众归依。如是积三十四载，遂韬光混迹，变易仪相。或入诸酒肆，或过于屠门，或习街谈，或随厮役。人问之曰：‘师是道人，何故如是？’祖曰：‘我自调心，何关汝事？’”

［19］佛陀波利：梵名，意译觉护。唐代译经家。北印度罽宾国人。忘身徇道，遍拜灵迹。闻文殊菩萨在清凉山，远涉流沙，躬来礼谒，于唐高宗仪凤元年（676年）杖锡五台山，虔诚礼拜，逢一神异之老翁，蒙其示教，重返本国，取梵本《尊胜陀罗尼经》复来京师。仪凤四年，高宗敕令日照及杜行顗译之，译成之后，置于宫中，未流布于世，后应波利之请，还其梵本，以供流布。波利遂持此梵本往西明寺，得精通梵语之僧顺贞共译之，是为《佛顶尊胜陀罗尼经》。此经译成后，波利持梵本入于五台山，莫知所终。又译有《长寿灭罪护诸童子陀罗尼经》一卷。

［20］是人先世罪业，应堕恶道，以今世人轻贱故：见《金刚般若波罗蜜经》：“须菩提！善男子、善女人受持、读诵此经，若为人轻贱，是人先世罪业，应堕恶道，以今世人轻贱故，先世罪业则为消灭，当得阿耨多罗三藐三菩提。”旧校本未知原文，标点有误。

［21］抉出：拨开口把饭掏出来。

［22］迥迥：遥远的样子。

［23］巍巍：崇高伟大。《论语·泰伯》：“巍巍乎！舜禹之有天下也而不与

焉。”何晏集解：“巍巍，高大之称。”

［24］案山：堪舆用语。指穴地近前的山。堪舆家谓“案山”有助于蓄聚穴山之气，对人的命运有重要作用。至明清时，更加注重“风水”。风水理论要求皇家陵寝，须前有照山，后有靠山，两山之间、陵寝近前有案山；不但坟墓前要有案山，房子前也要有案山。唐代杨筠松，名益，其《疑龙经批注校补》卷中：“只要案山逆水转，不爱顺流随水势。”本书第六章“邵武军龙湖普闻禅师”条：“师曰：‘师意如何?’霜（石霜）曰：‘待案山点头，即向汝道。’师于言下顿省。”明徐善继徐善述《地理人子须知·砂法总论》：“凡穴前低小之山名曰案山。”

［25］荆南节度使成汭入山设供：旧校本标点有误，此为叙述语言，误入上文禅师说话中。成汭（? ~903年），又名郭禹，青州（一说淮西）人，唐末任荆南节度使，官拜中书令，爵封上谷郡王。任内治理有方，903年败于杨行密，投水而死。又，“成汭”是专有名词，旧校本未划线，亦有误。

［26］发言吐气：指谈话的措词和神态。

［27］傍家行脚：挨家挨户行乞，游走四方，参访名师。傍家，依附着每家每户的布施。行脚，出家人为修行之目的而四处求访名师，跋涉山川，参访各地，谓之行脚。

［28］八十老人入场屋：八十岁老人出入科举考场，不是儿戏。多喻参禅悟道、示机应机，事关重大，绝不可轻忽。场屋，科举考试之场所。亦作“八十老人出场屋”。

［29］敲骨打髓：亦作“敲骨取髓”。参见本书第一章“初祖菩提达磨大师”条：“昔人求道，敲骨取髓，刺血济饥，布发掩泥，投崖饲虎，古尚若此，我又何人?”敲骨取髓，现形容剥削者残酷压榨，此处指为了求道而不惜献出身体。

［30］头头：事事、处处、样样。

［31］蹎（tiǎn）跣（xiǎn）：赤足行踪。此指艰苦的行脚参访经历。蹎，指行迹、行貌。跣，光着脚，不穿鞋袜。

［32］惨悚：悲伤，恐惧。

［33］戢（jí）翼（yì）：收拢翅膀，不再飞翔。比喻退隐。

［34］取次：随便，任意，轻率，唐突。《祖堂集》卷三“荷泽”条：“祖（指六祖慧能）曰：‘者沙弥争取次语！’便以杖乱打。师杖下思惟：‘大善知识历劫难逢，今既得遇，岂惜身命！’”

［35］腊月扇子：腊月为农历十二月，此时用不着扇子，喻指无用、累赘的言句知解。见本书第五章“仙天禅师”条：“僧参，才展坐具，师曰：‘不用通时暄，还我文彩未生时道理来。’曰：‘某甲有口，哑却即闲，苦死觅个腊月扇子作么?’”

［36］醭（bú）：酒、酱、醋等因败坏而生的白霉。亦泛指一切东西受潮而表面出现霉斑。

［37］天花落，石点头：形容讲经说法，十分动听感人，以致空中有香花降落，顽石也感动得点头。有“天花乱坠”与“顽石点头”的佛教典故。天花乱坠：传说梁武帝时，云光法师讲经，感动上天，香花从空中纷纷落下。顽石点头：指竺道生入虎丘山，聚石为徒，讲《涅槃经》，群石皆点头。

［38］自余是甚么闲？拟将有限身心，向无限中用：旧校本标点有误，不能标点为“自余是甚么闲拟”。“自余是甚么闲”，在《景德传灯录》作“况乎其余，有何用处”。大体意思是：那些说法说到“天花落，石点头”的高僧，他们都不把这个当一回事，何况其他的，还有什么用处呢？“自余是甚么闲”也是这个意思，其他的算什么闲话呢？“拟将有限身心，向无限中用”，要将有限的生命，应用到无限中去（才能真正发挥生命的价值，并终究有开悟的一天）。正如今天雷锋所说：“要将有限的生命，投入到无限的为人民服务之中去。”

［39］方木逗圆孔：方的木头拼合到圆孔里面，那就完全不匹配了。比喻方法错误，无法达到目的。逗：二物对合，拼合。

［40］攒花蔟锦：攒：聚在一起。形容五彩缤纷，十分鲜艳多彩的景象。亦作“花团锦簇”。

［41］尘累：烦恼恶业之污我缚我者。《楞严经》一曰：“拔济未来越诸尘累。”《长水疏》一上曰：“烦恼与业，染污系缚，喻之尘累。”

［42］闺阁中物舍不得，便为渗漏：参见本书第五章“鼎州李翱刺史”注释。

［43］唤：旧校本校勘云应作“唤”，宝祐本实际上就是作“唤”，不需要校勘。

［44］从门入者非宝：参见本章“洞山良价禅师”条注释。

［45］棒上不成龙：宝祐本作“捧上不成龙”，续藏本与《景德传灯录》等版本均作“棒上不成龙”。

【概要】

道膺禅师（835～902 年），唐代曹洞宗僧。蓟门玉田（今属河北）人，俗姓王。幼伶俐，二十五岁，于范阳（今属河北涿州）延寿寺受具足戒。初修小乘戒律，既而叹曰：“大丈夫岂可桎梏于律仪？”乃去。往终南山翠微寺参无学禅师，居三年。后参学于筠州（今属江西高安）之洞山良价座下，契悟宗旨，并嗣其法，洞山许之为门下弟子中的领袖。

开山后，初住于三峰山（今属江西宜丰）。其后，于洪州云居山（江西南昌西南）开创真如寺（又称飞白寺、龙昌寺），故有“云居道膺”之称。讲学三十多

年，弘扬禅法，大振曹洞宗风，道遍天下，徒众多至一千五百人。

南平王季、钟传深钦禅师之德风，奏请唐昭宗赐紫袈裟及师号。荆南节度使成汭亦常遣斋檀施。天复二年示寂（《佛祖通载》作天复元年示寂），翌年正月三日示寂，世寿六十八。谥“弘觉禅师”，塔号“圆寂”。法嗣有云住、佛日、澹权等人。

【参考文献】

《祖堂集》卷八；《宋高僧传》卷十二；《景德传灯录》卷十七；《禅林僧宝传》卷六；忽滑谷快天《禅学思想史》上卷。

疏山匡仁禅师

抚州疏山匡仁禅师，吉州新淦人。投本州元证禅师出家。

一日，告其师，往东都。听习未经岁月，忽曰：“寻行数墨[1]，语不如默。舍己求人，假不如真。”遂造洞山。

值山早参，出问：“未有之言，请师示诲。”山曰：“不诺无人肯。”师曰：“还可功也无？”山曰：“你即今还功得么？”师曰：“功不得即无讳处。”

山他日上堂曰：“欲知此事，直须如枯木生花，方与他合。”师问：“一切处不乖时如何？”山曰：“阇黎，此是功勋边事。幸有无功之功，子何不问？”师曰：“无功之功，岂不是那边人？”山曰：“大有人笑子恁么问。”师曰：“恁么则迢然[2]去也。”山曰：“迢然非迢然，非不迢然。”师曰：“如何是迢然？”山曰：“唤作那边人，即不得。”师曰：“如何是非迢然？”山曰：“无辨处。”

山问师：“空劫无人家，是甚么人住处？”师曰：“不识。”山曰：“人还有意旨也无？”师曰：“和尚何不问他？”山曰：“现问次。”师曰：“是何意旨？”山不对。

洎洞山顺世，弟子礼终，乃到潭州大沩，值沩示众曰：“行脚高士，直须向声色里睡眠，声色里坐卧，始得。”师出问：“如何是不落声色句？”沩竖起拂子，师曰：“此是落声色句。”沩放下拂子，归方丈。

师不契，便辞香严。严曰：“何不且住？”师曰：“某甲与和尚无缘。”严曰：“有何因缘，试举看。”师遂举前话。严曰：“某甲有个话。”师曰：

“道甚么?”严曰：“言发非声，色前不物。”师曰：“元来此中有人。”遂嘱香严曰：“向后有住处，某甲却来相见。”乃去。

沩问严曰：“问声色话底矮阇黎在么?”严曰：“已去也。”沩曰：“曾举向子么?”严曰：“某甲亦曾对他来。”沩曰：“试举看。”严举前话，沩曰：“他道甚么?”严曰：“深肯某甲。”沩失笑曰：“我将谓这矮子有长处，元来只在这里。此子向去，若有个住处，近山无柴烧，近水无水吃。”

师闻福州大沩安和尚示众曰：“有句无句，如藤倚树。”师特入岭到彼，值沩泥壁，便问：“承闻和尚道：‘有句无句，如藤倚树。’是否?”沩曰：“是。”师曰：“忽遇树倒藤枯，句归何处?”沩放下泥槃[3]，呵呵大笑，归方丈。师曰：“某甲三千里卖却布单，特为此事而来，和尚何得相弄?”沩唤侍者：“取二百钱与这上座去。”遂嘱曰：“向后有独眼龙为子点破在。”

沩山[4]次日上堂，师出问：“法身之理，理绝玄微，不夺是非之境，犹是法身边事。如何是法身向上事?”沩举起拂子，师曰：“此犹是法身边事。”沩曰：“如何是法身向上事?”师夺拂子，摺折掷向地上，便归众。沩曰：“龙蛇易辨，衲子难瞒。”

后闻婺州明招谦和尚出世（谦眇[5]一目），径往礼拜。招问：“甚处来?”师曰：“闽中来。”招曰：“曾到大沩否?”师曰：“到。”招曰：“有何言句?”师举前话，招曰：“沩山可谓头正尾正，只是不遇知音。”师亦不省，复问：“忽遇树倒藤枯，句归何处?”招曰：“却使沩山笑转新。”师于言下大悟，乃曰：“沩山元来笑里有刀。”遥望礼拜，悔过。

招一日问：“虎生七子，那个无尾巴?”师曰：“第七个无尾巴。”

香严出世，师不爽前约，遂往访之。严上堂，僧问：“‘不求诸圣、不重己灵’时如何?”严曰：“万机休罢，千圣不携。”师在众作呕声，曰：“是何言欤?”

严闻便下座，曰：“适对此僧语必有不是，致招师叔如是，未审过在甚么处?”师曰：“万机休罢，犹有物在。千圣不携，亦从人得。如何无过?”严曰：“却请师叔道。”师曰：“若教某甲道，须还师资礼始得。”严乃礼拜，蹑前问。师曰：“何不道肯、诺不得全。”严曰：“肯又肯个甚

么？诺又诺于阿谁？”师曰：“肯即肯他千圣，诺即诺于己灵。”严曰：“师叔恁么道，向去倒屙三十年在。”

师到夹山，山上堂。师问：“承师有言：‘目前无法，意在目前[6]。’如何是非目前法？”山曰：“夜月流辉，澄潭无影。”师作掀禅床势，山曰：“阇黎作么生？”师曰：“目前无法，了不可得。”山曰：“大众看取这一员战将。”

师参岩头，头见来，乃低头佯睡。师近前而立，头不顾。师拍禅床一下，头回首曰：“作甚么？”师曰：“和尚且瞌睡。”拂袖便行。头呵呵大笑曰：“三十年弄马骑，今日被驴扑。”

回谒石霜（机语具石霜章），遂归故里，出主蓝田。

信士张霸迁问：“和尚有何言句？”师示偈曰：“吾有一宝琴，寄之在旷野。不是不解弹，未遇知音者。”

后迁疏山。上堂：“病僧咸通年前，会得法身边事。咸通年后，会得法身向上事。”云门出问：“如何是法身边事？”师曰：“枯桩。”曰：“如何是法身向上事？”师曰：“非枯桩。”曰：“还许某甲说道理也无？”师曰：“许。”曰：“枯桩岂不是明法身边事？”师曰：“是。”曰：“非枯桩岂不是明法身向上事？”师曰：“是。”曰：“只如法身，还该一切也无？”师曰：“法身周遍，岂得不该？”门指净瓶曰：“只如净瓶，还该法身么？”师曰：“阇黎莫向净瓶边觅。”门便礼拜。

师问镜清：“肯诺不得全，子作么生会？”清曰：“全归肯诺。”师曰：“不得全又作么生？”清曰：“个中无肯路。”师曰：“始惬病僧意。”

问僧：“甚处来？”曰：“雪峰来。”师曰：“我已前到时，事事不足，如今足也未？”曰：“如今足也。”师曰：“粥足饭足？”僧无对。

（云门代云：“粥足饭足。”）

有僧为师造寿塔毕，白师，师曰：“将多少钱与匠人？”曰：“一切在和尚。”师曰：“为将三钱与匠人，为将两钱与匠人，为将一钱与匠人？若道得，与吾亲造塔来。”僧无语。

后僧举似大岭庵闲和尚（即罗山也），岭曰：“还有人道得么？”僧曰：“未有人道得。”岭曰：“汝归与疏山道，若将三钱与匠人，和尚此生决定不得塔。若将两钱与匠人，和尚与匠人共出一只手。若将一钱与匠人，累他匠人眉须堕落。”僧回，如教而说。师具威仪望大岭作礼，叹曰：“将谓无人，大岭有古佛放光，射到此间。虽然如是，也是腊月莲花。”大岭后闻此语，曰：“我恁么道，早是龟毛长三尺。”

僧问：“如何是诸佛师？”师曰：“何不问疏山老汉。”僧无对。

师常握木蛇，有僧问：“手中是甚么？”师提起曰：“曹家女。”

问：“如何是和尚家风？”师曰：“尺五头巾。”曰：“如何是尺五头巾？”师曰：“圆中取不得。”

因鼓山举威音王佛师，师乃问：“作么生是威音王佛师？”山曰：“莫无惭愧好！”师曰：“阇黎恁么道即得，若约病僧即不然。”山曰：“作么生是威音王佛师？”师曰：“不坐无贵位。”

问：“灵机未运时如何？”师曰：“夜半放白牛。”

问：“如何是一句？”师曰：“不道。”曰：“为甚么不道？”师曰：“少时辈。”

问：“久负不逢时如何？”师曰：“饶你雄信[7]解拈铊，比逐秦王较百步。”曰：“正当恁么时如何？”师曰：“将军不上便桥，金牙徒劳拈筈[8]。”

问：“如何是直指？”师曰：“珠中有水君不信，拟向天边问太阳。”

冬至上堂，僧问：“如何是冬来意？”师曰：“京师出大黄[9]。”

问：“和尚百年后向甚么处去？”师曰：“背抵芒丛[10]，四脚指天。”

师临迁化，有偈示众曰：“我路碧空外，白云无处闲。世有无根树，黄叶风送还。”偈终而逝，塔于本山。

【注释】

[1] 寻行数墨：拘泥于言句的意义。是禅家反对的一种参学方式。《志公和尚大乘赞》十首之九：“口内诵经千卷，体上问经不识；不解佛法圆通，徒劳寻行数墨。”

[2] 迢然：高远的样子。

[3] 槃（pán）：同“盘”。

[4] 沩山：旧校本作“为山”有误。

[5] 眇（miǎo）：一目失明。

[6] 目前无法，意在目前：参见本书第五章“夹山善会禅师”注释。

［7］雄信：指单雄信。曹州济阴人，粗豪刚烈，勇猛威武，疏财仗义，江湖好汉多与之结交，尤与翟让友善。为李密将，能马上用枪，军中号飞将。后兵败降王世充，被任为大将。其兄为李渊射死，故对唐有刻骨之仇，秦王围攻东都，雄信与他交战，枪几及王，徐世绩呵之曰："秦王也！"遂退。后力穷被擒，宁死不降，被斩首。

［8］筈（kuò）：箭的尾端，射时搭在弓弦上的部分。

［9］大黄：中药名。

［10］芒丛：茅草丛。

【概要】

匡仁禅师，唐末五代曹洞宗僧。生卒年不详。又称光仁。字圆照，号白云。吉州新淦（今江西省新干县）人。初投抚州元证禅师出家。受具后，出外参谒香严智闲等人。于东都听经，得人指点，赴江西宜丰洞山，师事良价禅师，承嗣其法。良价圆寂后，继游大沩、福州、婺州、夹山，遍参高德。终住抚州（今江西临川）之疏山，建疏山寺，举扬洞山宗风。世称"抚州疏山匡仁禅师"，或称"疏山"。因其身形矮小，容貌不扬，故被称为"矮师叔""矬师叔"或"矮阇黎"。但却因辩才无碍，常令他人无开口发言之机会，故又有"疏山啗镞"之称。盖"啗镞"为不得开口之意。生前自造墓塔，预定圆寂日期。及逝，葬本山。传徒甚众，各自开山立寺，弘扬曹洞宗风。

【参考文献】

《宋高僧传》卷十三；《景德传灯录》卷十七。

青林师虔禅师

青林师虔禅师，初参洞山。山问："近离甚处。"师曰："武陵。"曰："武陵法道何似此间？"师曰："胡地冬抽笋[1]。"山曰："别甑炊香饭[2]供养此人。"师拂袖便出。山曰："此子向后，走杀天下人在。"

师在洞山栽松次，有刘翁者求偈，师作偈曰："长长三尺余，郁郁覆青草。不知何代人，得见此松老？"刘得偈呈洞山，山谓曰："此是第三代洞山主人。"

师辞洞山，山曰："子向甚么处去？"师曰："金轮不隐的，遍界绝红尘。"山曰："善自保任！"师珍重而出。洞山门送，谓师曰："恁么去一句作么生道?”师曰:“步步踏红尘，通身无影像。”山良久，师曰:“老和尚何不速道!”山曰:“子得恁么性急?”师曰:“某甲罪过。”便礼辞。

师至山南府青锉山住庵，经十年，忽记洞山遗言，乃曰:“当利群蒙，岂拘小节邪?”遂往随州，众请住青林，后迁洞山。

凡有新到，先令般柴三转，然后参堂。有一僧不肯，问师曰:“三转内即不问，三转外如何?”师曰:“铁轮天子[3]寰中旨。”僧无对。师便打，趁出。

僧问:“昔年病苦，又中毒药，请师医。”师曰:“金锟[4]拨破脑，顶上灌醍醐[5]。”曰:“恁么则谢师医。”师便打。

上堂:“祖师门下，鸟道玄微。功穷皆转，不究难明。汝等诸人，直须离心意识参，出凡圣路学，方可保任。若不如是，非吾子息[6]。”

问:“久负不逢时如何?”师曰:“古皇尺一寸。”

问:“请师答话。”师曰:“修罗[7]掌于日月。”

上堂:“祖师宗旨，今日施行。法令已彰，复有何事?”僧问:“正法眼藏，祖祖相传，未审和尚传付何人?”师曰:“灵苗生有地，大悟不存师。”

问:“如何是道?”师曰:“回头寻远涧。”曰:“如何是道中人?”师曰:“拥雪首扬眉[8]。”

问:“千差路别，如何顿晓?”师曰:“足下背骊珠[9]，空怨长天月。”

问:“学人径往时如何?”师曰:“死蛇当大路，劝子莫当头。”曰:“当头者如何?”师曰:“丧子命根。”曰:“不当头者如何?”师曰:“亦无回避处。”曰:“正当恁么时如何?”师曰:“失却也。”曰:“向甚么处去?”师曰:“草深无觅处。”曰:“和尚也须堤防始得。”师拊掌曰:“一等是个毒气。”

【注释】

[1] 胡地冬抽笋：胡地指北方，北方无竹，所以不可能发生冬天竹子抽笋的事情。

[2] 香饭：出自《维摩诘经》。维摩居士自香积佛世界搬来香饭供养法会大众。《维摩诘经·香积佛品》曰:“舍利弗心念：日时欲至，此诸菩萨，当于何食?时维摩诘，知其意而语言：佛说八解脱，仁者受行，岂离饮食而闻法乎。若欲食

者，且待须臾。当令汝得未曾有食。”于是，维摩诘告诉大众，往上方世界，过四十二恒河沙佛土，有国名众香，佛号香积，与诸菩萨，方共坐食，他们正发心供养香饭给娑婆世界施作佛事。“时化菩萨，既受钵饭，与彼九百万菩萨，俱受佛威神力及维摩诘力，于彼世界，忽然不现。须臾之间，至维摩诘舍。时维摩诘即化作九百万师子之座，严好如前。诸菩萨皆坐其上。时化菩萨，以满钵香饭，与维摩诘。香饭普熏毗耶离城及三千大千世界。”时维摩诘，语舍利弗等诸大声闻：“仁者可食如来甘露味饭，大慈所熏，无以限意食之使不消也。”有异声闻，念是饭少，而此大众人人当食。化菩萨曰：“勿以声闻小德小智称量如来无量福慧，四海有竭，此饭无尽。使一切人食抟若须弥，乃至一劫，犹不能尽。”

［3］铁轮天子：四轮王之一。感得铁之轮宝，统御南阎浮提一洲之帝王。至增劫时人寿二万岁出现（见《智度论》），或于减劫时人寿八万岁以上出现（见《俱舍论》）

［4］金錍（pī）：古代治眼病的工具。形如箭头，用来刮眼膜。据说可使盲者复明。《涅槃经》卷八：“如目盲人为治目故，造诣良医，是时良医即以金錍决其眼膜。”

［5］醍醐：奶酪名。制奶酪时，上一重凝者为酥，酥上加油者为醍醐。味甘美，可入药。《涅槃经·圣行品》云：“譬如从牛出乳，从乳出酪，从酪出生酥，从生酥出熟酥，熟酥出醍醐。醍醐最上。”唐顾况《行路难》：“君不见少年头上如云发，少壮如云老如雪。岂知灌顶有醍醐，能使清凉头不热。”

［6］子息：本指子嗣、儿子，此处指禅师的弟子。

［7］修罗：即阿修罗。六道之一，译为非天，因其有天之福而无天之德，似天而非天。又译作无端，因其容貌很丑陋。又译作无酒，言其国酿酒不成。性好斗，常与帝释战，国中男丑女美，宫殿在须弥山北，大海之下。

［8］扬眉：扬眉、瞬目均系禅家示机、应机的特殊动作，泛指禅机作略。又作扬眉动目、瞬目扬眉、扬眉举目等。

［9］骊（lí）珠：宝珠。传说出自骊龙颔下，故名。《庄子·列御寇》：“夫千金之珠，必在九重之渊，而骊龙颔下。”

白水本仁禅师

高安白水[1]本仁禅师，因设先洞山忌斋，僧问：“供养先师，先师还来也无？”师曰：“更下一分供养着。”

上堂：“老僧寻常不欲向声前色后，鼓弄人家男女，何故？且声不是声，色不是色。”僧问：“如何是声不是声？”师曰：“唤作色得么？”曰：“如何是色不是色？”师曰：“唤作声得么？”僧作礼，师曰：“且道为汝说？答汝话？若向这里会得，有个入处。”

上堂：“眼里着沙不得，耳里着水不得。”僧问：“如何是眼里着沙不得？”师曰：“应真无比。”曰：“如何是耳里着水不得？”师曰：“白净无垢。”

问：“文殊与普贤，万法悉同源。文殊普贤即不问，如何是同源底法？”师曰：“却问取文殊普贤。”曰：“如何是文殊普贤？”师曰：“一钓便上。”

师谓镜清曰：“时寒，道者！”清曰[2]：“不敢。”师曰：“还有卧单也无？”曰：“设有，亦无展底工夫。”师曰：“直饶道者滴水冰生，亦不干他事。”曰：“滴水冰生，事不相涉。”师曰：“是。”曰：“此人意作么生？”师曰：“此人不落意。”曰：“不落意，此人聻？”师曰：“高山顶上，无可与道者啖啄[3]。”

长生然和尚问：“如何是西来意？”师曰：“还见庭前杉、榝[4]树否？”曰：“恁么则和尚今日，因学人致得是非。”师曰：“多口座主。”然去后，师方知是雪峰禅客，乃曰：“盗法之人，终不成器。”

（然住后，众缘不备，果符师记。因僧问：“从上宗乘，如何举唱？”然云：“不可为阇黎一人，荒却长生山也。”玄沙闻云：“然师兄佛法即大行，受记之缘亦就。”）

僧问：“如何是不迁义？”师曰：“落花随流水，明月上孤岑[5]。”

师将顺世，焚香白众曰：“香烟绝处，是吾涅槃时也。”言讫，跏趺而坐，息随烟灭。

【注释】

[1] 白水：寺院名，白水院。在江西高安，创建于晚塘。

[2] 师谓镜清曰：“时寒，道者！”清曰：旧校本标点有误，“清”是“镜清”禅师的名字，不能作“时寒道者清”这样的标点。

[3] 啖（dàn）啄（zhuó）：吃，咬。

[4] 榝（shā）：《尔雅·释木》郭璞注：“似茱萸而小，赤色。”《说文》：“似茱萸，出淮南。从木，杀声。”实际上它是茱萸的一种，称食茱萸，属于芸香科，

落叶小乔木。古时有插茱萸、佩茱萸囊以健身去邪的习俗。茱萸有温中、止痛、杀虫的功能，就像艾蒿去寒去邪。

[5] 岑（cén）：小而高的山。

洛京白马[1]遁儒禅师

僧问："如何是衲僧本分事？"师曰："十道[2]不通风，哑子[3]传来信。"曰："传甚么信？"师乃合掌顶戴。

问："如何是密室中人？"师曰："才生不可得，不贵未生时。"曰："是个甚么不贵未生时？"师曰："是汝阿爷。"

问："三千里外向白马，及乎到来为甚么不见？"师曰："是汝不见，不干老僧事。"曰："请和尚指示。"师曰："指即没交涉。"

问："如何是学人本分事？"师曰："昨夜三更月正午。"

问："如何是法身向上事？"师曰："井底虾蟆吞却月。"

（僧问黄龙："如何是井底虾蟆吞却月？"龙曰："不奈何。"曰："恁么则吞却去也。"龙曰："一任吞。"曰："吞后如何？"龙曰："好虾蟆。"）

问："如何是学人急切处？"师曰："俊鸟犹嫌钝，瞥然早已迟。"

问："如何是西来意？"师曰："点额猢狲探月波[4]。"

【注释】

[1] 洛京白马：即洛阳白马寺。位于河南洛阳县东（故洛阳城西）。东汉明帝时兴建，或谓建于明帝永平十八年（75 年）。相传为我国最古之僧寺。由于天竺之摄摩腾、竺法兰二僧以白马自西域驮经来我国，或谓于永平十年（67 年）至我国。明帝遂敕令于洛阳城西雍门（西阳门）外为之建造精舍，称之为白马寺。

[2] 十道：唐代设置的十个大行政区。每道辖若干州，道为唐代的第一级行政区，直属中央政府。包括关内、河南、河东、河北、山南、陇右、淮南、江南、剑南、岭南。《〈景德传灯录〉译注》注释为"十字路口"，有误。

[3] 哑子：哑巴。宋无名氏《张协状元》戏文第三九出："似哑子吃了黄柏，教我苦在肚皮里。"

[4] 点额猢狲探月波：首先弄清点额有两个方面的含义。一是以笔点头额，表吉祥之兆。事本《北齐书·文宣帝纪》："既为王，梦人以笔点己额。旦以告馆客

王昙哲曰：‘吾其退乎？’昙哲再拜贺曰：‘王上加点，便成主字，乃当进也。’”二是指点额鱼，谓跳龙门的鲤鱼头额触撞石壁。自汉朝之后，开科取士是读书人的主要通道，然而竞争又十分激烈。古人把这种竞争比作鲤鱼跳龙门。登进士的，好比鲤鱼跳过了龙门，鱼变龙，从此身份改变。跳不过的则被点额而归，额头上被点染黑墨，从此难以抬头。白居易被贬时把自己比作点额鱼，还专门赋诗《点额鱼》：“龙门点额意何如？红尾青鳍却返初。见说在天行雨苦，为龙未必胜为鱼。”“点额猢狲探月波”的意思是，你想要找西来意，就如那只注定失败的猴子，它去寻找所谓的西来意，只如猴子水中捞月，永远上不了选佛场的金榜。

龙牙居遁禅师

潭州龙牙山[1]居遁证空禅师，抚州人也。

因参翠微，乃问：“学人自到和尚法席一个余月，不蒙一法示诲，意在于何？”微曰：“嫌甚么？”师又问洞山，山曰：“争怪得老僧？”

（法眼别云：“祖师来也。”云居齐云：“此三人尊宿，还有亲疏也无？若有，那个亲？若无亲疏，眼在甚么处？”）

师又问翠微：“如何是祖师意？”微曰：“与我将禅板来。”师遂过禅板，微接得便打。师曰：“打即任打，要且无祖师意。”又问临济：“如何是祖师意？”济曰：“与我将蒲团来。”师乃过蒲团，济接得便打。师曰：“打即任打，要且无祖师意。”后有僧问：“和尚行脚时，问二尊宿祖师意，未审二尊宿明也未？”师曰：“明即明也，要且无祖师意。”

（东禅齐云：“众中道，佛法即有，只是无祖师意。若恁么会，有何交涉？别作么生会无祖师意底道理？”）

师复举德山头落底语，因自省过，遂止洞山，随众参请。一日问：“如何是祖师西来意？”山曰：“待洞水逆流，即向汝道。”师始悟厥旨，服勤八稔[2]。

湖南马氏请住龙牙。上堂：“夫参玄人，须透过祖佛始得。新丰和尚道：‘祖佛言教似生冤家，始有参学分。若透不得，即被祖佛谩去[3]。’”僧问：“祖佛还有谩人之心也无？”师曰：“汝道江湖[4]还有碍人之心也无？”乃曰：“江湖虽无碍人之心，为时人过不得，江湖成碍人去，不得道江湖不碍人。祖佛虽无谩人之心，为时人透不得，祖佛成谩人去，不得道祖佛不谩人。若透得祖佛过，此人过却祖佛。若也如是，始体得佛

祖意，方与向上人同。如未透得，但学佛学祖，则万劫无有出期。”僧曰：“如何得不被祖佛谩去？”师曰：“道者直须自悟去始得。”

问：“十二时中如何着力？”师曰：“如无手人欲行拳，始得。”

问：“终日区区[5]，如何顿息？”师曰：“如孝子丧却父母，始得。”

（东禅齐云：“如丧父母，何有闲暇？恁么会，还息得人疑情么？除此外，且作么生会龙牙意。”）

问：“如何是道？”师曰：“无异人心是。”乃曰：“若人体得道无异人心，始是道人。若是言说，则没交涉。道者，汝知行底道人否？十二时中，除却着衣吃饭，无丝发异于人心，无诳人心，此个始是道人。若道我得我会，则没交涉，大不容易。”

问：“如何是祖师西来意？”师曰：“待石乌龟解语，即向汝道。”曰：“石乌龟语也。”师曰：“向汝道甚么！”

问：“古人得个甚么，便休去？”师曰：“如贼入空室。”

问：“无边身菩萨[6]，为甚么不见如来顶相[7]？”师曰：“汝道如来还有顶相么？”

问：“大庾岭头提不起[8]时如何？”师曰：“六祖为甚么将得去？”

问：“二鼠侵藤时如何？”师曰：“须有隐身处始得。”曰：“如何是隐身处？”师曰：“还见侬家么？”

问：“维摩掌擎世界[9]，未审维摩向甚么处立？”师曰：“道者！汝道维摩掌擎世界？”

问：“知有底人，为甚么却有生死？”师曰：“恰似道者未悟时。”

问：“如何是西来意？”师曰：“此一问最苦。”

（报慈云：“此一问最好。”）

问：“祖意教意，是同是别？”师曰：“祖师在后来。”

问：“如何是无事沙门？”师曰：“若是沙门，不得无事。”曰：“为甚么不得无事？”师曰：“觅一个也难得。”

问：“‘蟾蜍[10]无反照之功，玉兔无伴月之意’时如何？”师曰：“道者！尧舜之君犹有化在。”

问：“如何得此身安去？”师曰：“不被别身谩始得。”

（法眼别云：“谁恼乱汝？”）

报慈屿赞师真曰："日出连山，月圆当户。不是无身，不欲全露。"

师一日在帐中坐，僧问："不是无身，不欲全露，请师全露。"师拨开帐子曰："还见么?"曰："不见。"师曰："不将眼来?"

（报慈屿闻云："龙牙只道得一半。"法眼别云："饱丛林。"）

师将顺寂，有大星陨于方丈前。

【注释】

［1］龙牙山：位于湖南益阳桃江县三堂街镇花桥坪村。唐元和（806～820年）定州僧圆鸿创建龙牙寺，初名延祥寺，元至正（1341～1367年）重修。传说龙牙寺僧曾用孽龙的牙齿为药，进贡唐太宗，治好了唐太宗皇后的背花病，唐太宗因此亲自题写匾额赐寺，后刻石碑，存于寺内，龙牙寺名亦由此而来。洞山良价弟子居遁禅师在龙牙寺做住持。

［2］稔（rěn）：庄稼成熟，借指年，古代谷一熟为年。

［3］祖佛言教似生冤家，始有参学分。若透不得，即被祖佛谩去：洞山悟本禅师语，参见《大正新修大藏经》第四十七册《筠州洞山悟本禅师语录》。

［4］江湖：原指江西与湖南，或指扬子江（长江）与洞庭湖，或指三江（湖北荆江、江苏松江、浙江省浙江）与五湖（江西鄱阳湖、湖南青草湖、湖南洞庭湖、江苏丹阳湖、江苏太湖）。盖"江湖"之用语，最早系出自庄子内篇大宗师中之"不如相忘于江湖"一语。然在禅林中，则称云游四海之僧众（云水僧）为江湖。盖于唐代时，江西有马祖道一，湖南有石头希迁，此二师同时大树法幢，德声享誉四方，马祖道一大振禅风，其下乃有临济、沩仰、黄龙等法流之演化；石头希迁亦广布法化，其下乃有曹洞、云门、法眼等道法之流布。当时天下僧众广集，多以参游二师门下为要，故依地名而称参学之僧众为江湖僧、江湖众，略称江湖。此外，因参游之僧众多为行脚于三江五湖，周游天下者，因此亦称之为江湖。又云水僧举行之结制安居，称为江湖僧会、江湖会，亦可略称为江湖。又僧堂亦称为江湖道场、江湖寮；师家则称江湖名胜禅师。另庆贺晋山之疏文，称为江湖疏或江湖友社疏；此疏若由东藏主宣读，称为东江湖疏；若由西藏主宣读，则称为西江湖疏。

［5］区区：奔走尽力，忙忙碌碌。区：通"驱"。

［6］无边身菩萨：即如来之异名。《传心法要》下曰："问：'无边身菩萨为什么不见如来顶相?'师云：'实无可见。何以故？无边身菩萨便是如来，不应更见。但无诸见，即是无边身。若有见处，即名外道。'"

［7］顶相：即顶髻之相。如来顶上有肉髻，一切人天不能得见，故有"无见

顶相”之称。其后转用为禅宗祖师及先德之肖像画。多半为半身像，亦有坐于曲录（佛事时僧侣所坐之圆靠椅）之全身像，另附加赞语。自古即有高祖像，此类图像较文字、学说更能直接传达全人格。顶相之流行始自我国，而盛行于日本镰仓、室町时代。画面人物多为写实笔法，间或有自作赞词，以作付法之信物，而传予弟子者。

［8］大庾岭头提不起：指五祖弘忍密传给六祖慧能的衣钵的事情。大庾岭，山名，在今江西与广东交界处，系五岭之一。据载，六祖慧能从五祖弘忍处密受衣法后，即暗中南下广东。弘忍席下众多弟子闻讯，即在惠顺（一作慧明、道明）率领下追赶慧能，终在大庾岭追上。慧能将所传衣钵放在山石上，惠顺却无论如何也提不起来，后在慧能启发下，获得禅悟。事见各本《坛经》以及本书第二章“蒙山道明禅师”注释。

［9］维摩掌擎世界：维摩居士一掌举起整个世界。出自《维摩诘经》所说的菩萨神通，包括以须弥之高广内芥子中、以四大海水入一毛孔、小室之内能容三万二千师子座。更有八千菩萨、五百声闻、百千天人，维摩诘致其右手掌，擎其大众往诣庵罗。如此等等，都是菩萨神通变化，难以详述。

［10］蟾蜍：月亮的代称，古代传说月中有蟾蜍。蟾蜍：俗称癞蛤蟆。贾岛《忆江上吴处士》：“闽国扬帆去，蟾蜍亏复圆。”

【概要】

居遁证空禅师，唐代禅僧，俗姓郭，抚州南城（今属江西）人。十四岁于吉州（治今江西吉安）满田寺出家，又于嵩岳受戒。后游历诸方，初参翠微无学、临济义玄，俱不契，又谒洞山良价，言下豁然大悟，依住有年，遂嗣其法，为曹洞宗传人。楚王马氏闻其德誉，请居遁于龙牙山妙济寺说法，禅侣四至，宗风大振。号“证空大师”。

【参考文献】

《景德传灯录》卷十七；《祖堂集》卷八。

华严休静禅师

京兆华严寺休静禅师，在洛浦作维那时，一日白椎普请曰：“上间般柴，下间锄地。”第一座问：“圣僧作甚么?”师曰：“当堂不正坐，不赴两头[1]机。”

师问洞山：“学人无个理路，未免情识运为。”山曰：“汝还见有理路也无?”师曰：“见无理路。”山曰：“甚处得情识来?”师曰：“学人实问。”山曰：“恁么则直须向万里无寸草处去[2]。”师曰：“万里无寸草处，还许某甲去也无?”山曰：“直须恁么去。”

师般柴次，洞山把住曰：“狭路相逢时如何?”师曰：“反侧[3]！反侧!”山曰：“汝记吾言，向南住，有一千人，向北住，止三百而已。”初住福州东山之华严，众满一千。未几，属后唐庄宗[4]征入辇下，大阐玄风，其徒果止三百。

庄宗问：“祖意教意，是同是别?”师曰：“探尽龙宫藏，众义不能诠。”

问：“大悟底人为甚么却迷?”师曰：“破镜不重照，落花难上枝。”

问：“大军[5]设天王[6]斋求胜，贼军亦设天王斋求胜。未审天王赴阿谁愿?”师曰：“天垂雨露，不拣荣枯。”

庄宗请入内斋，见大师大德总看经，唯师与徒众不看经。帝问：“师为甚么不看经?”师曰：“道泰不传天子令，时清休唱太平歌[7]。”帝曰：“师一人即得，徒众为甚么也不看经?”师曰：“师子窟中无异兽，象王行处绝狐踪[8]。”帝曰：“大师大德为甚么总看经?”师曰：“水母元无眼，求食须赖虾[9]。”帝曰：“既是后生，为甚么却称长老?”师曰：“三岁国家龙凤子，百年殿下老朝臣。”

师后游河朔，于平阳示灭。荼毗获舍利，建四浮图：一晋州，一房州，一终南山逍遥园，一华严寺。谥“宝智禅师”，“无为”之塔。

【注释】

[1] 两头：意谓痴迷不悟，执着地用分别、对立的眼光看待事理。按禅家认为万法一如，事物没有分别、对立的“两头”。

[2] 万里无寸草处去：参见“潭州石霜山庆诸禅师”条注释。

[3] 反侧：不安分，不顺服。《荀子·王制》：“故奸言、奸说、奸事、奸能、遁逃反侧之民，职而教之，须而待之。”

[4] 庄宗：指李存勖（885~926年）。小字亚子，代北沙陀人，生于晋阳（今山西太原）。唐末后唐开国皇帝，晋王李克用之子。923年至929年在位。

[5] 大军：指后唐军队。

［6］天王：欲界六天之最下天，在须弥山半腹之四方，有天主四人，谓之四天王：东曰持国天王，南曰增长天王，西曰广目天王，北曰多闻天王。传说唐天宝间，番寇西安，诏不空三藏诵咒禳之。忽见金甲神人，不空云："此毗沙门天王第二子独健，往救矣。"后西安奏捷，亦云西北有天王现形，胜之。朝廷因敕诸道立像，佛寺有天王堂始此也。

［7］道泰不传天子令，时清休唱太平歌：参见《禅宗颂古联珠通集》卷十："古佛场中不展戈，后人刚地起诜（náo，争辩）讹。道泰不传天子令，时清休唱太平歌。"

［8］师子窟中无异兽，象王行处绝狐踪：狮子的洞窟中没有其他野兽，大象之王所行之处没有狐狸的踪迹。意思是，强将手下无弱兵，既然是我徒众，就都是师子和象王。

［9］水母元无眼，求食须赖虾：水母自己没有眼睛，而以虾做它的眼目。

【概要】

休静禅师，唐代禅僧。生卒年不详。居于京兆华严寺。为洞山良价之法嗣。因后唐庄宗之召请，而大振曹洞宗。敕谥"宝智禅师"。

【参考文献】

《祖堂集》卷八；《景德传灯录》卷十七。

瑞州九峰普满禅师

僧问："如何是不迁义？"师曰："东生明月，西落金乌。"曰："非师不委。"师曰："理当则行。"僧礼拜，师便打。

僧曰："仁义道中，礼拜何咎？"师曰："来处不明，须行严令。"

问："眼不到色尘时如何？"师指香台曰："面前是甚么？"曰："请师子细。"师曰："不妨遭人检点。"

问："人人尽道请益，未审师还拯济也无？"师曰："汝道巨岳还乏寸土么？"曰："四海参寻，当为何事？"师曰："演若迷头心自狂[1]。"曰："还有不狂者也无？"师曰："有。"曰："如何是不狂者？"师曰："突晓途中眼不开。"

问僧："近离甚么？"曰："闽中。"师曰："远涉不易。"曰："不难，动步便到。"师曰："有不动步者么？"曰："有。"师曰："争得到此间？"

僧无对，师以拄杖趁下。

问："对境心不动时如何？"师曰："汝无大人[2]力。"曰："如何是大人力？"师曰："对境心不动。"曰："适来为甚么道无大人力？"师曰："在舍只言为客易，临川方觉取鱼难。"

问："如何是道？"师曰："见通车马。"曰："如何是道中人？"师便打，僧作礼，师便喝。

问："十二时中如何合道？"师曰："与心合道。"曰："毕竟如何？"师曰："土上加泥[3]犹自可，离波求水实堪悲。"

问："如何是不坏身？"师曰："正是。"曰："学人不会，请师直指。"师曰："适来曲多少？"

问："古人道：'真因妄立，从妄显真。'是否？"师曰："是。"曰："如何是真？"师曰："不杂食。"曰："如何是妄？"师曰："起倒攀缘。"曰："去此二途，如何合得圆常？"师曰："不敬功德天，谁嫌黑暗女？"

问："九峰[4]一路，今古咸知。向上宗乘，请师提唱。"师竖起拂子。僧曰："大众侧聆，愿垂方便。"师曰："清波不睹鱼龙现，迅浪风高下底钩。"曰："若不久参，那知今日？"师曰："人生无定止，像没镜中圆。"

问："如何是祖师西来意？"师曰："更问阿谁？"曰："恁么则学人全体是也。"师曰："须弥顶上戴须弥。"

【注释】

[1] 演若迷头心自狂：演若达多迷失了自己的头，弄得自己发狂。这是一个佛教典故，出自《楞严经》。"演若"，梵语，是一个人的名字，全名"演若达多"，又作延若达多、耶若达多。意译作祠授，因祭祠天而乞得之意。据《大佛顶首楞严经》卷四载，室罗城中演若达多，一日于晨朝以镜照面，于镜中得见己头之眉目而喜，欲返观己头却不见眉目，因生大嗔恨，以为乃魑魅所作，遂无状狂走。此系以自己之本头比喻真性，镜中之头比喻妄相。喜见镜中之头有眉目，比喻妄取幻境为真性而坚执不舍；嗔责己头不见眉目，则比喻迷背真性。

[2] 大人：对长辈、师长的称呼。对非凡之人、上等根器者的称呼。

[3] 土上加泥：比喻增添一层痴迷、纠缠。

[4] 九峰：指普满禅师居住之瑞州九峰山。旧校本未加专有名词线，有误。

北院通禅师

益州北院通禅师，初参夹山，问曰："目前无法，意在目前，不是目前法，非耳目之所到。岂不是和尚语？"山曰："是。"师乃掀倒禅床，叉手而立。山起来打一拄杖，师便下去。

（法眼云："是他掀倒禅床，何不便去？须待他打一棒了去，意在甚么处？"）

次参洞山，山上堂曰："坐断主人公，不落第二见。"师出众曰："须知有一人不合伴。"山曰："犹是第二见。"师便掀倒禅床，山曰："老兄作么生？"师曰："待某甲舌头烂，即向和尚道。"后辞洞山拟入岭，山曰："善为！飞猿岭峻好看！"师良久，山召："通阇黎！"师应诺，山曰："何不入岭去？"师因有省，更不入岭。

住后，上堂："诸上座有甚么事，出来论量取。若上上根机，不假如斯。若是中下之流，直须刬[1]削门头户底，教索索[2]地，莫教入泥水。第一速须省事，直须无心去。学得千般万般，只成知解，与衲僧门下有甚么交涉？"僧问："直须无心学时如何？"师曰："不管系。"

问："如何是佛？"师曰："峭壁本无苔，洒墨图斑驳[3]。"

问："二龙争珠，谁是得者？"师曰："得者失。"曰："不得者如何？"师曰："还我珠来。"

问："如何是清净法身？"师曰："无点污。"

问："转不得时如何？"师曰："功不到。"

问："如何是大富贵底人？"师曰："如轮王宝藏。"曰："如何是赤穷底人？"师曰："如酒店腰带。"

问："水洒不着时如何？"师曰："干剥剥[4]地。"

问："一槌便成时如何？"师曰："不是偶然。"

问："如何是祖师西来意？"师曰："壁上尽枯松，游蜂竞采蕊。"

灭后谥"证真禅师"。

【注释】

［1］刬：同"铲"。削除。

［2］索索：干脆利落的样子。《祖堂集》卷七"岩头"条："若是得意底人，

自解作活计，举措悉皆索索底，时长恬恬底。触物则传，意在传处。住则刬住，去则刬去。”

［3］斑驳：一种颜色中夹杂有别的颜色，或颜色深浅不一。

［4］干剥剥：干燥无水的样子。《如净语录》卷上：“一叶落，空索索；天下秋，干剥剥。大众，若还坐在这里，总是渴死底汉。”又：“雨打虚空干剥剥，日明大地黑漫漫。个中开得金刚眼，生死何曾有异端？”

洞山道全禅师

洞山道全禅师，问先洞山：“如何是出离之要？”山曰：“阇黎足下烟生[1]。”师当下契悟，更不他游。

（云居进语曰：“终不孤负和尚足下烟生。”山曰：“步步玄者，即是功到。[2]”）

暨洞山圆寂，众请踵迹[3]住持。

僧问：“佛入王宫，岂不是大圣[4]再来？”师曰：“护明[5]不下生。”曰：“争奈六年苦行何？”师曰：“幻人呈幻事。”曰：“非幻者如何？”师曰：“王宫觅不得。”

问：“‘清净行者不入涅槃，破戒比丘不入地狱’时如何？”师曰：“度尽无遗影，还他越涅槃。”

问：“极目千里，是甚么风范？”师曰：“是阇黎风范。”曰：“未审和尚风范如何？”师曰：“不布婆娑[6]眼。”

【注释】

［1］足下烟生：形容走路走得快。

［2］云居进语曰：“终不孤负和尚足下烟生。”山曰：“步步玄者，即是功到。”：查阅《景德传灯录》，这一段文字不是正文，用小字刊印，故校勘更正，用括号标出。

［3］踵迹：犹继承。《楚辞·刘向·九叹·离世》：“端余行其如玉兮，述皇舆之踵迹。”王逸注：“言思正我行，令之如玉，不匿瑕恶，以承述先王正治之法，继续其业而大之也。”

［4］大圣：为对佛、菩萨及大声闻等之尊称；有别于世俗之圣人。如大圣普贤菩萨、大圣文殊师利菩萨、大圣观自在菩萨、大圣不动明王、大圣欢喜天等，概皆出于尊敬之意。

［5］护明：释迦如来生于睹史多天，号护明大士。见《正宗记》一。

［6］婆娑：翩翩起舞的样子。《诗·陈风·东门之枌》："子仲之子，婆娑其下。"毛传："婆娑，舞也。"佛教另有"娑婆"一词，梵语音译。意为忍土、忍界。《敦煌变文集·大目乾连冥间救母变文》："俗间之罪满婆娑，唯有悭贪罪最多。"苏曼殊《娑罗海滨遁迹记》："今欲早离苦海，当以大雄无畏之身，还我婆娑大地。"

京兆蚬子和尚

京兆府蚬子和尚，不知何许人也。事迹颇异，居无定所。自印心于洞山，混俗闽川，不畜道具[1]，不循律仪。冬夏唯披一衲。逐日沿江岸采掇虾蚬，以充其腹。暮即宿东山白马庙纸钱中。居民目为蚬子和尚。

华严静禅师闻之，欲决真假，先潜入纸钱中。深夜师归，严把住曰："如何是祖师西来意？"师遽答曰："神前酒台盘。"严放手曰："不虚与我同根生。"

严后赴庄宗诏入长安，师亦先至。每日歌唱自拍，或乃佯狂泥雪，去来俱无踪迹，厥后不知所终。

【注释】

［1］道具：指修行佛道所必备之资具。通常有三衣六物、十八物、百一物等，亦即僧尼携于身边之物。我国自古于诸书中设有道具之篇目，其种类与数量未有定规。至后世，一般的日常应用器具或舞台用具亦称道具，此乃讹误之用法。

【概要】

蚬子和尚，唐代曹洞宗僧。洞山良价之法嗣。生卒年、籍贯均不详。住于京兆，居无定所。印心于洞山。混俗于闽川一带。不蓄道具，不循律仪。冬夏唯披一衲。逐日沿江岸探掇虾蚬，以充其腹。暮即宿于东山白马庙纸钱中。居民称为蚬子和尚。华严静禅师与之往来唱和。后不知所终。弟子有猪头和尚、维足和尚。

【参考文献】

《景德传灯录》卷十七；《神僧传》卷九。

台州幽栖道幽禅师

镜清问："如何是少父[1]？"师曰："无标的[2]。"曰："无标的以为少父邪？"师曰："有甚么过？"曰："只如少父作么生？"师曰："道者是甚么心行？"

问："如何是佛？"师曰："汝不信是众生。"曰："学人大信。"师曰："若作胜解，即受群邪。"

问："如何是道？"师曰："但有路可上，更高人也行。"曰："如何是道中人？"师曰："解驱云里信。"

师一日斋时，入堂白槌曰："白大众。"众举头，师曰："且吃饭。"

师将示灭，僧问："和尚百年后向甚么处去？"师曰："迢然！迢然！"言讫坐亡。

【注释】

[1] 少父：叔父。

[2] 标的：箭靶，标志。引申为目标或目的。

越州乾峰和尚

上堂："法身有三种病，二种光，须是一一透得，始解归家稳坐，须知更有向上一窍在。"云门出，问："庵内人为甚么不知庵外事？"师呵呵大笑。门曰："犹是学人疑处。"师曰："子是甚么心行？"门曰："也要和尚相委。"师曰："直须与么始解稳坐。"门应"喏喏"。

上堂："举一不得举二，放过一着，落在第二。"云门出众曰："昨日有人从天台来，却往径山去。"师曰："典座来日不得普请。"便下座。

问僧："甚处来？"曰："天台。"师曰："见说石桥作两段，是否？"曰："和尚甚处得这消息来？"师曰："将谓华顶峰前客，元是平田庄里人。"

问："如何得出三界去？"师曰："唤院主来，趁出这僧着。"

师问："众僧轮回六趣，具甚么眼？"众无对。

僧问："如何是超佛越祖之谈？"师曰："老僧问曋？"曰："和尚问

则且置。”师曰：“老僧问尚不奈何，说甚么超佛越祖之谈？”

问：“十方薄伽梵，一路涅槃门。未审路头在甚么处？”师以拄杖画云：“在这里。”

（僧后请益云门，门拈起扇子云：“扇子踍跳上三十三天，筑着帝释鼻孔，东海鲤打一棒，雨似盆倾。会么？”）

吉州禾山和尚

僧问：“学人欲伸一问，师还答否？”师曰：“禾山答汝了也。”

问：“如何是西来意？”师曰：“禾山大顶。”

问：“如何和尚家风？”师曰：“满目青山起白云。”曰：“或遇客来，如何祇待？”师曰：“满盘无味醍醐果。”

问：“无言童子[1]居何国土？”师曰：“当轩木马嘶风切。”

【注释】

［1］无言童子：无言童子一出生就无言，却是以无言形式宣讲佛法，实际上是大菩萨。《大集经》十二“无言菩萨品”曰：“王舍城师子将军家产一子。当其生时，虚空之中多有诸天作如是言：‘童子！当应念法，思惟于法。凡所发言，莫说世事，常当颂宣出世之法，常当守口，慎言少语，莫于世事起诸觉观，当依于义，莫依文字。’尔时闻是语已，不复涕泣。无婴儿相，乃至七日色貌和悦，见人欢喜，目未曾眴。是时有人语其父母：‘是儿不祥不应畜养，何以故？喑无声故。’父母答言：‘是儿虽复喑不出声，然其身根具足无缺，当知是儿必有福德，非是不祥薄福之人。’因为立字，字曰‘无言’。时无言童子渐渐长大，如八岁儿。所游方面，人所乐见，随有说法转法轮处，乐往听受，口无所宣。尔时无言童子以佛神力与其父母眷属宗亲往宝坊所，到已见佛，心生欢喜。礼敬供养，右绕三匝，合掌而立。并见十方诸来菩萨，生大喜心。尔时舍利弗白佛言：‘世尊！师子将军所生之子，身根具足而不能语，是何恶业因缘所致？’佛告舍利弗：‘汝今不应作如是语轻是童子，何以故？是人即是大菩萨也。’……尔时无言菩萨现如是等大神通已，低头合掌作如是言：‘南无佛陀！南无佛陀！’……尔时无言以佛神力及己愿力，与诸菩萨踊在虚空，高七多罗树，正向于佛而说偈。”梁武《金刚般若经忏文》曰：“无言童子，妙得不言之妙。不说菩萨，深见无说之深。”

天童咸启禅师

明州天童咸启禅师，问伏龙：“甚处来？”曰：“伏龙来。”师曰：

“还伏得龙么?”曰:“不曾伏这畜生。”师曰:“且坐吃茶。”

简大德问:“学人卓卓[1]上来,请师的的[2]。”师曰:“我这里一屙便了,有甚么卓卓的的?”曰:“和尚恁么答话,更买草鞋行脚好!”师曰:“近前来。”简近前,师曰:“只如老僧恁么答,过在甚么处?”简无对,师便打。

问:“如何是本来无物?”师曰:“石润元含玉,矿异自生金。”

问:“如何是真常流注[3]?”师曰:“涓滴无移。”

【注释】

[1] 卓卓:特立,高超出众。南朝宋代刘义庆《世说新语·容止》:“嵇延祖卓卓如野鹤之在鸡群。”

[2] 的的:佛法的确切要旨。是学人参问常提的问题。

[3] 真常流注:流注,为止住、执着之意。谓止住、执着于真空常寂的第一义之境中,此为法性之病。

潭州宝盖山和尚

僧问:“一间无漏舍,合是何人居?”师曰:“无名不挂体。”曰:“还有位也无?”师曰:“不处[1]。”

问:“如何是宝盖?”师曰:“不从人天得。”曰:“如何是宝盖中人?”师曰:“不与时人知。”曰:“佛来时如何?”师曰:“觅他路不得。”

问:“世界坏时,此物何处去?”师曰:“千圣寻不得。”曰:“时人如何归向?”师曰:“直须似他去。”曰:“还有的当也无?”师曰:“不立标则[2]。”

问:“不居正位底人,如何行履?”师曰:“红焰丛中骏马嘶。”

【注释】

[1] 不处:不据有,不居。《论语·里仁》:“富与贵,是人之所欲也;不以其道得之,不处也。”

[2] 标则:标示,标志。

钦山文邃禅师

澧州钦山[1]文邃禅师,福州人也。少依杭州大慈山寰中禅师受业,

时岩头、雪峰在众，睹师吐论，知是法器，相率游方。二大士各承德山印记，师虽屡激扬，而终然凝滞。

一日，问德山曰："天皇也恁么道，龙潭也恁么道，未审和尚作么生道?"山曰："汝试举天皇、龙潭道底看。"师拟进语，山便打。师被打，归延寿堂，曰："是则是，打我太煞。"岩头曰："汝恁么道，他后不得道见德山来。"（法眼别云："是则是，错打我。"）后于洞山言下发解，乃为之嗣。

年二十七，止于钦山，对大众前自省过，举参洞山时语。山问："甚么处来?"师曰："大慈来。"曰："还见大慈么?"师曰："见。"曰："色前见，色后见?"师曰："非色前后见。"洞山默置。师乃曰："离师太早，不尽师意。"（法眼云："不尽师意，不易承嗣得他"。）

僧问："如何是祖师西来意?"师曰："梁公曲尺[2]，志公剪刀。"

问："'一切诸佛及诸佛法，皆从此经出[3]。'如何是此经?"师曰："常转。"曰："未审经中说甚么?"师曰："有疑请问。"

问："如何是和尚家风?"师曰："锦绣银香囊，风吹满路香。"岩头闻，令僧去云："传语十八子，好好事潘郎[4]。"

有僧写师真呈，师曰："还似我也无?"僧无对。师自代曰："众僧看取。"

德山侍者来参，才礼拜，师把住曰："还甘钦山与么也无?"者曰："某甲却悔久住德山，今日无言可对。"师乃放手曰："一任祇对。"者拨开胸曰："且听某通气一上。"师曰："德山门下即得，这里一点用不着。"者曰："久闻钦山不通人情。"师曰："累他德山眼目，参堂去。"

师与岩头、雪峰坐次，洞山行茶来，师乃闭眼。洞曰："甚么处去来?"曰："入定来。"洞曰："定本无门，从何而入?"

师入浴院[5]，见僧踏水轮[6]。僧下问讯，师曰："幸自辘辘地转，何须恁么?"曰："不恁么又争得?"师曰："若不恁么，钦山眼堪作甚么?"曰："作么生是师眼?"师以手作拨眉势。曰："和尚又何得恁么?"师曰："是我恁么，你便不恁么。"僧无对，师曰："索战无功，一场气闷。"良久，乃问曰："会么?"曰："不会。"师曰："钦山为汝担取一半。"

师与岩头、雪峰过江西，到一茶店吃茶次，师曰："不会转身通气者，不得茶吃。”头曰：“若恁么我定不得茶吃。”峰曰：“某甲亦然。”师曰：“这两个老汉话头也不识？”头曰：“甚处去也？”师曰：“布袋里老鸦，虽活如死。”头退后曰：“看！看！”师曰：“龕公且置，存公作么生？”峰以手画一圆相，师曰：“不得不问。”头呵呵曰：“太远生。”师曰：“有口不得茶吃者多。”

巨良禅客参，礼拜了便问：“一镞[7]破三关[8]时如何？”师曰：“放出关中主看。”良曰：“恁么则知过必改。”师曰：“更待何时？”良曰：“好只箭，放不着所在。”便出去。师曰：“且来，阇黎。”良回首，师下禅床擒住曰：“一镞破三关即且置，试为钦山发箭看。”良拟议，师打七棒曰：“且听个乱统汉[9]，疑三十年。”有僧举似同安察，安曰：“良公虽解发箭，要且未中的[10]。”僧便问：“未审如何得中的去？”安曰：“关中主是甚么人？”僧回举似师，师曰：“良公若解恁么，也免得钦山口。然唯如此，同安不是好心，亦须看始得。”

僧参，师竖起拳曰：“开即成掌，五指参差。如今为拳，必无高下。汝道钦山还通商量也无？”僧近前，却竖起拳。师曰：“你恁么只是个无开合汉。”曰：“未审和尚如何接人？”师曰：“我若接人，共汝一般去也。”曰：“特来参师，也须吐露个消息。”师曰：“汝若特来，我须吐露。”曰：“便请。”师便打，僧无语，师曰：“守株待兔，枉用心神。”

上堂，横按拄杖，顾视大众曰：“有么有么？如无，钦山唱《菩萨蛮[11]》去也，啰啰哩哩。”便下座。

师与道士论义。士立义曰：“粗言及细语，皆归第一义。”师曰：“道士是佛家奴。”士曰：“太粗生！”师曰：“第一义何在？”士无语。

【注释】

［1］钦山：位于澧县道河乡青山村夹板山。据考此山系唐皇钦赐李元则为彭王，治理澧州，名钦山。寺建于唐末。《澧州志》载：“大唐大德僧文邃建。”钦山寺原名干明寺，寺庙位于洞庭西滨澧州境内，澧水南岸之群山环抱的钦山脚下（今湖南省常德市澧县）。钦山寺位于澧县县城西约十千米处。

［2］曲尺：木工用来求直角的尺，用木或金属制成，像直角三角形的勾股二边，通常在较长的一边上有刻度。也叫矩尺。《史记·礼书》“规矩诚错”唐代司马贞索隐：“矩，曲尺也。”

［3］一切诸佛及诸佛法，皆从此经出：原文出自《金刚经》："须菩提！一切诸佛及诸佛阿耨多罗三藐三菩提法，皆从此经出。"

［4］潘郎：指晋美男子潘岳。潘岳姿仪俊美，故有此称。后泛指女子爱慕的男子。

［5］浴院：寺院的澡堂。明代高启《夜投西寺》："钟度行廊远，灯留浴院微。"

［6］水轮：水车。旧式灌溉机械。用人或畜力作为动力，通过管、筒、水槽等机件将水上提。宋代陆游《入蜀记》卷一："妇人足踏水车，手犹绩麻不置。"

［7］镞（zú）：箭头，借指箭。

［8］三关：三处玄关。宋代黄龙山普觉禅师，常以三语问学者，一时学者鲜能契其旨者，天下丛林称之为黄龙三关。又，禅宗开悟有三个阶段，包括本参（初关）、重关、末后关。由参话题引出无漏慧，由无漏慧，明自本心，见自本性，名为初关。既见性已，乃以无漏慧对治烦恼，到烦恼伏而不起现行，方名重关。然烦恼之伏，犹赖对治功用，必至烦恼净尽，任运无功用时，始透末后一关。

［9］乱统汉：糊涂无条理的人。

［10］良公虽解发箭，要且未中的：旧校本标点有误。"要且"是转折连词，不能分开，旧校本用逗号点断。

［11］菩萨蛮：唐教坊曲名，后成为词调名，属小令。作为词牌，"菩萨蛮"最早出现在唐代。唐五代时期，"菩萨蛮"就极为流行。

【概要】

文邃禅师（834～896年），福建福州人。少年时曾依杭州大慈山寰中禅师（百丈禅师之法嗣）受业，后为佛教曹洞宗创始人洞山良价禅师之法嗣，二十七岁时，前住湖南澧州钦山开法，在钦山弘法三十六年，直至圆寂。

【参考文献】

《祖堂集》卷八；《景德传灯录》卷十七。

九峰通玄禅师

瑞州九峰通玄禅师，郢州程氏子。初参德山，后于洞山言下有省。

住后，僧问："自心他心，得相见否？"师曰："自己尚不见，他人何可观。"

问："罪福之性，如何了达，得无同异？"师曰："绨绤[1]不御寒。"

【注释】

[1] 绨（chī）绤（xì）：葛布的统称。葛之细者曰绨，粗者曰绤。引申为葛服。夏天穿的衣服。

第三节　青原下六世

曹山寂禅师法嗣

洞山道延禅师

瑞州洞山道延禅师，因曹山垂语云："有一人向万丈岩头腾身直下，此是甚么人？"众无对，师出曰："不存。"山曰："不存个甚么？"师曰："始得扑不碎。"山深肯之。后有僧问："请和尚密付真心。"师曰："欺这里无人作么？"

抚州金峰从志玄明禅师

僧问："如何是金峰正主？"师曰："此去镇县不遥，阇黎莫造次。"曰："何不道取？"师曰："口如磉盘[1]。"

问："千峰万峰，那个是金峰？"师乃斫额[2]。

问："'千山无云，万里绝霞'时如何？"师曰："飞猿岭那边何不吐却？"

问："如何是西来意？"师曰："壁边有鼠耳。"

问："如何是和尚家风？"师曰："金峰门前无五里牌[3]。"

新到参，师曰："不用通时暄，第一句道将来。"曰："孟春犹寒，伏惟和尚。"师曰："犹有这个在。"曰："不可要人点检去也。"师曰："谁？"僧指自身。师曰："不妨遭人点检。"

拈起枕子，示僧曰："一切人唤作枕子，金峰道不是。"僧曰："未审和尚唤作甚么？"师拈起枕子，僧曰："恁么则依而行之。"师曰："你唤作甚么？"僧曰："枕子。"师曰："落在金峰窠里。"

问："金杯满酌时如何？"师曰："金峰不胜酩酊[4]。"

僧扫地次，师问："作甚么？"僧竖起苕帚，师曰："犹有这个在。"曰："和尚适来见个甚么？"师竖起拄杖。

僧参，才入方丈，师便打，僧曰："是，是！"师又打，僧曰："不是，不是！"师作礼拜势，僧作拓势，师曰："老僧眼暗，阇黎耳聋。"曰："将饭餧鱼，还须克己。"师曰："施食得长寿报。"曰："和尚年多少？"师曰："不落数量。"曰："长寿者谁？"师曰："金峰。"曰："果然眼昏。"师曰："是，是！"

问僧："甚处来？"僧近前。良久，师曰："阇黎参见甚么人？"曰："参甚么碗？"师曰："金峰有过。"曰："是，是！"师良久。

师问僧："甚处来？"曰："东国来。"师曰："作么生过得金峰关？"曰："公验分明。"师曰："试呈似金峰看。"僧展两手，师曰："金峰关从来无人过得。"曰："和尚还过得么？"师曰："波斯吃胡椒。"

问僧："姓甚么？"曰："姓何。"师曰："至竟不脱俗。"曰："因师致得。"师曰："若恁么，过在金峰。"曰："不敢。"师曰："灼然，金峰有过。"

僧问讯次，师把住曰："辄不得向人道，我有一则因缘举似你。"僧作听势，师与一掌，僧曰："为甚么打某甲？"师曰："我要这话行。"

看经次，骈道者[5]来，师擎起经作揽衣势，以目视之。骈提起坐具，以目视师。师曰："一切人道你会禅。"骈曰："和尚作么生？"师笑曰："草贼大败。"

问："是身无知，如土木瓦石。此意如何？"师下禅床，扭僧耳朵，僧负痛作声。师曰："今日始捉着个无知汉。"僧作礼出去，师召："阇黎！"僧回首，师曰："若到堂中，不可举着。"曰："何故？"师曰："大有人笑金峰老婆心。"

上堂："老僧二十年前有老婆心，二十年后无老婆心。"僧问："如何是二十年前有老婆心？"师曰："问凡答凡，问圣答圣。"曰："如何是二十年后无老婆心？”师曰：“问凡不答凡，问圣不答圣。”

师见僧来，乃举手曰：“此是大人分上事，你试通个消息看？”曰：“某甲不欲瞒和尚。”师曰：“知孝养人，也还稀有。”曰：“莫是大人分上事么？”师曰：“老僧瞒阇黎。”曰：“到这里不易辨白。”师曰：“灼然，灼然！”僧礼拜，师曰：“发足何处？”曰：“只这里。”师曰：“不唯自瞒，兼瞒老僧。”

上堂：“我若举来，又恐遭人唇吻。不举，又遭人笑怪。于其中间，如何即是？”有僧才出，师便归方丈。至晚，别僧请益曰：“和尚今日为甚不答这僧话？”师曰：“大似失钱遭罪。”

问僧：“你还知金峰一句子么？”曰：“知来久矣。”师曰：“作么生！”僧便喝，师良久，僧曰：“金峰一句，今日粉碎。”师曰：“老僧大曾问人，唯有阇黎门风峭峻。”曰：“不可须要人点检。”师曰：“真输不博金。”

问：“如何是非言之言？”师曰：“不加文彩。”问：“四海晏清[6]时如何？”师曰：“犹是阶下汉。”

上堂：“事存函盖合，理应箭锋拄[7]。还有人道得么？如有人道得，金峰分半院与他住。”时有僧出作礼，师曰：“相见易得好，共住难为人[8]。”便下座。

僧辞，师问：“何处去？”曰：“不敢妄通消息。”师曰：“若到诸方，切忌道着金峰为人处。”曰：“已领尊旨。”师曰：“忽有人问，你作么生？”僧提起袈裟角，师曰：“捷弱于阇黎。”

【注释】

[1] 口如磉（sǎng）盘：意谓闭口无言。磉盘，柱下石礅。《大慧语录》卷四：“云门山头种田博饭吃，问着禅道佛法，口似磉盘。”《密庵语录·灵隐佛海会中五比丘行丐求法语》：“一日坐后架，桶箍爆堕地，激发本地风光，明见本来面目。走到方丈，口似磉盘，知他底里如何？”（摘自《禅宗大词典》）

[2] 斫（zhuó）额：手放置额前，遥望远处。禅林意在不向外攀缘，最好的风光、最珍贵的东西就在自己心中。本书第九章“安州大安山清干禅师”条：“僧问：‘从上诸圣，从何而证？’师乃斫额。”禅师作“斫额”状，就是告诉学人，佛性不从外觅，如果你天天斫额看外面，永远也不能觉悟自性。本书第二章“吉州耽源山应真禅师”条：“师曰：‘车在这里，牛在甚么处？’丈斫额，师乃拭目。”此

处亦在说明佛性不从外觅的道理。

［3］五里牌：大寺院于山门前五里外竖牌楼，曰“五里牌”。

［4］酩酊：大醉貌。汉代焦赣《易林·井之师》：“醉客酩酊，披发夜行。”

［5］骈道者：赶马车的人。骈，指二马并驾的车。

［6］晏清：谓安宁清谧。北魏杨衔之《洛阳伽蓝记·法云寺》：“当时四海晏清，八荒率职。”

［7］事存函盖合，理应箭锋拄：出自《参同契》，参见本书第五章“南岳石头希迁禅师”注释。

［8］相见易得好，共住难为人：原句出自《增广贤文》：“相见易得好，久住难为人。”人初相见时彼此很客气，但要是真的住到他家里久了，那么关系就会变了。谚语告诉人们，能够保持初相见一样相敬如宾的恭敬心，是不多见的。这也是“久住难为人”的道理。

襄州鹿门山[1]处真禅师

僧问：“如何是和尚家风？”师曰：“有盐无醋。”曰：“忽遇客来，如何祇待[2]？”师曰：“柴门草户，谢子远来。”

问：“如何是道人？”师曰：“口似鼻孔[3]。”

问：“祖祖相传，传甚么物？”师曰：“金襴[4]袈裟。”

问：“如何是函[5]中般若？”师曰：“佛殿挟头六百卷。”

问：“和尚百年后，向甚么处去？”师曰：“山下李家使牛去。”曰：“还许学人相随也无？”师曰：“汝若相随，莫同头角。”曰：“诺。”师曰：“合到甚么处？”曰：“佛眼辨不得。”师曰：“若不放过，亦是茫茫。”

问：“如何是鹿门高峻处？”师曰：“汝还曾上主山[6]也无？”

问：“如何是禅？”师曰：“鸾凤[7]入鸡笼。”曰：“如何是道？”师曰：“藕丝牵大象。”

问：“劫火[8]洞然[9]，大千俱坏，未审此个还坏也无？”师曰：“临崖看浒眼，特地一场愁。”

问：“如何是和尚转身处？”师曰：“昨夜三更，失去枕子。”

问：“一句下豁然时如何？”师曰：“汝是谁家子？”

上堂：“一片凝然光灿烂，拟意追寻卒难见。瞥然撞着豁人情，大事分明总成办。实快活，无系绊，万两黄金终不换。任他千圣出头来，总是向渠影中现。”

【注释】

［1］鹿门山：在鄂西北襄阳城东南约十五千米处，是文化名山。此山有华严院，建于唐代，因处真禅师在此弘扬曹洞宗风，遂成为十方丛林。

［2］祗待：款待，恭敬地招待。祗：同“祇”，“敬”的意思。

［3］口似鼻孔：比喻只会出气，不会谈禅。

［4］金襕（lán）：佛教僧尼穿着的金色袈裟。《古尊宿语录》卷二：“世尊传金襕外，别传何法？”

［5］函：装书的封套、套子。

［6］主山：我国历代营造宫室时，概以北方吉相而高，南方较低，故北方之山为主山，南方之山则称案山。由此，寺院以后山（即北方之山）称为主山。又有以“主山、案山”代表主客之关系。于禅林中，乃以“主山骑案山”一语，表示主客一如之境界。又以“主山高，案山低”一语，表示主客之差别世界（现象界之差别世界）皆含真如不变之理。

［7］鸾凤：鸾鸟与凤凰。喻高贵。汉代刘向《九叹·远游》：“驾鸾凤以上游兮，从玄鹤与鷦明。”

［8］劫火：佛经中所说毁灭世界的大火。《仁王经》：“劫火洞然，大千俱坏。”

［9］洞然：亦作“洞燃”。火熊熊燃烧貌。五代齐己《赠持法华经僧》：“他时劫火洞燃后，神光璨璨如红莲。”

抚州曹山慧霞了悟禅师

僧问：“佛未出世时如何？”师曰：“曹山不如。”曰：“出世后如何？”师曰：“不如曹山。”

问：“四山相逼时如何？”师曰：“曹山在里许。”曰：“还求出也无？”师曰：“在里许，即求出。”

僧侍立，师曰：“道者！可煞热[1]？”曰：“是。”师曰：“只如热向甚处回避？”曰：“向镬汤、炉炭[2]里回避。”师曰：“只如镬汤、炉炭，又作么生回避？”曰：“众苦不能到。”

【注释】

［1］可煞热：是不是太炎热了？煞：表达程度的副词。

［2］镬汤、炉炭：烧沸的镬汤，烧红的炉炭，把罪人投入其中。说的是地狱的景象。系众生毁佛戒法、杀生祠祀、为食肉焚烧山野而伤害众生、烧煮生类等所招感之果报。《敦煌变文集·佛说阿弥陀经讲经文》："抛在镬汤炉炭内，铁叉搅转问根由。"

华州草庵法义禅师

僧问："如何是祖师西来意？"师曰："烂炒浮沤饱满吃。"

问："拟心即差，如何进道？"师曰："有人常拟，为甚么不差？"曰："此犹是和尚分上事。"师曰："红焰莲花朵朵开。"

问："如何是和尚得力处？"师曰："如盲似聋。"曰："不会。"师曰："恰与老僧同参。"

抚州曹山光慧玄悟禅师

上堂，良久曰："雪峰和尚为人，如金翅鸟[1]入海取龙相似。"僧出问："未审和尚此间如何？"师曰："甚处去来。"

问："如何是西来的的意？"师曰："不礼拜，更待何时？"

问："如何是密传底心？"师良久，僧曰："恁么则徒劳侧耳也。"师唤侍者："来，烧香着[2]！"

问："古人云：'如红炉上一点雪[3]。'意旨如何？"师曰："惜取眉毛好！"

问："如何指示，即得不昧去？"师曰："不可雪上更加霜。"曰："恁么则全因和尚去也。"师曰："因个甚么？"

问："如何是妙用真性？"师曰："款款[4]莫磕损[5]。"

上堂，良久，僧出曰："为众竭力，祸出私门。未审放过不放过？"师默然。

问："古人道：'生也不道，死也不道。'意旨如何？"师良久，僧礼拜。师曰："会么？"曰："不会。"师曰："也是厨寒甑足尘[6]。"

上堂，举拄杖曰："从上皆留此一路，方便接人。"有僧出曰："和尚又是从头起也。"师曰："谢相委悉！"

问："机关不转，请师商量。"师曰："哑得我口么？"

问："路逢猛虎时如何？"师曰："放憨[7]作么！"

【注释】

［1］金翅鸟：佛教天龙八部之一。翅翮金色，故名金翅鸟。两翅广三百六万里，住于须弥山下层，常取龙为食。

［2］师唤侍者："来，烧香着！"：旧校本标点有误，"侍者"是叙述语言，不能进入引号内。查阅《景德传灯录》作"师唤侍者云：'来，烧香着！'"

［3］红炉上一点雪：公案名，参见本书第五章"潭州长髭旷禅师"注释。

［4］款款：徐缓貌。此处指小心的样子。

［5］磕损：碰撞而有所损伤。

［6］厨寒甑足尘：厨房很久没生火了，饭甑上下都是灰。

［7］放憨：露出傻样子。本书第二十章"鼓山安永"条："今日全身放憨，也要诸人知有。"

曹山智炬禅师

抚州曹山羌慧智炬禅师，初问先曹山曰："古人提持那边人，学人如何体悉？"山曰："退步就己，万不失一。"师于言下，顿忘玄解，乃辞去遍参。

至三祖，因看经次，僧问："禅僧心不挂元字脚，何得多学？"师曰："文字性异，法法体空。迷则句句疮疣[1]，悟则文文般若。苟无取舍，何害圆伊？"

后离三祖到瑞州，众请住龙泉。

僧问："如何是文殊？"师曰："不可有第二月也。"曰："即今事如何？"师曰："正是第二月。"

问："如何是如来语？"师曰："猛风可绳缚[2]。"

问："如何履践，即得不昧宗风？"师曰："须知龙泉好手[3]。"曰："请和尚好手。"师曰："却忆钟子期[4]。"

问："古人道：'若记一句，论劫作野狐精[5]。'未审古人意旨如何？"师曰："龙泉僧堂未曾锁。"曰："和尚如何？"师曰："风吹耳朵。"

问："如何是一句？"师曰："无闻。"

问："如何是声前一句？"师曰："恰似不道。"

问："如何是和尚为人一句？"师曰："汝是九色鹿[6]。"

问：“抱璞投师[7]时如何？”师曰：“不是自家珍。”曰：“如何是自家珍？”师曰：“不琢不成器。”

【注释】

［1］疮疣：比喻痛苦或祸害。《佛本行集经》卷十五：“生老病死诸疮疣，太子欲离彼等苦，道上见彼出家者，心生大喜此是真。”

［2］猛风可绳缚：与本书其他无义句同。

［3］龙泉好手：比喻手持龙泉宝剑的高手。龙泉：宝剑名。

［4］钟子期：比喻遇到知音。春秋时楚人，伯牙鼓琴，意在高山流水，钟子期听而知之。钟子期死，伯牙谓世无知音，乃破琴绝弦，终身不复鼓琴。事见《吕氏春秋・本味》《淮南子・修务训》。汉东方朔《七谏・谬谏》：“伯牙之绝弦兮，无钟子期而听之。”

［5］古人道，若记一句，论劫作野狐精：因为说错一句话，做了五百生野狐精。公案参见本书第三章“洪州百丈山怀海禅师”注释。旧校本作“古人道，若记一句论，劫作野狐精”有误，“论劫”不能拆开，即以劫为单位来计算年代之意，指极为久长的时间。劫，梵语“劫簸”之略。译言分别时节。通常年月日时不能算之远大时节也。故又译大时。参见本书第十一章“临济义玄禅师”条：“有一人论劫在途中，不离家舍。有一人离家舍，不在途中。那个合受人天供养？”

［6］九色鹿：出自《九色鹿经》。本经经文极短，内容叙述释尊前世为九色鹿王时（其毛九色，角白如雪），曾于恒河中救起一溺者。溺者被救返家后，闻王后盼得九色鹿皮以裁制鹿皮大裘，为贪得重赏，竟不顾救命之恩，而向王后密告鹿王住处，乃使鹿王被捕。鹿王在即将被杀时，将溺者之忘恩负义行径据实以告，国王因而深受感动，乃通令全国不得驱杀此鹿云云。

［7］抱璞投师：典故出自《韩非子・和氏》记载，卞和于荆山上伐薪偶尔得一璞玉，先后献于楚厉王、楚武王，却遭楚厉王、楚武王分别给予膑刑惩罚，后“泣玉”于荆山之下，始得楚文王识宝，雕琢成举世闻名的“和氏璧”。本书禅师用先秦卞和献玉之典，意思是请求老师鉴别，我是否值得雕琢？此外，又指璞玉不是真正的玉，不是自家珍。又可比喻自家本有的佛性，不雕琢就显不出来。

衡州育王山弘通禅师

僧问：“混沌未分时如何？”师曰：“混沌。”曰：“分后如何？”师曰：“混沌。”

上堂："释迦如来四十九年说不到底句，今夜山僧不避羞耻，与诸尊者共谭。"良久曰："莫道错，珍重！"

僧问："学人有病，请师医。"师曰："将病来，与汝医。"曰："便请。"师曰："还老僧药价钱来。"

问："曹源一路即不问，衡阳江畔事如何？"师曰："红炉焰上无根草，碧潭深处不逢鱼。"

问："心法双亡时如何？"师曰："三脚虾蟆[1]背大象。"

问："如何是西来意？"师曰："老僧毛竖[2]。"

问："如何是佛法大意？"师曰："直待文殊过，即向你道。"曰："文殊过也，请和尚道。"师便打。

问："如何是和尚家风？"师曰："浑身不直五文钱。"曰："太贫寒生！"师曰："古代如是。"曰："如何施设[3]？"师曰："随家丰俭。"

问："如何是急切处？"师曰："针眼里打筋斗。"

问："如何是本来身？"师曰："回光影里见方亲。"

【注释】

[1] 三脚虾蟆：歇后语：三脚虾蟆——没处寻。传说只有月亮上有三脚虾蟆，故以"三脚虾蟆"比喻没处可寻。参见清代翟灏《通俗编·禽鱼·三脚虾蟆》："《五灯会元》：杨大年与石霜园参征，杨曰：'三脚虾蟆跳上天。'园曰：'一任跳。'按，俗言虾蟆唯月中者三脚，因有三脚虾蟆没处寻之谚。""三脚虾蟆跳上天"可作无义句看，"三脚虾蟆"本来就不存在，更别说"跳上天"了。"三脚虾蟆背大象"亦可作无义句看，"三脚虾蟆"本来就不存在，更别说"背大象"了。按通常情理无法解释的奇特语句，禅家称为"无义句"，与"有义句"相对。

[2] 毛竖：指人十分害怕。

[3] 施设：禅师为接引后学而采取的措施；采取措施接引学人。《临济语录》："即今识取听法底人，无形无相，无根无本无住处，活拨拨地。应是万种施设，用处只是无处。"《祖堂集》卷八"龙牙"条："又颂：万般施设不如常，又不惊人又久长。如常恰似秋风至，无意凉人人自凉。"《法演语录》卷中："僧问：'德山不答话，千古把断要津。白云今夜小参，未审如何施设？'"

衡州华光范禅师

僧问："如何是无缝塔[1]？"师指僧堂曰："此间僧堂无门户。"

问僧：“曾到紫陵[2]么？”曰：“曾到。”师曰：“曾到鹿门[3]么？”曰：“曾到。”师曰：“嗣紫陵即是，嗣鹿门即是？”曰：“即今嗣和尚得么？”师曰：“人情不打即不可。”便打[4]。

问：“非隐显处是和尚，那个是某甲？”师曰：“尽乾坤无一不是。”曰：“此犹是和尚，那个是某甲？”师曰：“木人石女笑分明。”

【注释】

[1] 无缝塔：本指用整块大石雕成之塔，禅家用来指禅法隐密微妙，难以用语言表达。也指机语缜密，无懈可击。凡造塔用木或石叠累而成，故皆有缝棱级层，若以一块石造之，则无缝棱级层，此之无缝塔，世所谓卵塔也。无缝塔之形如鸟卵，故云卵塔。无缝塔之语，出于忠国师。《传灯录》“南阳忠国师”曰：“师以化缘将毕，涅槃时至，乃辞代宗。代宗曰：‘师灭度后，弟子将何所记？’师曰：‘告檀越，造取一所无缝塔。’曰：‘就师请取塔样。’师良久曰：‘会么？’曰：‘不会。’师曰：‘贫道去后，有侍者应真，却知此事。’”参见本书第二章“南阳慧忠国师”注释。

[2] 紫陵：山名，在陕西凤翔。此指凤翔府紫陵匡一定觉禅师。

[3] 鹿门：指襄州鹿门山处真禅师。

[4] 师曰：“人情不打即不可。”便打：旧校本标点有误，“便打”是叙述语言，不能在引号内。

广利容禅师

处州广利容禅师，初住贞溪。僧参，师举拂子曰：“贞溪老僧还具眼么？”曰：“某甲不敢见和尚过。”师曰：“老僧死在阇黎手里也。”

问：“如何是和尚家风？”师曰：“谢阇黎道破。”

问：“西院拍手笑呵呵，意作么生？”师曰：“卷上帘子着。”

问：“自己不明，如何得明？”师曰：“不明。”曰：“为甚么不明？”师曰：“不见道自己事。”

问：“鲁祖面壁，意作么生？”师良久曰：“还会么？”曰：“不会。”师曰：“鲁祖面壁。”

因郡守受代[1]归，师出送接话次，守问：“和尚远出山门，将甚么物来？”师曰：“无尽之宝呈献。”守无对。后有人进语曰：“便请。”师曰：

“太守尊严。”

问：“‘千途路绝，语思不通’时如何？”师曰：“犹是阶下汉。”曰：“如何是阶上汉？”师曰：“龙楼[2]不举手。”乃曰：“作么生是尊贵底人，试道看。莫只向长连床上坐地，见他人不肯，忽被明眼人拶着，便向铁围山[3]里藏身。若到广利门下，须道得第一句，即开一线道与兄弟商量。”时有僧出礼拜，师曰：“将谓是异国舶主[4]，元来是此土商人。”

【注释】

［1］受代：旧时谓官吏任满由新官代替为受代。《北史·侯深传》：“而贵平自以斛斯椿党，亦不受代。”

［2］龙楼：指朝堂。

［3］铁围山：越过铁围山就是地狱。佛教之世界观以须弥山为中心，其周围共有八山八海围绕，最外侧之山即称铁围山。铁围山外复有一重大铁围山，两山之间有八大地狱。

［4］舶主：船舶的主人。《宋史·外国传五·三佛齐国》：“雍熙二年，舶主金花茶以方物来献。”

小溪行传禅师

泉州卢山[1]小溪院行传禅师，清源[2]周氏子。僧问：“久向庐山石门，为甚么入不得？”师曰：“钝汉。”僧曰：“忽遇猛利[3]者，还许也无？”师曰：“吃茶去。”

【注释】

［1］卢山：原作“庐山”。据《闽书·方域志》安溪县“卢山”条载：“山下有卢氏居之。五代行传禅师修行山中，常有二虎驯伏。卢门前数松，一夕自仆。师为起之，卢遂徙宅而延师。”《安溪县志》“卢山”条与“行传禅师”条所载与上述《闽书》所载一致。显然，本书与《景德传灯录》所说的“庐山”应作“卢山”，山以卢氏居之而得名。据《闽书》《安溪县志》记载可知。行传禅师先是在山中修行，山下有卢氏之居，后卢氏迁徙，余宅延请行传居之。这大概就是本书所说“小溪院”。

［2］清源：原作“青原”。据有关资料考证，“青原”即仙游或青源。仙游县建县于唐圣历二年（699 年），称清源县，唐天宝元年（742 年）改名仙游县。仙

游在唐代属泉州。“青原”很可能即“清源”之误。

［3］猛利：佛家称信仰坚定不移、修行勤奋、勇猛精进为“猛利”。

【概要】

行传禅师，青原人也。姓周氏。本州石钟院出家。福州太平寺受戒。自曹山印可而居小溪。

【参考文献】

《景德传灯录》卷二十。

益州布水岩和尚

僧问：“如何是西来意？”师曰：“一回思着一伤心。”

问：“宝剑未磨时如何？”师曰：“用不得。”曰：“磨后如何？”师曰：“触不得。”

蜀川[1]西禅和尚

僧问：“佛是摩耶[2]降生，未审和尚是谁家子？”师曰：“水上卓红旗[3]。”

问：“三十六路[4]，阿那一路最妙？”师曰：“不出第一手。”曰：“忽遇出时如何？”师曰：“脊着地也不难。”

【注释】

［1］蜀川：西川，今四川成都一带。

［2］摩耶：梵名。又作摩诃摩耶、摩诃摩邪，意译大幻化、大术、妙。即释尊之生母。为古印度迦毗罗卫城之妃。临产前依时俗返回娘家待产，途中于其父天臂城主须菩提之别宫蓝毗尼园休息时，生下释尊。七日后逝世。据传其死后生于忉利天（欲界六天之第二），释尊曾于某夏，升至忉利天，为其母说法。

［3］水上卓红旗：在水面上竖立红旗。可作无义句理解，试想水中怎么可以插红旗。按通常情理无法解释的奇特语句，禅家称为“无义句”，与“有义句”相对。

［4］三十六路：道路或方法很多。

韶州华严和尚

僧问："既是'华严'，还将得'华'来么?"师曰："孤峰顶上千枝秀，一句当机对圣明。"

僧录[1]问："法身无相，不可言宣。皇帝诏师，将何接引[2]?"师曰："金钟迥出[3]云中响，万里归朝贺圣君。"

问："如何是佛法大意?"师曰："惊天动地。"曰："还当也无?"师曰："灵机永布千家月，只这如今万世传。"

【注释】

［1］僧录：僧官名。掌理登录僧尼名籍与僧官补任等事宜之僧职。推行此类职务之官署则称僧录司。又有以僧录、僧录司通用，并指掌管僧尼事务之职称。

［2］法身无相，不可言宣。皇帝诏师，将何接引：旧校本标点有误，不可作"法身无相不可言，宣皇帝诏，师将何接引"，如此标点错处很多，曲解了原意。

［3］迥出：高出，超过。宋代罗大经《鹤林玉露》卷十六："梅之清香玉色，迥出桃李之上。"

云居膺禅师法嗣

洪州凤栖山同安丕禅师

僧问："如何是无缝塔?"师曰："吽吽[1]!"曰："如何是塔中人?"师曰："今日大有人从建昌来。"

问："一见便休[2]去时如何?"师曰："是也，更来这里作么?"

问："如何是点额鱼?"师曰："不透波澜。"曰："惭耻时如何?"师曰："终不仰面。"曰："恁么则不变其身也。"师曰："是也，青云事作么生?"

问："如何是和尚家风?"师曰："金鸡[3]抱子归霄汉，玉兔[4]怀胎入紫微[5]。"曰："忽遇客来，将何祇待?"师曰："金果朝来猿摘去，玉花晚后凤衔归。"

问："无情还解说法也无?"师曰："玉犬夜行，不知天晓。"

问：“路逢达道人，不将语默对，未审将甚么对？”师曰：“要踢，要拳。”

问：“才有言诠[6]，尽落今时。不落言诠，请师直说[7]。”师曰：“木人解语非干舌，石女抛梭岂乱丝？”

问：“依经解义，三世佛冤；离经一字，即同魔说。此理如何？”师曰：“孤峰迥秀，不挂烟萝；片月行空，白云自在。”

新到参，师问：“甚处来？”曰：“湖南。”师曰：“还知同安这里风云体道，花槛璇玑[8]么？”曰：“知。”师曰：“非公境界。”僧便喝，师曰：“短贩[9]樵人，徒夸书剑。”僧拟进语，师曰：“剑甲未施，贼身已露。”

问：“佛未出世时如何？”师曰：“藕丝系大象。”曰：“出世后如何？”师曰：“铁锁锁石牛。”

问：“不伤王道[10]如何？”师曰：“吃粥，吃饭。”曰：“莫便是不伤王道也无？”师曰：“迁流左降[11]。”

问：“玉印[12]开时，何人受信？”师曰：“不是恁么人。”曰：“亲宫[13]事如何？”师曰：“道甚么！”

问：“如何是毗卢师？”师曰：“阇黎在甚么处出家？”

问：“如何是触目菩提？”师曰：“面前佛殿。”

问：“片玉无瑕，请师不触。”师曰：“落汝后。”

问：“玉印开时，何人受信？”师曰：“不是小小[14]。”

问：“迷头认影如何止？”师曰：“告阿谁？”曰：“如何即是？”师曰：“从人觅，即转远也。”曰：“不从人觅时如何？”师曰：“头在甚么处？”

问：“如何是同安一只箭？”师曰：“脑后看。”曰：“脑后事如何？”师曰：“过也。”

问：“亡僧衣，众人唱[15]；祖师衣，甚么人唱？”师曰：“打。”

问：“‘将来不相似，不将来’时如何？”师曰：“甚么处着。”

问：“未有这个时，作么生行履？”师曰：“寻常又作么生？”曰：“恁么则不改旧时人也。”师曰：“作何行履？”

问：“如何是异类中人？”师曰：“露地藏白牛，长空吞日月[16]。”

师看经次，见僧来参，遂以衣袖盖却头，僧近前作吊慰[17]势，师放下衣袖，提起经曰："会么?"僧却以衣袖盖头。师曰："苍天！苍天!"

【注释】

［1］吽吽：吽，原为牛、虎之叫声，一般多用于密教，表示摧破、恐怖之声；于禅林中，吽吽二字连用，即表示无法用文字言句诠释之无分别境。

［2］休：罢休，歇止，终止。常指领悟禅旨，完成参学大事。一是双方较量机锋，一方自认失利而作罢，称为"休"。如本书第二章"南阳慧忠国师"条："南泉到参。师问：'甚么处来？曰：'江西来。'师曰：'还将得马师真来否?'曰：'只这是。'师曰：'背后底聻?'南泉便休。"二是谓驱尽情识分别，领悟禅旨，完成参学大事。如本书第七章"雪峰义存"条："住后，僧问：'和尚见德山，得个甚么便休去?'师曰：'我空手去，空手归。'"也说作"休歇""歇""息"。

［3］金鸡：太阳。

［4］玉兔：月亮。

［5］紫微：星宿名。

［6］言诠：以语言文字来表达义旨，与"依言""依诠"等语同义。

［7］不落言诠，请师直说：旧校本标点有误，参见项楚《〈五灯会元〉点校献疑三百例》。

［8］璇（xuán）玑（jī）：又作旋机。为古代之天文观测仪器。以其随星之运行而回转，故用以比喻：人心即随着烦恼而辗转不息；禅林中，师家接引学人之方法自由无碍。此外，师家为适应修行者之根机及能力，而转其化导之方法，称为旋机电转。又一念不生以前、父母未生以前，称为璇玑不动。

［9］短贩：投机取巧的短途小贩。做小本买卖，进货地点与销售地点距离近。

［10］王道：儒家提出的一种以仁义治天下的政治主张。与霸道相对。《史记·十二诸侯年表》："孔子明王道，干七十馀君，莫能用。"鲁迅《且介亭杂文集·关于中国的两三件事》："在中国，其实是彻底的未曾有过王道。"

［11］迁流左降：古代对官员的处罚。迁流：流放贬逐到边远地区。左降：指降职、贬官，多指京官降职到州郡。

［12］玉印：玉制之印。指道教镇妖驱邪的印。

［13］亲宫：易卦占卜术名词，与家中亲属有关。

［14］小小：幼小。唐代李白《宫中行乐词》之一："小小生金屋，盈盈在紫微。"

［15］亡僧衣，众人唱：比丘等五众死亡时，其遗物别为轻重之二，金银田园

房舍等之重物以之归入常住物，三衣百一众具为轻物，以之分配于现前之僧众，就此分与而不得分与之均等时，则集僧众而竞卖之，平分其价，此竞卖云“唱衣”。又，亡僧生前若负债，或为给付疗养、丧葬等费用时，一般皆由维那预先评定遗物价格，集合僧众而竞售让渡之，称为估唱、提衣、估衣，或称卖衣。其后，唱衣之法渐生弊病，《释氏要览》卷下唱衣条即述其事，谓于唱卖时争议价格之高低，喧闹取笑，以为快乐。旧校本校勘注云“‘衣’似应作‘依’”，这是没有明白“亡僧衣，众人唱”的原意。

［16］长空吞日月：续藏本作“溪山笼日月”，此处依宝祐本作“长空吞日月”。

［17］吊慰：至丧家祭奠死者并慰问其家属。

【概要】

同安丕禅师（？~905年），法名道丕，唐代曹洞宗僧。洪州（今属江西南昌）人。参云居道膺得悟，嗣其法。开法于洪州凤栖山之同安院，弘扬曹洞宗风。

【参考文献】

《景德传灯录》卷二十；《联灯会要》卷二十五。

庐山归宗寺怀恽禅师

僧问：“无佛无众生时如何？”师曰：“甚么人如此。”

问：“水清鱼现时如何？”师曰：“把一个来。”僧无对。

（同安代云：“动即失。”）

问：“如何是五老峰[1]？”师曰：“突兀[2]地。”

问：“截水停轮[3]时如何？”师曰：“磨不转。”曰：“如何是磨不转？”师曰：“不停轮。”

问：“如何是尘中弟子？”师曰：“灰头土面。”

（同安代云：“不拂拭。”）

问：“如何是世尊不说说[4]？”师曰：“正恁么。”曰：“如何是迦叶不闻闻[5]？”师曰：“不附物。”

问：“不佛不众生时如何？”师曰：“是甚么人如此？”

问：“学人不到处，请师说。”师曰：“汝不到甚么处来？”

【注释】

［1］五老峰：地处江西省九江市庐山东南，因山的绝顶被垭口所断，分成并列的五个山峰，仰望俨若席地而坐的五位老翁，故人们便把这原出一山的五个山峰统称为“五老峰”。

［2］突兀：亦作“突杌”“突屼”。高耸貌。

［3］截水停轮：古代水轮机械设备，用水力来推动水轮，达到磨面粉等作用。如果截住了水，就停转了。

［4］不说说：不说而说。禅法表达与传授，不在言语，而通过心心相印的特殊方式。亦作“无说说”。

［5］不闻闻：与“不说说”含义相似。不闻而闻。指接受禅法，不在口耳之间，而在于心心相印。

【概要】

怀恽禅师，五代禅僧。为曹洞宗第三代祖师。生卒年、籍贯均不详。嗣法于云居道膺禅师，为青原六世之法系。居庐山归宗寺，复住百丈山。

【参考文献】

《景德传灯录》卷二十；《联灯会要》卷二十五；《宋高僧传》卷十。

嵇山章禅师

池州嵇山章禅师，在投子作柴头[1]。投子同吃茶次，谓师曰：“森罗万象，总在里许。”师泼却茶曰：“森罗梦象，在甚么处？”子曰：“可惜一碗茶。”

师后谒雪峰，峰问：“莫是章柴头么？”师乃作轮椎势，峰肯之。

【注释】

［1］柴头：丛林中，于饭头之下管理柴薪之职役。其主要职务为入山采薪，以供大众使用。

南康军云居怀岳禅师

僧问：“如何是大圆镜？”师曰：“不鉴照[1]。”曰：“忽遇四方八面

来时作么生？”师曰：“胡来胡现，汉来汉现[2]。”曰：“大好不鉴照。”师便打。

问：“如何是一丸疗万病底药？”师曰：“汝患甚么？”

问：“如何是本来瑞草？”师曰：“好手拈不出。”曰：“如何是无根树[3]？”师曰：“处处着不得。”

【注释】

［1］鉴照：明察。鉴识照察。

［2］胡来胡现，汉来汉现：胡人来了它就显现胡人的样子，汉人来了它就显现汉人的样子。又作“胡来汉现”。一般形容宝珠或宝镜，以此比喻佛性。禅林谓悟道者随缘任运，平常作为，心如明镜，机用无碍；亦谓按来机之不同，采取不同的应机作略或接引施设。

［3］无根树：形容超越情识之境界。

杭州佛日禅师

杭州佛日本空禅师，初游天台山，尝曰：“如有人夺得我机者，即吾师矣。”寻谒云居，作礼问曰：“二龙争珠，谁是得者？”居曰：“卸却业身来，与子相见。”师曰：“业身已卸。”居曰：“珠在甚么处？”师无对（同安代云：“回头即没交涉。”）遂投诚入室，时始年十三。

后四年，参夹山。才入门，见维那。那曰：“此间不着后生。”师曰：“某甲不求挂搭[1]，暂来礼谒和尚。”

维那白夹山，山许相见。师未升阶，山便问：“甚处来？”师曰：“云居来。”曰：“即今在甚么处？”师曰：“在夹山顶[2]上。”山曰：“老僧行年在坎[3]，五鬼[4]临身。”师拟上阶，山曰：“三道宝阶，从何而上？”师曰：“三道宝阶，曲为今时。向上一路，请师直指。”山便揖，师乃上阶礼拜。山问：“阇黎与甚么人同行？”师曰：“木上座[5]。”山曰：“何不来相看老僧？”师曰：“和尚看他有分？”山曰：“在甚处？”师曰：“在堂中。”山便同师下到堂中，师遂取拄杖掷在山面前，山曰：“莫从天台得否？”师曰：“非五岳之所生。”山曰：“莫从须弥得否？”师曰：“月宫亦不逢。”山曰：“恁么则从人得也。”师曰：“自己尚是冤家，从人得堪作甚么？”山曰：“冷灰里有一粒豆爆[6]。”乃唤维那：“明窗下安排着。”

师曰："未审明窗还解语也无?"山曰："待明窗解语，即向汝道。"

夹山来日上堂，问："昨日新到在甚么处?"师出应喏。山曰："子未到云居已前，在甚么处?"师曰："天台国清。"山曰[7]："吾闻天台有潺潺[8]之瀑，渌渌[9]之波，谢子远来，此意如何?"师曰："久居岩谷，不挂松萝。"山曰："此犹是春意，秋意作么生?"师良久，山曰："看君只是撑船汉，终归不是弄潮人[10]。"

来日普请，维那令师送茶，师曰："某甲为佛法来，不为送茶来。"那曰："奉和尚处分[11]。"师曰："和尚尊命即得。"乃将茶去作务[12]处，摇茶瓯[13]作声。山回顾，师曰："酽茶三五碗，意在镢头边[14]。"山曰："瓶有倾茶势，篮中几个瓯?"师曰："瓶有倾茶势，篮中无一瓯。"便行茶，时众皆举目，师曰："大众鹤望[15]，请师一言。"山曰："路逢死蛇莫打杀，无底篮子盛将归。"师曰："手执夜明符，几个知天晓[16]?"山曰："大众，有人也，归去来，归去来!"遂住。普请归院，众皆仰叹[17]。

师终于佛日[18]，卵塔[19]存焉。

【注释】

[1] 挂搭：又作挂单、挂搭单、挂锡、挂褡、挂。钵。僧人游方行脚，入僧堂挂其所携之衣被等于堂内之钩，有依住丛林之意味。又住持允许行脚人依住，称为许挂搭。

[2] 顸（nǐng）：头顶。

[3] 坎（kǎn）：《易》卦名。八卦之一。坎象征险难，代表水，为北方之卦。《易·习坎》："彖曰：'习坎，重险也。'"王弼注："坎以险为用，故特名曰重险。"孔颖达疏："两坎相重，谓之重险。"

[4] 五鬼：指智穷、学穷、文穷、命穷、交穷五种穷鬼。唐代韩愈《送穷文》："凡此五鬼，为吾五患。"

[5] 木上座：《佛光大辞典》："木上座：指拄杖。据《山堂肆考》载，夹山尝问佛印：'和尚阇黎与什么人同来?'曰'木上座。'"可见将拄杖雅称为"木上座"来自佛日禅师。旧校本将"木上座"下画专有名词线有误。

[6] 冷灰里有一粒豆爆：在冷灰中爆豆。比喻事情凭空突然发生。

[7] 师曰："天台国清。"山曰：旧校本标点有误，"山"误入引号之内，而"曰"则缺了主语。

[8] 潺（chán）潺（chán）：水流貌。三国魏曹丕《丹霞蔽日行》："谷水潺

潺，木落翩翩。”

［9］渌（lù）渌（lù）：清澈的样子。

［10］弄潮人：比喻克服困难勇猛精进的人。弄潮：在潮水里游水作戏。以钱塘弄潮最著名。又南宋临安风俗，八月观潮，少年百十为群，执旗泅水上，称弄潮之戏。参阅宋代吴自牧《梦粱录·观潮》。宋代王谠《唐语林·夙慧》：“杭州端午竞渡，于钱塘弄潮。”

［11］处分：处理，处置，吩咐。此处安排的意思。

［12］作务：劳作；服役。《墨子·非儒》：“贪于饮食，惰于作务。”

［13］瓯（ōu）：杯、碗之类的饮具。南唐李煜《渔父》词：“花满渚，酒满瓯。”

［14］酽茶三五碗，意在镬头边：参见本书第九章“仰山慧寂禅师”条：“滔滔不持戒，兀兀不坐禅。酽茶三两碗，意在镬头边。”酽茶：浓茶。

［15］鹤望：企足引颈而望。《三国志·蜀志·张飞传》：“今寇虏作害，民被荼毒，思汉之士，延颈鹤望。”

［16］手执夜明符，几个知天晓：比喻人人心里都有一颗夜明宝珠，不分白天黑夜都照亮着自己，可有几个人知道它能带来光明呢？参见“郢州兴阳山希隐禅师”注释。夜明符，传说中可使黑夜变成白天的符咒。

［17］遂住。普请归院，众皆仰叹：旧校本标点有误，均更正。

［18］佛日：佛陀的纪念日，包括佛诞（四月初八）、佛涅槃（二月十五）等日子。

［19］卵塔：无缝塔之一。塔身无缝棱级层等而呈现卵形者。即用一碑石造成似鸟卵之椭圆形塔，作为僧侣之墓碑。又或以卵塔即称无缝塔。

【概要】

佛日禅师，生卒年不详。为唐末曹洞宗云居道膺禅师之法嗣，成为曹洞宗传人。其参谒夹山善会禅师引发之机缘问答，留下了“佛日豆爆”的公案。佛日参谒夹山时，将一拄杖掷于夹山面前，引发机锋对答。此则公案中，夹山所问“从天台得来”“从须弥山得来”，概藉询问佛日投掷拄杖之力量从何处来，而欲勘验佛日所表现之机法究竟从何处学来，亦即暗讽佛日之所言所行恐非出自其自家之悟境。佛日深解其意，乃答以“从人得，堪作什么”，针锋相对而峻机颖脱，是以夹山乃叹之为“豆爆”。

此外，还有“佛日茶篮”的公案。此公案亦佛日本空与夹山善会禅师之机缘问答。“乃将茶去作务处，摇茶瓯作声，山回顾。师曰：‘酽茶三五碗，意在镬头边。’

山曰：‘瓶有倾茶势，篮中几个瓯？’师曰：‘瓶有倾茶势，篮中无一瓯。’便行茶。”整则公案乃藉茶瓶以表示泯绝生佛对待关系之灵活机法。

【参考文献】

《景德传灯录》卷二十；《禅苑蒙求》卷中。

苏州永光院真禅师

上堂：“言锋若差，乡关[1]万里。直须悬崖撒手[2]，自肯承当。绝后再苏，欺君不得。非常之旨，人焉廋哉[3]？”

问：“道无横径[4]，立者皆危。如何得不被横径所侵去？”师以杖拄僧口，僧曰：“此犹是横径。”师曰：“合取口。”

问：“如何是常在底人？”师曰“来往不易。”

问：“如何是祖师西来意？”师曰：“铁山夜锁千家月，金乌[5]常照不当门。”

【注释】

[1] 乡关：故乡，比喻终极目标。

[2] 悬崖撒手：形容参禅时超越语言知见、情识分别，毫无依倚，毫不犹豫。亦作“撒手悬崖”。

[3] 人焉廋（sōu）哉：此人怎么能隐藏呢？廋，藏匿，隐藏。《论语·为政》：“视其所以，观其所由，察其所安，人焉廋哉！”何晏集解引孔安国曰：“廋，匿也。”

[4] 横径：岔路，岐路。

[5] 金乌：太阳。

庐山归宗澹权禅师

僧问：“金鸡未鸣时如何？”师曰：“失却威音王。”曰：“鸣后如何？”师曰：“三界平沉[1]。”

问：“尽身[2]供养时如何？”师曰：“将甚么来？”曰：“所有不惜。”师曰：“供养甚么人？”僧无语。

问：“学人为佛法来，如何是佛法？”师曰：“正空闲。”曰：“便请商量。”师曰：“周匝[3]有余。”

问：“大众云集，合谭何事？”师曰：“三三两两[4]。”

问：“路逢达道人，不将语默对，未审将甚么对？”师曰：“争能肯得人。”僧良久，师曰：“会么？”曰：“不会。”师曰：“长安路上厕坑子[5]。”

问：“如何是佛法大意？”师曰：“三枷五棒。”

问：“通彻底[6]人如何语道？”师曰：“汝只今作么生？”曰：“任性随流。”师曰：“不随流，争得息？”

【注释】

［1］平沉：沉没，隐没。唐代张鷟《朝野佥载》卷一：“才登舟，移就水中，画舸平沉，声妓、篙工不知纪极，三十进士无一生者。”

［2］尽身：竭尽身上所有财物。

［3］周匝：周密，周到。唐代白居易《谢李六郎中寄新蜀茶》：“故情周匝向交亲，新茗分张及病身。”

［4］三三两两：话题不统一。

［5］厕坑子：古时大便后用以拭秽之具。也称“厕筒”或“厕筹”。亦称“筹子”。

［6］彻底：于禅林中，特指大悟。又作彻地、彻底大悟。本书第十章“天台德韶国师”条：“诸上坐！经尘沙劫不说，亦未曾欠少半句，应须彻底会去始得。”此皆表示透彻佛祖大道之旨。此彻底乃源自“三兽渡河”之譬喻。据《优婆塞戒经》卷一载，有兔、马、香象三兽俱渡恒河之水，兔不至底，浮水而过，马或至底或不至底，而香象则尽底。恒河水喻十二因缘，声闻渡时犹如彼兔，缘觉渡时犹如彼马，如来渡时犹如香象。故“彻底”即指能拔一切烦恼习气根源。

蕲州广济禅师

僧问：“疋[1]马单枪时如何？”师曰：“头落也。”

问：“如何是方外[2]之谭？”师曰：“汝道甚么？”

问：“如何是广济水？”师曰：“饮者绝饥渴。”曰：“恁么则学人不虚到也。”师曰：“情知你受人安排。”

问：“远远来接，乞师指示。”师曰：“有口只解吃饭。”

问："温伯雪[3]与仲尼[4]相见时如何？"师曰："此间无恁么人。"

问："不识不见，请师道出。"师曰："不昧。"曰："不昧时作么生？"师曰："汝唤作甚么？"

问："如何是奇特事？"师曰："焰里牡丹花。"

问："如何是无心道人？"师曰："丹霞放火烧。"

【注释】

[1] 疋：同"匹"。

[2] 方外：方，乃"道"之意；在人应守之道外，称为方外。道外之人，多指舍世之人，后世则专指佛教徒。又指方域之外，此即指夷狄之地。由儒家立场而言，除其本身以外之教，均称方外之学，认为佛教乃外国、夷狄之教，故称佛教为方外之教。又称僧侣为方外之侣。但依佛教立场而言，出家者乃俗人所守道之外者，故不应以世俗之道规律之，因此自称为方外之士或尘外之士。（参见《沙门不敬王者论》之《梁高僧传》卷六、《弘明集》卷五）

[3] 温伯雪：出自《庄子·外篇·田子方》。温伯，字雪子，春秋时楚国人。他往齐国去，途中寄宿于鲁国。鲁国有个人请求见他，温伯雪子说："不可以。我听说中原的君子，明于礼义而浅于知人心，我不想见他。"到齐国后，返回时又住宿鲁国，那个人又请相见。温伯雪子说："往日请求见我，今天又请求见我，此人必定有启示于我。"出去见客，回来就慨叹一番，明天又见客，回来又慨叹不已。他的仆人问，"每次见此客人，必定入而慨叹，为何呢？"他回答说："我本来已告诉过你：中原之人明于知礼义而浅于知人心，刚刚见我的这个人，出入进退一一合乎礼仪，动作举止蕴含龙虎般不可抵御之气势。他对我直言规劝像儿子对待父亲般恭顺，他对我指导又像父亲对儿子般严厉，所以我才慨叹。"孔子见到温伯雪子一句话也不说，子路问："先生想见温伯雪子很久了，见了面却不说话，为何呀？"孔子说："像这样人，用眼睛一看而知大道存之于身，也不容再用语言了。"

[4] 仲尼：孔子的字。孔子名丘，春秋时鲁国人。

潭州水西南台和尚

僧问："如何是此间一滴水？"师曰："入口即抉出。"

问："如何是西来意？"师曰："靴头线绽。"

问："祖祖相传，未审传个甚么？"师曰："不因阇黎问，老僧亦不知。"

歙州朱溪谦禅师

韶国师到，参次，闻犬咬灵鼠声，国师便问："是甚么声？"师曰："犬咬灵鼠声。"国师曰："既是灵鼠，为甚么却被犬咬？"师曰："咬杀也。"国师曰："好个犬。"师便打，国师曰："莫打，某甲话在。"师休去。

因造佛殿毕，一僧同看，师曰："此殿着得甚么佛？"曰："着即不无，有人不肯。"师曰："我不问那个人！"曰："恁么，则某甲亦未曾祇对和尚。"

扬州丰化和尚

僧问："'上无片瓦，下无卓锥'时如何？"师曰："莫飘露[1]么？"

问："不具得失时如何？"师曰："道甚么？"

【注释】

[1] 飘露：飘泊，流落。

云居道简禅师

南康军云居道简禅师，范阳人也。久入先云居之室，密受真印，而分掌寺务，典司[1]樵爨[2]。以腊高，堂中为第一座。属先云居将顺寂，主事请问："谁堪继嗣？"居曰："堂中简。"主事虽承言而意不在师，谓："令拣择可当说法者。"曰："第二座可。然且备礼，先请第一座。若谦让，即坚请第二座。"师既密承授记，略不辞免。即自持道具入方丈，摄众演法。主事等不惬素志，罔循规式[3]。师察其情，乃潜弃去。其夜，安乐树神号泣。诘旦[4]，主事、大众奔至麦庄悔过，哀请归院。众闻空中连声唱曰："和尚来也！"

僧问："如何是和尚家风？"师曰："随处得自在。"

问："维摩岂不是金粟如来？"师曰："是。"曰："为甚么却在释迦会下听法？"师曰："他不担人我[5]。"

问："横身盖覆时如何？"师曰："还盖覆得么？"

问："蛇子为甚么吞却蛇师[6]？"师曰："在理何伤[7]？"

问："诸圣道不得处，和尚还道得么？"师曰："汝道甚么处诸圣道不得？"

问："路逢猛虎时如何？"师曰："千人万人不逢，为甚么阇黎偏逢？"

问："孤峰独宿时如何？"师曰："闲却七间僧堂不宿，阿谁教汝孤峰独宿？"

师后无疾而寂，塔于本山。

【注释】

[1] 典司：主管，主持。《左传·庄公十四年》："命我先人，典司宗祏。"

[2] 樵爨（cuàn）：打柴做饭。《魏书·燕凤传》："军无辎重樵爨之苦，轻行速捷，因敌取资。"

[3] 罔循规式：不遵守规矩和礼制。

[4] 诘（jié）旦：平明，清晨。

[5] 担人我：执着于人我之对立，争强好胜。亦作"担人担我"。人我，人身固执常一主宰之我有实体。谓之我之相，人我之见。由此执见而生种种之过失。《六祖坛经》曰："无人我贡高贪爱执着为离欲尊。"

[6] 蛇子为甚么吞却蛇师：蛇为什么吃了舞蛇人？

[7] 在理何伤：续藏本作"在里何伤"，此处依宝祐本作"在理何伤"。

洪州大善慧海禅师

僧问："不坐青山顶时如何？"师曰："且道是甚么人？"

问："如何是解作客底人？"师曰："不占上。"

问："灵泉忽逢时如何？"师曰："从甚么处来？"

问："如何道即不违于师？"师曰："莫惜口[1]。"曰："道后如何。"师曰："道甚么？"

问："如何道得相亲去？"师曰："快道。"曰："恁么则不道也。"师曰："用口作甚么？"

问："如何是西来意？"师曰："三界平沉[2]。"

【注释】

[1] 莫惜口：意谓纠缠于言辞本是错误施设，然而禅师为了接引中下根机，不

得不用言辞解说，因此而犯错也无从顾惜。

［2］平沉：沉没，隐没。

鼎州德山和尚

僧问："路逢达道人，不将语默对，未审将甚么对？"师曰："只恁么。"僧良久，师曰："汝更问。"僧再问，师乃喝出。

南岳南台和尚

僧问："直上融峰[1]时如何？"师曰："见么？"

【注释】

［1］融峰：即祝融峰。位于湖南省东部中间的南岳衡山，是南岳衡山七十二峰的最高峰和主峰。其景点包括老圣殿、上封寺、望月台、南天门、会仙桥等。"祝融万丈拔地起，欲见不见轻烟里"。取名祝融峰来源于火神祝融氏的传说。

南康军云居昌禅师

僧问："相逢不相识时如何？"师曰："既相逢为甚么不相识？"

问："红炉猛焰时如何？"师曰："里头是甚么？"

问："不受商量时如何？"师曰："来作甚么？"曰："来亦不商量。"师曰："空来何益？"

问："方丈前容身时如何？"师曰："汝身大小？"

晋州大梵和尚

僧问："如何是学人顾望[1]处？"师曰："井底架高楼[2]。"曰："恁么则超然去也。"师曰："何不摆手？"

【注释】

［1］顾望：观看，观察。

［2］井底架高楼：多此一举的意思。

新罗国云住和尚

僧问："诸佛道不得，甚么人道得？"师曰："老僧道得。"曰："诸佛道不得，和尚作么生道？”师曰：“诸佛是我弟子。”曰：“请和尚道。”师曰：“不是对君王，好与二十棒。”

问：“达磨未来时如何？”师曰：“夜半石牛吼。”曰：“来后如何？”师曰：“特地使人愁。”

问：“既是普眼[1]，为甚不见普贤？”师曰：“只为贪程太速。”

【注释】

[1] 普眼：指普眼菩萨。参见本书第一章“释迦牟尼佛”条：“世尊因普眼菩萨欲见普贤，不可得见，乃至三度入定，遍观三千大千世界，觅普贤不可得见，而来白佛。佛曰：‘汝但于静三昧中起一念，便见普贤。’普眼于是才起一念，便见普贤，向空中乘六牙白象。”

呤珏[1]和尚

僧问：“学人不负师机，还免披毛戴角也无？”师曰：“阇黎何得对面不相识？”曰：“恁么，则吞尽百川水，方明一点心。”师曰：“虽脱毛衣，犹披鳞甲。”曰：“好采[2]和尚具大慈悲。”师曰：“尽力道也，出老僧格不得[3]。”

【注释】

[1] 呤（lǐng）珏（jué）：禅师名。

[2] 采：宝祐本作“采”，但《景德传灯录》或其他版本作“来”。

[3] 尽力道也，出老僧格不得：旧校本标点为“尽力道，也出老僧格不得”，有误。格：指法式、标准、规格等。

疏山仁禅师法嗣

随州护国院守澄净果禅师

上堂：“诸方老宿，尽在曲录木床上为人，及有人问着祖师西来意，未曾有一人当头道着。”时有僧问：“请和尚当头道。”师曰：“河北驴鸣，河南犬吠。”

问：“如何是佛？”师咄曰：“这驴汉。”

问：“尽大地是一只眼底人来时如何？”师曰：“阶下汉。”

问：“诸佛不到处，是甚么人行履？”师曰：“聃耳髼头[1]。”曰：“何人通得彼中信？”师曰：“驴面兽腮。”

问：“随缘认得时如何？”师曰：“错。”

问：“如何是西来意？”师曰：“一人传虚，万人传实[2]。”

问：“不落干将[3]手，如何是太阿[4]？”师曰：“七星[5]光彩耀，六国[6]罢烟尘。”

问：“鹤立枯松时如何？”师曰：“地下底一场㦬㦬[7]。”

问：“会昌沙汰[8]时，护法善神向甚么处去？”师曰：“三门前两个一场㦬㦬。”

问：“滴水滴冻时如何？”师曰：“日出后一场㦬㦬。”

【注释】

［1］聃（dān）耳髼（péng）头：长耳散发。聃：耳长而大，旧以为寿征。《说文·耳部》：“聃，耳曼也。”段玉裁注：“曼者，引也。耳曼者，耳如引之而大也。”张舜徽约注：“曼有长义。聃训耳曼，谓耳长也，亦即下垂之意。髼：头发散乱貌。

［2］一人传虚，万人传实：意思是一个人传出没有根据的事，众多的人跟着传播，就被当作实有的事了。指根本无事，因传说的人多，就使人信以为真。汉代王符《潜夫论·贤难》：“一犬吠形，百犬吠声；一人传虚，万人传实。”

［3］干将：春秋时著名的铸剑师，与其妻镆（mò）铘（yá）一起为吴王铸剑。传说春秋吴王阖庐使干将铸剑，铁汁不下，其妻莫邪自投炉中，铁汁乃出，铸成二剑。雄剑名干将，雌剑名莫邪。

［4］太阿：古宝剑名。相传为春秋时欧冶子、干将所铸。

［5］七星：北斗七星。

［6］六国：指战国时位于函谷关以东的齐、楚、燕、韩、赵、魏六国。

［7］㦬（mǒ）㦬（luǒ）：禅林用语。谓耻辱、惭愧之意。《碧岩录》第一则：“达磨遂渡江至魏（这野狐精，不免一场㦬㦬，从西过东，从东过西）。”《从容录》第七则：“云扫长空巢月鹤（树下底一场㦬㦬）。”

［8］沙汰：指武宗沙汰或会昌沙汰。历史上唐武宗废佛，淘汰僧尼，大规模拆毁佛寺和强迫僧尼还俗，史称“会昌法难”。宣宗继位后重拾佛教，敕复佛寺。沙

汰，指淘汰。

灵泉归仁禅师

洛京灵泉归仁禅师，初问疏山："枯木生花[1]，始与他合。是这边句，是那边句？"山曰："亦是这边句。"师曰："如何是那边句？"山曰："石牛吐出三春雾，灵雀不栖无影林。"

住后，僧问："如何是灵泉家风？"师曰："十日作活九日病。"曰："此病如何？"师曰："回避不得。"曰："还疗得也无？"师曰："耆婆[2]稽首，医王皱眉。"

问："祖意教意，是同是别？"师曰："牛马同群放。"曰："还分不分？"师曰："夜半昆仑穿市过，午后乌鸡带雪飞。"

问："急切相投时如何？"师曰："见佛似冤家。"

问："如何是灵泉竹？"师曰："不从栽种得。"曰："还变动也无？"师曰："三冬瑞雪应难改，九夏凝霜色转鲜。"

问："如何是灵泉心印？"师曰："不传不受。"曰："或遇交代时如何？"师曰："淮南船子看洛阳。"

问："六国未宁时如何？"师曰："作乱者谁？"

问："如何是祖师西来意？"师曰："仰面独扬眉，回头自拍手。"

问："如何是和尚家风？"师曰："骑牛戴席帽，过水着靴衫。"

问："如何是无问而自说？"师曰："死人口里活人舌。"曰："未审是何人领会？"师曰："无角水牯牛。"

问："如何是灵泉活计？"师曰："东壁打倒西壁[3]。"曰："凭个甚么过朝夕。"师曰："折脚铛子[4]无烟火。"曰："二时将何奉献？"师曰："野老共炊无米饭，溪边大会不来人。"

问："如何是灵泉境？"师曰："枯桩花烂熳。"曰："如何是境中人？"师曰："子规啼断后，花落布阶前。"

问："如何是沙门行？"师曰："恰似个屠儿。"曰："如何行履？"师曰："破斋犯戒。"曰："究竟作么生？"师曰："因不收，果不入。"

俗士问："俗人还许会佛法否？"师曰："那个台无月，谁家树不春？"

【注释】

［1］枯木生花：枯树开了花，比喻绝处逢生，也比喻不可能实现的事情。出自《三国志·魏志·刘廙传》："起烟于寒灰之上，生花于已枯之木。"

［2］耆婆：又作耆婆伽、只婆、时婆、耆域、时缚迦。为佛陀时代之名医，为频婆娑罗王与阿阇世王之御医。虔诚信仰佛教，屡次治愈佛弟子之病。曾引导弑父之阿阇世王至佛陀面前忏悔。其名声可媲美我国战国时代之扁鹊。

［3］东壁打倒西壁：亦作"东壁打西壁"。意谓室内空空荡荡。反映僧家生活俭朴，亦寓万物皆空之义。

［4］折脚铛（chēng）子：指断脚锅。

【概要】

归仁禅师，唐末五代诗僧，曾为洛阳灵泉寺（今偃师府店东的缑山之麓，是唐末五代著名寺院）住持，他是曹洞宗疏山匡仁禅师法嗣，能诗，诗风刚健，格调高亢，颇有气势。后梁开平三年（909 年）罗隐卒，归仁有诗哭之。《全唐诗》中存其诗六首。如《牡丹》："三春堪惜牡丹奇，半倚朱栏欲绽时。天下更无花胜此，人间偏得贵相宜。偷香黑蚁斜穿叶，觑蕊黄蜂倒挂枝。除却解禅心不动，算应狂杀五陵儿。"

【参考文献】

《景德传灯录》卷二十；《五灯严统》卷十三；《教外别传》卷一。

瑞州五峰遇禅师

僧问："佛未出世时如何？"师曰："一堆泥土。"

问："如何是不拨不触底人？"师曰："闭目藏三寸，翻眉盖眼睛。"

疏山证禅师

抚州疏山证禅师，初参先疏山得旨，后历诸方，谒投子。子问："近离甚处？"曰："延平[1]。"子曰："还将得剑来么？"曰："将得来。"子曰："呈似老僧看。"师乃指面前地，子便休。至晚问侍者："新到在么？"者曰："当时去也。"子曰："三十年弄马骑，今日被驴扑[2]。"

住后，僧问："如何是就事学？"师曰："著衣吃饭。"曰："如何是就理学？”师曰：“骑牛去穋。”曰：“如何是向上事？”师曰：“溥济不收[3]。”

问：“如何是声色混融句？”师曰：“不辨消不及[4]。”曰：“如何是声色外别行底句？”师曰：“难逢不可得。”

问：“亲切[5]处乞一言。”师以拄杖敲之，僧曰：“为甚么不道？”师曰：“得恁么不识好恶！”

【注释】

[1] 延平：即延平津，古代津渡名。晋时属延平县（今福建省南平市东南）。据《晋书·张华传》载，丰城令雷焕得龙泉、太阿两剑，以其一与张华。后华被诛，剑即失其所在。雷焕死，其子持剑行经延平津，剑忽跃出堕水。使人入水取之，但见两龙蟠萦，波浪惊沸。剑亦从此亡去。唐代黄滔《浙幕李端公泛建溪》：“更爱延平津上过，一双神剑是龙鳞。”金代元好问《换得云台帖喜而赋诗》：“世间曾有华陀帖，神物已化延平津。”

[2] 三十年弄马骑，今日被驴扑：扑，扑跌。比喻有经验的老手上当、被欺。义近“骑马一世，驴背上失脚”。禅宗中，和尚参禅，禅机被人识破或被人说得无言可对时用此语。意为被水平低的人难倒，丢了面子。是一种自嘲又不服气的口吻。

[3] 溥（pǔ）济不收：普施而不图回报。溥：普遍。济：其他版本有作“际”。

[4] 不辨消不及：不辨别消受不了。

[5] 亲切：与禅法契合相应。《无门关·离却语言》：“风穴和尚因僧问：‘语默涉离微，如何通不犯？’穴云：‘长忆江南三月里，鹧鸪啼处百花香。’无门曰：风穴机如掣电，得路便行，争奈坐前人舌头不断？若向者里见得亲切，自有出身之路。”

百丈安禅师

洪州百丈明照安禅师，新罗人也。

僧问：“一藏[1]圆光[2]，如何是体？”师曰：“劳汝远来。”曰：“莫便是一藏圆光么？”师曰：“更吃一碗茶。”

问：“如何是和尚家风？”师曰：“手巾寸半布[3]。”

问：“万法归一，一归何处？”师曰：“未有一个人不问。”

问：“如何是极则处?”师曰：“空王[4]殿里登九五[5]，野老门前不立人。”

问：“随缘认得时如何?”师曰：“未认得时作么生?”

问：“如何是毗卢师?”师曰：“人天收不得。”曰：“如何是一代时教?”师曰：“义例分明。”

【注释】

[1] 一藏：一切之教法唯摄于一藏。藏即含藏之义。谓法界之理，竖穷三际（过去、现在、未来），横遍十方，无德不备，无法不摄，一一该罗，重重无尽。若世间法，若出世间法，无不含藏，故名一藏。

[2] 圆光：佛菩萨顶上之圆轮光明。《观无量寿经》曰：“彼佛圆光如百亿三千大千世界，于圆光中有百万亿那由他恒河沙化佛。”

[3] 手巾寸半布：手巾一寸半布。家风很简朴，才是真风采。

[4] 空王：诸佛之别名。以诸佛亲证诸法空性，寂静无碍，圣果无匹而称空王。依《圆觉经》载，佛为万法之王，故称空王。又有古佛名作空王佛，见《法华经·授学无学人记品》。

[5] 九五：九五之尊，指帝王。“九五”原是《易》卦爻位名。九，谓阳爻；五，第五爻，指卦象自下而上第五位。《易·干》：“九五，飞龙在天，利见大人。”孔颖达疏：“言九五，阳气盛至于天，故云‘飞龙在天’。此自然之象，犹若圣人有龙德、飞腾而居天位。”后因以“九五”指帝位。

黄檗慧禅师

瑞州黄檗山慧禅师，洛阳人也。少出家，业[1]经论。因增受菩萨戒[2]，而叹曰：“大士摄律仪[3]，与吾本受声闻戒[4]，俱止持作犯[5]也。然于篇聚[6]增减，支本通别[7]，制意且殊。既微细难防，复于摄善[8]中未尝行于少分，况饶益有情[9]乎？且世间泡幻，身命何可留恋哉！”由是置讲课，欲以身捐于水中，饲鳞甲[10]之类。念已将行，偶二禅者接之款话[11]，说：“南方颇多知识，何滞于一隅?”师从此回志参寻。

属关津严紧，乃谓守吏曰：“吾非玩山水，誓求祖道，他日必不忘恩也。”吏者察其志，遂不苛留，且谓之曰：“师既为法忘身，回时愿无吝所闻。”师欣谢。

直造疏山。时仁和尚坐法堂受参，师先顾视大众，然后致问曰：“刹那便去时如何？”山曰：“畐塞[12]虚空，汝作么生去？”师曰：“逼塞虚空，不如不去。”山便休。

师下堂参第一座，座曰：“适来祇对甚奇特。”师曰：“此乃率尔[13]，敢望慈悲，开示愚昧。”座曰：“一刹那间还有拟议否？”师于言下顿省，礼谢。

住后，僧问：“黄檗一路荒来久，今日当阳事[14]若何？”师曰：“虚空不假金锤炼，日月何曾待照人？”

师示灭，塔于本山，肉身至今如生。

【注释】

[1] 业：学习的内容或过程。此处指禅师以佛教经论为学业。

[2] 菩萨戒：修大乘菩萨道者所应受持之戒律。近世以来，我国佛教界所传的三坛大戒中，第三坛所授者即为菩萨戒。这是僧俗皆可受的戒律，所用戒本为《梵网经菩萨戒本》。菩萨戒之内容为三聚净戒，即摄律仪戒、摄善法戒、饶益有情戒等三项，亦即聚集了持律仪、修善法、度众生等三大门之一切佛法，作为禁戒以持守之。说菩萨戒之大乘典籍甚多，可综合为梵网与瑜伽二类律典。梵网戒本受戒之作法出于《梵网经·律藏品》，其戒相为十重禁戒、四十八轻戒。不论出家、在家，皆可受持。瑜伽戒本出于《瑜伽师地论》卷四十、卷四十一，以三聚净戒、四种他胜处法为基准。虽亦道俗通摄，然必先受小乘七众戒而久已成就无犯者，方能受持。古代以瑜伽戒为主，今则盛行梵网戒。

[3] 大士摄律仪：指菩萨戒的“摄律仪戒”。大士：菩萨的通称。

[4] 声闻戒：声闻指听闻佛陀之声教而依教修行的佛弟子。在原始佛教圣典中，释迦在世时的弟子，不论在家或出家，皆称为声闻。但至后世，声闻被限定为出家弟子。所以，声闻戒也就是出家人所受持的戒律。

[5] 止持作犯：对杀盗等恶法而言，止为持戒，作为犯戒。反之，对慈悲等善法而言，则以止为犯戒，作为持戒。

[6] 篇聚：即“声闻篇聚”，指有关佛教声闻僧（小乘）的戒律。“篇聚”，指戒律。比丘、比丘尼所学之戒律，因有五篇、六聚、七聚之分，故称篇聚。具足戒类别为篇门与聚门，篇门系依结成之罪果及急要之义而区别为五篇；聚门则类聚其罪性及因罪而为六聚、七聚、八聚。声闻僧乃以出家沙门形象，修小乘三学（戒学、定学、慧学）者。

［7］支本通别：指支流、本源、共通、别异。出家戒律四个方面的内容。

［8］摄善：指菩萨戒的“摄善法戒”。

［9］饶益有情：指菩萨戒的“饶益有情戒”。饶益有情，即利益一切众生。

［10］鳞甲：水族鱼鳖之类。

［11］款话：恳谈。唐代刘长卿《颍川留别司仓李万》：“客里相逢款话深，如何岐路剩沾襟。”

［12］畐（bì）塞：充满。即“逼塞”。

［13］率尔：急遽貌。《论语·先进》：“子路率尔而对。”何晏集解：“率尔，先三人对。”

［14］当阳事：当下事。

延州伏龙山奉璘禅师

僧问：“如何是和尚家风？”师曰：“横身卧海，日里挑灯。”

问：“如何是伏龙境？”师曰：“山峻水流急，三冬发异华。”

问：“和尚还爱财色也无？”师曰：“爱。”曰：“既是善知识，为甚么却爱财色？”师曰：“知恩者少。”

师问火头：“培火了也未？”曰：“低声。”师曰：“甚么处得这消息来？”曰：“不假多言。”师曰：“省钱易饱，吃了还饥。”

问：“如何是和尚家风？”师曰：“长虀[1]冷饭。”曰：“太寂寞生！”师曰：“僧家合如是。”

【注释】

［1］虀（jī）：同“齑”。细切后用盐酱等浸渍的蔬果。如腌菜、酱菜、果酱之类。

安州大安山省禅师

僧问：“失路迷人，请师直指。”师曰：“三门前去。”

问：“举步临危，请师指月。”师曰：“不指月。”曰：“为甚么不指月？”师曰：“临坑不推人。”

问：“离四句，绝百非，请和尚道。”师曰：“我王库内无如是刀。”

问：“重重关锁，信息不通时如何？”师曰：“争得到这里？”曰：

“到后如何？”师曰：“彼中事作么生？”

问：“如何是真中真？”师曰：“十字路头泥佛子。”

问：“无为无事人，犹是金锁难。金锁牵不住，是甚么人？”师曰：“向阇黎道即得，不可荒却大安山去也。”

百丈超禅师

洪州百丈超禅师，海东人也。

僧问：“祖意教意，是同是别？”师曰：“金鸡玉兔，听绕须弥。”

问：“日落西山去，林中事若何？”师曰：“洞深云出晚，涧曲水流迟。”

问：“某甲今日辞去，或有人问和尚说甚么法，向他道甚么？”师曰：“但道大雄山顶上，虎生师子儿。”

洪州天王院和尚

僧问：“国内按剑者是谁？”师曰：“天王。”

问：“‘百骸俱溃散，一物镇长灵’时如何？”师曰：“不堕无坏烂。”

问：“如何是佛？”师曰：“错。”

问：“如何是无相道场。”师曰：“门外列金刚。”

正勤蕴禅师

常州正勤院蕴禅师，魏府韩氏子。幼而出家，老有童颜。

僧问：“师唱谁家曲，宗风事若何？”师曰：“迥出[1]箫韶外，六律岂能过？”曰：“不过底事作么生？”师曰：“声前拍不散，句后觅无踪。”

问：“如何是正勤[2]一路？”师曰：“泥深三尺。”曰：“如何到得？”师曰：“阇黎从甚么处来？”

问：“如何是禅？”师曰：“石上莲华火里泉。”曰：“如何是道？”师曰：“楞伽峰顶一茎草。”曰：“禅道相去几何？”师曰：“泥人落水木人捞。”

晋天福中顺寂，葬于院侧。经二稔，门人发塔，睹全身俨然，发爪俱长。乃阇维，收舍利真骨，重建塔焉。

【注释】

［1］迥出：高出，超过。宋代罗大经《鹤林玉露》卷十六："梅之清香玉色，迥出桃李之上。"

［2］正勤：正精进。包括已生恶令断灭、未生恶令不生、未生善令生起、已生善令增长，此四正勤就是精进，精进勤劳修习四种道法，以策励身口意，断恶生善。

襄州洞山瑞禅师

僧问："道有又无时如何？"师曰："龙头蛇尾，腰间一剑。"

问："如何是无生曲？"师曰："未问已前。"

京兆府三相和尚

僧问："如何是无缝塔？"师曰："觅缝不得。"曰："如何是塔中人？"师曰："对面不相见。"

问："如何是西来意？"师曰："雪覆孤峰白，残照露瑕痕。"

青林虔禅师法嗣

襄州万铜山广德延禅师

僧问："如何是和尚家风？"师曰："山前人不住，山后人更忙。"

问："如何是透法身句？"师曰："无力登山水，茅户绝知音。"

问："如何是佛法大意？"师曰："始嗟黄叶落，又见柳条青。"

问："尽大地是个死尸，向甚么处葬？"师曰："北邙山[1]下，千丘万丘。"

师不安，僧问："和尚患个甚么？"师曰："无私不坠的。"曰："恁么则已知和尚病源也。"师曰："你道老僧患甚么？"曰："和尚忌口好！"师便打。

问："如何是佛？"师曰："画戟门开见坠仙。"僧后问悟空："画戟门开见坠仙，意旨如何？"空曰："直饶亲见释迦来，智者咸言不是佛。"

【注释】

[1] 北邙山：山名，亦作“北芒”。因在洛阳之北，故名。东汉、魏、晋的王侯公卿多葬于此。唐代沈佺期《邙山》：“北邙山上列坟茔，万古千秋对洛城。”因北邙山是著名的公墓，故借它指墓地或坟墓。

石门献蕴禅师

襄州石门献蕴禅师，京兆人也。

初问青林：“如何用心，得齐于诸圣？”林仰面良久曰：“会么？”师曰：“不会。”林曰：“去，无子用心处。”师礼拜，乃契悟，更不他游，遂作园头[1]。

一日归，侍立次，林曰：“子今日作甚么来？”师曰：“种菜来。”林曰：“遍界是佛身，子向甚处种？”师曰：“金钼不动土，灵苗在处生。”林欣然。

来日入园，唤：“蕴阇黎！”师应喏，林曰：“剩栽无影树，留与后人看。”师曰：“若是无影树，岂受栽邪？”林曰：“不受栽且止，你曾见他枝叶么？”师曰：“不曾见。”林曰：“既不曾见，争知不受栽？”师曰：“只为不曾见，所以不受栽。”林曰：“如是！如是！”

林将顺寂，召师，师应诺。林曰：“日转西山后，不须取次[2]安。”师曰：“雪满金檀树，灵枝万古春。”林曰：“或有人问你金针线囊事[3]，子道甚么？”师曰：“若是毛羽相似者，某甲终不敢造次。”

初住南岳兰若[4]，未几迁夹山。道由潭州时，楚王马氏出城延接，便问：“如何是祖师西来大道？”师曰：“好大哥！御驾六龙千古秀，玉街排仗出金门。”王大喜，延入天册府，供养数日，方至夹山。

开堂，僧问：“今日一会，何异灵山？”师曰：“天垂宝盖重重异，地涌金莲叶叶新。”曰：“未审将何法示人？”师曰：“无弦琴韵流沙界[5]，清音普应大千机。”

问：“师唱谁家曲，宗风嗣阿谁？”师曰：“一曲宫商才品弄，辨宝还他碧眼胡[6]。”曰：“恁么则清流分洞下，满月照青林去也。”师曰：“多子塔[7]前分的意[8]，至今异世度洪音。”

问：“何如是夹山正主？”师曰：“好手须知栾布[9]作，韩光[10]虚妄立

功勋。”

问：“如何是西来意?”师曰：“玉玺[11]不离天子手，金箱岂许外人知?”

问：“不落机关[12]，请师便道。”师曰：“湛月[13]迅机无可比，君今曾问几人来?”曰：“即今问和尚。”师曰：“好大哥！云绽不须藏九尾，恕君残寿速归丘。”

师以蛮夷作乱，遂离夹山至襄州，创石门寺，再振玄风。上堂：“琉璃殿上光辉，而日日无私。七宝山中晃耀，而头头有据。泥牛运步，木马嘶声。野老讴歌，樵人舞袖。太阳路上，古曲玄音。林下相逢，更有何事?”

僧问：“月生云际时如何?”师曰：“三个孩儿抱华鼓，好大哥，莫来拦我球门路。”

问：“如何是和尚家风?”师曰：“常骑骏马骤高楼，铁鞭指尽胡人路。”

问：“如何是石门境?”师曰：“遍界黄金无异色，往来游子罢追寻。”曰：“如何是境中人?”师曰：“无相不居凡圣位，经行鸟道没踪由。”

问：“猛虎当轩[14]时如何?”师曰：“性命不存。”曰：“恁么则遭他毒手。”师曰：“一任咬嚼。”

问：“如何是净土中人?”师曰：“披毛游火聚，戴角混尘泥。”

问：“道界无穷际，通身绝点痕时如何?”师曰：“渺渺白云漫雪岳，转身玄路莫迟迟。”曰：“未审转身路在甚么处?”师曰：“石人举手分明记，万年枯骨笑时看。”

问：“如如不动时如何?”师曰：“有甚么了日?”曰：“如何即是?”师曰：“石户[15]非关锁，般若寺遭焚。”有人问曰：“既是般若，为甚么被火烧?”师曰：“万里一条铁。”

师应机多云“好大哥”，时称“大哥和尚”。

【注释】

［1］园头：又作圆头。禅林中，司掌栽培耕作菜园之职称。敕修《百丈清规》卷四列职杂务条谓，园头须不惮勤苦，以身率先，栽种菜蔬，及时灌溉，供给堂厨，毋令缺乏。

［2］取次：禅林用语。指草率之语、容易之语。谓宗门之要义，非言谈可道尽，故不可以轻率之言语论断之；而学人亦须脚踏实地，亲身体证，不可轻信他人之言谈，作为自己求道之路。《临济录·示众》："道流！莫取次被诸方老师印破面门，道我解禅解道。"

［3］金针线囊事：原指家务事，这里比喻本分事。又，金针比喻秘法、诀窍。把某种技艺的秘法、诀窍传授给别人。本书第十四章"宝峰惟照禅师"条："鸳鸯绣出从君看，不把金针度与人。"

［4］兰若："阿兰若"之略称。僧人住的地方。其义即空净闲静之处。

［5］沙界：意谓恒河沙之世界，即指无量无数之佛世界。

［6］碧眼胡：原指绿眼之异国僧人。于禅林，则专称初祖达磨大师。

［7］多子塔：塔名，在古印度，相传为纪念辟支佛而建。释迦牟尼佛曾在此塔前向摩诃迦叶传付衣法，迦叶遂成西天禅宗初祖。参见本书第一章"释迦牟尼佛"条："世尊至多子塔前，命摩诃迦叶分座令坐，以僧伽梨围之。遂告曰：'吾以正法眼藏密付于汝，汝当护持，传付将来。'"此即古来禅家所谓之"多子塔付法说"。

［8］的意，即"的的意"，指真实意旨。的的，指确实、的确、实在、真实。

［9］栾布（？—前 145 年）：西汉梁国人。因为敢于为彭越（汉高祖疑他谋反而诛杀）收尸、据理力争反而被汉高祖看重。汉景帝时吴楚七国之乱，栾布以击齐之功，封鄃侯，出任燕相。中元五年逝世。燕、齐的乡民祭拜栾布为土地神，都为他立社，号栾公社。

［10］韩光：东汉人，官至驸马都尉，因与淮阳王刘延谋反被诛。

［11］玉玺（xǐ）：专指皇帝的玉印。始于秦。据汉代蔡邕《独断》载："天子玺以玉螭虎纽。古者尊卑共之……秦以来，天子独以印称玺，又独以玉，群臣莫敢用也。"

［12］机关：指师家为令学人得悟，而顺应其根机所设之机法。亦即所谓之公案、话头，或棒喝等。禅门之师家常以古则公案、一喝一棒接化学人，称为机关。

［13］湛月：湛：浸，渍。月在中天，影入杯中，杯酒月影，如酒浸月。

［14］轩：殿堂前檐下的平台。

［15］石户：石门。

【概要】

献蕴禅师，青林师虔禅师之法嗣，洞山良价禅师之嫡孙，京兆人。姓氏不详。出家后，他一度云游参学，遍历诸禅席。后投青林师虔禅师座下而开悟，并留在青林和尚的座下，充当园头。青林和尚圆寂后，献蕴禅师初住南岳之兰若。后住夹

山，途经潭州的时候，楚王马氏出城延请，从师问法。因为献蕴禅师接众时，经常用“好大哥”这一口头语，故时人皆称他“大哥和尚”。献蕴禅师在夹山住了不多久，便赶上蛮夷作乱。他不得不离开夹山，迁至湖北襄州凤凰山，创石门寺。从此，献蕴禅师就一直住在那里开法接众，再振宗风，一直到他入寂。

【参考文献】

《联灯会要》卷二十五；《五灯严统》卷十三。

韶州龙光諲禅师

僧问：“人王与法王，相见时如何？”师曰：“越国君王曾按剑，龙光一句不曾亏。”

上堂，良久曰：“不烦！珍重[1]。”

问：“如何是西来意？”师曰：“胡风一扇，汉地成规。”

问：“拨尘见佛时如何？”师拊掌顾视。

问：“如何是龙光一句？”师曰：“不空罥索[2]。”曰：“学人不会。”师曰：“唵[3]。”

问：“如何是极则[4]为人处？”师曰：“殷勤嘱付后来人。”

问：“宾头卢[5]一身，为甚么赴四天下供？”师曰：“千江同一月，万户尽逢春。”遂有偈曰：“龙光山顶宝月轮，照耀乾坤烁暗云。尊者不移元一质，千家影现万家春。”

【注释】

［1］不烦！珍重：旧校本标点有误。“不烦”是客套语言，要点开。

［2］不空罥（juàn）索：即不空罥索观音。持不空之罥索，钩取人天之鱼于菩提之岸，以此标帜而得名。罥索：本为战斗或狩猎之用具。据《慧琳音义》卷六十一载，罥索，系于战斗之时用以罥取人，或罥取马头、马脚之绳索，俗称搭索。菩萨以此索挽救众生，到达解脱彼岸。罥索譬如菩萨之四摄（布施摄、爱语摄、利行摄、同事摄）法，其罥索必有所获，故云不空。《大日经疏》卷五：“罥索是菩提心中四摄方便，以此执系不降伏者，以利慧刃断其业寿无穷之命，令得大空生也。”《演密钞》五曰：“四摄是法，罥索是喻，诸佛菩萨以四摄法摄取众生，无空过者。世间罥索索取诸兽少有所失，故以为喻。又此罥索名不空，世间罥索索取兽时，或

中或不中，四摄罥索摄取众生无不中者故。”

［3］唵：六字大明咒第一字，六字大明咒即观音心咒，全咒为“唵嘛呢叭咪吽”。

［4］极则：本处指为人极则处。接引学人的最高准则。极则，犹言最高准则、最高境界。

［5］宾头卢：参见本书第二章“宾头卢尊者”注释。

郢州芭蕉和尚

僧问：“十二时中如何用心？”师曰：“拢总[1]一木盆。”

问：“如何是道？”师曰：“或横三，或竖五。”曰：“如何是道中人？”师曰：“罢举云中信，半夜太阳辉。”

【注释】

［1］拢总：共计，总计。宝祐本作“蘢葱”，疑错，根据其他版本更正。

定州石藏慧炬禅师

僧问：“如何是西来意？”师曰：“树带沧浪色，山横一抹青。”

问：“如何是伽蓝？”师曰：“只这是。”曰：“如何是伽蓝中人？”师曰：“作么！作么！”曰：“忽遇客来，将何祇待？”师曰：“吃茶去。”

白水仁禅师法嗣

重云智晖禅师

京兆府重云[1]智晖禅师，咸秦[2]高氏子。总角[3]之岁，好游佛宇，誓志出家，父母不能止。礼圭峰温禅师剃度，后谒白水，独领微言，潜通秘键。寻回洛，卜[4]于中滩，创温室院[5]，常施水给药为事。

有比丘患白癞[6]，众恶之，唯师与之摩洗如常。俄有神光异香，既而讶之，遂失所在。遗疮痂[7]，馨香酷烈，遂聚而塑观音像以藏之。

师后忽欲归终南圭峰旧居。一日，闲步岩岫[8]间，如常寝处，倏睹摩衲、数珠、铜瓶、棕笠[9]，触之即坏。谓侍者曰：“此吾前身道具耳。”

就兹建寺，以酬宿因[10]。当薙[11]草间，有祥云蔽日，屯于峰顶，久而不散，因目为“重云山”。猛兽皆自引去。及塞龙潭以通径，龙亦他徙。后唐明宗赐额曰“长兴”，学侣臻萃。

上堂，僧问：“如何是归根得旨？”师曰：“早是忘却，不忆尘生。”曰：“如何是随照失宗？”师曰：“家遭劫贼。”问：“不忆尘生，如何是进身一路？”师曰：“足下已生草，前程万丈坑。”问：“要路坦然，如何践履？”师曰：“我若指汝，则东西南北去也。”

问：“如何是重云秤？”师曰：“任将天下勘。”

问：“如何是截铁之言？”师曰：“宁死不犯。”

问：“如何是迦叶亲闻底事？”师曰：“重云记不得。”

问：“如何是重云境？”师曰：“四时花蔟蔟，三冬异草青。”

师阐法四十余年，节度使王彦超[12]微[13]时常从师游，欲为沙门。师熟视曰：“汝世缘深，当为我家垣墙[14]。”王公后果镇永兴，申弟子礼。

师将顺世，先与王公言别，嘱护法门。王公泣曰：“师忍弃弟子乎？”师笑曰：“借千年亦一别耳。”及归，书偈示众曰：“我有一间舍，父母为修盖。住来八十年，近来觉损坏。早拟移别处，事涉有憎爱。待他摧毁时，彼此无妨碍。”及跏趺而逝，塔于本山。

【注释】

[1] 重云：寺名。位于明清西安府鄠县东南三十里太平峪口。五代后梁开平五年（911 年）京兆僧智晖建，或说王彦超舍庄为寺。后唐明宗赐额长兴寺。

[2] 咸秦：指秦都城咸阳。唐人多借指长安。唐代白居易《醉后走笔酬刘五主簿长句之赠》：“出门可怜惟一身，弊裘瘦马入咸秦。”

[3] 总角：古时儿童束发为两结，向上分开，形状如角，故称总角。

[4] 卜：卜居，占卜选择居住的地方。

[5] 温室院：智晖禅师于洛阳中滩创建的寺院。温室，为温浴而设之浴室。禅师于乾化四年（914 年）来洛阳考察建庙，各庙无所不备，唯缺浴室。于是，他凿户为浴室，建了数亩地，名为“温室院”。出榜公布，十方僧徒都可以来这里洗澡，并且布施医药。

[6] 白癞：白癞病，银屑病之类的皮肤病。

[7] 疮痂：疮口表面所结的痂。

［8］岩岫：山洞。唐代玄奘《大唐西域记·摩揭陀国下》："石室西南隅有岩岫，印度谓之阿素洛宫也。"

［9］倏（shū）睹摩衲、数珠、铜瓶、棕笠：忽然看见磨衲袈裟、数珠、铜瓶、棕笠等物。旧校本标点为"倏睹摩衲数珠，铜瓶棕笠"，致使物件很不清楚，须知这是四种物件，必须顿号分开才清晰。摩衲：即"磨衲"，袈裟之一种。相传乃高丽所产，以极精致之织物制成。磨：即指紫磨，属于绫罗类。《六祖坛经》："感荷师恩，顶戴无已，并奉磨衲袈裟及水晶钵。"数珠，指以线贯串一定数量的珠子，用以计算称名或持咒次数的法具。又称念珠、咒珠或诵珠。棕笠：用棕和竹篾编成的帽子，用以遮雨或遮阳等。

［10］就兹建寺，以酬宿因：就在这个地方建寺，用来偿还前世之因。这是叙述语言，旧校本作为禅师说话放入引号之内，标点有误。

［11］薙（tì）：除草。

［12］王彦超（914～986年）：字德升。大名府临清县（今河北临西）人。五代至北宋初年著名将领。少时从军，隶属后唐魏王李继岌麾下，后入凤翔重云山，投智晖禅师为徒。此后历仕后晋、后汉、后周三朝，累官武宁节度使，曾击败北汉入侵。第一次淮南之战时，败南唐于寿州城下，又破南唐援军三万余人。北宋建立后，加中书令，历任永兴节度使、凤翔节度使、右金吾卫上将军等职，封邠国公。太平兴国八年（983年），以太子太师致仕。雍熙三年（986年），王彦超去世，年七十三，获赠尚书令。

［13］微：指微服私访。为隐藏身份，避人注目而改换常服，称之"微服"。古代多指帝王将相或其他有身份的人而言。

［14］垣墙：本指院墙、围墙，此比喻为护法，佛教的外护。

【概要】

智晖禅师（873～956年），五代后唐僧。洛阳咸秦人，俗姓高。年少时偶游佛寺，誓志出家，遂礼圭峰温和尚剃度，年二十受具足戒。后又师事高安白水本仁禅师十年，独领微言，潜通玄旨。

乾化四年（914年），禅师回洛阳考察建庙，发现市内各庙无所不备，唯缺浴室。于是，他凿户为浴室，建了数亩地，名为"温室院"。出榜公布，十方僧徒都可以来这里洗澡，并且布施医药。感菩萨化为患白癞病比丘，考验其功力。禅师不嫌弃其皮肤病身，坚持为他洗浴。后菩萨化去，遗疮痂，馨香酷烈，遂聚而塑观音像以藏之。

后梁开平五年（911年），禅师归返终南圭峰旧居。一日闲步，在石洞发现磨

衲袈裟、数珠、铜瓶、棕笠等前生用过的器物，就地建寺以酬昔因。当除草开基时，有祥云蔽日，屯于峰顶久而不散，因之呼为“重云山”。谷中猛兽皆自引去，潭中蛟龙亦徙他所。后唐明宗赐“长兴”之额。学侣云集，道化颇盛。期间，节度使王彦超入重云山投智晖禅师为徒，并欲出家。禅师观察其世缘深，殷勤叮咛为外护更好，至临终犹与其言别，嘱护法门。

后周显德三年示寂，世寿八十四，法腊六十四。

【参考文献】

《宋高僧传》卷二十八；《景德传灯录》卷二十；《神僧传》卷九。

【拓展阅读】

师再归故山创寺聚徒，涉四十五年。诲人之暇撰歌颂千余首，度弟子一千五百人。永兴节度使王彦超，早游师户庭，尝欲披缁。师止之曰：“汝后当荣显，为教门外护则可矣。”厥后果如师言，及镇永兴与师再会，益加尊礼。周显德三年丙辰夏六月，师诣府辞王公，属以山门事。至七月二十四日，体中无恙，垂诫门人，并示一偈曰：“我有一间舍，父母为修盖。住来八十年，近来觉损坏。早拟移住处，事涉有憎爱。待他摧毁时，彼此无相碍。”趺坐而逝。寿八十有四，腊六十四。塔于本山。（出自《景德传灯录》卷二十）

瑞龙幼璋禅师

杭州瑞龙院幼璋禅师，唐相国夏侯孜[1]之犹子[2]也。大中初，伯父司空出镇广陵，师方七岁，游慧照寺，闻诵《法华》，志求出家。伯父初不允，因师绝饮食，不得已而许之。师慧远禅师，后游诸禅会[3]，薯山、白水[4]咸受心诀。

咸通十三年至江陵，腾腾和尚[5]嘱之曰：“汝往天台寻静而栖，遇安即止。”已而又值憨憨和尚抚而记曰：“汝却后四十年，有巾子山下菩萨，王于江南，当此时吾道昌矣。”

寻抵天台山，于静安乡创福唐院，乃契腾腾之言。又住隐龙院。中和四年，浙东饥疫，师于温、台、明三郡收瘗遗骸，时谓“悲增大士”。雪峰尝往见之，遗棕榈拂子而去。天佑三年，钱尚父[6]遣使童建赍衣服、香药，入山致请，至府庭，署“志德大师”，馆[7]于功臣堂，日亲问法。

师请每年于天台山建金光明道场[8]，诸郡黑白[9]大会（光明大会始于师也），逾月而散。将辞归山，王加恋慕，于府城建瑞龙院（文穆王改为宝山院），延请开法。时禅门兴盛，斯则憨憨县记应矣。

上堂："老僧顷年游历江外、岭南、荆湖，但有知识丛林，无不参问来。盖为今日与诸人聚会，各要知个去处。然诸方终无异说，只教当人歇却狂心，休从他觅。但随方任真，亦无真可任。随时受用，亦无时可用。设[10]垂慈苦口，且不可呼昼作夜。更饶善巧，终不能指东为西。脱或能尔，自是神通作怪，非干我事。若是学语之流，不自省己知非，直欲向空里采花，波中取月，还著得心力么？汝今各且退思，忽然肯去，始知瑞龙老汉事不获已，迂回太甚。还肯么？"时有僧问："如何是瑞龙[11]境？"师曰："道汝不见得么？"曰："如何是境中人？"师曰："后生可畏。"

问："廓然无云，如何是中秋月？"师曰："最好是无云。"曰："恁么则一轮高挂，万国同观去也。"师曰："捏目[12]之子难与言。"

天成二年丁亥四月，乞坟塔于尚父。父命陆仁璋于西关选胜地，建塔创院，改天台隐龙为隐迹。塔毕，师入府庭辞尚父，嘱以护法。克期顺寂。尚父悲悼，遣僧正[13]集在城宿德[14]，迎引入塔。

【注释】

［1］夏侯孜（？~869年?）：字好学，亳州谯（今亳州市）人，累迁婺州刺史、绛州刺史等职。唐宣宗时，自兵部侍郎升为同中书门下平章事（宰相）。唐懿宗登基，进司空，寻罢，以太子少保分司东都洛阳。唐代宰相。

［2］犹子：指侄子。《礼记·檀弓上》："丧服，兄弟之子，犹子也，盖引而进之也。"本指丧服而言，谓为己之子期，兄弟之子亦为期。后因称兄弟之子为犹子。

［3］禅会：丁福保《佛学大辞典》："参禅之会坐。谓学禅道之法席也。《传灯录》十一曰：'沩山禅会。'"

［4］薯山、白水：两位禅师名。

［5］腾腾和尚：参见本书第二章"洛京福先寺仁俭禅师"注释。

［6］钱尚父：即钱镠（852~932年），字具美（一作巨美），小字婆留，杭州临安（今浙江临安）人，吴越开国国君。后梁开平元年（907年），朱温篡唐称帝，建立梁朝（后梁），并封钱镠为吴越王，兼任淮南节度使。乾化二年（912年），郢

王朱友圭弑父篡位，尊钱镠为尚父。

［7］馆：安排住宿。

［8］金光明道场：即“金光明忏法”，又名吉祥忏法，天台大师依《金光明经》而创之，宋遵式完成之，撰《金光明忏法补助仪》一卷。

［9］黑白：指僧俗。

［10］设：即使。

［11］瑞龙：指“瑞龙禅师”，“瑞龙境”指禅师之境界。旧校本未将“瑞龙”作专有名词下画线，有误。

［12］捏目：即“捏目生花”。挤捏眼睛而产生幻视，似乎有花出现，比喻制造幻象，自欺欺人。

［13］僧正：僧官之一。又称僧主。为统领教团，并匡正僧尼行为之僧官，乃僧团中之最高职官。始于魏晋南北朝时代，为中央僧官之职称。唯自唐宋以降，多为地方僧官，中央另设僧职机构。此职原称僧主，其后则僧主、僧正并用。

［14］宿德：即指德望重、见识高之老僧或耆老。宿：即尊宿、耆宿之意；德：即有德之意。宿老，又作老宿，指耆老或深积修行之僧。

白马儒禅师法嗣

兴元府青剉[1]山如观禅师

僧问：“如何是和尚家风？”师曰：“无底篮子拾生菜[2]。”

问：“如何是青剉境？”师曰：“三冬华木秀，九夏雪霜飞。”

【注释】

［1］青剉（cuò）：山名。

［2］生菜：即“叶用莴苣”。菊科一年生或越年生草本植物。唐代杜甫《陪郑广文游何将军山林》十首之七：“脆添生菜美，阴益食单凉。”《群芳谱》：“（生菜）一名白苣，一名石苣，似莴苣而叶色白，断之有白汁……谚云：‘生菜不离园’。宜生食，又可生挼盐醋拌食，故名生菜。”别名“千层剥”。清代吴其濬《植物名实图考》卷四《蔬类·白苣》：“白苣，与莴苣同而色白，剥其叶生食之，故俗呼生菜，亦曰千层剥。”

龙牙遁禅师法嗣

潭州报慈藏屿匡化禅师

僧问："心眼相见时如何？"师曰："向汝道甚么？"

问："如何是实见处？"师曰："丝毫不隔。"曰："恁么则见也。"师曰："南泉甚好去处。"

问："如何是西来意？"师曰："昨夜三更送过江。"

问："临机便用时如何？"师曰："海东有果树头心。"

问："如何是真如佛性？"师曰："阿谁无？"

问："如何是向上一路？"师曰："郴连道永[1]。"

问："和尚年多少？"师曰："秋来黄叶落，春到便开花。"

问僧："甚处来？"曰："卧龙来。"师曰："在彼多少时？"曰："经冬过夏。"师曰："龙门无宿客，为甚么在彼许多时？"曰："师子窟中无异兽。"师曰："汝试作师子吼看。"曰："某甲若作师子吼，即无和尚。"师曰："念汝新到，放汝三十棒。"

问："如何是湖南境？"师曰："艘船[2]战棹[3]。"曰："还许学人游玩也无？"师曰："一任阇黎打僜[4]。"

问："和尚百年后，有人问如何祇对？"师曰："分明记取。"

问："情生智隔，想变体殊，只如情未生时如何？"师曰："隔。"曰："情未生时，隔个甚么？"师曰："这个梢郎子[5]未遇人在。"

问："如何是龙牙山[6]？"师曰："益阳那边。"曰："如何即是？"师曰："不拟。"曰："如何是不拟去？"师曰："恁么则不是。"

问："古人面壁，意旨如何？"师良久，却召僧，僧应诺，师曰："你去，别时来。"

上堂："一句遍大地，一句才问便道，一句问亦不道。"僧问："如何是遍大地句？"师曰："无空缺。"曰："如何是才问便道句？"师曰："低声，低声。"曰："如何是问亦不道句？"师曰："便合知时。"

【注释】

［1］郴连道永：唐行政区划，属于江南道，今属湖南。

［2］艛船：有楼的大船。古代多用于作战。

［3］战棹：战船。

［4］打隥（dēng）：登船。隥：同“登”。

［5］梢郎子：贬称。梢：代指船家，艄公。属于下层从事苦力的人，地位低下。参阅鞠彩萍《释禅籍称谓“杜拗子”“勤巴子”“梢郎子”》（《宁夏大学学报（人文社会科学版）》2014 年第 3 期）

［6］龙牙山：位于湖南益阳桃江县三堂街镇花桥坪村。唐元和（806 ~ 820 年）定州僧圆鸿创建龙牙寺，初名延祥寺，元至正（1341 ~ 1367 年）重修。洞山良价弟子居遁禅师在龙牙寺做住持。参见本书第十三章“龙牙居遁禅师”注释。

襄州含珠山审哲禅师

僧问：“如何是和尚深深处？”师曰：“寸钉才入木，九牛拽不出。”

问：“如何是正法眼？”师曰：“门前神树子。”

问：“如何是佛法大意？”师曰：“贫儿抱子渡，恩爱竞随流。”

问僧：“有亦不是，无亦不是，不有不无亦不是，汝本来名个甚么？”曰：“学人已具名了。”师曰：“具名即不无，毕竟名个甚么？”曰：“只这莫便是否？”师曰：“且喜没交涉。”曰：“如何即是？”师曰：“亲切处更请一问？”曰：“学人道不得，请和尚道。”师曰：“别日来与汝道。”曰：“即今为甚么不道？”师曰：“觅个领话人不可得。”

又问僧：“张王李赵不是汝本来姓，汝本来姓个甚么？”曰：“与和尚同姓。”师曰：“同姓即且从汝，本来姓个甚么？”曰：“待汉水逆流，却向和尚道。”师曰：“即今为甚么不道？”曰：“汉水逆流也未？”师休去。

问：“随缘认得时如何？”师曰：“是甚么？”

问：“如何是无位真人？”师曰：“别安排，又争得？”曰：“不安排时如何？”师曰：“无位真人？”

问：“如何是真经？”师曰：“阿弥陀。”

西川存禅师

僧问：“学人解问诸讹句，请师举起讶人机。”师曰：“巢父不牵牛，许由不洗耳[1]。”

问：“具足底人来，师还接否?”师便打。

【注释】

［1］巢父不牵牛，许由不洗耳：巢父和许由都是历史上蔑视爵禄名位，风操高洁的隐士，故有成语“巢父饮牛”与“许由洗耳”。晋皇甫谧《高士传》记载：“尧让天下于许由，许由不受而逃去，于是遁耕于中岳，颍水之阳，箕山之下。尧又召为九州长，由不欲闻也，洗耳于颍水滨。时其友巢父牵犊欲饮之，见由洗耳。问其故。对曰：‘尧欲召我为九州长，恶闻其声，是故洗耳。’巢父曰：‘子若处高岸深谷，谁能见之？子故浮游，欲闻求其名声，污吾犊口！’牵犊上流饮之。”此处禅师反其意而用之。

华严静禅师法嗣

紫陵匡一禅师

凤翔府紫陵匡一定觉禅师，初到蟠龙，见僧问：“碧潭清似镜，蟠龙何处安?”龙曰：“沈沙不见底，浮浪足巑岏[1]。”师不肯。龙请师道，师曰：“金龙迥透青霄外，潭中岂滞玉轮机。”龙肯之。

住后，僧问：“未作人身已前，作甚么来?”师曰：“石牛步步火中行，返顾休衔日中草。”

问：“‘智识路绝，思议并忘’时如何?”师曰：“停囚长智[2]，养病丧躯。”

【注释】

［1］巑（cuán）岏（wán）：高耸的样子。

［2］停囚长智：在停顿中思出对策。禅家讲究顿悟，故忌讳此。

九峰满禅师法嗣

洪州同安院威禅师

僧问："牛头未见四祖时如何？"师曰："路边神树子，见者尽擎拳[1]。"曰："见后如何？"师曰："室内无灵床，浑家[2]不著孝。"

问："祖意教意，是同是别？"师曰："玉兔不曾知晓意，金乌争肯夜头明？"

问："如何是同安一曲？"师曰："灵琴不别人间韵，知音岂度伯牙[3]门？"曰："未审何人和得？"师曰："木马嘶时从彼听，石人拊掌阿谁闻。"曰："或遇知音时如何？"师曰："知音不度耳，达者岂同闻？"

师一日游山，大众随后。师曰："阶前翠竹，砌下黄花，古人道真如般若，同安即不然。"有僧曰："古人也好和尚。"师曰："不贪香饵味，可谓碧潭龙。"曰："诸方眼目，不怪渊明。"师曰："阇黎闭目中秋坐，却笑月无光。"曰："阶前翠竹，砌下黄花，又作么生？"师曰："安南未伏，塞北那降？"僧礼拜，师曰："名称普闻。"

师问僧："寅晡饮啄，无处藏身。你道有此道理么？"曰："和尚作么生？"师打一拂子，僧曰："扑手征人，徒夸好手。"师曰："握鞭[4]侧帽[5]，岂是阇黎？"曰："今古之道，何处藏身？"师曰："阇黎作么生？"僧珍重，便出。师曰："未在。"

【注释】

[1] 擎拳：拱手。致礼时的姿势。宋代沈瀛《减字木兰花》："擎拳仰止，不是凡人名尹喜。"

[2] 浑家：全家。唐代戎昱《苦哉行》之四："身为最小女，偏得浑家怜。"

[3] 伯牙：春秋时精于琴艺的人。传说曾学琴于著名琴师成连先生，三年不成。后随成连至东海·蓬莱山，闻海水澎湃、林鸟悲鸣之声，心有所感，乃援琴而歌。从此，琴艺大进，终成天下妙手。琴曲《水仙操》《高山流水》，相传均为他所作。《吕氏春秋·本味》："伯牙鼓琴，钟子期听之。方鼓琴而志在太山。钟子期曰：'善哉乎鼓琴，巍巍乎若太山。'少选之间，而志在流水。钟子期又曰：'善哉

乎鼓琴，汤汤乎若流水。'钟子期死，伯牙破琴绝弦，终身不复鼓琴，以为世无足复为鼓琴者。"

[4] 握鞭：参见本书第八章"婺州明招德谦禅师"条"儒士相逢，握鞭回首"注释。儒士：指儒家知识分子；握鞭：手握马鞭，意谓停马不前。儒士在路上相逢，各自停马回头看一看，寒暄几句，便各自奔前程了。意在说明儒士们既注意礼仪，又不过分亲近，所谓君子之交淡如水。佛家用以指即使是同道者，也是知音难觅，能够非常亲近的很少。

[5] 侧帽：语出《北史·独孤信传》："因猎日暮，驰马入城，其帽微侧。诘旦而吏人有戴帽者，咸慕信而侧帽焉。"后来被引用为风流自赏的意思。

北院通禅师法嗣

京兆香城和尚

京兆府香城和尚，初参北院，问曰："一似两个时如何？"院曰："一个赚汝。"师乃有省。

僧问："三光景色谢照烛事如何？"师曰："朝邑峰前卓五彩。"曰："不涉文彩事作么生？"师曰："如今特地过江来。"

问："向上一路，请师举唱。"师曰："钓丝钩不出。"

问："牛头还得四祖意否？"师曰："沙书[1]下点落千字。"曰："下点后如何？"师曰："别将一撮表人天。"曰："恁么则人人有也。"师曰："汝又作么生？"

问："'囊无系蚁之丝，厨绝聚蝇之糁[2]'时如何？"师曰："日舍不求，思从忘得。"

【注释】

[1] 沙书：一种技艺表演。其法，用手撮细沙或石粉挥洒成字。能表现出一定的风格、工力者为佳。宋代孟元老《东京梦华录·元宵》："其余卖药、卖卦、沙书、地谜，奇巧百端，日新耳目。"

[2] 糁（sǎn）：米粒，饭粒。

第十四章　青原下七世
——青原下十五世（曹洞宗）

多年尘事谩腾腾，虽著方袍未是僧。今日修行依善慧，满头留发候然灯。（龟洋慧忠禅师）

第一节　青原下七世

洞山延禅师法嗣

上蓝庆禅师

瑞州上蓝院庆禅师，初游方，问雪峰："如何是雪峰的的意?"峰以杖子敲师头，师应诺，峰大笑。师后承洞山印解，开法上蓝。

僧问："如何是上蓝无刃剑[1]?"师曰："无。"曰："为甚么无?"师曰："阇黎，诸方自有。"

【注释】

［1］无刃剑：没有刃的剑，本是世间不存在的剑，但这是曹洞宗的禅法，从本书第十三章"曹山本寂禅师"条问答，可以知道答案："问：'如何是无刃剑?'师曰：'非淬炼所成。'曰：'用者如何?'师曰：'逢者皆丧。'曰：'不逢者如何?'师曰：'亦须头落。'曰：'逢者皆丧则固是，不逢者为甚么头落?'师曰：'不见道：'能尽一切。'曰：'尽后如何?'师曰：'方知有此剑。'"从最后可以知道"无刃剑"有"能尽一切"的功用。谁能做到"能尽一切"? 这是佛的境界。所以"无刃剑"不是凡间的剑，而是无所不能斩断一切妄想的心剑。从这个意义来看，"无刃剑"的刃是我们世人看不见的，所以名叫"无刃剑"《〈景德传灯录〉译注》注释："没有开刃的剑，以喻禅师接引无法，不能截断学僧之妄念，以领略佛禅真意。"如此注释就完全误解了"无刃剑"的原意。

同安慧敏禅师

洪州同安慧敏禅师，初参洞山，问："诸圣以何为命?"山曰："以不间断。"师曰："还有向上事也无?"山曰："有。"师曰："如何是向上事?"山曰："不从间断。"师于言下有省。

住后，僧问："请师一句。"师曰："好记取。"

金峰志禅师法嗣

天池智隆禅师

庐山天池智隆禅师，在金峰普请般柴次，峰问："般柴人过水否？"师曰："有一人，不过水。"曰："不过水还般柴否？"师曰："虽不般柴，也不得动着他。"

鹿门真禅师法嗣

襄州谷隐智静悟空禅师

僧问："如何是和尚转身处？"师曰："卧单子[1]下。"

问："如何是道？"师曰："凤林关[2]。"曰："学人不会。"师曰："直至荆南[3]。"

问："如何是指归之路？"师曰："莫用伊。"曰："还使学人到也无？"师曰："甚么处著得汝。"

问："灵山一会，何异今时？"师曰："不异如今。"曰："不异底事作么生？"师曰："如来密旨，迦叶不闻。"

问："古涧寒泉[4]，甚么人得饮？"师曰："绝饥渴者。"曰："绝饥渴者如何得饮？"师曰："东畎[5]东流，西畎西流。"

【注释】

［1］卧单子：指被套、床单。

［2］凤林关：位于湖北襄阳城南岘山，三国时此处以刘表狙杀孙坚而出名。刘表令黄祖在凤林关设伏，孙坚被乱箭射死，时年三十七岁。

［3］荆南：唐为方镇名，辖今湖北、湖南、四川间部分地区。

［4］古涧寒泉：禅林比喻艰苦的修炼过程，尝过它的味道才可见道的本体。参见《雪峰真觉大师语录》卷之下："僧问：'古涧寒泉时如何？'师云：'瞪目不见

底。’进云：‘饮者如何?’师云：‘不从口入。’僧举到赵州，州云：‘不可从鼻孔里入。’僧却问赵州：‘古涧寒泉时如何?’州云：‘苦。’进云：‘饮者如何?’州云：‘死。’师闻举，云：‘赵州古佛！’从兹不答话。”从以上问答可知道，赵州古佛最终回答了这个问题，雪峰禅师听后不再回答这个问题。赵州用“古涧寒泉”比作一个修行的过程，“味道很苦”，并且喝了这水就会死。可要想修行成功，不喝它不行。开悟先要“死去”，才能获得新的生命。正如高僧所说，打得念头死，许你法身活。

［5］甽（quǎn）：河流。

【概要】

智静禅师，五代禅僧。师事鹿门处真禅师，嗣其法，居襄州（今属湖北襄樊）谷隐寺。卒谥“悟空大师”。

【参考文献】

《传法正宗记》卷八。

益州崇真禅师

僧问：“如何是禅。”师曰：“澄潭钓玉兔。”曰：“如何是道?”师曰：“拍手笑清风。”

问：“如何是大人相[1]?”师曰：“泥捏三官[2]土地[3]堂。”

【注释】

［1］大人相：佛是一切众生中最尊最大的人，所以佛的相，称为大人相。佛有三十二好相。

［2］三官：道教神灵。即天官、地官、水官，亦称“三官”，又称“三元”，为道教较早供祀的神灵。亦称“三官大帝”“三元大帝”“三官帝君”。

［3］土地：为专司土地之神。正称为福德正神，为道教及民俗所奉之神祇。于古代神话中，称为社神，为管理一小地面之神。后转变为祭祀之神，与地上一切生产物、牲畜、农作物等年丰岁熟有密切关系。乃民间奉为福禄财神者。不论农人、商人、渔矿、金融界、木匠等，皆有祀奉之者。此外，又被视为守墓神，或称为后土。相传善人君子死后可由城隍爷任命为各地方之土地公。于道教中，太社神、太稷神、土翁神、土母神等均为司掌土地之神。然此等神祇，并非出自佛典所载者。

襄州鹿门志行谭禅师

僧问："如何是实际理地[1]？"师曰："南赡部州[2]，北郁单越[3]。"曰："恁么则事同一家也。"师曰："隔须弥在。"

问："远远投师，请师一接。"师曰："从甚么处来？"曰："江北来。"师曰："南堂瑞安下。"

问："如何是清净法身？"师曰："戌亥年生。"

【注释】

［1］实际理地：指真实无二、清净无染的禅悟境界。《如净续语录》序："夫佛祖道，实际理地，本离言语相。然佛事门中，为物垂慈，则虽非有为，又非无语。"

［2］南赡部州：佛经所说四洲之一。人类居住的世界。旧云南阎浮提，新云南赡部洲。阎浮者，佛经所说即赡部之树名，提者，洲之义，此洲中地有赡部树，故以为洲名，在须弥山南方之碱海中，故云南。

［3］北郁单越：四洲之一。即北俱卢洲，旧称北郁单越。俱卢，意谓胜处，以其地胜于上述三洲而得名。地形正方，犹如池沼，人面亦然。

佛手因禅师

庐山佛手岩行因禅师，雁门人也。首谒鹿门，师资契会。寻抵庐山。山之北，有岩如五指，下有石窟，可三丈余。师宴处其中，因号"佛手岩和尚"。江南李主三召不起，坚请就栖贤，开堂不逾月，潜归岩室。

僧问："如何是对现色身？"师竖一指。

（法眼别云："还有也未？"）

后示微疾，谓侍僧曰："日午吾去矣。"及期，僧报日午也。师下床，行数步，屹然立化。李主备香薪，荼毗，塔于岩之阴。

曹山霞禅师法嗣

嘉州东汀和尚

僧问："如何是向去底人？"师曰："石女纺麻缕[1]。"曰："如何是却来[2]底人？”师曰：“扇车关棙[3]断。”

问：“遍界是佛身，教某甲甚么处立？”师曰：“孤峰顶上木人叫，红焰辉中石马嘶。”

【注释】

[1] 麻缕：麻线。

[2] 却来：归来。唐代李白《东鲁见狄博通》：“谓言挂席度沧海，却来应是无长风。”

[3] 关棙：即“关捩子”，能转动的机械装置，喻物之紧要处。在禅林指无上至真的禅机妙法，悟道之关键处。

草庵义禅师法嗣

龟洋慧忠禅师

泉州龟洋慧忠禅师，本州陈氏子。

谒草庵，庵问：“何方来？”师曰：“六眸峰。”庵曰：“还见六眸否？”师曰：“患非重瞳[1]。”庵然之。

师寻回故山，属唐武宗废教[2]，例民其衣[3]。暨宣宗中兴，师曰：“古人有言：‘上升[4]道士不受箓[5]，成佛沙弥不具戒。’”只为白衣，过中不食[6]，不宇[7]而禅，迹不出山者三十年。述三偈以自见曰：

“雪后始知松柏操，云收方见济、河[8]分。不因世主教还俗，那辨鸡群与鹤群！

“多年尘事谩[9]腾腾[10]，虽著方袍[11]未是僧。今日修行依善慧[12]，满头留发候然灯[13]。

“形仪虽变道常存，混俗心源亦不昏。试读善财巡礼偈，当时岂例作沙门？”

谓门弟子曰：“众生不能解脱者，情累尔。悟道易，明道难。”僧问：“如何得明道去。”师曰：“但脱情见，其道自明矣。夫明之为言，信也。如禁蛇人，信其咒力药力，以蛇绾[14]弄揣怀袖中无难，未知咒药等力者怖骇弃去。但谛见自心，情见便破。今千疑万虑不得用者，未见自心

者也。”

忽索香焚罢，安然而化。全身葬于无了[15]禅师塔之东。后数年，塔忽坼裂，连阶丈余。主僧将发视之，是夜宴寂中见无了曰：“不必更发也。”今为沈、陈二真身。无了姓沈，见马祖。

【注释】

［1］重瞳：一个眼睛里有两个瞳孔，是一种异相、贵相，古籍记载有重瞳的人一般都是圣人。

［2］唐武宗废教：历史上唐武宗废佛，淘汰僧尼，大规模拆毁佛寺和强迫僧尼还俗，史称“会昌法难”。

［3］例民其衣：唐武宗废教，禅师依例还俗。民其衣，指穿百姓一样的白衣。《景德传灯录》作“例为白衣”。白衣，俗人之别称。以天竺之波罗门及俗人，多服鲜白之衣故也。以是称沙门，谓之缁衣，或染衣。

［4］上升：成仙。

［5］受箓：道教受戒的仪式。

［6］过中不食：过午不食。又作持午。佛教戒律规定出家人必须在规定之时间内进食。此段时间即从早晨以迄中午。凡超过中午之时限而进食者、称为非时食，为戒律所不许。此等习惯，称为过午不食。

［7］不宇：不住在寺庙。

［8］济、河：济水与黄河。济水，古代四渎之一，又名水、沇水，是黄河下游的一条重要支流。

［9］谩：乱。

［10］腾腾：形容某种情状达到厉害的程度。唐代李绅《忆汉月》：“燕子不藏雷不蛰，烛烟昏雾暗腾腾。”

［11］方袍：出家人的衣服。比丘所著之三种袈裟，皆为方形，谓之方袍。

［12］善慧：见本书第二章“善慧大士”注释。金华义乌人。名叫傅翕（xī），字玄风，年十六、娶刘氏，生二子，名叫普建、普成。年二十四、遇梵僧嵩头陀而知宿因，结庵松山之双梼树间，自称当来解脱善慧大士。史称傅大士。大士即菩萨的别名。傅大士为南朝梁代禅宗著名之尊宿，义乌双林寺始祖，中国维摩禅祖师，与达磨、志公并称“梁代三大士”。因为傅大士的灵异事迹越来越多，越传越广，大家都认为他是弥勒化身，是十地菩萨（最高境界的菩萨）。

［13］然灯：即“然灯佛”，古佛名。《瑞应经》译曰“锭光”，《智度论》译

曰“然灯”。“锭”为灯之足。释迦如来因行中第二阿僧祇劫满时逢此佛出世，买五华之莲，以供养佛，发布于泥，令佛蹈之，以受未来成佛之记别。

［14］绾（wǎn）：盘绕成结。唐代李贺《大堤曲》：“青云教绾头上髻，明月与作耳边珰。”

［15］无了：见本书第三章“泉州龟洋无了禅师”注释。

【概要】

慧忠禅师（817～882年），唐代禅僧。泉州（福建）仙游人，俗姓陈。属南岳怀让之法系。又称志忠。九岁（一说十五岁）时依龟洋无了出家，后在襄州（今湖北襄樊）龙兴寺受具足戒。曾参游诸方，后参谒庐陵（今江西吉安）之草庵法义，并嗣其法。再归龟洋山时，适值会昌法难，武宗毁佛，被迫还俗而逃难。宣宗中兴，不复再染，过中不食，不宇而禅，三十年足不出山。中和二年示寂，世寿六十六。黄瑫为之撰碑铭，门下为之建东塔，与其师龟洋无了之西塔相望。此外，禅师之法系传承，在《景德传灯录》《祖堂集》等诸禅籍中，各有异说。

【参考文献】

《景德传灯录》卷八、卷二十三；《祖堂集》卷十五；《禅林僧宝传》卷十；《释氏疑年录》卷五。

同安丕禅师法嗣

洪州同安志禅师

先同安将示寂，上堂曰：“多子塔前宗子秀，五老峰[1]前事若何？”如是三举，未有对者。末后师出曰：“夜明帘外排班立，万里歌谣道太平。”安曰：“须是这驴汉始得。”

住后，僧问：“二机[2]不到处，如何举唱？”师曰：“遍处不逢，玄中不失。”

问：“凡有言句，尽落今时。学人上来，请师直指。”师曰：“目前不现，句后不迷。”曰：“向上事如何？”师曰：“迥然[3]不换，标的[4]即乖。”

【注释】

［1］五老峰：即庐山五老峰，地处江西省九江市庐山东南，因山的绝顶被垭口所断，分成并列的五个山峰，仰望俨若席地而坐的五位老翁，故人们便把这原出一山的五个山峰统称为“五老峰”。

［2］二机：即“第二机”，意谓不是真正显露禅法、直指人心的机锋，而是“第一机”以下的情识诠解。《惟则语录》卷九《宗乘要义》：“声色之前领略，已落二机；语言之后拷量，早迟八刻。”（参见《禅宗大词典》“二机”条）

［3］迥然：卓越不群貌。《北齐书·孝昭帝纪》：“（帝）身长八尺，腰带十围，仪望风表，迥然独秀。”

［4］标的：箭靶，标志。引申为目标或目的。

袁州仰山和尚

僧问：“如何是仰山境？”师曰：“白云峰下猿啼早，碧嶂岩前虎起迟。”僧曰：“如何是境中人？”师曰：“寒来火畔坐，热向涧边行。”

归宗恽禅师法嗣

庐山归宗弘章禅师

僧问：“学人有疑时如何？”师曰：“疑来多少时也？”

问：“小船渡大海时如何？”师曰：“较些子。”曰：“如何得渡？”师曰：“不过来。”

问：“枯木生华时如何？”师曰：“把一朵来。”

问：“混然觅不得时如何？”师曰：“是甚么？”

嵇山章禅师法嗣

随州双泉山道虔禅师

僧问：“洪钟未击时如何？”师曰：“绝音响。”曰：“击后如何？”师曰：“绝音响。”

问：“如何是在道底人？”师曰：“无异念。”

问：“如何是希有底事？”师曰：“白莲华向半天开。”

云居岳禅师法嗣

丰化令崇禅师

扬州丰化院令崇禅师，舒州人也。

僧问：“如何是敌国一著棋？”师曰：“下将来。”

问：“一棒打破虚空时如何？”师曰：“把将一片来看。”

澧州药山忠彦禅师

僧问：“教中道：‘诸佛放光明，助发实相义。’光明即不问，如何是实相义？”师曰：“会么？”曰：“莫便是否？”师曰：“是甚么？”

问：“师唱谁家曲，宗风嗣阿谁？”师曰：“云岭龙昌月，神风洞上泉。”

梓州龙泉和尚

僧问：“如何是祖师西来意？”师曰：“不在阇黎分上。”

问：“学人欲跳万丈洪崖时如何？”师曰：“扑杀[1]。”

【注释】

[1] 扑杀：摔死。

护国澄禅师法嗣

随州护国知远演化禅师

僧问：“举子[1]入门时如何？”师曰：“缘情体物[2]事作么生？”

问：“‘乾坤休驻意，宇宙不留心[3]’时如何？”师曰：“总是战争收拾得，却因歌舞破除休[4]。”

【注释】

［1］举子：科举时代称被举荐应考的读书人。

［2］缘情体物：出自晋代陆机《文赋》：“诗缘情而绮靡，赋体物而浏亮。”这本是一种文学观点，指诗抒发感情才是好诗，赋描写事物才不空洞。但禅师用在这里，告诉弟子出世离不开入世，通过情有的世界才能悟出事物的本质。凡夫妄计一切之境界，无理但存情，谓之情有。修行要是离开情有的世界，一味追求空境，同样不能开悟。真空妙有，就是通过“缘情体物”去体会。

［3］乾坤休驻意，宇宙不留心：“乾坤”与“宇宙”都是一个意思，指世界。前后两句话意义相同，即《金刚经》所说“应无所住而生其心”的含义。

［4］总是战争收拾得，却因歌舞破除休：通过一场战争收拾好旧山河，可一旦到了和平环境，人们不珍惜先烈用生命换来的和平，在歌舞升平中走向腐败。修道也是这样，辛辛苦苦，修来一片宁静，却因为贪图宁静而进入了另外一种障碍，最后还是不能出离生死轮回。“空”（心如止水，没有一点妄念）是最高境界，但最后求“空”这种想法也要放弃，这才近于《金刚经》所说“应无所住而生其心”的境界。“总是战争收拾得，却因歌舞破除休”出自唐代李山甫《上元怀古二首》：“南朝天子爱风流，尽守江山不到头。总是战争收拾得，却因歌舞破除休。尧行道德终无敌，秦把金汤可自由。试问繁华何处有，雨苔烟草古城秋。争帝图王德尽衰，骤兴驰霸亦何为？君臣都是一场笑，家国共成千载悲。排岸远樯森似槊，落波残照赫如旗。今朝城上难回首，不见楼船索战时。”

随州智门寺[1]守钦圆照禅师

僧问：“两镜相照，为甚么中间无像？”师曰：“自己亦须隐。”曰：“镜破台亡时如何？”师竖起拳。

问：“如何是和尚家风？”师曰：“额上不贴榜。”

问：“如何是祖师西来意？”师曰：“把火烧天徒自疲。”

【注释】

［1］智门寺：位于湖北随州城南郊金三角随城山（即白云山），古为龙居山，相传隋文帝杨坚在此住过，故云龙居山。山中智门寺始建于周显德四年（957年），

初名保安院，后改名智门寺。宋治平二年（1065 年）改赐“智门禅寺”额。明嘉靖二十八年（1549 年）重修，规模宏大，传闻住九百九十个僧人，故一度称“千僧院”。

安州大安山[1]崇教能禅师

僧问：“师唱谁家曲，宗风嗣阿谁？”师曰：“打动南山鼓，唱起北山歌。”

问：“如何是三冬[2]境？”师曰：“千山添翠色，万树锁银华。”

【注释】

［1］大安山：位于湖北安陆县（今改为安陆市）西六十里。

［2］三冬：冬季三月，即冬季。唐代杨炯《李舍人山亭诗序》：“三冬事隙，五日归休。”

颍州荐福院思禅师

僧问：“古殿无佛时如何？”师曰：“梵音何来？”曰：“不假修证[1]，如何得成？”师曰：“修证即不成。”

【注释】

［1］修证：指修行与证悟。盖修行与证悟原本不二，宜应相辅相成；而一切众生本即是佛，以迷执颠倒而流转生死，若藉修行与证悟之功，则众生亦可远离染污，趣向佛道。

随州护国志朗圆明禅师

僧问：“如何是万法之源？”师曰：“空中收不得，护国[1]岂能该[2]？”

【注释】

［1］护国：本指寺院名，护国院。志朗禅师居护国院，故自称“护国”，旧校本未划专有名词线，有误。

［2］该：指完备、齐全。

灵泉仁禅师法嗣

大阳慧坚禅师

郢州大阳慧坚禅师，初在灵泉，入室次，泉问："甚么处来？"师曰："僧堂里来。"泉曰："为甚么不筑著露柱。"师于言下有省。

住后，僧问："如何是玄旨？"师曰："壁上挂钱财。"

问："如何是法王剑？"师曰："脑后看。"

问："如何是无相道场？"师曰："佛殿里悬幡。"

问："不借时机用，如何话祖宗？"师曰："老鼠咬腰带。"

僧请益法身，师示偈曰："扶桑[1]出日头，黄河辊[2]底流。六六三十六，陕府灌铁牛[3]。"

【注释】

[1] 扶桑：古代神话传说中的地名。《梁书·诸夷传·扶桑国》："扶桑在大汉国东二万余里，地在中国之东，其土多扶桑木，故以为名。"传说日出于扶桑之下，拂其树杪而升，因谓为日出处。亦代指太阳。《楚辞·九歌·东君》："暾将出兮东方，照吾槛兮扶桑。"王逸注："日出，下浴于汤谷，上拂其扶桑，爰始而登，照曜四方。"

[2] 辊（gǔn）：转动，滚动。

[3] 铁牛：唐时陕州（今属河南三门峡市）城南铸有铁牛，以镇河妖。铁牛即铁铸的牛，古人治河或建桥，往往铸铁为牛状，置于堤下或桥埦，用以镇水。参见本书第四章"陇州国清院奉禅师"条："'牛头未见四祖时，为甚么百鸟衔花？'师曰：'如陕府人送钱财与铁牛。'"又，禅门有"蚊子上铁牛，无你下嘴处"的歇后语。喻指禅法固密幽玄、超情离见，不可用语言表述，无法通过言句领会。

五峰遇禅师法嗣

瑞州五峰绍禅师

僧问："如何是第一义？"师拍禅床云："若不是仙陀，千里万里。"

问："如何是祖师西来意？"师曰："迢迢十万余。"

广德延禅师法嗣

广德义禅师

襄州广德义禅师，谒先广德，作礼问曰："如何是和尚密密处？"德曰："隐身不必须岩谷，阛阓[1]堆堆睹者稀。"师曰："恁么则酌水[2]献华去也。"德曰："忽然云雾霭，阇黎作么生？"师曰："采汲[3]不虚施。"广德忻然曰："大众看取第二代广德。"师次踵[4]住持，聚徒开法。

僧问："如何是佛？"师曰："披蓑倒骑牛，草深不露角。"

问："如何是祖师西来意？"师曰："鱼跃无源水，莺啼枯木花。"

问："如何是常在底人？"师曰："腊月死蛇当[5]大路，触著伤人不奈何。"

问："如何是学人相契处？"师曰："方木逗圆孔[6]。"

问："如何是大寂灭海[7]？"师曰："闹市走马，不触一人。"曰："如何是大通智胜佛[8]？"师曰："孤轮[9]罢照妙峰[10]顶，汝报巴猿莫断肠[11]。"

问："如何是作无间业[12]底人？"师曰："猛火然铛煮佛喋[13]。"师因事示偈曰："才到洪山便跺根，四方八面不言论。他家自有眠云志[14]，芦管横吹宇宙喧。"

问："如何是古佛心？"师曰："多年历日虽无用，犯著应须总灭门。"曰："或遇新历日，又作么生？"师曰："运动修营无滞碍，何劳入市问孙膑[15]？"

问："时人有病医王医，医王有病甚人医？"师展手曰："与我诊候看。"曰："不会。"师曰："须弥徒作药，四海谩为汤。"

问："向上一路千圣不传，和尚还传也无？"师曰："铁丸蓦口塞，难得解吞人。"

问："如何是佛法大意？"师曰："雪寒向火，日暖隈[16]阳。"

问："如何是宾中宾？"师曰："荡子无家计，飘蓬不自知。"曰：

“如何是宾中主？”师曰：“茅户挂珠帘。”曰：“如何是主中宾？”师曰：“龙楼铺草坐。”曰：“如何是主中主？”师曰：“东宫虽至嫡，不面圣尧颜。”

问：“有一室女，未曾嫁娉[17]，生得一子，姓个甚么？”师曰：“偶然衫子破，阓外[18]没人缝。”

问：“如何是不落阶级底人？”师曰：“胎中童子眉如雪。”

问：“如何是不睡底眼？”师曰：“昨夜三更擘[19]不开。”

问：“谛信[20]底人信个甚么？”师曰：“莫道冰无火，斯须红焰生。”

问：“如何是密室[21]？”师曰：“茅茨[22]当大道，历劫没人敲。”

问：“如何是异日已前人？”师曰：“万年枯木鸟衔来。”

问：“悬崖峭峻，还具得失也无？”师曰：“忻逢[23]良便，好与一推。”

问：“牛头未见四祖时如何？”师曰：“鲊瓮[24]乍开蝇哳哳[25]。”曰：“见后如何？”师曰：“底穿荡尽冷湫湫[26]。”

【注释】

［1］阛（huán）阓（huì）：街市，街道。

［2］酌水：即“酌贪泉”。谓砥砺节操。酌，舀取。舀贪泉里的水喝，却不为其所染。据《晋书·吴隐之传》记载，东晋末年，朝廷派吴隐之做广州刺史。广州石门有一处“贪泉”，据说人喝了贪泉里的水会变得十分贪婪。吴隐之来到之后，不怕流言，舀起来就喝。为此，他还专门做了一首诗：“古人云此水，一歃怀千金。试使夷齐饮，终当不易心！”此处禅师引用这个典故的意思就是红尘中砥砺自己的节操。

［3］汲（jí）：从井里取水。亦泛指打水。

［4］次踵：继任。踵：接踵，本指脚尖脚跟相接，本书一般作继任住持解释。

［5］当：阻挡。

［6］方木逗圆孔：方的木头拼合到圆孔里面，那就完全不匹配了。比喻方法错误，无法达到目的。逗：二物对合，拼合。

［7］大寂灭海：大寂灭，大涅槃也。涅槃：一译寂灭。圆觉经曰：“以轮回心生轮回见，入于如来语寂灭海终不能至。”可见，如来大寂灭海是生命的最高境界。

［8］大通智胜佛：出自《妙法莲华经》卷三：“大通智胜佛，十劫坐道场，佛法不现前，不得成佛道。”这是本书常出现的一个公案。大通智胜佛：又作大通众

慧如来、大通慧如来。即出现于过去三千尘点劫以前，演说《法华经》之佛名。依《法华经》卷三化城喻品所载，过去无量无边不可思议阿僧祇劫有一佛，名为大通智胜如来，此佛未出家前有十六王子，于父王成道后，十六王子亦出家为沙弥，听闻大通智胜佛宣讲《妙法莲华经》而信受奉行。诸王子中之第十六沙弥，即为释迦如来。

［9］孤轮：一轮孤月。

［10］妙峰：即“灵鹫峰”，梵名，音译耆阇崛。位于中印度摩揭陀国王舍城东北。简称灵山，或称鹫峰、灵岳。山形似鹫头，又以山中多鹫，故名。如来尝讲《法华》等大乘经于此，遂成为佛教胜地。

［11］汝报巴猿莫断肠：典故出自《世说新语·黜免》：“桓公入蜀（东晋穆帝永和二年，桓温出兵攻打蜀国），至三峡中，部伍中有猿子（母猿之子）者，其母缘岸哀号，行于百里不去，度遂跳上船，以便即绝。破视其腹中，肠肠皆寸寸短，命黜其人。”唐代李白《朝发白帝城》：“两岸猿声啼不住，轻舟已过万重山。”巴蜀一带多猿，其叫声哀转久绝，令人生愁，故后世用“巴猿啼不住”喻愁。

［12］无间业：指犯五逆罪者所作之业，导致受无间地狱苦果。盖犯五逆罪者，临命终之际，必定堕入地狱而无间隔，故称无间业。又地狱称为无间，以五逆罪业能招受无间地狱之果报，故称无间业，此乃“从果”立名。又《地藏菩萨本愿经》卷上“观众生业缘品”以五义解释无间：无时间歇绝、身形遍满无间、苦楚无间断、众生悉同受之、万死万生无间断。

［13］猛火然铛煮佛喋：大火烧得很猛，油锅正在翻滚，活煮那喋喋不休说佛话的人。这是回答僧人“谁是做无间罪业的人”。禅师告诉僧人，禅的境界不在说，而在自己当下一念是不是有清净心。如果你天天去研究谁下地狱，你自己说不定哪天就下地狱了。祸从口出，所以无间地狱里面入油锅的人，也正是那些天天说佛话的人。俗谚“地狱门前僧占多”也就是这个意思。丹霞禅师说：“佛之一字，永不喜闻。”（参见本书第五章“邓州丹霞天然禅师”条）也正是这个意思。然：同“燃”。铛：古代的锅，有耳和足，用于烧煮饭食等，以金属或陶瓷制成。喋：多言。

［14］眠云志：隐居出世的志向。眠云，比喻山居。山中多云，故云。“他家自有眠云志，芦管横吹宇宙喧”的意思，有些“隐士”，有眠云之志，但他们正是在走“终南捷径”，越隐名声反而越大，芦管横吹宇宙喧。

［15］孙膑：战国时杰出军事家。齐国阿（今山东阳谷东）、鄄（今河南范县西南）间人。孙武后代。曾与庞涓同学兵法于鬼谷子。后庞涓任魏将，忌其才能，诓他到魏，处以膑刑（去膝盖骨），故称孙膑。后经齐国使者淳于髡秘密载回，齐

威王任为军师。他设计战败魏军，取得了桂陵之战和马陵之战的胜利，奠定了齐国的霸业。

［16］隈：通“偎”。靠近，紧贴。

［17］娉（pìn）：古代婚礼，男方遣媒向女方问名求婚谓之娉。今通作“聘”。

［18］阃外：离家在外。

［19］擘（bò）：分开。

［20］谛信：确信，虔诚地相信。宗宝本《坛经》：“自性具三身，发明成四智。不离见闻缘，超然登佛地。吾今为汝说，谛信永无迷。莫学驰求者，终日说菩提。”

［21］密室：参见本书第三章“洛京黑涧和尚”注释。

［22］茅茨：茅草盖的屋顶，亦指茅屋。在方言里面，茅室即是厕所，此处取方言的意义。

［23］忻逢：喜逢。

［24］鲊（zhǎ）瓮：用于腌制鱼肉等食品的陶瓮。清代刘大櫆《寄陈孝廉伯思翰林仲思昆弟》：“招寻尚觉三日迟，更自搜求到鲊瓮。”鲊：腌制食品。

［25］蝇咂（zā）咂（zā）：苍蝇密密麻麻地围上来使劲吸吮着。咂：同“咂”字。咂咂，象声词，指嘴在吮吸时发出的响声。

［26］冷湫（qiū）湫（qiū）：作为普通词语，形容不热闹，或指寒冷。在禅林有两个方面的含义。①形容空寂清凉之悟道境界。亦谓学人铲除俗情妄念之际，犹待明见本来真性。《宏智广录》卷六：“田地稳密密处，活计冷湫湫时，便见劫空。无毫发许作缘累，无丝糁许作障翳。虚极而光，净圜而耀。”又卷一：“上堂云：‘灵苗发种，觉树敷春，冷湫湫处却要温和，干爆爆时还须津润。若能如是，便乃能方能圆，能曲能直。’”又卷四：“上堂云：‘孤笻长作水云游，底事而今放下休。一点破幽明历历，十分合体冷湫湫。暗中须透金针穴，转处还藏玉线头。劫外家风兹日辨，渠侬真与我侬俦。’”②宋代看话头门派批评默照禅时使用此语，谓其执着于冷寂境界。《大慧语录》卷四：“如今人多是得个身心寂灭，前后际断。休去歇去，一念万年去，似古庙里香炉去，冷湫湫地去，便为究竟。殊不知，却被此胜妙境界障蔽，自己正知见不能现前，神通光明不能发露。”《密庵语录》：“若只守一机一境，终日冷湫湫地打坐，等个悟来，便是丧达磨正宗魔子也，宜善思之。”

襄州广德周禅师

僧问：“‘鱼向深潭难避网，龙居浅水却难寻’时如何？”师曰：“遍体昆仑黑[1]，通身一点霜。”

问："贫子归家时如何？"师曰："入门不见面，处处故园春。"

问："命尽禄绝时如何？"师曰："死。"曰："此人落归何道？"师曰："熏熏弥宇宙，烂坏莫能拈。"

问："闻话不觉时如何？"师曰："遍界没聋人，谁是知音者？"曰："如何是知音者？"师曰："断弦续不得，历劫响泠泠[2]。"

问："教中道：'阿逸多[3]不断烦恼，不修禅定，佛记此人成佛无疑。'此理如何？"师曰："盐又尽，炭又无。"曰："盐尽炭无时如何？"师曰："愁人莫向愁人说，说向愁人愁杀人。"

问："如何得念念相应去？"师曰："惊水鱼龙散。"曰："念念相应后如何？"师曰："海北天南各自行，不劳鱼雁通消息。"

【注释】

[1] 昆仑黑：指如昆仑奴一样黑。"昆仑奴"又作"昆仑子"，指昆仑国（南海诸国）之黑人，唐朝时期黑人奴仆和黑人艺人很多，当时流传的一句行话，叫作"昆仑奴，新罗婢"。又，对来自印度、西域人之蔑称为"昆仑奴"。如东晋道安法师，因其肤色黝黑，而得绰号"昆仑子"。

[2] 泠（líng）泠（líng）：象声词，形容声音清越、悠扬。晋代陆机《招隐诗》之二："山溜何泠泠，飞泉漱鸣玉。"

[3] 阿逸多：梵名。为佛陀弟子之一。又作阿氏多、阿恃多、阿嗜多、阿夷哆。意译无胜、无能胜或无三毒。立志未来作转轮圣王。古来或以阿逸多即为弥勒菩萨，但似另有其人。

石门蕴禅师法嗣

襄州石门[1]慧彻禅师

僧问："金乌出海光天地，与此光阴事若何？"师曰："龙出洞兮风雨至，海岳倾时日月明。"

问："从上诸圣向甚么处去也？"师曰："露柱挂灯笼[2]。"

问："如何是和尚家风？"师曰："解接无根树，能挑海底灯。"

问："如何是祖师西来意？"师曰："少林澄九鼎[3]，浪动百花新。"

问："如何是佛法大意？"师曰："三门外松树子，见生见长[4]。"

问："三身[5]中那身是正？"师曰："报化路头横鸟道，石人眼里不栽花。"

问："云光作牛[6]，意旨如何？"师曰："陋巷不骑金色马，回途却著破襕衫[7]。"

问："年穷岁尽时如何？"师曰："东村王老夜烧钱。"

问："一毫未发时如何？"师曰："后羿[8]不调弓，箭透三江口。"

问："如何是佛？"师曰："樵子度荒郊，骑牛草不露。"曰："如何是骑牛草不露？"师曰："遮掩不得。"

问："如何是灵利底物？"师曰："古墓毒蛇头戴角。"又曰："维摩不离方丈室，文殊未到却先知。"又曰："垢腻汗衫皂角洗。"

因令初上座领众来参，师问："万仞峰头石牛吼，穿云渡水意如何？"初无对。师曰："山僧住持事大，参堂去。"师后令僧下语，或云："久向和尚。"或云："访道寻师明的旨，觉了根源显异机。"师曰："当时初上座若下得这语，不将他作参学人。"

上堂："一切众生本源佛性，譬如朗月常空，只为浮云翳障，不得显现。为明为照，为道为路，为舟为楫，为依为止。一切众生本源佛性，亦复如是。"时汾阳昭和尚在众，出问："'朗月海云遮不得，舒光直透水晶宫'时如何？"师曰："石壁山河非障碍，阎浮界外任升腾。"阳曰："恁么则千圣共传无底钵，时人皆唱太平歌。"师曰："太平曲子如何唱？"阳曰："不堕五音，非关六律。"师曰："还有人和得么？"阳曰："请和尚不吝慈悲。"师曰："仁者善自保任[9]！"

【注释】

［1］石门：即襄州（今湖北襄樊）城外石门山（乾明寺），慧彻禅师在此住持弘法。

［2］露柱挂灯笼：灯笼、露柱，意谓以本来面目而呈现者，即指无情之物恒常不断地说示真理之相。

［3］九鼎：相传夏禹铸九鼎，象征九州岛，夏、商、周三代奉为象征国家政权的传国之宝。战国时，秦、楚皆有兴师到周求鼎之事。周显王时，九鼎没于泗水彭城下。

［4］见生见长：见同“现”。现生现长。

［5］三身：指法身、报身、应身。法身又名自性身，或法性身，即常住不灭，人人本具的真性，不过我们众生迷而不显，佛是觉而证得了；报身是由佛的智慧功德所成的，有自受用报身和他受用报身的分别，自受用报身是佛自己受用内证法乐之身，他受用报身是佛为十地菩萨说法而变现的身；应身又名应化身，或变化身，即应众生之机缘而变现出来的佛身。

［6］云光作牛：参见《指月录》卷二一“石门慧彻禅师”条：“云光法师不事戒律，志公曰：‘出家何为？’光曰：‘吾不斋而斋，食而非食。’后招报作牛，拽车于途，志公见之，呼曰：‘云光！’牛举首，志曰：‘何不道拽而非拽？’牛堕泪，跳号而卒。”这就是佛门常说的“了却业障本来空，未了先须还宿债”（永嘉大师《证道歌》）的含义。

［7］襕（lán）衫：古代士人之服。因其于衫下施横襕为裳，故称。其制始于北周，后世沿袭，明、清时为秀才举人公服。

［8］后羿（yì）：古代传说中善射的人，射日英雄。尧时十日并出，植物枯死，封豕长蛇为害，羿射去九日，射杀封豕长蛇，民赖以安。见《淮南子·本经训》《淮南子·览冥训》。

［9］保任：禅悟之后，须加保持、维护，称“保任”。参见本书第五章“鼎州李翱刺史”条注释。

含珠哲禅师法嗣

洋州龙穴山和尚

僧问：“如何是西来意？”师曰：“骑虎唱巴歌[1]。”

问：“既是善知识，为甚么却与土地烧钱？”师曰：“彼上人[2]者，难为酬对。”

【注释】

［1］巴歌：指下里巴人，战国时代楚国的民间歌曲（下里即乡里，巴人指巴蜀的人民，表明做歌曲的人和地方），后来泛指通俗的普及的文学艺术，常跟阳春白雪对举。唐代李群玉《自沣浦东游江表途出巴丘投员外从公虞》：“‘巴歌’掩‘白雪’，鲍肆埋兰芳。”在本书，“巴歌”用来比喻佛法的“俗谛”，而“白雪”

用来比喻真谛。而真正的佛法则真俗不二。

［2］上人：梵语。对智德兼备而可为众僧及众人师者之高僧的尊称。《释氏要览》卷上谓，内有智德，外有胜行，在众人之上者为上人。《大品般若经》卷十七“坚固品”则载，若菩萨摩诃萨能一心行阿耨多罗三藐三菩提，护持心不散乱，称为上人。在日本，上人一语，特用于净土宗与日莲宗，并谓圣人较上人为重要，故日本真宗称宗祖亲鸾为圣人，称其列祖为上人。中世纪后，日本朝廷以此作为僧位敕授高僧。

唐州大乘山和尚

僧问：“枯树逢春时如何?”师曰：“世间希有。”

问：“如何是四方八面事?”师曰：“升子[1]里踍跳，斗子[2]内转身。”

【注释】

［1］升子：量粮食的器具，容量为一升。

［2］斗子：量粮食的器具，容量为一斗。

襄州延庆院归晓慧广禅师

僧问：“言语道断时如何?”师曰：“两重公案[1]。”曰：“如何领会?”师曰：“分明举似。”

问：“如何是凤山境?”师曰：“好生看取。”曰：“如何是境中人?”师曰：“识么?”

【注释】

［1］两重公案：禅林用语。指对一公案重新诠释，亦即向学人再度提示某公案。然亦有作揶揄之语者，讥讽禅徒自己无创意，参究禅旨之际，仅知模仿他人之公案，或拈或评，謦欬顾盼，装模作样，然皆不出前贤之余唾。

襄州含珠山真禅师

僧问：“师唱谁家曲，宗风嗣阿谁?”师曰：“含珠[1]密意，同道者知。”曰：“恁么则不假羽翼，便登霄汉去也。”师曰：“钝。”

问：“古镜未磨[2]时如何?”师曰：“昧不得。”曰：“磨后如何?”师曰："黑如漆。"

【注释】

［1］含珠：指襄州含珠山，此处乃真禅师自称。旧校本未画专有名词线，有误。

［2］古镜未磨：镜之功能，能映现一切万物，无有差别，故禅宗以之比喻佛性。《景德传灯录》卷十六"雪峰义存"条："普请往庄中，路逢猕猴，师曰：'遮畜生！一个背一面古镜，摘山僧稻禾。'僧曰：'旷劫无名，为什么彰为古镜？'"人人皆有的一面镜，可因为没有擦拭，被尘封了，所以常用"古镜未磨"比喻众生佛性长期被尘封而不能显露。

紫陵一禅师法嗣

并州广福道隐禅师

僧问："如何是指南一路？"师曰："妙引灵机事，澄波显异轮。"

问："三家同到请，未审赴谁家？"师曰："月印千江水，门门尽有僧。"

紫陵微禅师

紫陵微禅师，初到夹山，山问："近离甚处？"师曰："向北山。"曰："是何宗徒？"师曰："昔日老胡师子吼，顶门一裂至如今。"

住后，僧问："如何是紫陵境？"师曰："寂照灯光夜已深。"曰："如何是境中人？"师曰："猿啼虎啸。"

问："宝剑未出匣时如何？"师曰："盘陀石上栽松柏。"

问："如何是大猛烈底人？"师曰："石牛步步火中行，返顾休衔日中草。"曰："如何是五逆[1]底人？"师曰："放火夜烧无相宅，天明戴帽入长安。"曰："如何是孝顺底人？"师曰："步步手提无米饭，敛手堂前不举头。"

问："如何是祖师西来意？"师曰："红炉焰上碧波流。"

【注释】

［1］五逆：五种极逆于理的罪恶，即杀父、杀母、杀阿罗汉、出佛身之血、破和合之僧。因此五种是极端罪恶的行为，任犯一种，即堕无间地狱，故又名无间业。

兴元府大浪和尚

僧问："既是噶河神，为甚么被水推却？"师曰："随流始得妙，住岸却成迷。"

洪州东禅和尚

僧问："如何是密室？"师曰："江水深七尺。"曰："如何是密室中人？"师曰："此去江南三十步。"

僧问："如何是新吴剑？"师作拔剑势。

同安威禅师法嗣

陈州石镜和尚

僧问："石镜未磨，还鉴照否？"师曰："前生是因，今生是果。"

第二节　青原下八世

谷隐静禅师法嗣

谷隐知俨禅师

襄州谷隐知俨宗教禅师，登州人也。

僧问："师唱谁家曲，宗风嗣阿谁？"师曰："白云南，伞盖北。"

问："如何是迦叶亲闻底事？"师曰："速须吐却。"

问："如何是诸佛照不著处？"师曰："问这山鬼窟作么？"曰："照著后如何？"师曰："咄！精怪！"

问："千山万水，如何登涉？"师曰："举步便千里万里。"曰："不举步时如何？"师曰："亦千里万里。"

襄州普宁院法显禅师

僧问："曩劫[1]共住，为甚么不识亲疏？"师曰："谁？"曰："更待某甲道！"师曰："将谓[2]不领话。"

问："千山万水，如何登涉？"师曰："青霄无间路，到者不迷机。"

【注释】

[1] 曩（nǎng）劫：很久以前的无量时间。曩：以往，从前，过去的。劫：梵语劫簸的简称，译为时分或大时，即通常年月日所不能计算的极长时间。

[2] 将谓：只说是，原以为。唐代刘商《胡笳十八拍·第一拍》："纱窗对镜未经事，将谓珠帘能蔽身。"

同安志禅师法嗣

鼎州梁山[1]缘观禅师

僧问："如何是和尚家风？"师曰："益阳水急鱼行涩[2]，白鹿[3]松高鸟泊难。"

问："家贼难防时如何？"师曰："识得不为冤。"曰："识得后如何？"师曰："贬向无生国里。"曰："莫是他安身立命处也无？"师曰："死水不藏龙[4]。"曰："如何是活水龙？"师曰："兴波不作浪。"曰："忽然倾湫倒岳时如何？"师下座把住曰："莫教湿却老僧袈裟角。"

问："师唱谁家曲，宗风嗣阿谁？"师曰："龙生龙子，凤生凤儿。"

问："如何是西来意？"师曰："葱岭不传唐土印，胡人谩唱太平歌。"

问："如何是从上传来底事？"师曰："渡水胡僧[5]无膝裤[6]，背驼[7]

梵夹[8]不持经[9]。”

问：“如何是正法眼[10]？”师曰：“南华[11]里。”曰：“为甚在南华里？”师曰：“为汝问正法眼。”

问：“如何是学人自己？”师曰：“寰中天子，塞外将军[12]。”曰：“便恁么去时如何？”师曰：“朗月悬空，室中暗坐。”

问：“如何是衲衣下事[13]？”师曰：“密。”

师与瑞长老坐次，僧问：“二尊不并化，为甚两人居方丈？”师曰：“一亦非。”

有偈曰：“梁山一曲歌，格外人难和。十载访知音，未尝逢一个。”

问：“亡僧迁化向甚么处去？”师曰：“亡僧几时迁化？”曰：“争奈相送何！”师曰：“红炉焰上绦丝缕，叆叇[14]云中不点头。”

上堂：“垂钩四海，只钓狞龙。格外玄机，为寻知己。”

上堂：“垂丝千尺，意在深潭。一句横空，白云自异。孤舟独棹，不犯清波。海上横行，罕逢明鉴。”

问：“如何是衲衣下事？”师曰：“众圣莫显。”

师后示偈曰：“红焰藏吾身，何须塔庙新？有人相肯重[15]，灰里邈全真[16]。”

【注释】

［1］梁山：位于湖南常德武陵山余脉，亦名“大阳山”，即“太阳山”。

［2］涩：本指不光滑、不灵活、不滑润。此处指行动缓慢。

［3］白鹿：山名，位于湖南益阳市南，唐代名相裴休，贬任荆南节度使时，曾几度来此讲学。山上有名寺白鹿寺。

［4］死水不藏龙：蛟龙不在死水里安身。此比喻真正的禅法不是一潭死水。死水，指静止而不流动之水。借以比喻如枯木般之安住不动，而毫无生机之人。《碧岩录》第二十则中，即有“死水何曾振古风”一语。参禅不能进入另外一个极端，一味追求清净无染，水太净则无鱼。佛法中，有无、动静都是辩证统一的，如果只有静就变成一潭死水了。而清净自性可以不变应万变。

［5］渡水胡僧：此指禅宗初祖达磨。胡僧，指来自西域等地的僧人。

［6］膝裤：古时对无底半袜（亦称裤腿）、袜均称“膝裤”。

［7］驼：同“驮”。

［8］梵夹：指贝叶之经本，又模仿其形式之经典亦称梵夹。即于贝多罗叶上书写梵语经文，贝叶重叠，为避免散乱，遂用与树叶同形稍大之两片木板相夹，并以绳缚结，即称为梵夹。又作梵荚、经夹。或谓以其状如入于箱箧，又称梵箧。

［9］不持经：不诵经。持经，受持诵读经典。自佛陀时代以来，相对于“持律者”，而有持经者之称。持经者大多受持诵读大乘诸经典。《〈景德传灯录〉译注》将“不持经”译为“并没有手里拿着佛经”有误。达磨禅法，不立文字，言语道断，教外别传，直指人心，所以才说“不持经”。

［10］正法眼：禅林常称“正法眼藏”，又曰“清净法眼”。禅家指释尊所说的无上正法，教外别传之心印。即依彻见真理之智慧眼（正法眼），透见万德秘藏之法（藏），亦即佛内心之悟境；禅宗视为最深奥义之菩提，系由释尊辗转传至达磨，以心传心而由师父之心传至弟子之心。关于此词之语义，宋代宗杲《正法眼藏》一书之序文云：“正法眼藏者，难言也。请以喻明。譬如净眼洞见森罗，取之无穷，用之无尽，故名曰藏。夫藏者，含藏最广，邪正相杂，泾渭难辨。甚至邪能夺正，正反为邪。故似泉眼不通，泥沙立壅。法眼不正，邪见层出。剔抉泥沙，而泉眼通。剪除邪见，而法眼正。自非至人，其何择焉。”

［11］南华：指广东韶关南华寺，禅宗六祖慧能弘法的地方，人称“东粤第一宝刹”。始建于南朝梁天监三年（504 年），初名宝林寺。唐代禅宗六祖惠能得五祖弘忍赏识，传得法衣，回到岭南隐居十余年。仪凤二年（677 年），惠能到曹溪，住持宝林寺，弘扬“直指人心，见性成佛”的顿悟法门，发展禅宗南派，故佛教徒称宝林寺为祖庭。唐代敕名中兴寺、法泉寺。宋初赐名南华禅寺，沿用至今。寺内有六祖殿，并且供奉有六祖慧能的肉身（全身舍利）。

［12］寰中天子，塞外将军：寰中天子即皇帝，具有至高无上的权利；塞外将军面临军机敌情，也有临时处理一切事务的权利。禅师常以此语启示学人领悟自心是佛、以我为主的禅旨。本书第十一章“叶县归省禅师”条：“僧问：‘祖祖相传，传祖印，师今得法嗣何人?’师曰：‘寰中天子，塞外将军。’”

［13］衲衣下事：禅林传衣之事。借指明悟心地、超脱生死的禅家大事。禅宗以金襕之大衣为法衣，是为表传法之信之衣，故曰传衣。于上堂升座著之。余时一切不著之。释迦佛坐四十九年，将金缕僧迦梨衣，传与摩诃迦叶。初祖达磨至六祖惠能，皆传衣。自六祖以后不传衣。

［14］叆（ài）叇（dài）：云盛貌。《敦煌变文集·频婆娑罗王后宫彩女功德意供养塔生天因缘变》：“波旬自领军众，来至林中，先铺叆叇之云，后降泼霖之雨。”

［15］肯重：崇信，推重。《祖堂集》卷六“洞山”条：“问：‘和尚出世，几

人肯重佛法？’师曰：‘实无一人肯重。’僧曰：‘为什摩不肯重？’师曰：‘他各各气宇如王相似。’”

［16］灰里邈（miáo）全真：从我烧化的灰里，画出我的真像。邈：同“描”，用同“貌”，描绘，摹写。真：肖像，摹画的人像。

【概要】

缘观禅师，宋代禅僧。生卒年不详。曹洞宗法嗣，嗣法于同安观志禅师，付法于大阳警玄禅师，为传曹洞宗第五代嗣祖沙门。住鼎州（今湖南省常德）梁山，世称“梁山缘观”。

出自缘观禅师的著名公案有“家贼难防”。有人问：“家贼难防时如何？”禅师曰：“识得不为冤。”佛教以色、声、香等“六尘”为“外六贼”，以眼、耳、鼻等“六根”为“内六贼”。家贼即指内六贼而言，谓六根的贪欲。如《杂阿含经》卷四三谓：“内有六贼，随逐伺汝，得便当杀，汝当防护……内六贼者，譬六爱欲。”六根以其内在的贪欲，追逐声色等尘染，劫掠人本性中的善法，故称“家贼难防”。后因以指家庭内部的小偷或内奸最难防范。如清代李渔《凤求凰·悟奸》：“这等看起来，真个是家贼难防，连星相医卜的话都是他教导的了？”

【参考文献】

《景德传灯录》卷二十四；《联灯会要》卷二十七。

归宗章禅师法嗣

普净常觉禅师

东京[1]普净院常觉禅师，陈留李氏子。初访归宗，闻法省悟，遂求出家。未几，归宗将顺寂，召师抚之曰：“汝于法有缘，他后济众人，莫测其量也。”仍以披剃事，嘱诸门人。

师至梁乾化二年[2]落发，明年纳戒于东林寺[3]甘露坛。寻游五台山，还上都[4]，于丽景门外独居。二载间，有北邻信士张生者[5]，请师供养。张素探玄理，因叩师垂诲，师乃随宜开诱，张生于言下悟入。设榻留宿，至深夜，与妻窃窥之，见师体遍一榻，头足俱出。及令婢仆视之，即如常，倍加钦慕。曰：“弟子夫妇垂老，今愿割宅之前堂，以裨[6]丈室。”师欣然受之。至后唐天成三年，遂成大院，赐额曰“普净”。

师以时机浅昧[7]，难任极旨：“苟启之非器，令彼招谤讟[8]之咎，我宁不务开法。”每月三八[9]施浴，僧道万计。师尝谓诸徒曰：“但得慧门无壅，则福何滞哉?”

一日，给事中[10]陶谷[11]入院，致礼而问曰：“经云：‘离一切相，则名诸佛[12]。’今目前诸相纷然，如何离得?”师曰：“给事见个甚么?”陶欣然仰重。自是王公大人，屡荐章服[13]、师号，皆却而不受。

以开宝四年十二月二日示疾，十一日告众，嘱付讫，右胁而化。

【注释】

[1] 东京：古都名，有两处。一是指洛阳。即今河南省洛阳市。东汉都洛阳，因在西汉故都长安之东，故称“东京”。隋炀帝即位后，自长安迁都洛阳，亦称洛阳为“东京”。二是指汴州。即今河南省开封市。五代后晋建都汴州，改汴州为开封府，建号“东京”。五代后汉、后周以迄北宋均仍之。本处东京指常觉禅师的出生地河南开封。

[2] 梁乾化二年：宝祐本、续藏本均作“唐乾化二年”，历史上只有梁乾化年号，依《景德传灯录》改。

[3] 东林寺：位于江西九江县南庐山西北麓。为我国佛教净土宗（莲宗）发源地。东晋太元六年（381 年），慧远于此建寺讲学，并创莲社（白莲社），倡导弥陀净土法门，国内外名僧雅士多来此结社念佛，后世遂推尊慧远为净土宗始祖。唐时最盛，有殿、厢、塔、室三百一十余间。唐武宗会昌法难后，宣宗尝敕修之。宋元丰年间，神宗敕令改称“东林太平兴国禅院”。元至大年间，普度于此撰《庐山莲宗宝鉴》，宣扬莲宗教义。扬州高僧鉴真东渡日本前，曾来此寺，后与寺僧智恩同渡日本讲经，慧远东林净土宗之教义亦随之传入日本；日本东林教即以慧远为始祖。

[4] 上都：指洛阳。

[5] 于丽景门外独居。二载间，有北邻信士张生者：旧校本作“于丽景门外独居二载，间有北邻信士张生者”有误。丽景门，唐洛阳城皇城西面南门，故址在今河南洛阳市。

[6] 裨（pí）：辅助。

[7] 浅昧：浅陋愚昧。唐代戴叔伦《抚州对事后》：“谤书喧朝市，抚己惭浅

昧。”明代张居正《翰林院读书说》：“某等智识浅昧，未烛于理。”

［8］讟（dú）：怨言，诽谤。

［9］三八：指每月初八、十八、二十八等三日，乃禅家于佛殿念诵之日。古以每月初三、十三、二十三、初八、十八、二十八等六日行之。逢三祈念国家、佛法隆昌、施主安稳；逢八观无常、祈念完成一己之修行。其后衍为上八（初八）、中八（十八）、下八（二十八）等三个八日。上八、中八时念帝道遐昌、法轮常转等，下八则令众念无常。

［10］给事中：官名。秦、汉为列侯、将军、谒者等的加官。侍从皇帝左右，备顾问应对。隋、唐以后为门下省之要职，掌驳正政令之违失。

［11］陶谷：字秀实，本姓唐，避后晋太祖石敬瑭讳改。邠州新平（今陕西彬县）人。后晋时，为仓部郎中。后汉时，为给事中。仕后周，任户部侍郎。显德中，迁兵部侍郎，加吏部侍郎。入宋，转礼部尚书。累加刑部、户部二尚书。卒，赠右仆射。善隶书，好学，博通经史，兼悉诸子佛老。

［12］离一切相，则名诸佛：如《金刚经》云：“须菩提！又念过去于五百世作忍辱仙人，于尔所世，无我相、无人相、无众生相、无寿者相。是故，须菩提！菩萨应离一切相，发阿耨多罗三藐三菩提心，不应住色生心，不应住声、香、味、触、法生心，应生无所住心。若心有住，则为非住。是故，佛说菩萨心不应住色布施。”

［13］章服：绣有日月、星辰等图案的古代礼服。每图为一章，天子十二章，群臣按品级以九、七、五、三章递降。此指上等袈裟。

【概要】

常觉禅师（896 ~ 971 年），五代禅僧。俗姓李。陈留（今属河南开封陈留镇）人。初谒庐山归宗寺曹洞宗弘章禅师，闻法省悟，遂求出家。乾化二年（912 年）落发，次年纳戒于东林寺。于洛阳丽景门外独居二年，邻居张生舍宅安之，天成三年（928 年）成大院，赐额曰“普净”。以时局混乱，不务开法。朝廷屡次赐章服、师号，皆却而不受。开宝四年十二月二日示疾，十一日告众，嘱付讫，右胁而化。寿七十六，腊五十六。

【参考文献】

《宋高僧传》卷二十八；《景德传灯录》卷二十四。

护国远禅师法嗣

云顶德敷禅师

怀安军云顶德敷禅师，初参护国，问曰："'直截根源佛所印，摘叶寻枝我不能[1]'时如何?"国曰："罢攀云树三秋果，休弄碧潭孤月轮。"师乃顿释所疑。

住后，成都帅请就衙升座。有乐营将[2]出，礼拜起，回顾下马台，曰："一口吸尽西江水即不问，请师吞却阶前下马台。"师展两手唱曰："细抹将来[3]。"营将猛省。

【注释】

［1］直截根源佛所印，摘叶寻枝我不能：出自《永嘉证道歌》。

［2］乐营将：督管倡优的小官吏，以伶人的佼佼者担任，唐朝始置。

［3］细抹将来：指琴声动作节奏。禅师作弹琴的样子，是模仿倡优演奏，告诉乐营将即使有千军万马都可收进我的琴中，何况阶前一个小小下马台。说的是万像不离一心的道理。

【概要】

德敷禅师，宋代禅僧。初参护国知远禅师，问："直截根源佛所印，摘叶寻枝我不能时如何?"知远曰："罢攀云树三秋果，休弄碧潭孤月轮。"德敷顿释所疑，嗣其法，为曹洞宗传人。

后居怀安军（今四川金堂东南）云顶山，遇到成都帅请就衙说法。有乐营将给禅师出了难题："一口吸尽西江水即不问，请师吞却阶前下马台。"禅师作弹琴的样子，模仿倡优演奏，告诉乐营将即使有千军万马都可收进我的琴中，何况阶前一个小小下马台。把万像不离一心的道理用惟妙惟肖的动作说得活灵活现，使乐营将顿时猛醒。

【参考文献】

《宗鉴法林》卷六十八;《嘉泰普灯录》卷一。

大阳坚禅师法嗣

襄州石门聪禅师

僧问："大阳迁化向甚么处去？"师曰："骑牛不戴帽，正坐不偏行。"

潭州北禅契念禅师

僧问："如何是大道之源？"师曰："众流混不得。"曰："独脱[1]事如何？"师曰："穿云透石。"

问："如何是不坠古今句？"师曰："十五十六，日月相逐"。

【注释】

[1] 独脱：独立、超脱，无所依赖。是禅悟者的机用。《临济语录》："如诸方学道者流，未有不依物出来底，山僧向此间从头打。手上出来手上打，口里出来口里打，眼里出来眼里打。未有一个独脱出来底，皆是上他古人闲机境。"《密庵语录》："所以，德山据一条白棒，佛来也打，祖来也打……（德山）又道：我三十年，不曾打著个独脱底。"

石门彻禅师法嗣

石门绍远禅师

襄州石门绍远禅师，初在石门作田头[1]。门问："如何是田头水牯牛[2]？"师曰："角转轰天地，朝阳处处春。"他日门又问："水牯牛安乐否？"师曰："水草不曾亏。"曰："田中事作么生？"师曰："深耕浅种。"曰："如法著。"师曰："某甲不曾取次[3]。"

住后，僧问："师唱谁家曲，宗风嗣阿谁？"师曰："十方无异路，揭觉[4]凤林前。"

问："先师已归雁塔[5]去，当阳一句请师宣。"师曰："修罗[6]掌内擎日月，夜叉[7]足下蹋泥龙。"

问："金龙不吐凡间雾，请师举唱凤凰机。"师曰："白眉[8]不展手，长安路坦平。"

问："如何是西来意？"师曰："布袋盛乌龟。"

问："如何是石门境？"师曰："孤峰对凤岭。"曰："如何是境中人？"师曰："岩中残雪，处处分辉。"

问："如何是和尚密作用？"师曰："滴沥[9]非旨趣，千山不露身。"

问："四方八面来时如何？"师曰："赤脚波斯鼻嗅天。"

问："亡僧迁化向甚么处去？"师曰："灰飞烟灭，白骨连天。"

师与病僧灸次，僧问："正当与么时如何？"师曰："通玄一脉，大似流星。"

问："如何是古佛心？"师曰："白牛露地[10]卧青溪。"

问："生死之河，如何过得？"师曰："风吹荷叶浮萍草。"

问："如何是教外别传一句？"师曰："羊头车子[11]入长安。"

问："生死浪前，如何话道？"师曰："毛袋横身[12]绝饮啄，青溪常卧太阳春。"

问："如何是道？"师曰："山深水冷。"曰："如何是道中人？"师曰："金槌击金鼓。"

问："天阴日不出，光辉何处去？"师曰："铁蛇横大路，通身黑似烟。"

问："如何是宗乘中一句？"师曰："石火夜烧山，大地齐合掌。"

问："如何是祖师西来意？"师曰："石牛拦古路，木马骤[13]高楼。"

【注释】

[1] 田头：负责种田。

[2] 水牯牛：公水牛。它在禅林有着丰富的象征含义。一般来说用牛唯求水草不向外攀缘，没有其他杂念，启示修行人也要如此，什么也不想，甚至不知道有三世诸佛，如牛一样只知道水草，饥来吃草，渴来饮水，不愁不成就。《禅林僧宝传》卷一"曹山本寂"条："黧奴白牯修行却快，不是有禅有道，如汝种种驰求，觅佛觅祖，乃至菩提涅槃，几时休歇成办乎？皆是生灭心。所以不如黧奴白牯兀兀无知，不知佛不知祖……但饥来吃草，渴来饮水。若能恁么，不愁不成办。"

[3] 取次：随便，任意，轻率，唐突。《祖堂集》卷三"荷泽"条："祖（指

六祖慧能）曰：‘者沙弥争取次语！’便以杖乱打。师杖下思惟：‘大善知识历劫难逢，今既得遇，岂惜身命！’”

［4］揭觉：揭开使之觉悟。

［5］雁塔：《西域记》九曰：“昔此伽蓝，习玩小乘。小乘渐教也，故开三净之肉。而此伽蓝，遵而不坠，其后三净，求不时获。有比丘经行，忽见群雁飞翔，戏言曰：‘今日众僧中，食不充，摩诃萨埵！宜知是时。’言声未绝，一雁退飞，当其僧前，投身自殒。比丘见已，具白众僧，闻者悲感。咸相谓曰：‘如来设法，导诱随机，我等守愚，遵行渐教。大乘者，正理也。宜改先执，务从圣旨。此雁垂诫，诚为明导，宜旌厚德，传记终古。’于是建窣堵波，式照遗烈，以彼死雁，瘗其下焉。”此即“雁塔”之始。又，唐代永徽三年（652年），玄奘于西安建大慈恩寺塔，样式即仿照雁塔，通称“大雁塔”。另外，西安永宁门外大荐福寺砖造之塔称“小雁塔”。建于唐代景龙年间，历代皆曾重修。

［6］修罗：即阿修罗。六道之一，译为非天，因其有天之福而无天之德，似天而非天。又译作无端，因其容貌很丑陋。又译作无酒，言其国酿酒不成。性好斗，常与帝释战，国中男丑女美，宫殿在须弥山北，大海之下。

［7］夜叉：即捷疾鬼，梵语“夜叉”的意译。以其食人血肉，或飞空，或地行，捷疾可畏，故云。

［8］白眉：《三国志·蜀志·马良传》：“马良，字季常，襄阳·宜城人也。兄弟五人，并有才名，乡里为之谚曰：‘马氏五常，白眉最良。’良眉中有白毛，故以称之。”后因以喻兄弟或侪辈中的杰出者。

［9］滴沥：象声词。水下滴声。

［10］白牛露地：置于露天的白牛。《法华经·譬喻品》中用以比喻大乘教法，禅宗著作中多以比喻微妙禅法。《法演语录》卷上：“一不做，二不休，不风流处也风流。若要公私兼办，好看露地白牛。”本书第十五章“北禅智贤禅师”条：“岁夜小参曰：‘年穷岁尽，无可与诸人分岁。老僧烹一头露地白牛，炊黍米饭，煮野菜羹，烧榾柮火，大家吃了，唱《村田乐》。’”

［11］羊头车子：独轮小车。清代翟灏《通俗编·器用》：“《蓉塘诗话》：‘镇江以东有独轮小车，谓之羊头车子。’张文潜《输麦行》：‘羊头车子毛布囊，泥浅易涉登前岗。’始见诗人用之。”

［12］毛袋横身：鸟雀死亡。

［13］骤：马疾走，马奔驰。

【概要】

绍远禅师，五代禅僧。至襄州（今湖北襄樊）石门寺参慧彻禅师，嗣其法，为曹洞宗传人。初作田头，后继其席。有僧问："如何是古佛心？"答曰："白牛露地卧青溪。"又问："如何是道？"答曰："山深水冷。"

【参考文献】

《景德传灯录》卷二十四。

潭州北禅怀感禅师

僧问："如何是诸圣为人底句？"师曰："红轮当万户，光烛本无心。"问："师唱谁家曲？"师曰："石户不留心，洞玄通妙的[1]。"

问："如何是佛？"师曰："尺短寸长[2]。"

【注释】

[1] 妙的：微妙的宗旨。的：目标，旨意。

[2] 尺短寸长："尺有所短，寸有所长"的简略说法。尺虽比寸长，但与更长的东西相比则有所不足；寸比尺短，但与更短的东西相比则有所长。比喻各有长处和短处。

鄂州灵竹守珍禅师

僧问："如何是西来意？"师曰："锡[1]带胡天雪，瓶添汉地泉。"

问："迷悟不入诸境时如何？"师曰："境从何来？"曰："恁么则无诸境去也。"师曰："龙头蛇尾[2]汉。"

【注释】

[1] 锡：指锡杖。唐代李山甫《酬刘书记见赠》："禅者行担锡，樵师语隔坡。"

[2] 龙头蛇尾：比喻禅机作略有始无终或前是后非。如《黄龙语录》："又僧问明教：'新年头还有佛法也无？'教云：'无。'僧云：'年年是好年，日日是好日。为什么却无？'教云：'张公吃酒李公醉。'僧云：'老老大大，龙头蛇尾。'教云：'老僧今日失利。'"

舒州四面山津禅师

僧问："如何是佛？"师曰："王字不著点。"曰："学人不会。"师

曰：“点。”

问：“如何是祖师西来意？”师曰：“山寒水冷。”

师有拄杖颂曰：“四面一条杖，当机验龙象。头角稍低昂，电光临背上。”

嘉州承天义懃[1]禅师

僧问：“如何是承天境。”师曰：“两江夹却青盲[2]汉，一带山藏赤脚蛮[3]。”

问：“如何是谛实之言。”师曰：“措大[4]巾子黑。”

【注释】

［1］义懃（qín）：禅师名。懃：同“勤”。

［2］青盲：眼科病症名。俗称青光眼。症状为视力逐渐减退，渐至失明，但眼的外观没有异常，亦无明显不适感。《诗·大雅·灵台》“蒙瞍奏公”唐代孔颖达疏：“有眸子而无见曰蒙，即今之青盲者也。”

［3］蛮：荒野遥远，不设法制的地方。我国古代对长江中游及其以南地区少数民族的泛称。《书·禹贡》：“五百里荒服，三百里蛮，二百里流。”孔传：“以文德蛮来之，不制以法。”孔颖达疏：“郑云，蛮者听从其俗，羁縻其人耳，故云蛮。”《礼记·王制》：“南方曰蛮，雕题交趾，有不火食者矣。”

［4］措大：旧指贫寒失意的读书人。唐代李匡乂《资暇集》卷下：“代称士流为醋大，言其峭醋而冠四人之首；一说衣冠俨然，黎庶望之，有不可犯之色，犯必有验，比于醋而更验，故谓之焉。或云：往有士人，贫居新郑之郊，以驴负醋，巡邑而卖，复落魄不调。邑人指其醋驮而号之。新郑多衣冠所居，因总被斯号。亦云：郑有醋沟，士流多居。其州沟之东，尤多甲族，以甲乙叙之，故曰醋大。愚以为四说皆非也。醋：宜作‘措’，正言其能举措大事而已。”

凤翔府青峰义诚禅师

僧问：“三际[1]不生，是何人境界？”师曰：“白云连雪岳，明月混鱼钩。”曰：“未审向上更有事也无？”师曰：“有。”曰：“如何是向上事？”师曰：“灵光烁破琉璃色，大地明来绝点痕。”

问：“如何是青峰家风？”师曰：“向火吃甜瓜。”

【注释】

［1］三际：指过去、现在、未来三时。

襄州广德山智端禅师

僧问："牛头未见四祖时如何？"师曰："著衣吃饭。"曰："见后如何？"师曰："著衣吃饭。"

问："如何是广德山？"师曰："当阳花易发，背阴雪难消。"曰："如何是山中人？"师曰："朝霞不出门，暮霞行千里。"

石门筠首座

筠首座者，太原人也。自至石门逾三十年，丛林慕之。

有僧请吃茶次，问："如何是首座为人一著子[1]？"师曰："适来犹记得。"曰："即今又如何？"师曰："好生点茶来！"

一日荷锄入园，僧问："三身[2]中那一身去作务？"师拄锄而立，僧曰："莫便当也无？"师携锄便行。

【注释】

［1］一著子：一着，一招。某种手段、招数。

［2］三身：指法身、报身、应身。法身又名自性身，或法性身，即常住不灭，人人本具的真性，不过我们众生迷而不显，佛是觉而证得了；报身是由佛的智慧功德所成的，有自受用报身和他受用报身的分别，自受用报身是佛自己受用内证法乐之身，他受用报身是佛为十地菩萨说法而变现的身；应身又名应化身，或变化身，即应众生之机缘而变现出来的佛身。

第三节　青原下九世

谷隐俨禅师法嗣

襄州谷隐契崇禅师

僧问："如何是祖师西来意？"师曰："番人皮裘胡人著。"曰："学人不会此理如何？"师曰："聋人侧耳哑人歌。"

梁山观禅师法嗣

大阳警玄禅师

郢州大阳山警玄禅师，江夏张氏子。依智通禅师出家，十九为大僧[1]。听《圆觉了义》[2]讲席，无能及者，遂游方。

初到梁山，问："如何是无相道场？"山指观音，曰："这个是吴处士[3]画。"师拟进语，山急索曰："这个是有相底，那个是无相底？"师遂有省，便礼拜。山曰："何不道取一句？"师曰："道即不辞，恐上纸笔。"山笑曰："此语上碑去在。"师献偈曰："我昔初机学道迷，万水千山觅见知。明今辨古终难会，直说无心转更疑。蒙师点出秦时镜[4]，照见父母未生时。如今觉了何所得？夜放乌鸡带雪飞。"山谓"洞上之宗可倚"，一时声价籍籍[5]。

山殁，辞塔至大阳，谒坚禅师，坚让席使主之。

僧问："如何是大阳境？"师曰："羸鹤老猿啼谷韵，瘦松寒竹锁青烟。"曰："如何是境中人？"师曰："作么！作么！"曰："如何是和尚家风？"师曰："满瓶倾不出，大地没饥人。"

上堂："嵯峨[6]万仞[7]，鸟道难通。剑刃轻冰，谁当履践？宗乘妙句，语路难陈。不二法门，净名杜口[8]。所以达磨西来，九年面壁，始遇知音。大阳今日，也大无端。珍重！"

问："如何是透法身句？"师曰："大洋海底红尘起，须弥顶上水横流。"

师问僧："甚处来？"曰："洪山。"师曰："先师在么？"曰："在。"师曰："在即不无，请渠[9]出来，我要相见。"僧曰："覃[10]？"师曰："这个犹是侍者。"僧无对，师曰："吃茶去。"

上堂："诸禅德须明平常无生句、妙玄无私句、体明无尽句。第一句通一路，第二句无宾主，第三句兼带去。一句道得师子嚬呻，二句道得师子返掷，三句道得师子踞地。纵也周遍十方，擒也一时坐断。正当恁么时，作么生通得个消息？若不通得个消息，来朝更献楚王看。"

问："如何是平常无生句？"师曰："白云覆青山，青山顶不露。"曰："如何是妙玄无私句？"师曰："宝殿无人不侍立，不种梧桐免凤来。"曰："如何是体明无尽句？"师曰："手指空时天地转，回途石马出纱笼。"曰："如何是师子嚬呻？"师曰："终无回顾意，争肯落平常？"曰："如何是师子返掷？"师曰："周旋往返全归父，繁兴大用体无亏。"曰："如何是师子踞地？"师曰："迥绝[11]去来机，古今无变异。"

问："如何是大达底人？"师曰："虚空类不得。"曰："如何是清净法身？"师曰："白牛吐雪彩，黑马上乌鸡。"

上堂："撒手那边千圣外，祖堂少室长根芽。鹭倚雪巢犹自可，更看白马入芦花。"

上堂："夜半乌鸡抱鹊[12]卵，天明起来生老鹳[13]。鹤毛鹰嘴鹭鸶[14]身，却共乌鸦为侣伴。高入烟霄，低飞柳岸。向晚归来子细看，依稀恰似云中雁。"

师尝释曹山三种"堕"曰："此三语须明得转位始得。"

一作水牯牛，是类堕[15]。师曰："是沙门转身语，是异类中事，若不晓此意，即有所滞。直是要伊一念无私，即有出身之路。"

二不受食，是尊贵堕。师曰："须知那边了却，来这边行履。若不虚此位，即坐在尊贵。"

三不断声色，是随堕。师曰："以不明声色，故随处堕。须向声色里有出身之路。"作么生是声色外一句？乃曰："声不自声，色不自色，故云不断指掌，当指何掌也。"

《五位颂》曰：

正中偏，一轮皎洁正当天。宛转虚玄事不彰，明暗只在影中圆。

偏中正，休观朗月秦时镜。隐隐犹如日下灯，明暗混融谁辨影？

正中来，脉路玄玄绝迂迴[16]。静照无私随处现，如行鸟道入廛[17]开。

偏中至，法法无依即智智[18]。横身物外两不伤，妙用玄玄善周备。

兼中到，叶路当风无中道。莫守寒岩异草青，坐却白云宗不妙。

师神观奇伟，有威重。从儿稚中，日只一食。自以先德付授之重，足不越限，胁不至席。

年八十，叹无可以继者，遂作偈，并皮履、布直裰，寄浮山远禅师，使为求法器。偈曰："杨广山头草，凭君待价焞。异苗翻茂处，深密固灵根。"偈尾云："得法者潜众十年，方可阐扬。"远拜而受之，遂赞师像曰："黑狗烂银蹄，白象昆仑骑。于斯二无碍，木马火中嘶。"

师天圣五年七月十九升座，辞众示寂。塔于本山。

【注释】

[1] 大僧：沙弥仅受持十戒，称为小僧；相对者，受持具足戒之比丘，则称为大僧。比丘尼不能走在比丘前面去见佛。

[2]《圆觉了义》：佛经名，全称为《大方广圆觉修多罗了义经》，简称《圆觉经》。旧校本标点有误。

[3] 吴处士（约680~759年）：即"吴道子"，又名道玄，唐代著名画家，画史尊称画圣。阳翟（今河南禹州）人。少孤贫，年轻时即有画名。曾任兖州瑕丘（今山东滋阳）县尉，不久即辞职。后流落洛阳，从事壁画创作。开元年间以善画被召入宫廷，历任供奉、内教博士、宁王友。处士，本指有才德而隐居不仕的人，后亦泛指未做过官的士人。

[4] 秦时镜：即"古镜"。亘古永存之明镜，喻真如法性。

[5] 籍籍：声名盛大貌。唐代杜甫《赠蜀僧闾丘师兄》："大师铜梁秀，籍籍名家孙。"仇兆鳌注："籍籍，声名之盛也。"

［6］嵯峨：山高峻貌。唐代唐彦谦《送许户曹》：“将军楼船发浩歌，云樯高插天嵯峨。”

［7］万仞（rèn）：古代八尺为仞，万仞，形容山极高。

［8］净名杜口：典故，净名即维摩诘居士，据《维摩诘经》载，文殊在毗耶离城向维摩诘问不二之法，维摩诘沉默不语，文殊称赞“善哉！”谓微妙佛法难以言传。杜口：闭口不语。

［9］渠：方言“他”。本书出现频率较多的词语之一。

［10］聻：“聻”这个字是生僻汉字，常出现的本书中，旧校本一直没有弄清这个字的含义，所以只要出现这个字就标点失误。“聻”虽然有多个意义，但在本书一般是以疑问语气助词出现，照例不能单独成句，一般只能附在句子后表示语气，但旧校本却常常单独成句。当然也有个别地方单独成句，如卷十四“大阳警玄禅师”条：“师曰：‘先师在么？’曰：‘在。’师曰：‘在即不无，请渠出来，我要相见。’僧曰：‘聻？’师曰：‘这个犹是侍者。’”此处僧人单独说一个“聻”字，实际上他顺“师”语而帮“师”说完一个“聻”，这个“聻”实际上应是师所说：“我要相见聻？”此处对话显示了禅林机锋，话中有话。僧人是从洪山来的侍者，师问他先师在吗？侍者说在。师曰既然在就请他出来，还没说完“我要相见”的“聻”，侍者就抢先替他说：“聻？”此处“师”要见的并非是“先师”，而是要见侍者的本来面目（佛性）。因为先师相隔千里，怎么能够请他出来相见呢？所以“师”在考验侍者：“真正的先师是你本有的佛性，可以出来见我吗？”侍者也稍微明白“师”意，于是为显自己的本领就抢话了。但是“师”否定他这个做法，曰：“这个犹是侍者。”意思是，虽然你懂了我的意思，但你抢了我的话，还是有一个“我”存在，也就不能见性了。“聻”作为疑问语气助词单独成句，就是在这种语境下产生的。本书第十七章“黄龙慧南禅师”条：“‘更有一种不易，是甚么人？’良久云：‘聻？’”“聻”在这里单独成句，是禅师上句话反问的延续。上文说：“更有一种不易，是甚么人？”然后禅师说话开始停顿，良久云：“聻？”这个过程，说明这个“聻”实际上与上文构成完整的句子就是“是甚么人聻？”旧校本标点有误，都作句号，没有弄清“聻”。

［11］迥绝：彻底断除，绝无。本书第八章“瑞峰志端禅师”条：“问：‘如何是迥绝人烟处佛法？’师曰：‘巅山峭峙碧芬芳。’”

［12］鹄（hú）：通称天鹅。似雁而大，颈长，飞翔甚高，羽毛洁白。亦有黄、红者。《庄子·天运》：“夫鹄不日浴而白。”

［13］鹳（guàn）：水鸟名。鹳科各种类的通称。形似鹤，嘴长而直，翼大尾短，脚长而赤，捕鱼虾等为食。《诗·豳风·东山》：“鹳鸣于垤，妇叹于室。”毛

传：“鹳好水，长鸣而喜也。”郑玄笺：“鹳，小鸟也。将阴雨则鸣。”

[14] 鹭鸶：鹭。因其头顶、胸、肩、背部皆生长毛如丝，故称。

[15] 一作水牯牛，是类堕：从这句开始，旧校本标点混乱，均更正。

[16] 迂迥：偏远，遥远。

[17] 廛（chán）：古代平民一家在城邑中所占的房地。后泛指民居、市宅。《周礼·地官·遂人》：“上地，夫一廛，田百亩，莱五十亩，余夫亦如之。”《孟子·滕文公上》：“远方之人闻君行仁政，愿受一廛而为氓。”

[18] 智智：智中之智也，特称佛之一切智。

【概要】

警玄禅师（943～1027年），宋代禅僧，俗姓张，湖北江夏（今湖北武昌）人。至金陵（今江苏南京）崇孝寺，依智通禅师出家，十九岁为行脚僧。游化四方，谒湖南梁山缘观禅师，言下省悟，依住有年，嗣其法，为曹洞宗传人。缘观寂，至郢州（今湖北京山）大阳山。谒慧坚禅师，慧坚让席使主之。大中祥符年间（1008～1016年），为避国讳，改名警延，其后住大阳山。天圣五年示寂，世寿八十五，法腊六十六。谥号“明安大师”。有《大阳明安大师十八般妙语》一卷传世。

警延神观奇伟，有威重，足不越限，胁不至席。年八十，叹无可以继者，遂作偈，并皮履、布直裰，寄浮山远禅师，使为求法器。偈曰：“杨广山头草，凭君待价焞。异苗翻茂处，深密固灵根。”偈尾云：“得法者潜众十年，方可阐扬。”

【参考文献】

《景德传灯录》卷二十五；《禅林僧宝传》卷三；《佛祖历代通载》卷十七。

鼎州梁山岩禅师

僧问：“如何是祖师西来意？”师曰：“新罗附子，蜀地当归。”

澧州药山利昱禅师

上堂：“山河大地、日月星辰与诸上座同生，三世诸佛与诸上座同参，三藏圣教与诸上座同时。还信得及么？若也信得及，陕府铁牛吞却乾坤。虽然如是，被法身碍却，转身不得。须知有出身之路，作么生是诸上座出身之路？道！道！”良久曰：“若道不得，永沉苦海。珍重！”

僧问：“格外之谈，乞师垂示。”师曰：“要道也不难。”曰：“恁么则万仞碧潭，许垂一线也。”师曰：“大众笑你。”

鼎州罗纹得珍山主

僧问：“亲切处乞师指示？”师曰：“老僧元是广南人。”

石门远禅师法嗣

潭州道吾契诠禅师

僧问：“师唱谁家曲？宗风嗣阿谁？”师曰：“凤岭无私曲，如今天下传。”曰：“如何是道吾镜？”师曰：“溪花含玉露，庭果落金台。”曰：“如何是境中人？”师曰：“拥炉披古衲，曝日[1]枕山根[2]。”

问：“牛头未见四祖时如何？”师曰：“玉上青蝇。”曰：“见后如何？”师曰：“红炉焰里冰。”

【注释】

［1］曝日：晒太阳。

［2］山根：山脚。汉代焦赣《易林·贲之明夷》：“作室山根，人以为安；一昔崩颠，破我壶飧。”

【概要】

契诠禅师，宋代禅僧。师事石门绍远禅师，嗣其法，为曹洞宗传人。居潭州（今湖南长沙）道吾山。有僧问：“如何是道吾境？”答曰：“溪花含玉露，庭果落金台。”又问：“如何是境中人？”答曰：“拥炉披古衲，曝日枕山根。”

【参考文献】

《续传灯录》卷二；《天圣广灯录》卷二十四。

怀安军云顶山鉴禅师

僧问：“雪点红炉，请师验的。”师曰：“王婆煮鎚[1]。”曰：“争奈即今何！”师曰：“犹嫌少在。”

【注释】

［1］饋（duī）：为古代的一种面食，现代的称谓有麻圆、麻团、珍袋、油堆、芝麻球等。

邓州广济方禅师

僧问："如何是佛？"师曰："骑牛趁春草，背却少年爷。"

问："宝剑未磨时如何？"师曰："乌龟啖[1]黑豆。"曰："磨后如何？"师曰："庭柱挂灯笼。"曰："如何是修行？"师曰："庭柱伤寒。"

【注释】

［1］啖（dàn）：吃。

果州清居山升禅师

僧问："师唱谁家曲？宗风嗣阿谁？"师曰："金鸡啼石户，得意逐波清。"曰："未审是谁之子？"师曰："谢汝就门骂詈。"

北禅感禅师法嗣

濠州南禅聪禅师

僧问："如何是西来意？"师曰："冬月深林雨，三春平地风。"

问："如何是大道根源？"师曰："云兴当午夜，石虎叫连宵。"

第四节　青原下十世

大阳玄禅师法嗣

投子义青禅师

舒州投子义青禅师，青社李氏子。七龄颖异，往妙相寺出家，试经得度[1]。习《百法论》，未几叹曰："三祇涂远[2]，自困何益？"乃入洛听《华严》，义若贯珠。尝读诸林菩萨偈，至"即心自性"，猛省曰："法离文字，宁可讲乎？"即弃游宗席。

时圆鉴禅师居会圣岩，一夕，梦畜青色鹰，为吉征。届旦师来，鉴礼延之，令看"外道问佛：'不问有言，不问无言。'"因缘[3]。

经三载，一日问曰："汝记得话头么？试举看。"师拟对，鉴掩其口，师了然开悟，遂礼拜。鉴曰："汝妙悟玄机邪？"师曰："设有也须吐却。"时资侍者在旁，曰："青华严[4]今日如病得汗[5]。"师回顾曰："合取狗口！若更忉忉，我即便呕。"

自此，复经三年，鉴时出洞下宗旨示之，悉皆妙契。付以大阳顶相[6]、皮履、直裰[7]，嘱曰："代吾续其宗风，无久滞此，善宜护持！"遂书偈送曰："须弥立太虚，日月辅而转。群峰渐倚他，白云方改变。少林风起丛，曹溪洞帘卷。金凤宿龙巢，宸苔[8]岂车碾？"令依圆通秀禅师。

师至彼无所参问，唯嗜睡而已。执事白通曰："堂中有僧日睡，当行规法。"通曰："是谁？"曰："青上座。"通曰："未可，待与按[9]过。"

通即曳杖入堂，见师正睡，乃击床呵曰："我这里无闲饭与上座，吃了打眠。"师曰："和尚教某何为？"通曰："何不参禅去？"师曰："美食不中饱人吃。"通曰："争奈大有人不肯上座。"师曰："待肯，堪作甚

么？”通曰：“上座曾见甚么人来？”师曰：“浮山。”通曰：“怪得恁么顽赖。”遂握手相笑，归方丈。由是道声籍甚[10]。初住白云，次迁投子。

上堂，召大众曰：“若论此事，如鸾凤冲霄，不留其迹。羚羊挂角[11]，那觅乎踪？金龙不守于寒潭，玉兔岂栖于蟾影[12]？其或主宾若立，须威音世外摇头。问答言陈，仍玄路旁提为唱。若能如是，犹在半途。更若凝眸[13]，不劳相见。”

上堂：“宗乘若举，凡圣绝踪。楼阁门开，别户相见。设使卷帘悟去，岂免旁观？春遇桃华，重增眼病。所以，古人道：‘向上一路，千圣不传[14]。’诸仁者！既是不传，为甚铁牛走过新罗国里？”遂喝曰：“达者须知暗里惊。”

僧问：“师唱谁家曲？宗风嗣阿谁？”师曰：“威音前一箭，射透两重山。”曰：“如何是相传底事？”师曰：“全因淮地[15]月，得照郢[16]阳春。”曰：“恁么则入水见长人也。”师曰：“只知荆玉异，那辨楚王心？”僧礼拜，师以拂子击之，复曰：“更有问话者么？如无，彼此著便。”

问[17]：“和尚适来拈香，祝延圣寿！且道当今年多少？”师曰：“月笼丹桂远，星拱北辰高。”曰：“南山直耸齐天寿，东海洪波比福源。”师曰：“双凤朝金阙[18]，青松古韵高。”曰：“圣寿已蒙师指示，治化乾坤事若何？”师曰：“不如缄口退，却是报皇恩。”

上堂：“默沈阴界，语落深坑。拟著则天地悬殊，弃之则千生万劫。洪波浩渺，白浪滔天。镇海明珠，在谁收掌？”良久，卓拄杖曰：“百杂碎。”

上堂：“孤村陋店，莫挂瓶盂。祖佛玄关[19]，横身直过。早是苏秦[20]触塞，求路难回。项主临江[21]，何逃困命？诸禅德到这里，进则落于天魔，退则沉于鬼趣。不进不退，正在死水中。诸仁者！作么生得平稳去？”良久曰：“任从三尺雪，难压寸灵松。”

师作《五位颂》并序：“夫长天一色，星月何分？大地无偏，枯荣自异。是以法无异法，何迷悟而可及？心不自心，假言象而提唱。其言也，偏圆正到，兼带叶通。其法也，不落是非，岂关万象？幽旨既融于水月，宗源派混于金河[22]。不坠虚凝，回途复妙。”颂曰：

正中偏，星河横转月明前。彩气夜交天未晓，隐隐俱彰暗里圆。

偏中正，夜半天明羞自影。朦朦雾色辨何分？混然不落秦时镜[23]。

正中来，火里金鸡坐凤台。玄路倚空通脉上，披云鸟道出尘埃。

兼中至，雪刃笼身不回避。天然猛将两不伤，暗里全施善周备。

兼中到，解走之人不触道。一般拈掇与君殊，不落是非方始妙。

师示寂，书偈曰："两处住持，无可助道。珍重诸人，不须寻讨。"投笔奄息。阇维多灵异，兹不尽具。获设利[24]五色，同灵骨塔于寺北三峰庵。

【注释】

［1］试经得度：由官设度科，印度无此法，始于我国。《佛法金汤编》七曰："唐中宗神龙二年八月，诏天下试童行经义极通无滞者度之，试经度僧始此。"《编年通论》十七曰："唐肃宗至德二年，听白衣能诵经五百纸者度为僧。"《佛祖统纪》五十一曰："宋仁宗诏试天下童行诵法华经，中选者得度，参政宋绶夏竦监试。"（摘自丁福保《佛学大辞典》）

［2］三祇涂远：三大阿僧祇劫的路途太远了。三大阿僧祇劫，简称"三祇"，指菩萨发心修行到成就佛果的时间。阿僧祇劫者，译言无数长时，菩萨之阶位有五十位。以之区别为三期之无数长时。十信十住十行十回向之四十位，为第一阿僧祇劫，十地之中，自初地至第七地，为第二阿僧祇劫，自八地至十地为第三阿僧祇劫。第十地卒，即佛果也。《起信论》曰："而实菩萨种性根等，发心则等，所证亦等。此有超过之法，以一切菩萨皆经三阿僧祇劫故。"劫有大中小三者，此劫为大劫，故曰"三大阿僧祇劫"。此三大劫中释迦佛值遇于数万之佛。

［3］<u>令看"外道问佛：'不问有言，不问无言。'"因缘</u>：旧校本标点有误。"令看"后面是"外道问佛"的公案，可以引起来。标点要正确，先要弄清"外道问佛"的公案。可参见《碧岩录》第六十五则："外道问佛：'不问有言，不问无言。'世尊良久。外道赞叹云：'世尊大慈大悲，开我迷云，令我得入。'外道去后，阿难问佛：'外道有何所证而言得入？'佛云：'如世良马，见鞭影而行。'"盖外道以"不问有言，不问无言"而探问佛法大旨，此乃一种狡黠之询问方式，欲陷对方于进退两难之境，世尊无论以任何言词答之，均易堕于"有""无"两端之难，而予外道以可乘之机。此则公案中，世尊不以言语答覆之，而唯缄默良久，于佛法真旨而言，已超越有、无相对之境，了无纤尘可染。此种不落言诠而灵机全现之圆融妙用，不唯化解外道狡狯逼问之危机，更于任运自在之间彰显佛法大旨之妙趣，故外道由衷叹服。然阿难以多闻第一，反堕入义解，不达真的，故无如外道之

能于闪电光影间领会机锋。此成为佛陀接引外道之著名公案。又作外道问佛有无、外道良马鞭影、世尊良久。后来一般指一时放下有言无言二边，由是自参自究，始得证入绝境。此处圆鉴禅师让义青禅师看公案，就是禅门的看话禅。看者，见也；话者，公案也。即专就一则古人之话头，历久真实参究终于获得开悟，此种禅风称为看话禅。此禅风先慧后定，与默照禅之先定后慧大异其趣。看话禅之起源可追溯至唐代赵州从谂之“狗子无佛性”为始，而于唐末五代，拈提古则公案以摧破知觉情识之风极为兴盛。至宋代大慧宗杲则极力主张专门参看一则话头，后之临济宗皆奉为圭臬。

［4］青华严：侍者给禅师取的外号。青者：义青禅师。华严：指义青禅师入洛听《华严经》的事。

［5］如病得汗：好像大病时发了一场大汗，喻病快好了。

［6］顶相：即顶髻之相。如来顶上有肉髻，一切人天不能得见，故有“无见顶相”之称。其后转用为禅宗祖师及先德之肖像画。多半为半身像，亦有坐于曲录（佛事时僧侣所坐之圆靠椅）之全身像，另附加赞语。自古即有高祖像，此类图像较文字、学说更能直接传达全人格。顶相之流行始自我国，而盛行于日本镰仓、室町时代。画面人物多为写实笔法，间或有自作赞词，以作付法之信物，而传予弟子者。

［7］直裰（duō）：一种宽大而长的衣，古代僧衣。据宋朝人赵彦卫《云麓漫钞》谓：“古之中衣，即今僧寺行者直裰。”周汛先生著《中国古代服饰大观》云：“直裰也作直掇，早在宋代已经出现，一般以素布为之，对襟大袖，衣缘四周镶有黑边，最初多用作僧人和道士之服。

［8］宸（chén）苔：屋檐下的青苔。宸：屋檐，屋边。苔：植物名，属隐花植物类，根、茎、叶区别不明显，有青、绿、紫等色，多生于阴湿地方，延贴地面，故亦叫地衣。

［9］按：指考察、审查。

［10］籍甚：籍籍之意，声名盛大貌。

［11］羚羊挂角：传说羚羊夜宿时，角挂在树上，脚不着地面，猎狗无以寻其迹。比喻禅家启发学人领悟禅道，不凭借语言文字、知识见解。

［12］蟾影：月影；月光。唐代徐晦《海上生明月赋》：“水族将蟾影交驰，浪花与桂枝相送。”

［13］凝眸：原义为目不转睛，注意力集中；转指思虑、迟疑。

［14］向上一路，千圣不传：意谓无上至真之禅道非佛祖可用言语传授，必须亲自体会领悟。如本书第三章“幽州盘山宝积禅师”条：“向上一路，千圣不传。

学者劳形，如猿捉影。”

［15］淮地：指两淮地区。宋代陈亮《中兴论》：“控引京、洛，侧睨淮、蔡。”

［16］郢（yǐng）：古邑名。春秋后期和战国时，凡楚迁都所至之处亦均称为郢。

［17］复曰：“更有问话者么？如无，彼此著便。”问：旧校本标点有误，“著便”是古汉语一个词，唐人俗语，不能分开。旧校本将“著”放入引号内，将“便”理解为“便问”。有误。著便，合适之意。如《祖堂集·岩头和尚》：“今生不著便，共文遂个汉行数处，被他带累，今日共师兄到此又只管打睡。”（摘自《汉语大词典》）

［18］金阙：指天子所居的宫阙。又，道家谓天上有黄金阙，为仙人或天帝所居。

［19］玄关：佛教称入道的法门。禅宗指出入玄旨的关门，即禅家机锋往来中的紧要处。后来以“玄关”一词指建筑物入口处的空间。

［20］苏秦：战国著名纵横家。东周洛阳（今河南洛阳东）人，字季子。燕昭王时，赴燕游说，受宠信。后到齐，齐湣王任为相。苏秦与赵奉阳君李兑共谋，发动韩、赵、魏、齐、燕合纵，迫使秦废帝请服，赵封其为武安君。后来燕将乐毅联合五国大举攻齐，他的反间活动暴露，被车裂处死。

［21］项主临江：指项羽（前232—前202年）兵败退到乌江自杀。项羽，名籍，字羽，下相（今江苏宿迁西南）人。楚国贵族出身。公元前209年，跟随叔父项梁在吴（今江苏苏州）起义。公元前207年，率兵渡漳水后，破釜沉舟，在巨鹿（今河北平乡县西南）击败秦军主力。秦亡后，自立为西楚霸王，并大封诸侯王。在楚汉战争中被刘邦打败。最后被围于垓下（今安徽灵璧南），突围到乌江（今安徽和县东北）自杀。

［22］金河：拘尸那国跋提河之译名。《西域记》六曰：“阿恃多伐底河，唐言无胜，此世共称耳。旧云阿利罗跋提河，讹也。典言谓之尸赖拏伐底河，译曰有金河。”旧校本未将“金河”下画专有名词线，有误。

［23］秦时镜：即“古镜”。亘古永存之明镜，喻真如法性。参见前文“大阳警玄禅师”条：“我昔初机学道迷，万水千山觅见知。明今辨古终难会，直说无心转更疑。蒙师点出秦时镜，照见父母未生时。如今觉了何所得？夜放乌鸡带雪飞。”

［24］设利：即“舍利”。佛、菩萨、罗汉、高僧等，寂后火化，每凝结有舍利，或如珠，或如花，白色为骨舍利，赤色为血肉舍利，黑色为发舍利，也有杂色的，那是综合而成，此是生前依戒定慧薰修而得，无量功德所成。若是佛舍利，世间无物能损坏，菩萨以下，其坚度便相应减少。

【概要】

义青禅师（1032～1083年），宋代中期禅僧。青州（山东省）人。后人称之为投子义青。俗姓李。幼年颖异，七岁于妙相寺试经得度，习《百法论》。尝叹言："三祇途远，自困何益？'乃入京师听《华严》。读法慧菩萨偈，至"即心自性"句，猛然有省，遂弃学他去，游方至浮山圣岩寺。当时圆鉴远公曾梦得俊鹰而畜之，既觉而义青适至，远公以为吉征，加意延礼之。义青随侍远公六年，了了脱悟，洞下之宗旨悉皆究明。法远乃以大阳警玄之顶相、衣履、直裰付嘱之。未久，见圆通法秀，意气相投，自是道声远播。

熙宁六年（1073年），道俗请师晋住白云山海会寺；八年迁至投子山。平生不蓄长物，仅弊衲楮衾而已。元丰六年四月末示现微疾，五月四日灌沐升座别众罢，写偈曰："两处住持，无可助道。珍重诸人，不须寻讨。"遂安然示寂。敕谥"慈济"。法嗣九人，以芙蓉道楷最著。著作有《投子义青禅师语录》两卷。

《投子义青禅师语录》共两卷，又作《舒州投子青禅师语录》《投子青和尚语录》《妙续大师语录》。自觉编。收录白云山海会禅院语录、投子山胜因禅院语录、师答同霖十问、浮山和尚出十六题令师颂、五位颂并序、五位偏正谣、四宾主、偈、颂古一百则、行状等。收入《续藏经》。

另有道楷编《舒州投子山妙续大师语录》一卷，又作《投子义青禅师语录》，只收录上堂示众语要二十五条、丹霞子淳撰投子义青略传一篇。亦收入《续藏经》。

【参考文献】

《续传灯录》卷六、卷二十六；《禅宗正脉》卷十七；《佛祖纲目》卷三十六；《禅林僧宝传》卷十七；《五灯严统》卷十四；《佛祖历代通载》卷十九。

兴阳清剖禅师

郢州兴阳清剖禅师，在大阳作园头[1]。种瓜次，阳问："甜瓜何时得熟？"师曰："即今熟烂了也。"曰："拣甜底摘来。"师曰："与甚么人吃？"曰："不入园者。"师曰："未审不入园者还吃也无？"曰："汝还识伊么？"师曰："虽然不识，不得不与。"阳笑而去。

住后，上堂："西来大道，理绝百非。句里投机，全垂妙旨。不已而已，有屈祖宗。岂况忉忉，有何所益？虽然如是，事无一向。且于唱教门中，通一线道。大家商量！"

僧问："娑竭[2]出海乾坤震，觌面相呈事若何？"师曰："金翅鸟王当宇宙，个中谁是出头人。"曰："忽遇出头时又作么生？"师曰："似鹘提鸠[3]君不信，髑髅前验始知真。"曰："恁么则叉手当胸，退身三步也。"师曰："须弥座下乌龟子，莫待重遭点额回。"

问："从上诸圣向甚么处去？"师曰："月照千江静，孤灯海底明。"

郑金部问："和尚甚么时开堂？"师曰："不历僧祇[4]数，日月未生前。"

师卧疾次，大阳问："是身如泡幻，泡幻中成办。若无个泡幻，大事无由办。若要大事办，识取个泡幻。作么生？"师曰："犹是这边事。"阳曰："那边事作么生？"师曰："匝地[5]红轮秀，海底不栽花。"阳笑曰："乃尔惺惺[6]邪？"师唱曰："将谓我忘却。"竟尔趋寂。

【注释】

[1] 园头：又作圆头。禅林中，司掌栽培耕作菜园之职称。敕修《百丈清规》卷四列职杂务条谓，园头须不惮勤苦，以身率先，栽种菜蔬，及时灌溉，供给堂厨，毋令缺乏。

[2] 娑竭：梵语。即娑竭罗龙王，又作娑伽罗龙王。娑竭罗，意译为海。八大龙王之一。依其所住之海而得名。龙宫居大海底，纵广八万由旬，七重宫墙，七重栏楯，七重罗网，七重行树，周匝皆以七宝严饰，无数众鸟和鸣。然诸龙皆为金翅鸟所食，仅娑竭罗龙王、难陀龙王等十六龙王幸免此难。此龙为降雨龙神，古来祈雨皆以之为本尊。又此龙为千手观音之眷属，为观音二十八部众之一。身呈赤白色，左手执赤龙，右手握刀，状甚威武。其女年八岁，智慧利根，以持《法华经》之功，即身成佛，现男子身，具菩萨行。（参见《长阿含经》卷十九"龙鸟品"、《起世经》卷五、《法华文句》卷二下、《华严经疏》卷五）旧校本未将"娑竭"下画专有名词线，有误。

[3] 似鹘提鸠：指鹘鸠（鹘鵃）。《诗·卫风·氓》"于嗟鸠兮，无食桑椹"毛传："鸠，鹘鸠也。"陆玑疏："鹘鸠，一名班鸠，似鹁鸠而大。"

[4] 僧祇：梵语阿僧祇的省称。意为无数，无量。如《楞严经》："不历僧祇获法身。"意思是不用经过无量百千万亿年就能获得法身。

[5] 匝地：遍地。唐代王勃《还冀州别洛下知己序》："风烟匝地，车马如龙。"

[6] 惺惺：聪慧，领悟的样子。

福严审承禅师

南岳福岩审承禅师，侍立大阳次，阳曰："有一人遍身红烂，卧在荆棘林中，周匝火围。若亲近得此人，大敞鄽开[1]；若亲近不得，时中以何为据[2]？"师曰："六根不具，七识不全。"阳曰："你教伊出来，我要见伊。"师曰："适来别无左右祇对和尚。"阳曰："官不容针。"师便礼拜。

（师后至华严隆和尚处，举前话，隆曰："冷如毛粟，细如冰雪。"）

李相公特上山，问："如何是祖师西来意？"师指庭前柏树。公如是三问，师如是三答。公欣然，乃有颂曰："出没云闲满太虚，元来真相一尘无。重重请问西来意，唯指庭前柏一株。"

【注释】

[1] 大敞鄽（chán）开：大门全开。鄽，同"廛"。古代平民一家在城邑中所占的房地。后泛指民居、市宅。

[2] 若亲近不得，时中以何为据：旧校本标点有误。"时中"是一个佛教术语，指时时、平时。系"二六"时中的省称，按古代一天分为十二时辰，故曰"二六"。"时中"实际上就是整天，每时每刻的意思。本书第四章"邓州香严下堂义端禅师"条："兄弟！佛是尘，法是尘，终日驰求，有甚么休歇？但时中不用挂情，情不挂物。无善可取，无恶可弃。莫教他笼罩着。始是学处也。"旧校本没弄清"时中"的含义，将其分开，标点为"若亲近不得时，中以何为据"，如此怎么理解原意？

罗浮显如禅师

惠州罗浮山显如禅师，初到大阳，阳问："汝是甚处人？"曰："益州。"阳曰："此去几里？"曰："五千里。"阳曰："你与么来，还曾踏著么[1]？"曰："不曾踏著。"阳曰："汝解腾空那？"曰："不解腾空。"阳曰："争得到这里？"曰："步步不迷方，通身无辨处。"阳曰："汝得超方[2]三昧[3]邪？"曰："圣心不可得，三昧岂彰名[4]？"阳曰："如是！如是！汝应信此即本体全彰，理事不二。善自护持！"

住后，僧问："如何是罗浮境？"师曰："突兀侵天际，巍峨镇海涯。"

曰："如何是境中人?"师曰："顶上白云散，足下黑烟生。"

【注释】

[1] 你与么来，还曾踏著么：你这么来（如此遥远），还曾踩着地走路吗?

[2] 超方：超脱于通常规式，多谓彻悟者具有卓越的机用施设。

[3] 三昧：指禅定境界。此处指因禅定而得神通。三昧系修行者之心定于一处而不散乱之状态。又作三摩地、三摩提、三摩帝。意译为定、等持、正受、调直定、正心行处、息虑凝心等。三昧即心定于一处，故称定；远离惛沈、掉举而保持平等的心，故称等持；正受所观之法，故称正受；调整散乱的心使正直，故称调直定；正心之行动，使合于法的依处，故称正心行处；息止缘虑，凝结心念，故言息虑凝心。此一将心集中于专一对象的精神作用，可分两种，一是与生俱来的精神集中能力（生得定），一是因后天的努力而使集中力增加（后得定）。

[4] 彰名：显耀自己的名声，即出名的意思。

白马归喜禅师

襄州白马归喜禅师，初问大阳："学人蒙昧，乞指个入路。"阳曰："得。"良久，乃召师，师应诺。阳曰："与你个入路。"师于言下有省。

住后，僧问："如何是佛法大意?"师曰："善犬带牌。"

问："如龟藏六[1]时如何?"师曰："布袋里弓箭。"

问："不著佛求，不著法求，当于何求?"师曰："村人跪拜石师子。"曰："意旨如何?"师曰："社树[2]下设斋。"

上堂："急走即蹉过，慢行趁不上。没量[3]大衲僧无计奈何！有多口饶舌底出来?"

僧问："一句即不问，如何是半句?"师曰："投身掷下。"曰："这个是一句也。"师曰："半句也摸不著?"

问："如何是阒寂[4]之门?"师曰："莫闹！莫闹!"

【注释】

[1] 龟藏六：佛经典故，乃取龟之隐藏头、尾、四足等六处于甲壳内，能免他物之迫害危难，以之比喻行者应深藏六根而防护之。谓众生之六识由六根门而驰散、攀缘于色、声、香等六尘之境，以致妄想杂起，故应如龟之内藏六根，以防魔

害。《杂阿含经》四十三曰：“过去世时，有河中草，有龟于中住止。时有野干，饥行觅食。遥见龟虫，疾来捉取。龟虫见来即便藏六，野干守伺，冀出头足，欲取食之。久守龟虫，永不出头，亦不出足。野干饥乏，嗔恚而去。诸比丘汝等，今日亦复如是……尔时世尊，即说偈曰：‘龟虫畏野干，藏六于壳内。比丘善摄心，密藏诸觉想。’”（参见本书第十一章“谷隐蕴聪禅师”条）

［2］社树：古代封土为社，各随其地所宜种植树木，称社树。唐代苏鹗《苏氏演义》卷上：“《周礼》文：二十五家为社，各树其土所宜木。今村墅间，多以大树为社树，盖此始也。”

［3］没量：禅林用语。即庞大而不可计量之意。又作勿量。量，计量之意。于禅林中，将超越寻常见识气度而难以一般尺寸度量之大器人物，称为没量汉，意即真个彻底之大人物。又，超越凡圣迷悟之佛法大事，称为没量大事。彻底大悟而超出凡人所执着之凡圣、迷悟、有无、得失等分别情量之大人物，称为没量大人。

［4］阒（qù）寂：空寂。阒，同“闃”，空的意思。

郢州大阳慧禅师

僧问：“汉君七十二阵，大霸寰中。和尚临筵，不施寸刃，承谁恩力？”师曰：“杲日当轩际，森罗一样观。”曰：“恁么则金乌凝秀色，玉兔瑞云深。”师曰：“滴沥[1]无私旨，通方一念玄。”

问：“如何是和尚家风？”师曰：“粗布直裰重重补，日用锄头旋旋[2]揩[3]。”曰：“向上客来，如何祗待？”师曰：“要用便用。”

问：“如何是西来意？”师曰：“日出东方，月落西户。”复示颂曰：“朝朝日出东方，夜夜月落西户。如今大宋官家，尽是金枝玉树。”

【注释】

［1］滴沥：象声词。水下滴声。

［2］旋旋：缓缓。

［3］揩（kāi）：摩擦，拭抹。

越州云门山灵运宝印禅师

上堂：“夜来云雨散长空，月在森罗万象中。万象灵光无内外，当明一句若为通。不见僧问大哥和尚云[1]：‘月生云际时如何？’大哥曰：‘三个孩儿抱花鼓，莫来拦我球门路。’月生云际，是明甚么边事？三个孩儿抱花鼓，拟思即隔。莫来拦我球门路，须有出身处始得。若无出身处，也似黑牛卧死水。出身一句作么生道？不劳久立！”

【注释】

［1］不见僧问大哥和尚云：旧校本标点有误。“僧”是“问”的主语，不能用逗号点断。

怀安军云顶海鹏禅师

僧问：“如何是大疑底人？”师曰：“毕钵岩[1]中，面面相觑。”曰：“如何是不疑底人？”师曰：“如是我闻，须弥粉碎。”

问：“祖意教意，是同是别？”师曰：“达磨逢梁武，摩腾遇汉明[2]。”

【注释】

［1］毕钵岩：即耆阇崛山毕钵罗窟，迦叶坐禅修行之处。耆阇崛山译为灵鹫山、鹫头、灵山。位于中印度摩羯陀国首都王舍城之东北侧，为著名的佛陀说法之地。其山名之由来，一说以山顶形状类于鹫鸟，另说因山顶栖有众多鹫鸟，故称之。耆阇崛：“耆”音 qí（其）。“阇”音 shé（蛇），不读 dū（督）。因为“耆阇崛”另外有译音为“伊沙堀”，“沙”近似于“shé”音，绝不是“dū”音，所以可以确定“阇”音“shé”。“崛”音 kū（窟），不读 jué（绝）。崛有古读哭音，梵文音译也是哭音。毕钵罗窟，以此窟上有毕钵罗树，或毕钵罗为大迦叶之名，因大迦叶与此处有很深之因缘，故有此称。大迦叶曾罹病于此，闻佛陀说法后始痊愈；亦曾于此坐禅，知悉佛陀入灭。毕钵罗译吉祥，其果实称为毕钵罗，故称毕钵罗树，为产于中印度及孟加拉之桑科常绿乔木。又以释尊于此树下成等正觉，故一般称为菩提树。

［2］摩腾遇汉明：摩腾遇到汉明帝。摩腾：梵语，“迦叶摩腾”之略。最早来中国译佛经的人。东汉明帝迎至洛阳，译《四十二章经》等，汉地之有佛法自此始。

复州乾明机聪禅师

僧问：“如何是佛法大意？”师曰：“此问不虚。”

问：“如何是东禅境？”师曰：“定水不曾离旧岸，红尘争敢入波来。”

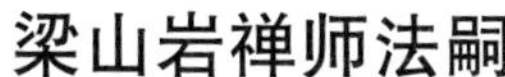

梁山岩禅师法嗣

鼎州梁山善冀禅师

僧问："拨尘见佛时如何?"师曰："莫眼华。"

问："和尚几时成佛?"师曰："且莫压良为贱。"曰："为甚么不肯承当?"师曰："好事不如无。"

师《颂鲁祖面壁》曰："鲁祖三昧最省力，才见僧来便面壁。若是知心达道人，不在扬眉便相悉。"

道吾诠禅师法嗣

相州天平山契愚禅师

僧问："师唱谁家曲？宗风嗣阿谁?"师曰："杖鼓两头打。"

问："如何是祖师西来意?"师曰："镇州萝卜。"

石含茶居士问："法无动摇时如何?"师曰："你从潞府来?"士曰："一步也不曾蓦。"师曰："因甚得到这里?"士曰："和尚睡语作么?"师曰："放你二十棒。"

官人问："无邻可隔，为甚么不相见?"师曰："怨阿谁?"

师廊下行次，见僧，以拄杖示之。僧便近前接，师便打。

第五节　青原下十一世

投子青禅师法嗣

芙蓉道楷禅师

东京天宁芙蓉道楷禅师，沂州崔氏子。自幼学辟谷[1]，隐伊阳山。后游京师，籍名[2]术台寺，试法华得度。

谒投子于海会，乃问："佛祖言句，如家常茶饭。离此之外，别有为人处也无？"子曰："汝道寰中天子敕，还假尧舜禹汤也无？"师欲进语，子以拂子摵[3]师口曰："汝发意来，早有三十棒也。"师即开悟，再拜便行。子曰："且来！阇黎！"师不顾。子曰："汝到不疑之地邪？"师即以手掩耳。

后作典座，子曰："厨务勾当[4]不易。"师曰："不敢。"子曰："煮粥邪？蒸饭邪？"师曰："人工淘米著火，行者煮粥蒸饭。"子曰："汝作甚么？"师曰："和尚慈悲，放他闲去。"

一日，侍投子游菜园，子度[5]拄杖与师，师接得便随行。子曰："理合恁么？"师曰："与和尚提鞋挈杖，也不为分外。"子曰："有同行在。"师曰："那一人不受教。"子休去。至晚问师："早来说话未尽。"师曰："请和尚举。"子曰："卯生日，戌生月。"师即点灯来。子曰："汝上来下去，总不徒然。"师曰："在和尚左右，理合如此。"子曰："奴儿婢子，谁家屋里无？"师曰："和尚年尊，阙他不可。"子曰："得恁么殷勤！"师曰："报恩有分。"

住后，僧问："胡家曲子不堕五音，韵出青霄，请师吹唱。"师曰："木鸡啼夜半，铁凤叫天明。"曰："恁么则一句曲含千古韵，满堂云水尽知音。"师曰："无舌童儿能继和。"曰："作家宗师，人天眼目。"师曰：

“禁取两片皮[6]。”

问：“夜半正明，天晓不露。如何是不露底事？”师曰：“满船空载月，渔父宿芦花。”

问：“如何是曹洞家风？”师曰：“绳床风雨烂，方丈草来侵。”

问：“如何是直截根源？”师曰：“足下已生草，举步落危坡。”

上堂：“昼入祇陀[7]之苑，皓月当天。夜登灵鹫之山，太阳溢目。乌鸦似雪，孤雁成群。铁狗吠而凌霄，泥牛斗而入海。正当恁么时，十方共聚，彼我何分？古佛场中，祖师门下，大家出一只手，接待往来知识。诸仁者！且道成得个甚么事？”良久曰：“剩栽无影树，留与后人看。”

上堂：“才升此座，已涉尘劳。更乃凝眸，自彰瑕玷。别传一句，勾贼破家。不失本宗，狐狸恋窟。所以，真如凡圣，皆是梦言。佛及众生，并为增语。到这里回光返照，撒手承当，未免寒蝉抱枯木，泣尽不回头。”

上堂：“唤作一句，已是埋没宗风。曲为今时，通途消耗。所以，借功明位，用在体处。借位明功，体在用处。若也体用双明，如门扇两开，不得向两扇上著意。不见新丰老子[8]道，峰峦秀异，鹤不停机。灵木迢然，凤无依倚。直得功成不处，电火难追。拟议之间，长途万里。”

上堂：“腊月三十日已前即不问，腊月三十日事作么生？诸仁者到这里，佛也为你不得，法也为你不得，祖师也为你不得，天下老和尚也为你不得，山僧也为你不得，阎罗老子也为你不得。直须‘尽却今时[9]’去！若也尽却今时，佛也不奈他何，法也不奈他何，祖师也不奈他何，天下老和尚也不奈他何，山僧也不奈他何，阎罗老子也不奈他何。诸人且道，如何是‘尽却今时’底道理？还会么？明年更有新条在，恼乱春风卒未休。”

问：“如何是道？”师曰：“无角泥牛犇[10]夜栏。”

上堂：“钟鼓喧喧报未闻，一声惊起梦中人。圆常静应无余事，谁道观音别有门。”良久曰：“还会么？休问补陀[11]岩上客，莺声啼断海山云。”

上堂，拈拄杖曰：“这里荐得，尽是诸佛建立边事。直饶东涌西没，卷舒自在，也未梦见七佛已前消息。须知有一人，不从人得，不受教诏，不落阶级。若识此人，一生参学事毕。”蓦召大众曰：“更若凝眸，不劳相见。”

上堂，良久曰：“青山常运步，石女夜生儿。”便下座。

上堂：“假言唱道，落在今时。设使无舌人解语，无脚人能行，要且未能与那一人相应。还会么？龙吟徒侧耳，虎啸谩沉吟。”

问：“如何是兼带之语？”师曰：“妙用全施该世界，木人闲步火中来。”曰：“如何是和尚家风？”师曰：“众人皆见。”曰：“未审见个甚么？”师曰：“东壁打西壁。”

大观初，开封尹[12]李孝寿[13]奏师：“道行卓冠丛林，宜有褒显。”即赐紫方袍，号“定照禅师”。内臣持敕命至，师谢恩竟，乃陈己志：“出家时尝有重誓，不为利名，专诚学道，用资九族。苟渝愿心，当弃身命。父母以此听许。今若不守本志，窃冒宠光，则佛法、亲盟背矣。”于是，修表具辞。复降旨京尹坚俾受之，师确守不回。以拒命坐罪，奉旨下棘寺[14]，与从轻[15]。寺吏闻有司欲徙淄州，有司曰：“有疾，与免刑[16]。”及吏问之，师曰：“无疾。”曰：“何有灸瘢[17]邪？”师曰：“昔者疾，今日愈。”吏令思之，师曰：“已悉厚意，但妄非所安。”乃恬然就刑而行，从之者如归市。及抵淄川，僦居[18]，学者愈亲。明年冬，敕令自便。庵于芙蓉湖心，道俗川凑。

示众曰：“夫出家者，为厌尘劳，求脱生死，休心息念，断绝攀缘，故名出家。岂可以等闲利养，埋没平生？直须两头撒开，中间放下。遇声遇色，如石上栽花。见利见名，似眼中著屑。况从无始以来，不是不曾经历，又不是不知次第，不过翻头作尾，止于如此。何须苦苦贪恋？如今不歇，更待何时？所以，先圣教人，将要尽却今时。能尽今时，更有何事？若得心中无事，佛祖犹是冤家。一切世事自然冷淡，方始那边相应。

“你不见隐山至死不肯见人，赵州至死不肯告人，匾担拾橡栗为食，大梅以荷叶为衣，纸衣道者只披纸，玄泰上座只著布，石霜置枯木堂与人坐卧。只要死了你心。投子使人办米，同煮共餐，要得省取你事。且从上诸圣，有如此榜样，若无长处，如何甘得[19]？

“诸仁者！若也于斯体究，的不亏人。若也不肯承当，向后深恐费

力。山僧行业[20]无取，忝主山门[21]，岂可坐费常住，顿忘先圣付嘱？今者辄学古人，为住持体例，与诸人议定，更不下山，不赴斋，不发化主[22]。唯将本院庄课[23]一岁所得，均作三百六十分，日取一分用之，更不随人添减。可以备饭则作饭，作饭不足则作粥，作粥不足则作米汤。新到相见，茶汤而已，更不煎点[24]。唯置一茶堂，自去取用，务要省缘，专一办道。

“又况活计[25]具足，风景不疏[26]。华解笑，鸟解啼，木马长鸣，石牛善走。天外之青山寡色，耳畔之鸣泉无声。岭上猿啼，露湿中宵之月；林间鹤唳，风回清晓之松。春风起时，枯木龙吟，秋叶凋而寒林华散。玉阶铺苔藓之纹，人面带烟霞之色。音尘寂尔，消息宛然[27]。一味萧条，无可趣向。山僧今日向诸人面前，说家门已是不著便[28]，岂可更去升堂入室，拈槌竖拂，东喝西棒，张眉努目，如痫病发相似？不唯屈沈[29]上座，况亦辜负先圣！

“你不见达磨西来，少室[30]山下面壁九年。二祖至于立雪断臂，可谓受尽艰辛。然而，达磨不曾措了一词，二祖不曾问著一句。还唤达磨作不为人，得么？二祖做不求师，得么？山僧每至说著古圣做处，便觉无地容身！惭愧后人软弱。又况百味珍羞，递相供养。道我四事具足[31]，方可发心。只恐做手脚不迭，便是隔生隔世去也。时光似箭，深为可惜。虽然如是，更在他人从长相度，山僧也强教你不得。

“诸仁者还见古人偈么？山田脱粟饭，野菜淡黄齑[32]，吃则从君吃，不吃任东西。伏惟同道，各自努力。珍重！”

政和七年冬，赐额曰“华严禅寺”。八年五月十四日，索笔书偈，付侍僧曰：“吾年七十六，世缘今已足。生不爱天堂，死不怕地狱。撒手横身三界外，腾腾[33]任运何拘束？”移时乃逝。

【注释】

［1］辟谷：不食五谷。古代方士行辟谷导引之术，认为可以长生。道教亦以辟谷服气为神仙入道之术。《史记·留侯世家》：“（张良）乃学辟谷，道引轻身。”《北齐书·方伎传》：“（由吾道荣）隐于琅邪山，辟谷，饵松术茯苓，求长生之秘。”

［2］籍名：登记列入某寺院僧人名册。禅林中有记录僧人姓名之簿册。如安居

名簿，即于长一尺二寸之竹牒上记载姓名、出生年月。将姓名登记入丛林之安居簿，称为挂籍，或亦转指安居，与“挂锡”同义。又削去僧籍姓名，亦即剥夺僧侣之资格，则称削籍。

［3］搣（mí）：击，打。

［4］勾当：主管，料理。

［5］度：授予，给予。《太平广记》卷十引晋葛洪《神仙传·李意期》：“于是乞食得物，即度与贫人。”

［6］禁取两片皮：与“合取两片皮”意义相同。谓闭起嘴巴，不用言说。两片皮，嘴巴。取，动词后缀，无实义。

［7］祇陀：梵名。意译为胜太子、战胜太子。为中印度舍卫国波斯匿王之皇太子。太子将其所拥有之祇园献予佛陀，由长者须达在此建立祇园精舍。又此园称“祇树给孤独园”。祇树乃祇陀太子所有树林之略称。给孤独即舍卫城长者须达之异称，因长者夙怜孤独，好布施，故得此名。盖此园乃须达长者为佛陀及其教团所建之僧坊，精舍建于祇陀太子之林苑，以二人共同成就此一功德，故称祇树给孤独园。佛陀曾多次在此说法，为最著名之遗迹，与王舍城之竹林精舍并称为佛教最早之两大精舍。

［8］新丰老子：指新丰山洞山禅师。

［9］尽却今时：谓于今时当即除尽种种分别情见，顿悟道法。禅家强调，禅法就在眼前目下，不须向他时他处寻求。《续传灯录》卷十七“智通景深禅师”条：“遂往宝峰求入室。峰曰：‘直须断起灭念，向空劫已前扫除玄路，不涉正偏，尽却今时，全身放下，放尽还放，方有自由分。’师闻，顿领厥旨。”

［10］犇：“奔”的古字。

［11］补陀：全名为“补陀落迦”。意译作小花树、小白华、小树蔓庄严、海岛、光明。位于印度南海岸，传为观世音菩萨之住处。即在南印度秣罗矩吒国秣剌耶山之东，中有观世音菩萨往来之石天宫。据新译《华严经》卷六十八载，此山由众宝所成，极为清净，遍满华果树林、泉流池沼。《大唐西域记》卷十“南印度秣罗矩吒国”条亦载，山顶有池，其水澄净，流出大河，周流绕山而入南海，池侧有石天宫，观自在菩萨往来游舍，欲见菩萨者须发大愿心，跋山涉水，忘其艰险，始能到达，故能至者甚寡。盖补陀洛山为观音居住之灵地，故以补陀洛命名之地殊多。如浙江省舟山群岛上奉祀观音的岛屿称为普陀山，承德有补陀洛寺。西藏以达赖喇嘛为观音之化身，其住处拉萨西北的宫殿称为补陀洛（布达拉）。朝鲜江原道襄阳五峰山海边窟中安奉观音，称之为洛山。凡此，皆系自“补陀落山”一词所衍化而来。

［12］开封尹：官名。即开封府尹。五代十国时的后梁始改汴州为开封府，置尹以主其政令。

［13］李孝寿：字景山。初为开封府户曹参军。宋徽宗即位，历太仆卿、开封尹，知兴仁、开德、虢、兖、苏等州府。政和初，拜刑部侍郎，复任开封尹。

［14］棘寺：大理寺的别称。古代听讼于棘木之下，大理寺为掌刑狱的官署，故称。唐代刘长卿《西庭夜燕喜评事兄拜会》："棘寺初衔命，梅仙已误身。"

［15］与从轻：从轻处理。

［16］免刑：免除处罚。

［17］灸瘢（bān）：灸后留下的瘢痕。灸：中医的一种疗法，用燃烧的艾绒熏灼人体的穴位。瘢：创口或疮口愈合后留下的痕迹。

［18］僦（jiù）居：租屋而居。

［19］甘得：贪得。《史记·律书》："咎生穷武之不知足，甘得之心不息也。"

［20］行业：身口意之所作。《法华经·提婆品》曰："善知众生诸根行业"又，善恶之所作，可感苦乐之果报者。《无量寿经》上曰："行业果报，不可思议。"

［21］忝（tiǎn）主山门：有愧于作山门之主。忝：常用作谦词，羞辱，有愧于。

［22］不发化主：不分配化主下山化缘。化主："街坊化主"之略称。指禅林中专司行走街坊，劝檀化越随力施与以添助寺院者。有粥街坊、米麦街坊、菜街坊、酱街坊等别。其劝化所得，称为化米、化麦、化酱等。

［23］庄课：田庄所收的租粮。此处指寺院田地所收的租粮。

［24］煎点：油煎的点心。

［25］活计：本谋生行当，禅录中多比喻禅法或种种机用作略。又指干活的工具、家产，比喻俗情妄念。又指自家活计，本份活儿，本身的事，指悟禅作佛，超脱生死。此处即是此意。

［26］风景不疏：外界的风景不再亲近。指收心修行，心无旁骛，不为外界环境而动心。

［27］消息宛然：明心见性、大彻大悟的迹象越来越清晰。

［28］著便：合适。唐代张鷟《游仙窟》："十娘机警，异同著便。"

［29］屈沈：即"屈沉"。委曲沉沦，埋没。《北齐书·李绘传》："绘质性方重，未尝趋事权势，以此久而屈沉。"

［30］少室：为嵩岳之别峰。魏孝文为佛陀禅师于此立少林寺。即初祖达磨九年面壁之处。

［31］四事具足：指四事供养具足。谓供给资养佛、僧等日常生活所需之四事。四事，指衣服、饮食、卧具、医药，或指衣服、饮食、汤药、房舍等。据《无量寿经》卷下载，须经常以四事供养一切诸佛。又据《盂兰盆经疏》卷上载，每年于僧自恣之日，以四事供养佛、法、僧三宝。

［32］齑（jī）：用醋、酱拌和切成碎末的菜。

［33］腾腾：舒缓貌，悠闲貌。

【概要】

道楷禅师（1043～1118年），宋代禅僧。世人尊为曹洞宗第八世。沂州沂水（山东沂水）人，俗姓崔。初学道术于伊阳山中，得辟谷之术，后悟其非，弃而习佛，于京师术台寺出家，后参投子义青禅师得法。元丰五年（1082年），弘法于沂州仙洞山，并先后住持洛阳之招提、郢州之大阳山、随州之大洪山崇宁保寿禅院等刹，大扬曹洞宗风，从者如云。

由于禅师不慕名利，守道自足，甚为时人所推崇。因得开封府尹李孝寿奏请褒扬。崇宁三年（1104年），徽宗召住京师十方净因禅院，赐紫衣及“定照禅师”之号。禅师以为此等褒扬，与其平素之修行志向不合，乃上表婉拒。帝怒，流放淄州，禅师终不屈。后帝悟，听其自便。师遂于芙蓉湖上建寺，大扬禅风，学者风从。政和七年（1117年），徽宗赐以“华严禅寺”一额，后又赐名“兴化寺”。翌年五月入寂，世寿七十六，戒腊四十二。世称“芙蓉道楷”。

弟子众多，传承其法者有二十九人，法嗣中较著名者有丹霞子淳、净因法成、阐提惟照、大智齐琏、石门元易、鹿门自觉等人。有《芙蓉道楷禅师语要》一卷（又作《定照禅师语要》）行世。

【参考文献】

《禅林僧宝传》卷十七；《联灯会要》卷二十八；《湖北金石志》卷十；《石门文字禅》卷二十九；《嘉泰普灯录》卷三；《释氏稽古略》卷四；《续传灯录》卷十。

大洪报恩禅师

随州大洪山报恩禅师，卫之黎阳刘氏子，世皆硕儒。师未冠，举方略[1]，擢上第[2]。后厌尘境，请于朝，乞谢簪绂[3]为僧。上从其请，遂游心祖道。至投子未久，即悟心要。子曰：“汝再来人也，宜自护持。”

辞谒诸名宿，皆蒙印可。丞相韩公缜请开法于西京少林。未几，大洪革律为禅，诏师居之。

上堂："五五二十五。案山[4]雷，主山雨。明眼衲僧，莫教错举。"

僧问："九鼎澄波即不问，为祥为瑞事如何？"师曰："古今不坠。"曰："这个且拈放一边，向上还有事也无？"师曰："太无厌生[5]。"曰："作家宗师。"师曰："也不消得。"

上堂："如斯话会，谁是知音？直饶向一句下，千眼顿开，端的有几个是迷逢达磨？诸人要识达磨祖师么？"乃举手作捏势，曰："达磨鼻孔在少林手里，若放开去，也从教此土西天，说黄道黑，欺胡谩汉。若不放过，不消一捏。有人要与祖师作主，便请出来与少林相见。还有么？"良久，曰："果然。"

上堂，拈起拄杖曰："昔日德山临济，信手拈来，便能坐断十方，壁立千仞。直得冰河焰起，枯木花芳。诸人若也善能横担竖夯，遍问诸方；苟或不然，少林倒行此令去也。"击禅床一下。

僧问："一箭一群即不问，一箭一个事如何？"师曰："中也。"曰："还端的也无？"师曰："同声相应，同气相求。"曰："恁么则石巩[6]犹在。"师曰："非但一个两个。"曰："好事不如无。"师曰："穿却了也。"

问："三玄三要即不问，五位君臣事若何？"师曰："非公境界。"曰："恁么则石人拊掌，木女呵呵。"师曰："杓卜听虚声，熟睡饶谵语[7]。"曰："若不上来伸此问，焉能得见少林机？"师曰："放过即不可。"随后便打。

上堂，横按拄杖曰："便与么休去，已落二三。更若忉忉[8]，终成异见。既到这里，又不可弓折箭尽去也。且衲僧家远则能照，近则能明。"乃拈起拄杖曰："穿却德山鼻孔，换却临济眼睛，掀翻大海，拨转虚空，且道三千里外，谁是知音？于斯明得，大似杲日照天。苟或未明，不免云腾致雨。"卓一下[9]。

问："祖师西来，九年面壁，最后一句，请师举唱。"师曰："面黑眼睛白。"

师尝设百问，以问学者，其略曰："假使百千劫，所作业不忘[10]，为甚么一称南无佛[11]，罪灭河沙劫？"又作此〇相，曰："森罗万象，总在其中。具眼禅人，试请甄别。”

上堂，拈拄杖曰：“看！看！大地雪漫漫，春来特地寒。灵峰与少室，料掉不相干。休论佛意祖意，谩谓言端语端，铁牛放去无踪迹，明月芦花君自看。”卓拄杖，下座。

师素与无尽居士张公商英[12]友善，无尽尝以书问三教大要，曰：“《清凉疏》第三卷，西域邪见，不出四见。此方儒道，亦不出此四见。如庄、老计自然为因，能生万物，即是邪因。《易》曰：‘太极生两仪。’太极为因，亦是邪因。若谓一阴一阳之谓道，能生万物，亦是邪因。若计一为虚无，则是无因。今疑老子自然与西天外道自然不同。何以言之？老子曰：‘常无欲以观其妙，常有欲以观其徼。’无欲则常，有徼则已，入其道矣。谓之邪因，岂有说乎？《易》曰：‘一阴一阳之谓道，阴阳不测之谓神。神也者，妙万物而为言，寂然不动，感而遂通天下之故。’今乃破阴阳变易之道为邪因，拨去不测之神，岂有说乎？望纸后批示，以断疑网故也。”

师答曰：“西域外道宗多途，要其会归，不出有无四见而已。谓有见、无见、亦有亦无见、非有非无见也。盖不即一心为道，则道非我有，故名外道。不即诸法是心，则法随见异，故名邪见。如谓之有，有则有无。如谓之无，无则无有。有无则有见竞生，无有则无见斯起。若亦有亦无见，非有非无见，亦犹是也。夫不能离诸见，则无以明自心。无以明自心，则不能知正道矣。故经云：‘言词所说法，小智妄分别。不能了自心，云何知正道？’又曰：‘有见即为垢，此则未为见。远离于诸见，如是乃见佛。’以此论之，邪正异途，正由见悟殊致故也。故清凉以庄、老计道法自然，能生万物。《易》谓太极生两仪，一阴一阳之谓道。以自然太极为因，一阴一阳为道，能生万物，则是邪因。计一为虚无，则是无因。

“尝试论之。夫三界唯心，万缘一致，心生故法生，心灭故法灭。推而广之，弥纶万有而非有；统而会之，究竟寂灭而非无。非无亦非非无，非有亦非非有。四执既亡，百非斯遣。则自然因缘，皆为戏论，虚无真实，俱是假名矣。至若谓太极阴阳，能生万物。常无常有，斯为众妙之门。阴阳不测，是谓无方之神。虽圣人设教，示悟多方。然既异一心，

宁非四见！何以明之？盖虚无为道，道则是无。若自然，若太极，若一阴一阳为道，道则是有。常无常有，则是亦无亦有。阴阳不测，则是非有非无。先儒或谓妙万物谓之神，则非物，物物则亦是无。故西天诸大论师，皆以心外有法为外道，万法唯心为正宗。盖以心为宗，则诸见自亡。言虽或异，未足以为异也。心外有法，则诸见竞生。言虽或同，未足以为同也。虽然，儒道圣人，固非不知之，乃存而不论耳。良以未即明指一心，为万法之宗，虽或言之，犹不论也。如西天外道，皆大权菩萨示化之所施为。横生诸见，曲尽异端，以明佛法是为正道。此其所以为圣人之道，顺逆皆宗，非思议之所能知矣。故古人有言，缘昔真宗未至，孔子且以系心；今知理有所归，不应犹执权教。然知权之为权，未必知权也。知权之为实，斯知权矣。是亦周孔老庄设教立言之本意，一大事因缘之所成始、所成终也。然则三教一心，同途异辙。究竟道宗，本无言说。非维摩大士，孰能知此意也？”

【注释】

［1］方略：治国大政、策略。

［2］擢（zhuó）上第：提拔为上等人才。

［3］簪（zān）绂（fú）：冠簪和缨带。古代官员服饰。亦用以喻显贵，仕宦。

［4］案山：堪舆用语。指穴地近前的山。堪舆家谓“案山”有助于蓄聚穴山之气，对人的命运有重要作用。至明清时，更加注重“风水”。风水理论要求皇家陵寝，须前有照山，后有靠山，两山之间、陵寝近前有案山；不但坟墓前要有案山，房子前也要有案山。唐代杨筠松，名益，其《疑龙经批注校补》卷中：“只要案山逆水转，不爱顺流随水势。”明徐善继徐善述《地理人子须知·砂法总论》：“凡穴前低小之山名曰案山。”

［5］太无厌生：太贪心了。无厌：不满足。生：助词。

［6］石巩：参见本书第三章“石巩慧藏禅师”注释。

［7］熟睡饶谵语：睡得深了就多梦话。饶：多。谵语，本指胡言乱语，此处指梦中胡言乱语。

［8］忉忉：啰唆，唠叨。

［9］卓一下：拄杖往地下敲一下，往往是禅师上堂开示后最后的动作，说明这次开示就结束了，要用句号。旧校本标点有误，作逗号，与下文“问”连到一起了。

［10］假使百千劫，所作业不忘：见《大宝积经》卷五十七：“假使经百劫，所作业不亡，因缘会遇时，果报还自受。”

［11］一称南无佛：见《妙法莲华经》卷一：“若人散乱心，入于塔庙中，一称南无佛，皆已成佛道。”既然“一称南无佛，皆已成佛道”，那么就肯定“罪灭河沙劫”了。

［12］张公商英：张商英（1043～1121年），北宋蜀州（四川崇庆）新津人。字天觉，号无尽居士。自幼即锐气倜傥，日诵万言。初任通州主簿，一日入寺见藏经之卷册齐整，怫然曰：“吾孔圣之书，乃不及此。”欲著《无佛论》，后读《维摩诘经》有感，乃归信佛法。神宗时，受王安石推举入朝，大观年间，为尚书右仆射。未久因事谪于外，曾至五台山祈文殊像，有灵验，乃塑文殊像供奉于山寺，又撰发愿文。不久，值天大旱，入山祈雨，三度皆验，遂闻名于朝。又还僧寺田三百顷，致崇佛之诚。及迁江西运使，礼谒东林寺常总禅师，得其印可；复投兜率寺之从悦禅师，就岩头末后之句有所参究。绍圣初年，受召为左司谏，因上书论司马光、吕公著而左迁。又常诋当时宰相蔡京，故屡受贬。大观四年（1110年）六月，天久旱，乃受命祈雨，晚忽雨，徽宗大喜，赐“商霖”二字。后受蔡京谗言，贬知河南府。宣和四年殁，世寿七十九，赐谥“文忠”，著有《护法论》一卷。（参见《释氏稽古略》卷四、《居士传》卷二十八、《宋史》卷三五一）

【概要】

报恩禅师（1058～1111年），北宋曹洞宗僧。安徽黎阳（今安徽休宁东南）人，俗姓刘。曾任官职，后慕出世法而出家，参访舒州投子山义青禅师，悟得心要。开法于西京（河南洛阳）少林寺，后迁随州（湖北）大洪山崇宁保寿禅院，改律院为禅院，任第一世住持，发扬曹洞宗风。与无尽居士张商英亲交。徽宗政和元年示寂，世寿五十四，僧腊三十二。著有《曹洞宗派录》《受菩提心戒文》《落法受戒仪文》，今佚。

【参考文献】

《联灯会要》卷二十八；《嘉泰普灯录》卷三；《续传灯录》卷十。

沂州洞山云禅师

上堂：“秋风卷地，夜雨翻空。可中别有清凉，个里更无热恼。是谁活计？到者方知。才落见闻，即居途路。且道到家后如何？任运独行无

伴侣，不居正位不居偏。”

长安福应文禅师

上堂：“明明百草头[1]，明明祖师意。直下便承当，错认弓为矢。惺惺底筑著磕著[2]，懵懂底和泥合水[3]。龟毛拂逼塞虚空，兔角杖撑天拄地[4]。日射珊瑚林，知心能几几？”击禅床下座。

【注释】

［1］百草头：指通过凡俗世界，平常事为看见佛性的显现。百草：指万事万物，一切的存在的现象。

［2］筑著磕著：（突然地）撞着碰着，隐指顿时领悟禅法。《密庵语录》：“府中归，上堂：‘一出一入，一动一静，酒肆茶坊，红尘闹市，猪肉案头，蓦然筑著磕著，如虎戴角，凛凛风生。”

［3］和泥合水：指用言语等方式启发、接引学人。从禅宗不立文字语言、要求当下省悟的角度来看，这并非高明的传授方式，只是随宜通融，应机接物，使中下根器者易于接受而已。如本书第十三章“开善道谦禅师”条：“放一线道，十方刹海，放光动地。是则是，争奈和泥合水！”亦作“合水和泥”。

［4］龟毛拂逼塞虚空，兔角杖撑天拄地：“龟毛拂子，兔角拄杖”，指龟毛做的拂子，兔角做的拄杖。龟毛兔角，佛典中常见之譬喻，指现实中全然不存在之事物。龟本无毛，然龟游水中时，身沾水藻，人视之，乃有误认水藻为龟毛者。又，兔亦无角，然直竖之长耳亦有被误认为兔角之时。经论中常用以比喻凡夫之妄执实我实法。盖凡夫常将因缘所成之假有法，妄执为实有之故。

滁州龙蟠圣寿昙广禅师

僧问：“师唱谁家曲？宗风嗣阿谁？”师曰：“杨广山头云靄靄，月华庵畔柏青青。”曰：“恁么则投子嫡嗣，大阳亲孙也。”师曰：“未跨铁牛，棒如雨点。”曰：“今日已知端的。”师曰：“一任敲砖打瓦[1]。”

【注释】

［1］敲砖打瓦：对沉埋于言句问答者的讥斥语。《密庵语录》：“上堂，举老宿云：‘祖师九年面壁，为访知音。若与么会将来，吃铁棒有日在。’又有一老宿云：‘祖师九年面壁，何不惭惶？若与么会，更买草鞋行脚三十年。’琅邪和尚拈云：

‘既不然，且道祖师面壁意作么生？欲得不招无间业，莫谤如来正法轮。’师云：‘二老宿，敲砖打瓦。琅邪和尚，画虎成狸。诸人要见祖师面壁底意旨么？穷坑难满。’”

第六节　青原下十二世

芙蓉楷禅师法嗣

丹霞子淳禅师

邓州丹霞子淳禅师，剑州贾氏子。弱冠为僧，彻证[1]于芙蓉之室。

上堂：“乾坤之内，宇宙之间，中有一宝，秘在形山[2]。肇法师恁么道，只解指踪话迹，且不能拈示于人。丹霞今日擘开宇宙，打破形山，为诸人拈出。具眼者辨取。”以拄杖卓一下，曰：“还见么？鹭鸶立雪非同色[3]，明月芦花不似他。”

上堂，举[4]：“德山示众曰：‘我宗无语句，实无一法与人。’德山恁么说话，可谓是只知入草求人，不觉通身泥水。子细观来，只具一只眼。若是丹霞则不然，我宗有语句，金刀剪不开：‘深深玄妙旨，玉女夜怀胎。’”

上堂：“亭亭日午犹亏半，寂寂三更尚未圆。六户不曾知暖意，往来常在月明前。”

上堂：“宝月流辉，澄潭布影。水无蘸月之意，月无分照之心。水月两忘，方可称断。所以道，升天底事直须扬却[5]，十成底事直须去却。掷地金声，不须回顾。若能如是，始解向异类中行[6]。诸人到这里，还相委悉么？”良久曰：“常行不举人间步，披毛戴角混尘泥。”

僧问：“牛头未见四祖时如何？”师曰：“金菊乍开蜂竞采。”曰：“见后如何？”师曰：“苗枯华谢了无依。”

宣和己亥春，示寂。塔全身于洪山之南。

【注释】

［1］彻证：彻底领悟。本书第二十章“玉泉宗琏禅师”条：“今时人不能一径彻证根源，只以语言文字而为至道。”

［2］中有一宝，秘在形山：出自晋代僧肇著《宝藏论》：“夫天地之内，宇宙之间，中有一宝，秘在形山。识物灵照，内外空然。寂寞难见，其号玄玄。”禅家如洞山（《祖堂集》卷六洞山章）、云门等均拈提此语。《云门广录》卷中：“示众云：‘中有一宝，秘在形山。拈灯笼向佛殿里，将三门来灯笼上。作么生?’”“形山”喻肉体，“宝”者隐指清净法性、自心佛。此公案后世提唱颇多。

［3］鹭鸶立雪非同色：简称“鹭鸶立雪”。指即使是雪白的鹭鸶鸟站在雪中，也不能和雪保持完全一致的颜色。比喻许多事物表面相同而实质不同。本书第十七章“隆庆庆闲禅师”条：“问：‘我手何似佛手?’师曰：‘月下弄琵琶。’问：‘我脚何似驴脚?’师曰：‘鹭鸶立雪非同色。’”

［4］上堂，举：旧校本标点有误。所谓“上堂，举”，指禅师上堂开示，举出祖师所说过的话或公案，从“举”后开始就要用冒号与引号，这是上堂开示的开始。禅师引用祖师的话要用单引号，然后就是禅师对前面所引的评论与开示。本书凡是出现“上堂，举”时，旧校本标点常有误。

［5］扬却：抛弃。

［6］异类中行：异类，指属于佛果位以外之因位，如菩萨、众生之类。异类中行，指行于异类之中。发愿利生之菩萨，于悟道后，为救度众生，不住涅槃菩提之本城，而出入生死之迷界，自愿处于六道众生之中，以济度一切有情。本书第三章“池州南泉普愿禅师”条：“上堂：‘道个如如，早是变了也。今时师僧须向异类中行。’归宗曰：‘虽行畜生行，不得畜生报。’”

【概要】

子淳禅师（1064～1117年），北宋曹洞宗僧。俗姓贾，剑州（四川）梓潼人。幼年于大安寺出家，弱冠受具戒。初参玉泉芳禅师，次参真如慕哲、真净克文、大洪法恩等诸师，后入芙蓉道楷之门，承其后而为青原下第十二代法嗣。初住邓州（河南邓县）丹霞山，后迁唐州大乘山、隋州大洪山，举扬禅风，学众千人，盛冠诸方。门下有真歇清了、天童正觉、大乘利升、大洪庆预诸人。宣和元年三月十一日示寂，享年五十四，后人为之建塔于洪山之南。著有《虚堂集》六卷、《丹霞子淳禅师语录》二卷等。

《丹霞子淳禅师语录》二卷，又称《随州大洪山淳禅师语录》。宋代丹霞子淳撰，庆预校勘。卷上收录大洪山上堂法语、真赞、偈颂等。卷下增辑若干上堂法语、举古，以及对青原、药山、道吾、云岩、洞山、曹山、玄沙、投子、道楷等禅林宗师的机缘语句所作的颂古。收入《续藏经》。

【参考文献】

《续传灯录》卷十二；《嘉泰普灯录》卷五。

净因法成禅师

东京净因枯木法成禅师，嘉兴崇德人也。

上堂："灯笼忽尔笑咍咍[1]，如何露柱亦怀胎？天明生得白头女，至今游荡不归来。这冤家，好归来！黄花与翠竹，早晚为谁栽？"

上堂："知有佛祖向上事，方有说话分。诸禅德！且道那个是佛祖向上事？有个人家儿子，六根不具，七识不全，是大阐提无佛种性。逢佛杀佛，逢祖杀祖。天堂收不得，地狱摄无门。大众还识此人么？"良久曰："对面不仙陀，睡多饶寐语[2]。"

上堂："归元性无二，方便有多门。但了归元性，何愁方便门？诸人要会归元性么？露柱将来作木杓，旁人不肯任从伊。要会方便门么？木杓将来作露柱，撑天拄地也相宜。且道不落方便门一句作么生道？三十年后莫教错举。"

【注释】

[1] 咍（hāi）咍（hāi）：欢笑貌。唐代皇甫湜《吉州刺史厅壁记》："昔民嗷嗷，今民咍咍。"

[2] 寐语：梦话，说梦话。睡多饶寐语，指睡的时间太多了就常说梦话。批评众生常在睡梦之中，常常说梦话。

【概要】

法成禅师（1071～1128 年），宋代曹洞宗僧。秀州（今浙江嘉兴）人，俗姓潘。号枯木。自幼即异于常人，年十七为沙弥，后参谒云门宗慧林宗本之法嗣守一法真，并落发受具足戒。问安心之法，参究累年。后四处游方，历参庐山子英、东林寺常聪、泐潭真净克文、死心悟新、大沩慕哲、云盖智本、夹山自龄等。年三十

三时，复至随州（今属湖北）大洪山参谒芙蓉道楷，得嗣其法，为曹洞宗传人。以好枯木禅，世人遂以“枯木”称之。徽宗大观元年（1107 年），于汝州（今河南临汝）香山开堂，政和二年（1112 年），奉诏住持左街净因禅院。后住潭州大沩宝林、道林广慧、韶州南华宝林、镇江府焦山普济寺等名刹。建炎二年二月示寂，世寿五十八，法腊四十一。谥号“普证大师”。

枯木禅，参见本书第六章“亡名道婆”注释。

【参考文献】

《联灯会要》卷二十九；《五灯全书》卷三十；《嘉泰普灯录》卷五；《续传灯录》卷十二。

宝峰惟照禅师

洪州宝峰阐提惟照禅师，简州李氏子。幼超迈而恶俗，一日授书至“性相近也，习相远也”，遽曰：“凡圣本一体，以习故差别，我知之矣。”即趋成都师鹿苑清泰。年十九，剃染登具。泰令听《起信》于大慈，师辄归卧。泰诘之，师曰：“既称正信大乘，岂言说所能了？”

乃虚心游方，谒芙蓉于大洪。尝夜坐阁道，适风雪震薄[1]，闻警盗者传呼过之[2]，随有所得。辞去。

大观中，芙蓉婴难[3]。师自三吴，欲趋沂水，仆夫[4]迷道，师举杖击之，忽大悟，叹曰：“是地非鳌山[5]也邪？”比至沂，芙蓉望而喜曰：“绍隆吾宗，必子数辈矣。”因留躬耕湖上，累年智证成就。

出领招提，迁甘露、三祖。宣和壬寅，诏补圆通，弃去，复居泐潭。

上堂：“古佛道，我初成正觉，亲见大地众生悉皆成正觉。后来又道，深固幽远，无人能到。团！没见识汉，好龙头蛇尾[6]。”便下座。

上堂：“过去诸佛已入涅槃了也，汝等诸人不应追念。未来诸佛未出于世，汝等诸人不要妄想。正当今日，你是何人？参！”

上堂：“伯夷隘，柳下惠不恭，君子不由也[7]。二边不立，中道不安时作么生？”拈拄杖曰：“鸳鸯绣出从君看，不把金针度与人。”

上堂：“太阳门下，妙唱弥高。明月堂前，知音盖寡。不免舟横江渚，棹举清波。唱庆尧年，和清平乐。如斯告报，普请承当。拟议之间，白云万里。”

上堂："本自不生，今亦无灭，是死不得底样子。当处出生，随处灭尽，是活生受底规模。大丈夫汉，直须处生死流，卧荆棘林[8]，俯仰屈伸，随机施设。能如是也，无量方便，庄严三昧，大解脱门，荡然顿开。其或未然，无量烦恼，一切尘劳，岳立[9]面前，塞却古路。"

上堂："古人道：'堕肢体，黜聪明，离形去智，同于大道[10]。'正当恁么时，且道是甚么人删诗书，定礼乐？还委悉么？礼云礼云，玉帛云乎哉？乐云乐云，钟鼓云乎哉？"

问："承师有言：'云黯黯处独秀峰挺出，月朦朦里泐潭水光生。'岂不是宝峰境？"师曰："若是宝峰境，凭君子细看。"曰："如何是境中人？"师曰："看取令行时。"曰："只如承言须会宗，勿自立规矩。如何是和尚宗？"师曰："须知云外千峰上，别有灵松带露寒。"

雪下，僧问："祖师西来即不问，时节因缘事若何？"师曰："一片两片三四片，落在眼中犹不荐。"

建炎二年正月七日，示寂。阇维，得舍利如珠琲[11]，舌齿不坏。塔于寺之西峰。

【注释】

[1] 风雪震薄：风雪大作，逼近禅师，寒意袭人。

[2] 闻警盗者传呼过之：听到晚上打更人一路警醒，呼喊大家防备盗贼，走过去。

[3] 婴难：遇难。婴：遭受。

[4] 仆夫：泛指供役使的人，犹言仆人。

[5] 鳌（áo）山：山名。在湖南省常德市北。《大明一统志·常德府》："鳌山在府城北七十里，本名兽齿山。相传昔有僧宣鉴、义存、文邃三人同游此悟道，故其徒称'鳌山悟道'。"

[6] 囮（duō）！没见识汉，好龙头蛇尾：旧校本校勘有误，"囮"作"因"。参见本书第四章"湖南长沙景岑招贤禅师"条："囮！直下似个大虫。""囮"用同"咄"，骂人。

[7] 伯夷隘，柳下惠不恭，君子不由也：出自《孟子》："孟子曰：'伯夷：非其君，不事；非其友，不友。不立于恶人之朝，不与恶人言；立于恶人之朝，与恶人言，如以朝衣朝冠坐于涂炭。推恶恶之心，思与乡人立，其冠不正，望望然去

之，若将浼焉。是故诸侯虽有善其辞命而至者，不受也。不受也者，是亦不屑就已。柳下惠不羞汙君，不卑小官；进不隐贤，必以其道；遗佚而不怨，阨穷而不悯。故曰，‘尔为尔，我为我，虽袒裼裸裎于我侧，尔焉能浼我哉?’故由由然与之偕而不自失焉，援而止之而止。援而止之而止者，是亦不屑去已。’孟子曰：‘伯夷隘，柳下惠不恭。隘与不恭，君子不由也。’”伯夷，商末孤竹君長子。柳下惠，春秋鲁大夫展获，字季，又字禽，曾为士师官，食邑柳下，谥惠，故称其为展禽、柳下季、柳士师、柳下惠等。以柳下惠之名最为著称。相传他与一女子共坐一夜，不曾淫乱。后用以借指有操行的男子。

［8］荆棘林：喻指缠缚真性、障碍悟道的种种情识知见。

［9］岳立：耸立，屹立。引申为特出，卓立不群。

［10］堕肢体，黜聪明，离形去智，同于大道：出自《庄子·大宗师》：“颜回曰：‘堕肢体，黜聪明，离形去知，同于大通，此谓坐忘。’”

［11］琲（bèi）：珠串子。《文选·左思〈吴都赋〉》：“珠琲阑干。”刘逵注：“琲，贯也；珠十贯为一琲。”

石门元易禅师

襄州石门元易禅师，潼川税氏子。

上堂：“十方同聚会，个个学无为。此是选佛场，心空及第归。大众！只如闻见觉知未尝有间，作么生说个心空底道理？莫是见而不见，闻而不闻，为之心空邪？错[1]！莫是忘机息虑，万法俱捐，销能所以入玄宗，泯性相而归法界，为之心空邪？错！恁么也不得，不恁么也不得，恁么不恁么总不得。未审毕竟作么生？还会么?”良久曰：“若实无为无不为，天堂地狱长相随。三尺杖子搅黄河，八臂那吒冷眼窥。无限鱼龙尽奔走，捉得循河三脚龟。脱取壳，铁锥锥，吉凶之兆便分辉。借问东村白头老，吉凶未兆若何为？休休休，古往今来春复秋。白日腾腾[2]随分过，更嫌何处不风流。咄!”

上堂：“皓月当空，澄潭无影。紫微转处夕阳辉，彩凤归时天欲晓。碧霄云外，石笋横空。绿水波中，泥牛驾浪。怀胎玉兔，晓过西岑。抱子金鸡，夜栖东岭。于斯明得，始知夜明帘外，别是家风，空王殿中，圣凡绝迹。且道作么生是夜明帘外事，还委悉[3]么？正值秋风来入户，一声砧杵[4]落谁家?”

僧问："古镜未磨时如何？"师曰："精灵皱眉。"曰："磨后如何？"师曰："波斯弹指[5]。"曰："为甚么如此？"师曰："好事不出门。"

绍兴丁丑七月二十五日，坐寂。火后收设利，塔于学射山。

【注释】

［1］为之心空邪？错：旧校本标点有误，其作"为之心空邪错"，变成了一句话，费解。

［2］腾腾：舒缓貌；悠闲貌。唐代司空图《柏东》："冥得机心岂在僧，柏东闲步爱腾腾。"唐代寒山《诗》之二六五："腾腾自安乐，悠悠自清闲。"宋代陆游《寓叹》："浮世百年悲冉冉，闲身万事付腾腾。"

［3］委悉：知道，知晓，详细知晓。悉：知道。如《魏书·韩麒麟传》："卿等之文，朕自委悉；中省之品，卿等所谓。"

［4］砧杵：亦作"碪杵"。捣衣石和棒槌。亦指捣衣。南朝宋代鲍令晖《题书后寄行人》："砧杵夜不发，高门昼常关。"唐代韦应物《登楼寄王卿》："数家砧杵秋山下，一郡荆榛寒雨中。"

［5］波斯弹指：波斯匿王出世的警告。波斯，波斯匿王之略，他养出了逆子，杀害释迦种族。波斯匿王欲娶迦毗罗国释种之女，被欺骗，迎娶了摩诃男家中婢女所生之女为第一夫人（即末利夫人），寻生一男儿，名叫恶生，又叫琉璃太子。后来继承王位，杀害了释种九千九百九十万人，血流成河。王又选五百端正释女为妾，彼等抵死不屈。王嗔恚，悉数切断彼等手足埋于深坑中。此处禅师借指佛教遭受磨难。

净因自觉禅师

东京净因自觉禅师，青州王氏子。幼以儒业见知于司马温公[1]。然事高尚，而无意功名。一旦落发，从芙蓉游。履践精密，契悟超绝。出世住大乘，崇宁间诏居净因。

上堂："祖师西来，特唱此事。自是诸人不肯委悉，向外驰求。投赤水[2]以寻珠，诣荆山[3]而觅玉。殊不知：'从门入者，不是家珍。认影迷头[4]，岂非大错？'直得宗门提唱，体寂无依。念异不生，古今无间。森罗万象，触目家风。鸟道辽空，不妨举步。金鸡报晓，丹凤翱翔。玉树花开，枯枝结子。只有太阳门下，日日三秋；明月堂前，时时九夏。要会么？无影树垂寒涧月，海潮东注斗移西。"

【注释】

［1］司马温公：即司马光（1019～1086年），字君实，号迂叟，陕州夏县涑水乡（今山西夏县）人，世称涑水先生。北宋政治家、史学家、文学家。宋仁宗宝元元年（1038年），进士及第，累迁龙图阁直学士。宋神宗时，反对王安石变法，离开朝廷十五年，主持编纂了中国历史上第一部编年体通史《资治通鉴》。历仕仁宗、英宗、神宗、哲宗四朝，官至尚书左仆射兼门下侍郎。元祐元年（1086年），去世，追赠太师、温国公，谥号文正。生平著作甚多，主要有《温国文正司马公文集》《稽古录》《涑水记闻》《潜虚》等。

［2］赤水：古代神话传说中的水名。《庄子·天地》："黄帝游乎赤水之北，登乎昆仑之丘而南望，还归遗其玄珠。"

［3］荆山：山名。在今湖北省南漳县西部。漳水发源于此。山有抱玉岩，传为楚人卞和得璞处。

［4］认影迷头：演若达多迷失了自己的头，弄得自己发狂。这是一个佛教典故，出自《楞严经》。"演若"，梵语，是一个人的名字，全名"演若达多"，又作延若达多、耶若达多。意译作祠授，因祭祠天而乞得之意。据《大佛顶首楞严经》卷四载，室罗城中演若达多，一日于晨朝以镜照面，于镜中得见已头之眉目而喜，欲返观已头却不见眉目，因生大嗔恨，以为乃魑魅所作，遂无状狂走。禅林以自己之本头比喻真性，镜中之头比喻妄相。喜见镜中之头有眉目，比喻妄取幻境为真性而坚执不舍；嗔责已头不见眉目，则比喻迷背真性。参见本书第六章"抚州黄山月轮禅师"注释。

【概要】

自觉禅师（？～1117年），宋代曹洞宗僧。俗姓王。青州（今属山东益都）人。幼习儒业，见知于司马光。年长无意于功名，绍圣年间（1094～1098年），从芙蓉道楷出家，得蒙印可。履践精密，契悟超绝。出住南阳（今属河南）大乘山普严寺。崇宁年间（1102～1106年），诏住净因寺，任十方净因禅院住持。政和五年（1115年），迁住鹿门山。故世称"鹿门自觉"，又称"净因自觉"。政和七年示寂，世寿不详。建塔于鹿门山，谥号"定慧禅师"。嗣法弟子有青州一辩等。该系初无杰出宗师，但数传之后，至金元时期较为盛行。

【参考文献】

《嘉泰普灯录》卷五；《建中靖国续灯录》卷二十六。

天宁禧誧禅师

西京天宁禧誧[1]禅师，蔡州宋氏子。初住韶山，次过天宁、丹霞。

上堂："韶山近日没巴鼻[2]，眼里闻声鼻尝味。有时一觉到天明，不在床上不落地。大众且道在甚么处？诸人于斯下得一转语，非唯救得韶山，亦乃不孤行脚。其或未然，三级浪高鱼化龙，痴人犹戽[3]夜塘水。"

问："如何是君？"师曰："宇宙无双日，乾坤只一人。"曰："如何是臣？"师曰："德分明主化，道契物情机。"曰："如何是臣向君？"师曰："赤心归舜日[4]，尽节报尧天。"曰："如何是君视臣？"师曰："玄眸凝不瞬，妙体鉴旁来。"曰："如何是君臣道合？"师曰："帐符尊贱隔，潜信往来通。"

政和五年九月四日，忽召主事[5]，令以楮囊[6]分而为四，众僧、童行[7]、常住[8]、津送[9]各一。既而复曰："丹霞有个公案，从来推倒扶起。今朝普示诸人，且道是个甚底？"顾视左右曰："会么？"曰："不会。"师曰："伟哉大丈夫，不会末后句[10]。"遂就寝，右胁而化。

【注释】

［1］禧誧（bū）：禅师名。

［2］巴鼻：禅林用语。又作把鼻、巴臂、把臂。"巴"即"把"，"鼻"指"牛鼻"。即穿绳于牛鼻，以牵制之。其后转为可把持之处，犹言根据、把柄。领悟禅法的着手处，悟入处。亦指禅机，机锋。

［3］戽（hù）：戽水，指汲水，农村汲水灌田。

［4］舜日：舜日尧天（亦作"舜日尧年"），比喻升平盛世。尧、舜均为古代贤君。

［5］主事：指主行事务者。禅院职事之别称。禅苑清规初以监寺、维那、典座、直岁四职为主事，以后之清规加都寺、副寺，称为六知事。日本真宗则指夏安居期间司掌各种事务者为主事。

［6］楮（chǔ）囊（náng）：即褚橐（tuó），盛书的袋子。宋代欧阳修《读张李二生文赠石先生》："二生固是天下宝，岂与先生私褚橐？"楮，纸的代称。褚，同"楮"，纸的别称。

［7］童行：行，行者，乃于寺院服杂役者。禅宗寺院对于尚未得度之年少行

者，称为童行。又称童侍、僧童、道者、行童。其所居之室，则称童行堂、行堂。又教训童行，谓之训童行。

［8］常住：丛林之职务中，总称担任支配、运作日常事务之住众为常住。此外，亦指常备供僧伽受用之物。

［9］津送：津，即渡口。禅家称送葬为津送。含有二义，本乃送人至津而止之谓，后则用于送亡者。盖以印度人之习俗，运死者至河津，使足浸于水，后于河边荼毗，或流遗骨于河水之中。又因人之逝，犹如舟之发津而人送之。《禅苑清规》卷七之“亡僧”条：“集众念诵。是夜，法事诵戒回向，来日早晨或斋后津送。”此外，送生人至津渡亦称津送。

［10］末后句：即末后一句。乃述佛道极妙境地之语句。谓到达彻底大悟之极处所言之至极语，更无其他语句能超越者。

长安天宁大用齐琏禅师

上堂：“清虚之理，佛祖同归。毕竟无身，圣凡一体。理则如是，满目森罗事作么生？纤尘绝际，渠侬[1]有眼，岂在旁窥？官不容针，私通车马。若到恁么田地，始可随机受用。信手拈来，妙应无方。当风玄路，直得金针锦缝，线脚不彰。玉殿宝阶，珠帘未卷。正当此时，且道是甚么人境界？古渡秋风寒飒飒[2]，芦花红蓼[3]满江湾。”

【注释】

［1］渠侬：方言，他。第三人称代词。禅录用例多指本来面目，真如法身。

［2］飒飒：象声词。如《楚辞·九歌·山鬼》：“风飒飒兮木萧萧，思公子兮徒离忧。”本书常指风声、雨声等。

［3］红蓼：蓼的一种。多生水边，花呈淡红色。唐代杜牧《歙州卢中丞见惠名酝》：“犹念悲秋更分赐，夹溪红蓼映风蒲。”

潼川府梅山己禅师

僧问：“如何是法身边事？”师曰：“枯木糁花不犯春。”曰：“如何是法身向上事？”师曰：“石女不妆眉。”

福州普贤善秀禅师

僧问：“如何是正中偏？”师曰：“龙吟初夜后，虎啸五更前。”曰：

“如何是偏中正?”师曰：“轻烟笼皓月，薄雾锁寒岩。”曰：“如何是正中来?”师曰：“松瘁何曾老？花开满未萌。”曰：“如何是兼中至?”师曰：“猿啼音莫辨，鹤唳响难明。”曰：“如何是兼中到?”师曰：“拨开云外路，脱去月明前。”

鹿门法灯禅师

襄州鹿门法灯禅师，成都刘氏子。依大慈宝范为僧，俾听《华严》，得其要。弃谒芙蓉，蓉问曰：“如何是空劫已前自己?”师于言下心迹泯然，从容进曰：“灵然一句超群象，迥出三乘不假修。”蓉抚而印之。

开法鹿门。僧问：“虚玄不犯，宝鉴光寒时如何?”师曰：“掘地深埋。”

问：“如何是逍遥物外底人?”师曰：“遍身红烂，不可扶持。”

资圣南禅师

建昌军资圣南禅师，圣节[1]上堂，顾视左右曰：“诸人还知么？夜明帘外之主，万化不渝。琉璃殿上之尊，四臣[2]不昧[3]。端拱而治[4]，不令而行。寿逾百亿须弥，化洽[5]大千沙界。且道正恁么时，如何行履?野老不知黄屋贵，六街慵听静鞭声。”

【注释】

［1］圣节：因皇帝生辰而立的节日。唐代开元十七年（729 年）八月五日玄宗生日，左丞相源干曜、右丞相张说等上表请以是日为千秋节，制许之。后历代皇帝生日或定节名，或不定节名，皆称为圣节。

［2］四臣：四类贤能的臣子。指社稷之臣、腹心之臣、谏诤之臣、执法之臣。明代高启《四臣论》：“古之所以能国者，有四臣焉，何谓四臣？曰社稷之臣，腹心之臣，谏诤之臣，执法之臣也。”

［3］不昧：不损坏，不湮灭。

［4］端拱而治：即垂拱而治。垂拱：垂衣拱手，形容毫不费力。治：平安。古时比喻统治者不做什么事使天下太平，多用作称颂帝王无为而治。出自《尚书·武成》：“谆信明义，崇德报功，垂拱而天下治。”此处指无为而治。

［5］化洽：指使教化普沾。《三国志·魏志·苏则传》：“若陛下化洽中国，德

流沙漠，即不求自至，求而得之，不足贵也。”

瑞州洞山微禅师

上堂：“日暖风和柳眼青，冰消鱼跃浪花生。当锋妙得空王印，半夜昆仑戴雪行。”

僧问：“如何是默默相应底事？”师曰：“哑子吃苦瓜[1]。”

【注释】

［1］哑子吃苦瓜：比喻有苦说不出。明代王守仁《传习录》卷上：“哑子吃苦瓜，与你说不得，你要知此苦，还须你自吃。”类似“哑巴吃黄连”。哑子，指哑巴。

太傅高世则居士

太傅高世则居士，字仲贻，号无功。初参芙蓉，求指心要。蓉令去其所重，扣己[1]而参。一日忽造微密，呈偈曰：“悬崖撒手任纵横，大地虚空自坦平。照壑辉岩不借月，庵头别有一帘明。”

【注释】

［1］扣己：叩问、诘问自己。

【概要】

高世则居士（1080～1144 年），字仲贻，号无功，蒙城（今属安徽）人。英宗后高氏之族。幼以恩补左班殿直，累迁康州防御使。宣和末，与金使者交涉，应对得体，迁知东上阁门使。时，康王处于艰难中，世则尝在左右。及大元帅府建成，为元帅府参议官，建请颁布檄文于天下，稳定人心。及即位，奉诏类编元帅府事迹付史馆，为枢密都承旨兼提举京畿监牧。进开府仪同三司，后进少保。卒，赠太傅，谥“忠节”。

【参考文献】

《宋史》卷四六四。

大洪恩禅师法嗣

大洪守遂禅师

随州大洪守遂禅师，遂宁章氏子。

上堂，召大众：“一拳拳倒黄鹤楼，一踏踏翻鹦鹉洲。惯向高楼骤[1]玉马，曾于急水打金球。然虽恁么，争奈有五色丝绦系手脚，三鑐[2]金锁锁咽喉？直饶锤碎金锁，割断丝绦，须知更有一重碍汝在。且道如何是那一重？还会么？善吉[3]维摩谈不到，目连鹙子[4]看如盲。”

上堂，举：“李刺史问药山：‘何姓？’山曰：‘正是时。’李罔测，乃问院主：‘某甲适来问长老何姓，答道正是时，的当是姓甚么？’主曰：‘只是姓韩。’山闻曰：‘若六月对他，便道姓热也。’又，岩头问讲僧：‘见说大德会教，是否？’曰：‘不敢。’岩头举拳曰：‘是甚么教？’曰：‘是权教。’头曰：‘苦哉！我若展脚问你，不可道是脚教也。’”师曰：“奇怪！二老宿有杀人刀，有活人剑。一转语似石上栽花，一转语似空中挂剑。当时若无后语，达磨一宗扫土而尽。诸人要见二老宿么？宁可截舌，不犯国讳[5]。”

【注释】

［1］骤：马疾走，马奔驰。

［2］鑐（xū）：锁簧。本书第十二章“香山道渊禅师”条：“无鑐锁子，不厌动摇。”

［3］善吉：即须菩提，译为善现，善吉，善业。又称“空生“。佛陀十大弟子中，解空第一之人。《注维摩经》三曰：“什云：须菩提，秦言善业。肇曰：秦言善吉。”《西域记》七曰：“苏补底，唐言善现，旧曰须扶提，或曰须菩提。译曰善吉，皆讹也。”《法华文句》二曰：“须菩提，此翻空生。生时家中仓库筐箧器皿皆空，问占者，占者言吉，因空而生，字曰空生。从依报器皿瑞空以名正报，依正俱吉……故言善吉也。”

［4］鹙（qiū）子：即舍利弗，译为鹙鹭子、鸲鹆子、鸲鹆子。梵汉并译，则称舍利子、舍梨子。其母为摩揭陀国王舍城婆罗门论师摩陀罗之女，以眼似舍利

鸟，乃名舍利。故“舍利弗”一词之语意即“舍利之子”之谓。佛陀十大弟子之一。有“智慧第一”之称。丁福保《佛学大辞典》：“鹙子：又作鹙鹭子。舍利弗之译名也。作鹫子者非。”

［5］国讳：指皇帝的名讳。名讳，旧指尊长或所尊敬之人的名字。旧时生前曰名，死后曰讳。

第七节　青原下十三世

丹霞淳禅师法嗣

长芦清了禅师

真州长芦真歇清了禅师，左绵雍氏子。襁褓[1]入寺见佛，喜动眉睫，咸异之。年十八，试《法华》得度。往成都大慈习经论，领大意。

出蜀至沔汉，扣丹霞之室。霞问：“如何是空劫已前自己？”师拟对，霞曰：“你闹在，且去。”

一日，登钵盂峰，豁然契悟，径归侍立。霞掌曰：“将谓你知有。”师欣然拜之。

翌日，霞上堂曰：“日照孤峰翠，月临溪水寒。祖师玄妙诀，莫向寸心安。”便下座。师直前曰：“今日升座，更瞒某不得也。”霞曰：“你试举我今日升座看。”师良久，霞曰：“将谓你瞥地。”师便出。

后游五台，之京师。浮汴直抵长芦，谒祖照，一语契投，命为侍者，逾年分座。未几，照称疾退闲，命师继席，学者如归。

建炎末，游四明。主补陀、台之天封、闽之雪峰[2]。诏住育王，徙温州龙翔、杭之径山。慈宁皇太后命开山皋宁崇先。

上堂：“我于先师一掌下，伎俩俱尽，觅个开口处不可得。如今还有恁么快活不彻底汉么？若无，衔铁负鞍，各自著便。”

上堂：“久默斯要，不务速说。释迦老子待要款曲卖弄，争奈未出母胎，已被人觑破。且道觑破个甚么？瞒雪峰不得。”

上堂：“上孤峰顶，过独木桥，蓦直恁么行，犹是时人脚高脚低处。若见得彻，不出户身遍十方，未入门常在屋里。其或未然，趁凉般取一转柴。”

上堂：“道得第一句，不被拄杖子瞒。识得拄杖子，犹是途路中事。作么生是到地头一句？”

上堂：“处处觅不得，只有一处不觅自得。且道是那一处？”良久曰：“贼身已露。”

上堂：“口边白醭[3]去，始得入门；通身红烂去，方知有门里事。更须知有不出门底。”乃曰：“唤甚么作门？”

僧问：“三世诸佛向火焰里转大法轮，还端的也无？”师大笑曰：“我却疑著。”曰：“和尚为甚么却疑著？”师曰：“野花香满路，幽鸟不知春。”

问：“不落风彩，还许转身也无？”师曰：“石人行处不同功。”曰：“向上事作么生？”师曰：“妙在一沤前，岂容千圣眼？”僧礼拜，师曰：“只恐不恁么。”

师一日入厨看煮面次，忽桶底脱，众皆失声，曰：“可惜许！”师曰：“桶底脱自合欢喜，因甚么却烦恼？”僧曰：“和尚即得。”师曰：“灼然！可惜许一桶面。”

问僧：“你死后烧作灰，撒却了向甚么处去？”僧便喝，师曰：“好一喝！只是不得翻款。”僧又喝，师曰：“公案未圆，更喝始得。”僧无语，师打曰：“这死汉！”

上堂：“苔封古径，不堕虚凝。雾锁寒林，肯彰风要。钩针稳密，孰云渔父栖巢？只么承当，自是平常快活。还有具透关眼[4]底么？”良久曰：“直饶闻早便归去，争似从来不出门！”

上堂：“乍雨乍晴，乍寒乍热。山僧底个，山僧自知。诸人底个，诸人自说。且道雪峰口除吃饭外，要作甚么？”

问僧：“琉璃殿上玉女揨梭[5]，明甚么边事？”曰：“回互不当机。”师曰：“还有断续也无？”曰：“古今不曾间。”师曰：“正当不曾间时如何？”僧珍重，便出。

上堂，撼拄杖曰："看！看！三千大千世界，一时摇动。云门大师即得，雪峰则不然。"卓拄杖曰："三千大千世界，向甚么处去？还会么？不得重梅雨，秋苗争见青？"

上堂："幻化空身即法身。"遂作舞云："见么见么？恁么见得，过桥村酒美。"又作舞云："见么见么？恁么不见，隔岸野花香。"[6]

上堂："还有不被玄妙污染底么？"良久曰："这一点倾四海水，已是洗脱不下。"

僧问："如何是空劫已前自己？"师曰："白马入芦花。"

上堂："穷微丧本，体妙失宗。一句截流，渊玄及尽。是以金针密处，不露光铓；玉线通时，潜舒异彩。虽然如是，犹是交互双明。且道巧拙不到，作么生相委？"良久曰："云萝秀处青阴合，岩树高低翠锁深。"

上堂："转功就位，是向去底人，玉韫荆山贵[7]。转位就功，是却来底人，红炉片雪春。功位俱转，通身不滞，撒手亡依。石女夜登机，密室无人扫。正恁么时，绝气息一句作么生相委？"良久曰："归根风堕叶，照尽月潭空。"

师终于皋宁崇先，塔于寺西华桐嶋，谥"悟空禅师"。

【注释】

［1］襁（qiǎng）褓（bǎo）：指包裹婴儿的尿布，喻指幼儿时期。

［2］建炎末，游四明。主补陀、台之天封、闽之雪峰：旧校本："建炎末，游四明主补陀。台之天封，闽之雪峰。"标点混乱。主：主持，此指作一山寺庙的住持。主的宾语包括了"补陀、台之天封、闽之雪峰"。补陀：即梵语"补陀洛"，意译作小花树、小白华、小树蔓庄严、海岛、光明。山名。位于印度南海岸，传为观世音菩萨之住处。此指普陀山，在浙江定海县东海中。四明：即四明山。在今浙江宁波市西南，天台支脉，南北走向。为曹娥江、甬江分水岭。主峰在嵊县东北。山有石窗，四面玲珑，中通日月星辰之光，故名。

［3］醭（bú）：酒、酱、醋等因败坏而生的白霉。亦泛指一切东西受潮而表面出现霉斑。

［4］透关眼：穿透禅机关口的眼光，指法眼。

［5］攛梭：穿梭。织布的梭子来回活动。

［6］遂作舞云："见么见么？恁么见得，过桥村酒美。"又作舞云："见么见么？恁么不见，隔岸野花香。"：旧校本标点有误，参见项楚《五灯会元点校献疑续补一百例》

［7］玉韫荆山贵：宝玉蕴含在荆山中，使荆山尊贵。荆山，山名。

【概要】

清了禅师（1089～1151年），宋代曹洞宗僧。左绵安昌（今属四川）人，俗姓雍。号真歇。十一岁就圣果寺清俊出家，学《法华经》。十八岁受具足戒，入成都大慈寺，习《圆觉经》《金刚经》等经论。后登峨嵋山礼普贤，又参邓州（今属河南）丹霞山子淳，嗣其法。复登五台山礼文殊，投长芦祖照门下，担任侍者。

宣和三年（1121年），祖照称疾，命禅师继席。四年七月，入主长芦寺。建炎二年（1128年）六月退居，八月登补怛洛迦山（普陀山）礼观音。四年，应邀前往天台山国清寺。同年十一月入雪峰寺。绍兴五年（1135年）退居。六年七月弘法于四明（浙江省）阿育王山广利寺。七年，以病辞退建康府（江苏省）蒋山之请。八年，将温州（今属浙江）龙翔、兴庆二寺并为禅院。十五年五月，住径山能仁兴圣万寿禅寺。二十一年住崇先显孝禅院，为慈宁太后开法。同年十月朔旦示寂，享年六十三，法腊四十五。敕赐"悟空禅师"，塔名"静照"。著有《信心铭拈古》一卷。其门人编集《长芦了和尚劫外录》一卷。宏智正觉为师撰《崇先真歇了禅师塔铭》。

虚云大师作《真歇清了禅师赞》（出自《虚云和尚法汇》）："一掌之下，伎俩俱尽，将为瞥地，旁观者哂。夜月流辉，澄潭无影，巧拙不到，金缄密稳。"

《真歇清了禅师语录》有二卷，又作《悟空禅师语录》。清了禅师撰，侍者德初、义初等编。卷上原题《劫外录》，全称《真州长芦了和尚劫外录》，集录上堂语、示众法要、机缘、偈颂、颂古、宏智正觉撰写的《崇先真歇了禅师塔铭》、华藏无尽灯记、戒杀文、净土宗要、自赞、船子夹山话、惠超问佛等。卷下原题《真歇和尚拈古》，系《信心铭》诸种注疏中最早的一种。与清了同时代的大慧宗杲力倡看话禅，对清了与宏智正觉所主张的默照禅加以非难。所以，清了作《信心铭拈古》，针对宗杲的非难发挥玄旨，并指陈时世流弊，劝诫乱参盲悟之徒。虽然是注解，却是论述宗乘玄理，而非单纯言句之诠释。收入《续藏经》。

【参考文献】

《嘉泰普灯录》卷九；《续传灯录》卷十七；《佛祖历代通载》卷二十；《释氏稽古略》卷四。

天童正觉禅师

明州天童宏智正觉禅师，隰州[1]李氏子。母梦五台一僧，解环与环其右臂，乃孕[2]，遂斋戒。及生，右臂特起若环状。七岁，日诵数千言。祖寂，父宗道，久参佛陀逊禅师，尝指师谓其父曰："此子道韵胜甚，非尘埃中人。苟出家，必为法器。"十一得度于净明本宗，十四具戒，十八游方。诀其祖曰："若不发明大事[3]，誓不归矣。"

及至汝州香山，成枯木[4]一见，深所器重。一日，闻僧诵《莲经》[5]，至"父母所生眼，悉见三千界[6]"，瞥然有省，即诣丈室陈所悟。山指台上香合曰："里面是甚么物?"师曰："是甚么心行?"山曰："汝悟处又作么生?"师以手画一圆相呈之，复抛向后。山曰："弄泥团汉有甚么限[7]?"师曰："错。"山曰："别见人始得。"师应喏喏。

即造丹霞，霞问："如何是空劫已前自己?"师曰："井底虾蟆吞却月，三更不借夜明帘。"霞曰："未在，更道。"师拟议，霞打一拂子曰："又道不借。"师言下释然，遂作礼。霞曰："何不道取一句?"师曰："某甲今日失钱遭罪。"霞曰："未暇打得你，且去。"

霞领大洪，师掌笺记。后命首众，得法者已数人。四年过圆通[8]。

时真歇初住长芦，遣僧邀至，众出迎，见其衣舄[9]穿弊，且易之。真歇俾侍者易以新履，师却曰："吾为鞋来邪?"众闻心服，恳求说法，居第一座。

六年，出住泗州普照，次补太平圆通能仁及长芦。天童屋庐湫隘，师至创辟一新，衲子争集。

上堂："黄阁帘垂，谁传家信？紫罗帐合，暗撒真珠。正恁么时视听有所不到，言诠有所不及，如何通得个消息去？梦回夜色依稀晓，笑指家风烂漫春。"

上堂："心不能缘，口不能议。直饶退步荷担，切忌当头触讳。风月寒清古渡头，夜船拨转琉璃地。"

上堂："空劫有真宗，声前问已躬。赤穷新活计，清白旧家风。的的三乘外，寥寥[10]一印中。却来行异类[11]，万派自朝东。"

上堂："今日是释迦老子降诞之辰，长芦不解说禅，与诸人画个样子。只如在摩耶[12]胎时作么生？”以拂子画此⊙相，曰：“只如以清净水，浴金色身时又作么生？”复画此㊌相，曰：“只如周行七步，目顾四方。指天指地，成道说法。神通变化，智慧辩才。四十九年，三百余会。说青道黄，指东画西，入般涅槃[13]时，又作么生？”乃画此⊕相，复曰：“若是具眼衲僧，必也相许。其或未然，一一历过始得。”

上堂，僧问：“如何是向去底人？”师曰：“白云投壑尽，青嶂倚空高。”曰：“如何是却来底人？”师曰：“满头白发离岩谷，半夜穿云入市廛。”曰：“如何是不来不去底人？”师曰：“石女唤回三界梦，木人坐断[14]六门[15]机。”乃曰：“句里明宗则易，宗中辨的则难。”良久曰：“还会么？冻鸡未报家林晓，隐隐行人过雪山。”

僧问：“一丝不著时如何？”师曰：“合同船子[16]并头行。”曰：“其中事作么生？”师曰：“快刀快斧斫不入。”

问：“布袋头开时如何？”师曰：“一任填沟塞壑。”

问：“清虚之理毕竟无身时如何？”师曰：“文彩未痕初，消息难传际。”曰：“一步密移玄路转，通身放下劫壶空。”师曰：“诞生就父时，合体无遗照。”曰：“理既如是[17]，事作么生？”师曰：“历历才回分化事，十方机应又何妨？”曰：“恁么则尘尘皆现本来身去也。”师曰：“透一切色，超一切心。”曰：“如理如事又作么生？”师曰：“路逢死蛇莫打杀，无底篮子盛将归。”曰：“入市能长啸，归家著短衫。”师曰：“木人岭上歌，石女溪边舞。”

上堂：“诸禅德！吞尽三世佛底人，为甚么开口不得？照破四天下底人，为甚么合眼不得？许多病痛，与你一时拈却了也。且作么生得十成[18]通畅去。还会么？擘开华岳连天色，放出黄河到海声。”

师住持以来，受无贪而施无厌。岁艰食，竭己有及赡众之余，赖全活者数万。日常过午不食。

绍兴丁丑九月，谒郡僚及檀度[19]，次谒越帅赵公令詪[20]，与之言别。十月七日还山，翌日辰巳间，沐浴更衣，端坐告众。顾侍僧，索笔作书，遗育王大慧禅师，请主后事。仍书偈曰：“梦幻空花，六十七年。白鸟烟没，秋水连天。”掷笔而逝。龛留七日，颜貌如生。奉全躯塔于东谷。谥“宏智”，塔名“妙光”。

【注释】

［1］隰（xí）州：隋唐设置的行政区划，治所在今山西隰县，隶属于山西省临汾市，位于临汾市西北边缘，晋西吕梁山南麓。

［2］母梦五台一僧，解环与环其右臂，乃孕：旧校本标点有误，海南本亦误。其“与”后断点，标点为“母梦五台一僧解环与，环其右臂，乃孕”，不符合原意。这段话的意思是，禅师出生前，他的母亲做了一个梦，梦见五台山一位僧人，他解下一个环，环住一个孩子的右臂送给她，于是就怀孕了。

［3］发明大事：谓参学者明心见性，完成了领悟禅法、超脱生死的大事。发明，非今天所说科技上的发明创造。一是指揭示、阐明，即对佛法创造性地阐发与发挥。二是省悟，发现。

［4］成枯木：禅师名，即枯木法成。宋代禅僧法成好枯木禅，世人遂以“枯木”称之。详见本书第十四章“净因法成禅师”注释。

［5］《莲经》：指《妙法莲华经》。

［6］父母所生眼，悉见三千界：见《妙法莲华经·法师功德品》第十九：“若于大众中，以无所畏心、说是法华经，汝听其功德。是人得八百、功德殊胜眼，以是庄严故，其目甚清净。父母所生眼，悉见三千界。内外弥楼山，须弥及铁围，并诸余山林、大海江河水，下至阿鼻狱，上至有顶处，其中诸众生，一切皆悉见。虽未得天眼，肉眼力如是。”

［7］弄泥团汉有甚么限：与“弄泥团汉”有什么区别呢？“弄泥团汉”为禅林用语，乃嘲笑人之语。谓一群俗汉所作之事，如同孩童玩泥巴。禅林中每以之为蒙昧无知者之贬称。限：指界限、区分。

［8］圆通：此指圆通寺，指禅师在圆通寺照阐提席下任分座。圆通：谓遍满一切，融通无碍；即指圣者妙智所证的实相之理。由智慧所悟之真如，其存在之本质圆满周遍，其作用自在，且周行于一切，故称为圆通。复次：以智慧通达真如之道理或实践，亦可称圆通。

［9］舄（xì）：鞋的通称。

［10］寥寥：指寂寞、孤单。本书常指知音少。

［11］行异类：即异类中行。异类，指属于佛果位以外之因位，如菩萨、众生之类。异类中行，指行于异类之中。发愿利生之菩萨，于悟道后，为救度众生，不住涅槃菩提之本城，而出入生死之迷界，自愿处于六道众生之中，以济度一切有情。本书第三章“池州南泉普愿禅师”条：“上堂：‘道个如如，早是变了也。今时师僧须向异类中行。’归宗曰：‘虽行畜生行，不得畜生报。’”

［12］摩耶：梵名。又作摩诃摩耶、摩诃摩邪，意译大幻化、大术、妙。即释尊之生母。为古印度迦毗罗卫城之妃。临产前依时俗返回娘家待产，途中于其父天臂城主须菩提之别宫蓝毗尼园休息时，生下释尊。七日后逝世。据传其死后生于忉利天（欲界六天之第二），释尊曾于某夏，升至忉利天，为其母说法。

［13］般涅槃：梵语。略称“涅槃”。灭、寂、寂灭、寂静、灭度，而玄奘译为圆寂。在印度的原语应用上，是指火的息灭或风的吹散，如灯火息灭了称为“灯焰涅槃”，但印度其他宗教很早就采用此词做为最高的理想境界。“涅槃”出现在佛教经典后，便给它以新的内容，到现在差不多变成佛教特有而庄严的名词了。一般经论中所常见到的无为、真谛、彼岸、无坏、无动、无忧、无垢、不生、解脱、无畏、安稳、无上、吉祥、无戏论、无诤，以至真如、实相、如来藏、法身等，都是“涅槃”的异名。涅槃不是生命的死亡，《胜鬘经》：“得阿耨多罗三藐三菩提者，即是涅槃。”

［14］坐断：禅林用语。坐：平坐之意。坐断，原意谓“彻底的坐”，引申为拼命做之意。又作坐破。即由坐禅之力以断迷，用以形容坐破差别相，彻底达于平等一如之境地。如《临济义玄禅师语录》：“坐断报化佛头。”此外，坐：通“挫”字。形容遮夺其他无用之言词，不使说任何话语，称为“坐断舌头”。形容不使任何人发表一言，称为“坐断天下人舌头”。如《碧岩录》第十三则：“举一明三即且止，坐断天下人舌头，作么生道？”又，形容遮断从此岸（凡）渡到彼岸（圣）之渡口津要，亦即表示断绝凡圣、生佛、迷悟、修证之所有对待关系，称为“坐断要津不通凡圣”。如《碧岩录》第五十二则之夹注：“坐断要津不通凡圣，虾蚬螺蚌不足问。”

［15］六门：眼、耳、鼻、舌、身、意六根也叫六门。《祖堂集》卷十一“云门”条：“又《宗脉颂》曰：‘昔在灵山上，今日获安然。六门俱休歇，无心处处闲。’”敦煌本《坛经》：“使六贼从六门走出，于六尘中不离不染。”

［16］船子：旧校本标点有误，非指“船子德诚禅师”（见本书第五章），而是指一般的船夫。故旧校本下画专有名词线有误。

［17］理既如是：旧校本遗失了“理”字，海南版亦如此。

［18］十成：谓事物之全部。《曹山语录》：“僧家在此等衣线下，理须会通向上事，莫作等闲。若也承当处分明，即转他诸圣向自己背后方得自由。若也转不得，直饶学得十成，却须向他背后叉手，说甚么大话！”又指完全、彻底。《大慧语录》卷四《示永宁郡夫人（郑两府宅）》：“属者在城中，因节使公请就渠庵园说法。善因闻老僧提持此段大事因缘，遂熏起种性，当下身心宁怗。虽未能十成透脱，已识得火宅尘劳中许多虚妄不实底事。”

［19］檀度：此处指施主。本指六度之一，檀波罗蜜也。檀为施与之义，波罗蜜为度之义，谓度生死之行法也。施与为可度生死而到涅槃之一行法。

［20］赵公令𧦝（hěn）：宋宗室，字君序。赵德昭玄孙。以父任补右班殿直，累迁秘阁修撰，历知台州、绍兴府。召权户部侍郎，领严、饶二州铸钱官，于财政多所建议，皆得颁布以行。由崇庆军承宣使袭封安定郡王。隆兴初除同知大宗正事、左中大夫，以疾乞祠归。卒年六十八。

【概要】

正觉禅师（1091～1157 年），宋代曹洞宗僧。隰州（今山西隰县）人。俗姓李。幼明敏，七岁日诵数千言。十一岁就郡内净明寺本宗剃度。十四岁依晋州慈云寺智琼受具足戒。十八岁出游参学。初往汝州（河南省）谒枯木法成，深受器重。一日，闻僧诵《法华经》，至“父母所生眼，悉见三千界”文，瞥然有省。既而闻丹霞子淳之道誉，遂往参礼咨询，言下释然，时年二十三。及丹霞退居唐州大乘寺，师亦随之。宣和二年（1120 年），迁住大洪寺，亦相随掌理笺记。翌年，迁首座之职，复于圆通寺照阐提席下任分座。未久，应长芦寺真歇之请而住寺开法。当时有众一千七百，见禅师秉拂提唱，悉皆叹服。留居六年，转至泗洲普照寺弘法，并承嗣丹霞衣钵。

建炎元年（1127 年），移住舒州太平寺，后转江州之圆通、能仁两寺。又游云居山，参谒圆悟克勤，勤与安定郡王，共请禅师住持长芦寺。建炎三年（1129 年），渡浙江而至明州，礼拜普陀山，过天童山时，郡守恳请住持天童寺。九月，受敕命住持灵隐寺。十月，再还天童。住于天童，前后垂三十年，整备伽蓝，严饬清规，世称“天童和尚”，誉为天童中兴之祖。时值北宋末年之乱世，宗风不振，流弊百端。禅师乃特为举扬正传之禅宗宗风，并提倡“坐禅”“默照”之禅风，世称之默照禅、宏智禅。其教团与大慧宗杲所倡之看话禅教团，并为宋代宗门之两大派别。

绍兴二十七年（1157 年）九月，告别诸护持居士；十月七日还山。翌日沐浴更衣，端坐书偈后示寂，年六十七。诏谥“宏智禅师”。弟子有嗣宗、法智、慧晖、法恭、法真、思彻、法为、芦琳等人。

著有《天童百则颂古》，为元代万松行秀《从容录》之依据。另有《宏智广录》九卷、《宏智觉禅师语录》四卷、《宏智和尚语要》一卷。

《天童正觉禅师广录》九卷，又称《宏智禅师语录》《宏智禅师广录》《宏智录》《普照觉和尚语录》。宋代天童正觉撰，侍者法润、信悟等编。内容有上堂、颂古、拈古、小参、法语、真赞、偈颂、行业记等。天童正觉为曹洞宗丹霞子淳的法嗣，与临济宗的大慧宗杲禅师同被誉为当时的二大甘露门。天童正觉实行以静坐看心为根本的“默照禅”。从本书处处可见默照禅的旨意。正觉认为默照禅“没有许多言语，默默地便是”，“你向其间卜度，虚而灵，空而妙。”也就是通过静坐默照，体悟虚灵空妙的心。本书是研究曹洞宗发展的重要文献。收入《续藏经》。

【参考文献】

《续传灯录》卷十七；《佛祖历代通载》卷三十；《大明高僧传》卷五。

随州大洪慧照庆预禅师

上堂：“进一步践他国王水草，退一步踏他祖父田园。不进不退，正在死水中。还有出身之路也无？萧骚[1]晚籁[2]松钗[3]短，游漾春风柳线长。”

上堂，举：“船子嘱夹山曰：‘直须藏身处无踪迹，无踪迹处莫藏身。吾在药山三十年，只明此事，今时人为甚么却造次？丹山无彩凤，宝殿不留冠。有时憨，有时痴，非我途中争得知？”

【注释】

［1］萧骚：形容风吹树木的声音。五代齐己《小松》：“后夜萧骚动，空阶蟋蟀听。”

［2］籁（lài）：从孔穴里发出的声音。亦泛指一般的声响。《庄子·齐物论》：“地籁则众窍是已，人籁则比竹是已，敢问天籁。”

［3］松钗：松叶。因其双股如钗状，故名。宋代周密《癸辛杂识前集·松五粒》：“凡松叶皆双股，故世以为松钗。”

处州治平湡禅师

上堂：“优游实际妙明家，转步移身指落霞。无限白云犹不见，夜乘明月出芦花。”

净因成禅师法嗣

台州天封子归禅师

上堂，卓拄杖一下，召大众曰："八万四千法门，八字打开了也。见得么？金凤夜栖无影树，峰峦才露海云遮。"

太平州吉祥法宣禅师

僧问："如何是祖师西来意？"师曰："久旱无甘雨，田中稻穗枯。"曰："意旨如何？"师曰："今年米价贵，容易莫嫌麤[1]。"

【注释】

[1] 麤（cū）：粗糙，粗劣。

台州护国守昌禅师

上堂，拈拄杖，卓，曰："三十六旬[1]之开始，七十二候[2]之起元。万邦迎和气之时，东帝布生成之令。直得天垂瑞彩，地拥贞祥。微微细雨洗寒空，淡淡春光笼野色。可谓应时纳祜，庆无不宜。尽大地人，皆添一岁。敢问诸人，且道那一人年多少？"良久曰："千岁老儿颜似玉，万年童子鬓如丝。"

【注释】

[1] 三十六旬：中国古代，从汉朝至隋朝，官员每五日放假一日，谓"休沐"，意即沐浴和休息。唐宋时期实行"旬假"制度，一年三十六旬，可休三十六天。

[2] 七十二候：古代以五日为一候，一月六候，三候为一节气。一年二十四个节气，共七十二候。它是根据动物、植物或其他自然现象变化的征候，说明节气变化，作为农事活动的依据。

邓州丹霞普月禅师

上堂："威音已前，谁当辨的？然灯已后，孰是知音？直饶那畔承当，未免打作两橛。纵向这边行履，也应未得十全。良由杜口毗耶[1]，已是天机漏泄。任使掩室摩竭，终须缝罅[2]离披[3]。休云体露真常，直是纯清绝点。说甚皮肤脱落，自然独运孤明[4]。虽然似此新鲜，未称衲僧意气。直得五眼[5]齐开，三光[6]洞启，从此竿头丝线，自然不犯波澜。须明转位回机，方解入鄽垂手[7]。所以道，任使板齿生毛，莫教眼睛顾著。认著则空花缭乱，言之则语路参差。既然如是，敢问诸人，不犯锋铓一句作么生道?”良久曰:“半夜乌龟眼豁开，万象晓来都一色。”

【注释】

[1] 杜口毗耶：与后文“掩室摩竭”，指“释迦掩室于摩竭，净名杜口于毗耶”之事。摩竭为国名，摩竭提或摩竭陀之略。《肇论》曰：“释迦掩室于摩竭，净名杜口于毗耶。”《诸佛要集经》上，佛在摩竭陀国说法，以是时众生不肯听闻奉行，于因沙旧室（帝树译曰石室）坐夏九旬，不使一切人天入室，此间佛以神力变形诣东方普光国天王如来所，讲说诸佛之要集法。毗耶，为维摩居士所住之城市。吉藏之《净名玄论》卷一：“不二法门（中略）虽识境义殊，而同超四句，故释迦掩室于摩竭，净名杜口于毗耶。”维摩尝就不二法门与众菩萨问答，彼等纷纷以言说申论不二之义，最后文殊问维摩，维摩杜口，默而不答，文殊乃叹服。盖不二法门乃言诠所不及者，故维摩之一默胜于诸菩萨之言说。

[2] 缝罅（xià）：空隙。

[3] 离披：分开，裂开。《古尊宿语录》卷三二《舒州龙门佛眼和尚普说话录》：“你若要和合者事，教无缝罅时，早已离披了也。”又，指衰败。本书第三章“洪州泐潭常兴禅师”条：“问：‘如何是宗乘极则事?’师曰：‘秋雨草离披。’”

[4] 孤明：孤寂明净。指人人具有的自心、佛性或真我之实相。

[5] 五眼：照了诸法事理的五种眼，即肉眼、天眼、慧眼、法眼、佛眼。

[6] 三光：指日、月、星三者。又指色界第二禅之少光天、无量光天、光音天。此处指前者。

[7] 入鄽垂手：进入闹市接引众生，指从出世到入世。如《牧牛图》之最后景象“入鄽垂手”。《十牛图》的最后一图为入鄽垂手，即进入闹市之中，垂手为众生说法，使他们趋向于善，成就佛道。这才是真正的“空中有我”的境界，即“真空妙有”。禅的最高境界也就在于此，它的积极意义也完全体现在这里。禅师启发、接引学人称为“垂手”。

东京妙慧尼慧光净智禅师

上堂，举赵州勘婆话，乃曰："赵州舌头连天，老婆眉光覆地[1]，分明勘破归来，无限平人瞌睡。"

【注释】

[1] 赵州舌头连天，老婆眉光覆地：旧校本标点有误，参见项楚《〈五灯会元〉点校献疑三百例》。

宝峰照禅师法嗣

圆通德止禅师

江州圆通青谷真际德止禅师，金紫[1]徐闳中[2]之季子[3]也。世居历阳。师双瞳绀碧[4]，神光射人。十岁未知书，多喜睡，其父目为"懵然子"。暨成童，强记过人，学文有奇语。弱冠，梦异僧授四句偈。已而，有以南安岩主像遗之者，即傍所载《聪明偈》，自是持念不忘。后五年，随金紫将漕西洛[5]。一夕，忽大悟，连作数偈。一曰："不因言句不因人，不因物色不因声。夜半吹灯方就枕，忽然这里已天明。"每啸歌自若，众莫测之。乃力求出家，父弗许，欲以官授之。师曰："某方将脱世网，不著三界，岂复刺头[6]于利名中邪？"请移授从兄珏，遂祝发[7]受具。未数载，名振京师。宣和三年春，徽宗皇帝赐号"真际"，俾居圆通。

上堂："山僧二十年前两目皆盲，了无所睹。唯是闻人说道，青天之上有大日轮，照三千大千世界，无有不遍之处。筹策万端[8]，终不能见。二十年后，眼光渐开。又值天色连阴，浓云乱涌。四方观察，上下推穷。见云行时，便于行处作计较；见云住时，便于住处立个窠臼。正如是间，忽遇著个多知汉，问道：'莫是要见日轮么？何不向高山顶上去。'山僧却征他道：'那里是高山顶上？'他道：'红尘不到处是？'诸仁者，好个端的消息！还会么？长连床上佛陀耶。"

上堂：“昨夜黄面瞿昙[9]，将三千大千世界来一口吞尽。如人饮汤水，踪迹不留，应时消散。当尔时，诸大菩萨、声闻罗汉及与一切众生，尽皆不觉不知，唯有文殊、普贤瞥然觑见。虽然得见，渺渺茫茫，恰似向大洋海里头出头没。诸人且道是甚么消息？若也检点[10]得破，许他顶门上具一只眼[11]。”

示寂，阇维，烟气所及，悉成设利。塔司空山，出窆[12]叠石原。

【注释】

［1］金紫：唐宋时官服和佩饰。因亦用以指代贵官。明代陆粲《庚巳编·见报司》：“到一大官府，有金紫数辈出迎。”

［2］徐闳中：宋吴县（今江苏苏州）人，徙居和州历阳（今安徽和县）。徐师回四子。元祐（1086～1094年）中任鄂州法曹，有能名。历仕通直郎、编具兴复所点检官、卫尉寺丞。大观三年（1109年）罢吏部员外郎，监太平州酒税。政和三年（1113年）为淮南路转运副使。

［3］季子：年龄最小的一个儿子。

［4］绀（gàn）碧：天青色，深青透红色。常用“绀目澄清四大海”来形容佛的眼睛。

［5］随金紫将漕西洛：禅师的父亲迁往西洛为漕运使，禅师随从高官的父亲同去。漕，宋、元时漕运司及漕司的简称。《宋史·选举志二》：“绍兴元年，当祀明堂，复诏诸道类试，择宪、漕或帅守中文学之人总其事，使精选考官。”西洛，洛阳。

［6］刺头：埋头，钻。《嘉泰普灯录》卷二五“诸方广语”条：“若未得个端的悟入处，只是向人口角头寻言逐句，刺头入经论里求玄觅妙，犹如入海算沙，扪空追响，只益疲劳，终无了日。

［7］祝发：断发、削发出家为僧。

［8］筹策万端：想尽了各种各样的办法。筹策：犹筹算、谋划，揣度料量。

［9］瞿昙：梵名。为印度刹帝利种中之一姓，瞿昙仙人之苗裔，即释尊所属之本姓。又作裘昙、乔达摩、瞿答摩、俱谭、具谭。译为地最胜、泥土、地种、暗牛、牛粪种、灭恶。又异称为日种、甘蔗种、阿拟啰娑。此处指释迦牟尼佛。

［10］检点：一指清点、检查。本书第二十章“龟峰慧光”条：“不劳再勘，你诸人休向这里立地瞌睡，殊不知家中饭箩、锅子一时失却了也。你若不信，但归家检点看。”二指辨识。本书第二十章“西禅守净”条：“已是白云千万里，那堪

于此未知休。设或于此便休去，一场狼藉不少，还有检点得出者么?”三是指说，指责。《禅宗颂古联珠通集》卷一六“普岸禅师”条：“若非和尚，不免诸方检点。”此处是辨识的意思。

［11］顶门上具一只眼：指具有法眼。摩醯首罗天具有三眼。其中，顶门竖立一眼，超于常人两眼，具有以智慧彻照一切事理之特殊眼力，故称顶门眼。后用来比喻卓越之见解。禅林用语中“顶门有眼”“顶门具一只眼”，皆作此意。

［12］出窆（biǎn）：出葬。窆：将棺木葬入圹穴。

真如道会禅师

上堂：“空劫中事，自肯承当。日用全彰，有何渗漏[1]？正好归家稳坐，任他雪覆青山。不留元字挂怀，谁顾波翻水面？且道‘正不立玄、偏不附物’一句如何举似？机丝不挂梭头事，文彩纵横意自殊。”

【注释】

［1］渗漏：本指水渗透滴漏。在佛家指修行不究竟，也就不能最终解脱。佛教修行摆脱轮回，其最高神通叫“漏尽通”。如本书第五章“鼎州李翱刺史”条：“太守欲得保任，此事直须向高高山顶立，深深海底行，闺阁中物舍不得，便为渗漏。”指太守若沉迷声色，修行就会有漏。

智通景深禅师

兴国军智通大死翁景深禅师，台州王氏子。自幼不群。年十八，依广度院德芝披剃。

始谒净慈象禅师，一日闻象曰：“思而知，虑而解，皆鬼家活计[1]。”兴不自遏，遂往宝峰求入室。峰曰：“直须断起灭念，向空劫已前扫除玄路，不涉正偏，尽却今时，全身放下，放尽还放，方有自由分。”师闻，顿领厥旨。峰击鼓告众曰：“深得阐提[2]大死之道，后学宜依之。”因号“大死翁”。

建炎改元，开法智通。上堂：“来不入门，去不出户。来去无痕，如何提唱？直得古路苔封，羚羊绝迹[3]；苍梧月锁，丹凤不栖。所以道：‘藏身处没踪迹，没踪迹处莫藏身。’若能如是，去住无依，了无向背。还委悉么？而今分散如云鹤，你我相忘触处玄。”

僧问："如何是正中偏？"师曰："黑面老婆披白练。"曰："如何是偏中正？"师曰："白头翁子著皂衫[4]。"曰："如何是正中来？"师曰："屎里翻筋斗。"曰："如何是兼中至？"师曰："雪刃笼身不自伤。"曰："如何是兼中到？"师曰："昆仑夜里行[5]。"曰："向上还有事也无？"师曰："捉得乌龟唤作鳖。"曰："乞师再垂方便。"师曰："入山逢虎卧，出谷鬼来牵。"曰："何得干戈相待？"师曰："三两线，一斤麻。"

绍兴初，归住宝藏岩，以事民其服。壬申二月示微恙，乃曰："世缘尽矣。"三月十三，为众小参，仍说偈曰："不用剃头，何须澡浴？一堆红焰，千足万足。虽然如是，且道向上还有事也无？"遂敛目[6]而逝。

【注释】

［1］鬼家活计：指陷于意想知解，俗情妄念。亦作"鬼趣里作活计"。《碧岩录》卷一："凡出一言半句，不是心机、意识、思量、鬼窟里作活计，直是超群拔萃，坐断古今，不容拟议。"鬼窟里，又作假解脱坑。幽鬼所栖之处，即阐黑之处；比喻拘泥于情识，盲昧无所见之境界。或指习禅求悟之过程，陷入空之一端而执之为悟，滞碍不通，反成邪见。活计，本谋生行当，禅录中多比喻禅法或种种机用作略。又指干活的工具、家产，比喻俗情妄念。

［2］阐提：一阐提迦的简称，是极难成佛的意思。他是不信因果，造五逆十恶，断诸善根，坠入阿鼻地狱的人，此种人极难成佛，名断善阐提。

［3］羚羊绝迹：指"羚羊挂角"典故。传说羚羊夜宿时，角挂在树上，脚不着地面，猎狗无以寻其迹。比喻禅家启发学人领悟禅道，不凭借语言文字、知识见解。原本"羚"作"羺"，相通。

［4］皂衫：黑色短袖单衣。《宋史·舆服志五》："进士则幞头、襕衫、带，处士则幞头、皂衫、带。"

［5］昆仑夜里行：黑人走夜路，看不见。昆仑，古代称皮肤黑色的人。如"昆仑奴"指昆仑国（南海诸国）之黑人，唐朝时期黑人奴仆和黑人艺人很多，当时流传的一句行话，叫作"昆仑奴，新罗婢"。又，对来自印度、西域人之蔑称为"昆仑奴"。

［6］敛目：闭目。

【概要】

景深禅师（1090～1152 年），台州仙居（今属浙江）人。俗姓王。年十八剃

度，始谒净慈象禅师，继谒宝峰惟照禅师，顿悟。惟照许为深得阐提大死之道，因号“大死翁”。高宗建炎元年（1127 年），开法兴国军智通。绍兴初，归住宝藏岩，二十二年卒，年六十三。为青原下十三世、宝峰惟照禅师法嗣。

【参考文献】

《嘉泰普灯录》卷九。

华药智朋禅师

衡州华药智朋禅师，四明黄氏子。依宝峰有年，无省。因为众持钵，峰自题其像曰：“雨洗淡红桃萼嫩，风摇浅碧柳丝轻。白云影里怪石露，绿水光中古木清。噫，你是何人?”

至焦山，枯木成禅师见之，叹曰：“今日方知此老亲见先师来。”师遂请益其赞，成曰：“岂不见法眼拈夹山境话，曰我二十年只作境会?”师即契悟。（《萝湖野录》云：成指以问师曰：“汝会么?”师曰：“不会。”成曰：“汝记得《法灯拟寒山》[1]否?”师遂诵，至“谁人知此意?令我忆南泉。”于“忆”字处，成遽以手掩师口曰：“住！住!”师豁然有省。）乃曰：“元来恁么地!”成曰：“汝作么生会?”师曰：“春生夏长，秋收冬藏。”成曰：“直须保任[2]。”师应喏。

绍兴初，出住华药、婺之天宁，后迁清凉。

上堂：“海风吹梦，岭猿啼月。敢问诸人，是何时节？恁么会得，无影树下任遨游。其或未然，三条椽下[3]，直须打彻。”

后退居明之瑞岩。建康再以清凉挽之，明守亦勉其行，师不从，作偈送使者曰：“相烦专使入烟霞，灰冷无汤不点茶。寄语甬东贤太守，难教枯木再生花。”未几而终。

【注释】

[1]《法灯拟寒山》：拟，仿照，拟古之作。参见《禅门诸祖师偈颂上之下》(《卍新纂大日本续藏经》第六十六册《法灯禅师拟寒山》)：“今古应无坠，分明在目前。片云生晚谷，孤鹤下遥天。岸柳含烟翠，溪花带雨鲜。谁人知此意？令我忆南泉。”法灯禅师，参见本书第十章“清凉泰钦禅师”注释。

[2] 保任：禅悟之后，须加保持、维护，称“保任”。参见本书第五章“鼎州

李翱刺史”条注释。

［3］三条椽下：常作“三条椽下，七尺单前”，即禅坐之处，指僧堂内坐禅之床位。《圆悟语录》卷九：“诸人既欲安居，还识得平等性智么？若识得去，人人具足，个个圆成。乃至动静施为，悉皆在大伽蓝中。与他诸圣把手共行，与他诸圣同作佛事。且作么生识得去？三条椽下，七尺单前，各宜照管。”

【概要】

智朋禅师，宝峰惟照禅师之法嗣，俗姓黄，四明（今浙江宁波）人。出家后，投洪州宝峰惟照禅师座下，虽参学有年，未能省悟，于是便负责为寺院大众持钵化缘。

宝峰惟照禅师曾自题画像云：“雨洗淡红桃萼嫩，风摇浅碧柳丝轻。白云影里怪石露，绿水光中古木清。噫，你是何人？”

宝峰惟照禅师与焦山净因枯木法成禅师是同门师兄，皆于芙蓉道楷禅师座下悟道。一日，智朋禅师来到焦山，枯木法成禅师看到宝峰禅师的这一自题画像，但赞叹道：“今日方知此老亲见先师（芙蓉道楷禅师）来。”智朋禅师一听，非常纳闷，于是向法成禅师请益，何以从画赞中见出此老亲见先师来。法成禅师道：“岂不见法眼拈夹山境话，曰：‘我二十年只作境会’？”（宝峰禅师的自题画赞中，表面上看全是境语，但若作境会，即辜负了宝峰禅师的一片心意。禅宗讲，见色即见心，心境一如。若将心境打作两截，即堕凡夫境界。）智朋禅师经法成禅师这一点拨，便当即契悟，欣喜道：“元来恁么地（原来是这么回事）！

南宋绍兴初年（1131年），智朋禅师开始出世弘化，先住衡州（今湖南衡阳）华药，后往婺州（治所在今浙江金华）天宁，末后又迁居清凉。退居后，明州太守再次邀请他留住清凉，但是智朋禅师呈偈给太守，婉言谢绝了。不久，智朋禅师便无疾而终。

【参考文献】

《续传灯录》卷十七；《嘉泰普灯录》卷九。

石门易禅师法嗣

青原齐禅师

吉州青原齐禅师，福州陈氏子。二十八辞父兄，从云盖智禅师出家，

执事首座[1]。

座一日秉拂罢，师问曰："某闻首座所说，莫晓其义，伏望慈悲指示。"座谆谆诱之，使究"无著说这个法[2]"。

逾两日有省，以偈呈曰："说法无如这个亲，十方刹海一微尘。若能于此明真理，大地何曾见一人？"座骇然，因语智，得度。

遍扣诸方，后至石门，深蒙器可。出住青原仅一纪[3]，示寂日，说偈遗众曰："昨夜三更过急滩，滩头云雾黑漫漫。一条拄杖为知己，击碎千关与万关。"

【注释】

［1］首座：僧堂内的六头首之一，为一会大众的上首。也称为第一座、座元、禅头、首众等。由于他是坐在僧堂前板东北击的首位，因此也称为前堂首座；相对于此，坐在后板西北床的首位者，称为后堂首座；坐在立僧板（西南床）者，称为立僧首座；坐在西堂板（东南床）者，称为名德首座。关于这个名称的由来，《释氏要览》卷上："首座之名，即上座也。居席之端，处僧之上故也。即唐宣宗署僧辩章，为三教首座，此为始也。今则以经论学署首座也。"关于首座的各种异名，意义如下：所谓第一座，系指位于僧堂前板的第一位；座元，系指僧堂座位的元首；禅头：乃僧堂举行坐禅时，由首座号令而不由住持号令；首众：意即大众之首。

［2］无著说这个法：见本书第二章"天亲菩萨"条："天亲菩萨从弥勒内宫而下，无著菩萨问曰：'人间四百年，彼天为一昼夜。弥勒于一时中，成就五百亿天子，证无生法忍，未审说甚么法？'天亲曰：'只说这个法！只是梵音清雅，令人乐闻。'"

［3］一纪：岁星（木星）绕地球一周约需十二年，故古称十二年为一纪。

【概要】

齐禅师，俗姓陈，福州长乐（今属福建）人。年二十八从云盖智禅师出家，后住吉州青原寺。为青原下十三世，石门元易禅师法嗣。

【参考文献】

《嘉泰普灯录》卷九。

越州天衣法聪禅师

上堂："幽室寒灯不假挑，虚空明月彻云霄。要知日用常无间，烈焰光中发异苗。"

因装普贤大士，开光明次，师登梯，秉笔顾大众曰："道得即为下笔。"众无对，师召侍者："与老僧牢扶梯子。"遂点之。

尼佛通禅师

遂宁府香山尼佛通禅师，因诵《莲经》[1]有省，往见石门，乃曰："成都吃不得也，遂宁吃不得也。"门拈拄杖打出，通忽悟曰："荣者自荣，谢者自谢。秋露春风，好不著便。"门拂袖归方丈，师亦不顾而出。由此道俗景从，得法者众。

【注释】

[1]《莲经》：指《妙法莲华经》。

净因觉禅师法嗣

东京华严真懿慧兰禅师

上堂："达磨大师，九年面壁。未开口已前，不妨令人疑着。却被神光座主一觑，脚手忙乱，便道：'吾本来慈土，传法救迷情。一华开五叶，结果自然成。'当时若有个汉，脑后有照破古今底眼目，手中有截断虚空底钳锤[1]，才见恁么道，便与蓦胸搊[2]住，问他道：'一华五叶且拈放一边，作么生是你传底法？'待伊开口，便与掀倒禅床。直饶达磨全机[3]，也倒退三千里。免见千古之下，负累儿孙。华严今日，岂可徒然？非唯重整颓纲，且要为诸人雪屈。"遂拈拄杖横按，召大众曰："达磨大师向甚处去也？"掷拄杖，下座。

上堂，拈拄杖曰："灵山会上，唤作拈花。少室峰前，名为得髓。从上古德，只可傍观。末代宗师，尽皆拱手。华严今日不可逐浪随波，拟

向万仞峰前点出普天春色。会么？髑髅无喜识，枯木有龙吟[4]。”

【注释】

［1］钳锤：钳者以铁束物之谓，称铁铗之类，锤谓铁锤。冶工以钳铗赤热铁，以锤锻炼之于铁床上，喻师家接得僧众，使其器成者。《大慧普觉语录》“鼓山宗逮”条所谓：“故一味本分以钳锤似之，后来自在打发别处，大法既明，向所受过底钳锤，得一时受用。”《碧岩录》“普照序”所谓：“秉烹佛锻祖之钳锤，颂出衲僧向上之巴鼻。”是也。（摘自丁福保《佛学大辞典》）

［2］搊（zǒu）：抓，揪。

［3］全机：机：机用之意。全机：即禅者自在无碍之活动。若生时，以独立绝对之机用究竟法界，死时亦以死之独立绝对之机用究竟法界，此即“生也全机现，死也全机现”之意，称为全机全现、全机现、全机现前。若对一切机用不加取舍，不加拣择，一概受用者，称全机受用。此外，当下即是，达到解脱自在无碍之境地者，称为全机透脱。《碧岩录》第十五则：“若非全机透脱得大自在底人，焉能与尔同死同生？”

［4］髑髅无喜识，枯木有龙吟：参见本书第十三章“曹山本寂禅师”条：“僧问香严：‘如何是道？’严曰：‘枯木里龙吟。’曰：‘如何是道中人？’严曰：‘髑髅里眼睛。’僧不领，乃问石霜：‘如何是枯木里龙吟？’霜曰：‘犹带喜在。’曰：‘如何是髑髅里眼睛？’霜曰：‘犹带识在。’”大意谓灭尽情识染习，方可明见真性。是参悟者的体验。此公案后世丛林多见拈提。

【概要】

慧兰禅师，号真懿。住东京华严寺，为青原下十三世，净因觉禅师法嗣。

【参考文献】

《嘉泰普灯录》卷九。

天宁諵禅师法嗣

西京熊耳慈禅师

上堂：“般若无知，应缘而照。山僧今日撒屎撒尿，这边放，那边屙，东山西岭笑呵呵。幸然一片清凉地，刚被熊峰染污他。染污他，莫啾唧[1]，泥牛木马尽呵叱。过犯弥天[2]且莫论，再得清明又何日？还会么？来年更有新条在，恼乱春风卒未休。”

【注释】

［1］啾（jiū）唧（jī）：嘀咕。

［2］弥天：满天，极言其大。此处指罪过极大。

大洪遂禅师法嗣

随州大洪庆显禅师

僧问：“须菩提岩中宴坐，帝释雨华。和尚新据洪峰，有何祥瑞？”师曰：“铁牛耕破扶桑国，迸出金乌照海门。”曰：“未审是何宗旨？”师曰：“熨斗[1]煎茶[2]铫[3]不同。”

【注释】

［1］熨斗：烫平衣物的金属器具。旧时构造形似斗，中烧木炭。《晋书·韩伯传》：“伯年数岁，至大寒，母方为作襦，令伯捉熨斗。”

［2］茶：现有新出版本作“茶”，校对错误。宝祐本作“茶”。

［3］铫（diào）：一种带柄有嘴的小锅。宋代苏轼《试院煎茶》：“且学公家作茗饮，砖炉石铫行相随。”

大洪智禅师法嗣

天章枢禅师

越州天章枢禅师，上堂召大众曰：“春将至，岁已暮。思量古往今来，只是个般[1]调度[2]。凝眸[3]昔日家风，下足旧时岐路。劝君休莽卤[4]，眨上眉毛[5]须荐取。东村王老笑呵呵，此道今人弃如土。”

【注释】

［1］个般：这般。

［2］调度：调动，安排。

［3］凝眸：注视，目不转睛地看。宋代秦观《望海潮·越州怀古》："何人览古凝眸，怅朱颜易失，翠被难留。"

［4］莽卤：粗疏，马虎。唐代寒山《诗》之一六一："男儿大丈夫，作事莫莽卤。"

［5］眨上眉毛：禅家劝诫学人振作精神顿悟禅法的习语。本书第二十章"大沩善果"条："竖起拂子曰：'眨上眉毛，速须荐取！'"又，形容领会禅义、应接禅机极为快捷。本书第十六章"法昌倚遇"条："灵利汉才闻举著，眨上眉毛，便知落处。"眨上眉毛，思考的样子，稍显犹豫不决。有方言"眼眨眉毛动"，别人眼眨，你就能眉毛动，比喻注意观察别人的表情，脑子转的快点。用来教育一个人，做事要机灵点。本书第八章"罗汉桂琛禅师"条："问：'如何是十方眼？'师曰：'眨上眉毛著。'"此处回答"如何是十方眼"，十方眼就是佛眼，若得佛眼，就在当下一念就是佛，如果稍有犹豫，眨上眉毛一思考，则佛眼就去了。所以"眨上眉毛"，是告诉我们活在当下。在宗门的机锋对决中，若眨上眉毛，则预告已经失败了。

第八节　青原下十四世

长芦了禅师法嗣

明州天童宗珏禅师

僧问："如何是道？"师曰："十字街头休斫额[1]。"

上堂："劫前[2]运步，世外横身。妙契不可以意到，真证不可以言传。直得虚静敛氛，白云向寒岩而断。灵光破暗，明月随夜船而来。正恁么时作么生履践？偏正不曾离本位，纵横那涉语因缘？"

【注释】

［1］斫（zhuó）额：手放置额前，遥望远处。禅林意在不向外攀缘，最好的风光、最珍贵的东西就在自己心中。本书第九章“安州大安山清干禅师”条：“僧问：‘从上诸圣，从何而证？’师乃斫额。”禅师作“斫额”状，就是告诉学人，佛性不从外觅，如果你天天斫额看外面，永远也不能觉悟自性。本书第二章“吉州耽源山应真禅师”条：“师曰：‘车在这里，牛在甚么处？’丈斫额，师乃拭目。”此处亦在说明佛性不从外觅的道理。

［2］劫前：禅林用语。指空劫以前。又作“空劫已前”。指此世界成立以前空空寂寂之时代。天地未开以前，了无善恶、迷悟、凡圣、有无等差别对待；亦即未分别生起森罗万象以前之绝对的存在境界。于禅家，多用“如何是空劫以前自己”作为话头而参禅，与父母未生以前、空王以前、空王那畔、朕兆未萌以前、本来面目等，皆为同类同语。

真州长芦妙觉慧悟禅师

上堂：“尽大地是个解脱门，把手拽，不肯入，雪峰老汉抑逼[1]人作么？既到这里，为甚么鼻孔[2]在别人手里？”良久曰：“贪观天上月，失却手中桡[3]。”

僧问：“雁过长空，影沉寒水。雁无遗踪之意，水无沉影之心。还端的也无？”师曰：“芦花两岸雪，江水一天秋。”曰：“便恁么去时如何？”师曰：“雁过长空聻？”僧拟议，师曰：“灵利[4]衲子[5]。”

【注释】

［1］抑逼：强迫。唐代韩愈《辞唱歌》：“抑逼教唱歌，不解看艳词。坐中把酒人，岂有欢乐姿？”《元典章·户部五·房屋》：“成交之时，初非抑逼，亦无兢意。”

［2］鼻孔：喻指人人自有的、平常自然的本来面目，即本性、佛性。如《黄龙语录》：“上堂，喝一喝，云：‘尽大地被同安一喝，瓦解冰消。汝等诸人，向什么处著衣吃饭？若未得个著衣吃饭处，须得个著衣吃饭处。若识得个著衣吃饭处，识取鼻孔好。’下座。”本书第三章“池州南泉普愿禅师”条：“问：‘父母未生时，鼻孔在甚么处？’师曰：‘父母已生了，鼻孔在甚么处？’”

［3］桡（ráo）：船桨。

［4］灵利：机灵，有悟性。禅家称根器好、悟性高者为灵利人、灵利衲僧等。如本书第二十章“乾元宗颖”条：“上堂，卓拄杖曰：‘性燥汉祇在一槌。’靠拄杖曰：‘灵利人不劳再举。而今莫有灵利底么？’良久曰：‘比拟张麟，兔亦不遇。’”又，本书第二十章“龙翔士珪”条：“灵利衲僧，只消一个。”

［5］衲子：又叫作衲僧，是禅僧的别称，因禅僧多穿一衲衣而游方各处。

福州龟山义初禅师

上堂：“久默斯要，不务速说。释迦老子寐语作么？我今为汝保任[1]，斯事终不虚也，大似压良为贱[2]。既不恁么，毕竟如何？白云笼岳顶，翠色转崔嵬[3]。”

【注释】

［1］保任：禅悟之后，须加保持、维护，称“保任”。参见本书第五章“鼎州李翱刺史”条注释。

［2］压良为贱：又作厌良为贱。良：指平民，贱：指奴婢。掠买平民作为奴婢，称为压良为贱，这是当时法律所禁止的。禅林使用它，转谓强将人当作贱恶之人，亦即比喻不令人本具之真性生起作用，而令其行凡夫之杂芜修行。常常指初见面引起的机锋辩论。如六祖初见五祖，五祖说他岭南人无佛性，六祖反驳，南北人有不同，但佛性并无不同。往往因未明各人本来是佛，师家、学人同为主人，故于言句作略之间，将自己与对方处于分别位。此外，指武断地否定对方的机锋施设。

［3］崔嵬：指高耸、高大。《楚辞·九章·涉江》：“带长铗之陆离兮，冠切云之崔嵬。”

建康保宁兴誉禅师

上堂：“步入道场，影涵宗鉴。粲粲[1]星罗霁[2]夜，英英花吐春时。木人密运化机，丝毫不爽；石女全提空印，文彩未彰。且道不一不异、无去无来合作么生体悉？的的纵横皆妙用，阿侬[3]元不异中来。”

【注释】

［1］粲（càn）粲（càn）：光彩鲜明，广阔无边。

［2］霁（jì）：雨止天晴。

［3］阿侬：方言。古代吴人的自称。我，我们。北魏杨衒之《洛阳伽蓝记·

景宁寺》："吴人之鬼，住居建康，小作冠帽，短制衣裳，自呼阿侬，语则阿傍。"

真州北山法通禅师

上堂："吞尽三世底，为甚么开口不得？照破四天下底，为甚么开眼不得？作么生得十成通畅去。金针双锁备，叶露隐全该[1]。"

僧问："断言语、绝思惟处，乞师指示。"师曰："滴水不入石。"

【注释】

[1] 金针双锁备，叶露隐全该：参见本书第十三章"洞山良价禅师"条《纲要偈》三首之一："敲唱俱行，偈曰：'金针双锁备，叶路隐全该。宝印当风妙，重重锦缝开。'""金针双锁"比喻事与理、差别与平等乃相即为一。针：系用于缝合两片布，亦即表、里融通无碍之义。该：完备、齐全。

天童觉禅师法嗣

雪窦嗣宗禅师

明州雪窦闻庵嗣宗禅师，徽州陈氏子。幼业[1]经圆具[2]，依妙湛慧禅师。诘问次，释然契悟，慧以麈尾[3]拂付之。后谒宏智，蒙印可，其道愈尊。出住普照、善权、翠岩、雪窦。

上堂："人人有个鼻孔，唯有善权[4]无鼻孔。为甚么无？二十年前被人掣落了也。人人有两个眼睛，唯有善权无眼睛。为甚么无？被人木槵子[5]换了也。人人有个髑髅，唯有善权无髑髅。为甚么无？借人作屎杓[6]了也。"遂召大众曰："鼻孔又无，眼睛又无，髑髅又无。诸人还识善权么？若也不识，是诸人埋没善权。其或未然，更听一颂：'涧底泥牛金贴面，山头石女著真红。系驴橛上生芝草，不是云霭香炉峰。'"

上堂："翠岩不是不说，只为无个时节。今朝快便难逢，一句为君剖决。露柱本是木头，秤锤只是生铁。诸人若到诸方，莫道山僧饶舌[7]。"

僧问："莲花未出水时如何？"师曰："没却你鼻孔。"曰："出水后如何？"师曰："穿著你眼睛。"曰："如何是正法眼？"师曰："乌豆[8]。"

问："如何是君？"师曰："磨砻[9]三尺剑，待斩不平人。"曰："如

何是臣？”师曰：“白云闲不彻，流水太忙生。”曰：“如何是君臣道合？”师曰：“云行雨施，月皎星辉。”

问：“如何是正中偏？”师曰：“菱花[10]未照前。”曰：“如何是偏中正”师曰：“团圞[11]无少剩。”曰：“如何是正中来？”师曰：“遍界绝纤埃[12]。”曰：“如何是兼中至？”师曰：“啮镞[13]功前戏。”曰：“如何是兼中到？”师曰：“十道不通耗[14]。”

问：“如何是转功就位？”师曰：“撒手无依全体现，扁舟渔父宿芦花。”曰：“如何是转位就功？”师曰：“半夜岭头风月静，一声高树老猿啼。”曰：“如何是功位齐彰？”师曰：“出门不踏来时路，满目飞尘绝点埃[15]。”曰：“如何是功位俱隐？”师曰：“泥牛饮尽澄潭月，石马加鞭不转头。”

师终于本山，塔全身寺之西南隅。

【注释】

［1］业：学习的内容或过程。此处指禅师从小就以佛经为学业。

［2］圆具：与“禀具”同含义，都是指授大戒。具足戒，又作近圆戒、近具戒、大戒。略称具戒。指比丘、比丘尼所应受持之戒律。因与沙弥、沙弥尼所受十戒相比，戒品具足，故称具足戒。依戒法规定，受持具足戒即正式取得比丘、比丘尼之资格。

［3］麈（zhǔ）尾：即用兽毛、麻等扎成一束，另配上象牙或木板制成之长柄，而于说法或讲解经义时所用之物。麈：为外形似鹿而较大之麋类，古人以其尾制成拂尘、拂蝇。后则与拂尘同为整肃威容而持用者；或谈论演说时，指授听众之用。魏晋时代之清谈家，于谈论之际，多有手持麈尾之习惯；其后僧侣之间，持麈尾之风气亦广为流行。

［4］善权：禅师自称。善权为其所住寺庙的名称，禅师借称自己。

［5］木槵子：又云无患子。木树能辟邪鬼，故名无患。其实可以为念珠，谓之木槵子。也称作菩提子等。

［6］杓（sháo）：可以舀（yǎo）东西的器具。

［7］饶舌：指唠叨、多嘴。

［8］乌豆：黑色大豆，俗称黑大豆。可作豆豉或入药。

［9］磨砻（lóng）：本指磨石，本书一般指在磨石上磨快。名词作动词。

［10］菱花：指菱花镜。亦泛指镜。唐代李白《代美人愁镜》诗之二：“狂风

吹却妄心断，玉箸并堕菱花前。”

［11］团圞（luán）：月圆。圆貌。前蜀牛希济《生查子》词：“新月曲如眉，未有团圞意。”

［12］纤埃：微尘。

［13］啮（niè）镞（zú）：本义为以口衔住射来的箭镞，喻指禅家机锋来往，极为迅速。啮镞：古代武术名，咬住对方射来的箭镞。

［14］通耗：通消息。耗：指消息、音信，今多指坏的消息。

［15］点埃：一点微尘。

【概要】

嗣宗禅师，宋代禅僧。俗姓陈，字闻庵。徽州（今安徽歙县）人。幼年出家，初习经论。及长，试经得度。受具足戒后，力攻毗尼，持戒严谨。忽慕别传禅法，依妙湛慧禅师参究，有所得，举说给宏智正觉，承蒙印可，嗣其法，为曹洞宗传人。出住普照寺，历迁善权、翠岩、雪窦诸寺。以发白，故又称“宗白头”。

【参考文献】

《嘉泰普灯录》卷十三。

善权法智禅师

常州善权法智禅师，陕府柏氏子。壮于西京圣果寺祝发[1]，习《华严》。弃谒南阳谨，次参大洪智，逾十年无所证。后于宏智言下豁然。出居善权，次迁金粟。

上堂：“明月高悬未照前，雪眉人凭玉栏干。夜深雨过风雷息，客散云楼酒碗干。”

上堂：“三界无法，何处求心？惊蛇入草，飞鸟出林。雨过山堂秋夜静，市声终不到孤岑[2]。”

【注释】

［1］祝发：断发、削发出家为僧。

［2］岑（cén）：小而高的山。

净慈慧晖禅师

杭州净慈自得慧晖禅师，会稽张氏子。幼依澄照道凝，染削[1]进具[2]。甫[3]二十，扣[4]真歇于长芦，微有所证。

旋里[5]，谒宏智，智举“当明中有暗，不以暗相遇；当暗中有明，不以明相睹”问之，语不契。初夜定，回往圣僧前烧香，而宏智适至。师见之，顿明前话。次日入室，智举“堪嗟去日颜如玉，却叹回时鬓似霜”诘之，师曰：“其入离，其出微。”自尔问答无滞，智许为室中真子。

绍兴丁巳开法补陀，徙万寿及吉祥、雪窦。淳熙三年，敕[6]补净慈。

上堂：“朔风[7]凛凛扫寒林，叶落归根露赤心。万派朝宗船到岸，六窗[8]虚映芥投针[9]。本成现，莫他寻，性地闲闲[10]耀古今。户外冻消春色动，四山浑作木龙吟。”

上堂：“释迦老子，穷理尽性，金口敷宣，一代时教，珠回玉转，被人唤作‘拭不净故纸’。达磨祖师，以一乘法，直指单传，面壁九年，不立文字，被人唤作‘壁观婆罗门’。且道作么生行履，免被傍人指注[11]去？衲帔[12]蒙头万事休，此时山僧都不会。”

上堂：“巢知风，穴知雨，甜者甜兮苦者苦。不须计较作思量，五五从来二十五。万般施设到平常，此是丛林饱参句。诸人还委悉么？野老不知尧舜力，冬冬[13]打鼓祭江神。”

上堂：“谷之神，枢之要。里许旁参，回途得妙。云虽动而常闲，月虽晦而弥照。宾主交参，正偏兼到。十洲春尽花凋残，珊瑚树林日杲杲[14]。”

僧问：“如何是正中偏？”师曰：“昨夜三更星满天。”曰：“如何是偏中正？”师曰：“白云笼岳顶，终不露崔嵬[15]。”曰：“如何是正中来？”师曰：“莫谓鲲鲸[16]无羽翼，今日亲从鸟道来。”曰：“如何是兼中至？”师曰：“应无迹，用无痕。”曰：“如何是兼中到？”师曰：“石人衫子破，大地没人缝。”

上堂：“皮肤脱落绝方隅[17]，明了身心一物无。妙入道寰[18]深静处，玉人端驭白牛车[19]。妙明田地，达者还稀。识情不到，唯证方知。白云儿灵灵自照，青山父卓卓常存。机分顶后光，智契劫前眼。所以，道新丰路兮峻仍皾[20]，新丰洞兮湛然沃。登者登兮不动摇，游者游兮莫忽速。亭堂虽有到人稀，林泉不长寻常木。诸禅德！向上一著尊贵难明。琉璃殿上不称尊，翡翠帘前还合伴。正与么时，针线贯通，真宗不坠。合作么生施设？满头白发离岩谷，半夜穿云入市廛。”

上堂，举：“傅大士《法身颂》云：‘空手把锄头，步行骑水牛。人从桥上过，桥流水不流。’云门大师道：‘诸人东来西来，南来北来，各各骑一头水牯牛来。然虽如是，千头万头，只要识取这一头。’”师曰：“云门寻常干爆爆地，锥劄不入。到这里，也解拖泥带水[21]。诸人只今要见这一头么？天色稍寒，各自归堂。”

上堂，举“风幡话[22]”。师曰：“风幡动处著得个眼，即是上座。风幡动处失却个眼，即是风幡。其或未然，不是风幡不是心，衲僧徒自强锥针。岩房雨过昏烟净，卧听凉风生竹林。”

七年秋，退归雪窦。十年仲冬二十九日中夜，沐浴而逝，窆[23]全身于明觉塔右。

【注释】

［1］染削：穿上僧衣，剃去头发，指出家。染：指染衣，指出家后换上僧衣。

［2］进具：进一步受具足戒之意。指出家者受具足戒，成为完全之比丘、比丘尼。

［3］甫（fǔ）：刚刚，才。

［4］扣：同“叩”。指求教、探问。

［5］旋里：返回故乡。清代蒲松龄《聊斋志异·胡四娘》：“（程孝思）愿乖气结，难于旋里，幸囊资小泰，携卷入都。”

［6］勅（chì）：同“敕”。自上命下之词，特指皇帝的诏书。汉时凡尊长告诫后辈或下属皆称敕，南北朝以后特指皇帝的诏书。旧校本校勘失误，作“来”。宝祐本以及其他版本均作“勅”。

［7］朔风：指北风、寒风。三国魏曹植《朔方》：“仰彼朔风，用怀魏都。”

［8］六窗：眼耳鼻舌身意六根譬以六窗。

［9］芥投针：即“滚芥投针”。滚动的芥菜籽投进针鼻孔里。比喻极为困难。

［10］闲闲：寂静自得，不为外界所乱。本书第二章“明州奉化县布袋和尚”条：“腾腾自在无所为，闲闲究竟出家儿。”

［11］指注：“注”亦作“柱”。①指示，指导。《宏智广录》卷五：“更若取

他处分，受他指注，又是依草附木。”《僧宝正续传》卷六，福严演：“等闲地明白，不思量现成。前佛后佛于此指注不及，天下衲僧计较不就，制遏不住。迥脱情尘，唯自肯方亲。”《古尊宿语录》卷四十“云峰悦禅师初住翠岩语录”条：“大丈夫一刀两段，犹未相应，岂况被人唤去方丈里，涂糊指注，举《楞严》《肇论》，根尘色法，向上向下，有无得失，他时后日，死不得其地！”②指责，斥责。《祖堂集》卷八“青林”条：“自少来不曾把手指柱别人，岂况造次杖责？”本书第十四章“净慈慧晖”条：“且道作么生行履，免被傍人指注去？”③怀疑，质疑。本书第十六章“法昌倚遇”条：“夜半乌鸡谁捉去？石女无端遭指注。”《古尊宿语录》卷四二“宝峰云庵真净禅师住筠州圣寿语录”条：“夜半乌鸡谁捉去？天明带雪遭指注。”《禅宗颂古联珠通集》卷三一“洞山好佛·佛性泰颂”：“格外谈，惊人句，懵懂禅和徒指注。”④议论，谈论。《古尊宿语录》卷三一“舒州龙门佛眼和尚小参语录”条：“学道之士，到此如何理论？如斯指注，太甚压良为贱。若是真正道人，也无如许多事。’”《宏智广录》卷五：“只尔寻常起灭者是生死，起灭若尽，即是本来清净底，无可指注，无可比拟。”《明觉语录》卷四：“空劫已前徒指注，空劫之后错商量。正当空劫，什么人为主？”本书第二十章“觉阿上人”条：“竖拳下喝少卖弄，说是说非入泥水。截断千差休指注，一声归笛啰啰哩！”⑤解释，注释。《碧岩录》卷一第三则：“只这‘日面佛，月面佛’，极是难见，雪窦到此，亦是难颂。却为他见得透，用尽平生工夫指注他。”《元贤广录》卷二九：“非独宗门语不可指注，而依经解义，亦名佛冤矣。”（摘自《禅宗大词典》）

［12］帔（pèi）：披肩。《释名·释衣服》：“帔，披也，披之肩背，不及下也。”

［13］冬冬：象声词，鼓声。

［14］杲（gǎo）杲（gǎo）：明亮貌。《诗·卫风·伯兮》：“其雨其雨，杲杲出日。”

［15］崔嵬：指高耸、高大。《楚辞·九章·涉江》：“带长铗之陆离兮，冠切云之崔嵬。”

［16］鲲鲸：即鲲鱼。鲲鱼千尺如鲸，故名。唐代杜甫《八哀诗·赠秘书监江夏李公邕》：“钟律俨高悬，鲲鲸喷迢遰。”仇兆鳌注引王嘉《拾遗记》：“鲲鱼千尺如鲸。”

［17］方隅（yú）：四方和四隅。借指拘于一偏。如一隅之见，指偏于一方面的见解。

［18］道寰（huán）：道的世界。

［19］白牛车：即大白牛车。《法华经》以羊车喻声闻乘，鹿车喻缘觉乘，牛

车喻菩萨乘，这三乘都是权乘（暂时的佛法，非究竟），大白牛车喻佛乘（究竟的佛法），这一乘才是实乘。

［20］皾（dú）：滑。

［21］锥劄（zhā）不入。到这里，也解拖泥带水：旧校本作“锥劄不入到这里，也解拖泥带水”有误。劄：同“扎”。针刺。

［22］风幡话：禅宗公案名。六祖慧能受五祖弘忍付法后，寓止于广州法性寺，于一暮夜，风吹刹幡，闻二僧争论，一僧谓“风动”，一僧谓“幡动”，六祖乃谓：“不是风动，不是幡动，仁者心动！”以此公案显示万法唯心，境随心转之理。（参见《六祖坛经》）

［23］窆（biǎn）：下葬。

【概要】

慧晖禅师（1097～1183年），宋代曹洞宗僧。会稽（今浙江）上虞人，俗姓张。幼年依澄照道凝剃发。二十岁参谒长芦寺之真歇清了，微有所证。又至天童山师事宏智正觉，正觉举“堪嗟去日颜如玉，却叹回时鬓似霜”问之，慧晖答曰：“其入离，其出微。”从此问答无滞，正觉许为室中真子，并嗣其法。绍兴七年（1137年），于补陀寺开法，迁住万寿、吉祥、雪窦诸寺。淳熙三年（1176年），奉敕主持临安（今浙江杭州）净慈寺。七年（1180年），退归雪窦寺。于淳熙十年示寂，世寿八十七，法腊七十五。赐号“自得禅师”。遗有《灵隐净慈自得禅师语录》六卷。

【参考文献】

《嘉泰普灯录》卷十三；《联灯会要》卷二十九。

瑞岩法恭禅师

明州瑞岩石窗法恭禅师，郡之奉化林氏子。于栖真院下发[1]受具。往延庆讲下，一夕，诵《法华》至“父母所生眼，悉见三千界”时，闻风刺椶榈[2]叶声，忽然有省。弃依天童，始明大旨。凡当世弘法者，悉往咨决。出[3]，住能仁光孝瑞岩。

上堂：“春风杨柳眉，春禽弄百舌。一片祖师心，两处俱漏泄。不动步还家，习漏顿消灭。暗投玉线芒，晓贯金针穴。深固实幽远，无人孰辨别。惭愧可怜生，头头皆合辙。不念阿弥陀，南无干屎橛。无智痴人

前，第一不得说。”

上堂：“见得彻，用时亲，相逢尽是个中人。望空雨宝休夸富，无地容锥未是贫。踏著秤锤硬似铁，八两元来是半斤。”

上堂，举“世尊生下，指天指地”公案，颂曰：“五天一只蓬蒿箭，搅动支那百万兵。不得云门行正令[4]，几乎错认定盘星[5]。”

【注释】

［1］下发：剃去头发，指出家为僧。

［2］椶榈：亦作“棕榈”。常绿乔木。

［3］出：即“出世”。禅师于自身修持功成后，再度归返人间教化众生，称出世。或被任命住持之职、升进高阶位之僧官等，皆称为出世。《禅苑清规》卷七“尊宿住持”条：“传法各处一方，续佛慧命，斯曰住持；初转法轮，命为出世。”亦可作“出山”

［4］正令：在禅门中，则特指教外别传之旨。棒喝之外不立一法，谓之正令。丛林中每以“正令当行”谓佛祖之道通行于世。如《碧岩录》第六十三则以“正令当行，十方坐断”一语，喻指棒喝之外，不立一法，乃为教外别传之宗旨。

［5］定盘星：原指戥子或秤杆上的第一星儿（重量为零）。多用以比喻正确的基准或一定的主意。

【概要】

法恭禅师（1102～1181 年），宋代曹洞宗僧。自号“石窗叟”。世称“佛光道人”。明州（今属浙江省）奉化县人，俗姓林。生前，他母亲做了一个梦，梦见胡僧。十五岁，投同邑栖真禅院则韶出家。宣和七年（1125 年）受具足戒。曾于湖心寺修学南山律、天台学。后参天童山宏智正觉，有所省悟。继而参访天台山万年寺无著道闲、洪州（江西省）泐潭宝峰寺草堂善清、洪州黄龙山牧庵法忠等人，复归天童，嗣宏智之法，任首座。绍兴二十三年（1153 年）起，先后出世于越州（浙江省）光孝寺、能仁寺、明州报恩寺，而于乾道六年（1170 年），退居小溪彰圣寺。翌年，移居瑞岩开善寺、雪窦山。淳熙八年（1181 年）示寂，世寿八十，法腊五十九。有语录传世。法嗣有古岩坚璧、中庵重皎。

【参考文献】

《嘉泰普灯录》卷十三；《续传灯录》卷二十四；《补续高僧传》卷九。

石门法真禅师

襄州石门清凉法真禅师，剑门人也。

上堂："柳色含烟，春光迥秀。一峰孤峻，万卉争芳。白云淡泞[1]已无心，满目青山元不动。渔翁垂钓，一溪寒雪未曾消；野渡无人，万古碧潭清似镜。宾中有主，拄杖横挑日月轮；主中有宾，踏破草鞋赤脚走。直得宾主互显，杀活自由。理事浑融，正偏不滞。入荒田不拣，信手拈来草。且道如何委悉？尘中虽有隐身术，争似全身入帝乡？"

【注释】

［1］淡泞：清新明净。宋代柳永《木兰花·杏花》："天然淡泞好精神，洗尽严妆方见媚。"

【概要】

法真禅师，南宋曹洞宗僧。生卒年不详。剑门（四川省）人。天童山宏智正觉之嗣法弟子。曾住襄阳府（湖北省）石门山清凉寺、平江府（江苏省）万寿寺。

【参考文献】

《嘉泰普灯录》卷十三；《续传灯录》卷二十四。

明州光孝了堂思彻禅师

上堂："羊头车子推明月，没底船儿载晓风。一句顿超情量[1]外，道无南北与西东。所以，劫前消息，非口耳之所传；格外真规，岂思量之能解？须知佛佛祖祖，了无一法为人；子子孙孙，直下全身荷负。既已万机寝削[2]，自然一槮[3]不留。湛湛之波，碧水冷涵于秋色；灵灵之照，霁天净洗于冰轮。宛转旁参，叶通兼带。梦手推开玉户，翻身拨动机轮。正令才行，又见一阳萌动[4]；化工密运，俄惊三世变迁。虽则默尔无言，争奈炽然常说？无迁无变，今朝拈置一边；有故有新，且道如何话会？诸人还委悉么？群阴消剥尽，来日是书云[5]。"

【注释】

［1］情量：情识俗念。《黄檗传心法要》："言宝所者，乃真心本佛，自性之

宝。此宝不属情量，不可建立。”又：“尔情量知解但销熔，表里情尽，都无依执，是无事人。”《洞山语录》：“所以古人道，临终之际，若一毫头圣凡情量未尽，未免入驴胎马腹里去。”

［2］万机寝削：即“一句截流，万机寝削”。禅林用语。谓仅用一言一句，即可截断一切分别妄想心之作用，终息千算万计，当下即呈现本体之真相。截流：乃截断众流之略称，即截断分别妄想心之意。寝削：乃停止、削除之意。

［3］糁（sǎn）：米粒，饭粒。本书第十三章“京兆香城和尚”条：“囊无系蚁之丝，厨绝聚蝇之糁时如何？”

［4］一阳萌动：亦作“一阳初动”。道家气功术语。一阳：指足少阳胆经，主夜半子时。邵雍《冬至吟》：“冬至子之半，天心无改移。一阳初动处，万物未生时。”又，《易》卦一个阳爻的简称。《易·震》：“亨，震来虩虩，笑言哑哑，震惊百里，不丧匕鬯。”朱熹《本义》：“震，动也。一阳始生于二阴之下，震而动也。”一阳即指《易》卦的一个阳爻。

［5］书云：古代观察天象以占吉凶，并加以记录。宋人诗文多以“书云”指冬至，此处即此意。

大洪法为禅师

随州大洪法为禅师，天台鲍氏子。

上堂：“法身无相，不可以音声求；妙道亡言，岂可以文字会？纵使超佛越祖，犹落阶梯；直饶说妙谈玄，终挂唇齿。须是功勋不犯[1]，影迹不留。枯木寒岩，更无津润。幻人木马，情识皆空。方能垂手入廛[2]，转身异类。不见道：‘无漏国[3]中留不住，却来烟坞卧寒沙。’”

【注释】

［1］功勋不犯：宝祐本与其他版本均作“功熏不犯”，而下文“长芦琳禅师”条亦有同样语句，作“功勋不犯”，故可确定为原始版本误刻。功勋，指修行之功果、阶段。亦为对未达圆融见解之贬称。《抚州曹山元证禅师语录》：“辨不得，恐后人收落功勋，将为向上事。”曹洞宗之祖洞山良价将修行之阶段分为向、奉、功、共功、功功等五位，称为功勋五位。此外，禅林有“功勋中兼带”一语，即指于佛道修行阶段中，虽已了达平等之理，亦不再执着于各种阶段与义理之分别，但整体而言，犹偏重于“理”之一方，故对事理圆融之兼带而言，此一阶段仍属尚未究竟透脱之修行阶段。

［2］垂手入廛：《十牛图》的最后一图为“入廛垂手”，即进入闹市之中，垂手为众生说法，使他们趋向于善，成就佛道。这才是真正的“空中有我”的境界，即“真空妙有”。禅的最高境界也就在于此。

［3］无漏国：佛国净土。无漏：清净无烦恼。佛的神通境界最高是漏尽通，意即没有凡夫一切烦恼。有烦恼之法云“有漏”，离烦恼之法云“无漏”。《俱舍论》二十曰：“诸境界中，流注相续，泄过不绝，故名为漏。”

长芦琳禅师

真州长芦琳禅师，上堂拈拄杖曰：“其宗也，离心意识；其旨也，超去来今。离心意识，故品万类不见差殊[1]；超去来今，故尽十方更无渗漏。当头不犯，彻底无依。悟向朕兆[2]未生已前，用在功勋不犯之处。平常活计，不用踌蹰[3]。拟议之间，即没交涉。”

【注释】

［1］差殊：指差异、不同。

［2］朕兆：同“征兆”，即预兆。唐代温岐《再生桧赋》：“穷胜负于朕兆，慕休祥于邦国。”《宋史·杨大全传》：“事有几微于朕兆者，可谏陛下乎？”

［3］踌（chóu）蹰（chú）：多用“踌躇”而不用“踌蹰”，意为犹豫不决。

大洪预禅师法嗣

临江军慧力悟禅师

上堂：“一切声，是佛声，檐前雨滴响泠泠[1]。一切色，是佛色，觌面相呈讳不得。便恁么，若为明，碧天云外月华清。”

【注释】

［1］泠（líng）泠（líng）：清白、洁白貌。本书第五章“潮州灵山大颠宝通禅师”条：“应机随照，泠泠自用。”此处“泠泠”指清净而没有污染。这段话的意思是“随一切外在机缘而照见一切，心中清清楚楚而随缘发挥作用。”又，形容声音清越、悠扬。“檐前雨滴响泠泠”即是此意。

福州雪峰慧深首座

示众："未得入头应切切，入头已得须教彻。虽然得入本无无，莫守无无无间歇。"大洪闻之，乃曰："深兄说禅若此，惜福缘不胜耳。"

一日普说罢，挥偈辞众，以笔一拍而化。

天封归禅师法嗣

江州东林通理禅师

上堂："峰头驾铁船，三更日轮杲。心闲不自明，落叶知谁扫？等闲摘个郑州梨，放手元是青州枣。"

天衣聪禅师法嗣

慧日法安禅师

苏州慧日法安禅师，本郡人。

僧问："如何是和尚为人一句？"师曰："狗走抖擞口[1]。"曰："意旨如何？"师曰："猴愁搂揪[2]头。"

【注释】

［1］狗走抖擞口：自性真如，一切现成，不借言说，说多了也就等于狗叫。抖擞：抖落，叙说。《禅宗大词典》如此说，并例举本书第十章"章义道钦禅师"条"抖擞些子龟毛兔角"，又例举了《密庵语录》："平生败阙处，尽情抖擞了也。"《续传灯录》卷三五："山僧既老且病，无力得与诸人东语西话。今日勉强出来，从前所说不到底，尽情向诸人面前抖擞去也。"

［2］搂（lōu）揪（sōu）：取。

护国钦禅师

温州护国钦禅师，上堂："有句无句，明来暗去。活捉生擒，捷书露布[1]。如藤倚树，物以类聚。海外人参，蜀中绵附。树倒藤枯，切忌名模。句归何处？苏嚧苏嚧[2]。呵呵大笑，破镜不照。大地茫茫，一任踍跳。”

【注释】

［1］捷书露布：捷报向大众宣布。捷书：指捷报、喜讯。露布：不缄封的文书，亦谓公布文书。唐代封演《封氏闻见记》卷四载：露布，捷书之别名也。诸军破贼，则以帛书建诸竿上，谓之露布。盖自汉已来有其名。所以名露布者，谓不封检，露而宣布，欲四方速知，亦谓之露版。宋代法常《渔父词》：“此事《楞严》尝露布，梅华雪月交光处。”（可参考《甘肃政法学院学报》2015 年第 2 期《历代露布考》一文）

［2］苏嚧苏嚧：咒语。如《大悲咒》中有“苏嚧苏嚧”，意为“甘露水”。本处有啰唆之意。

吉祥元实禅师

无为军吉祥元实禅师，高邮人。自到天衣，蚤夜[1]精勤，胁不至席。一日，偶失笑喧众，衣摈之。中夜宿田里，睹星月粲然，有省。晓归趋方丈，衣见乃问：“洞山五位君臣，如何话会？”师曰：“我这里一位也无。”衣令参堂，谓侍僧曰：“这汉却有个见处，奈不识宗旨何？”

入室次，衣预令行者五人，分序而立。师至，俱召：“实上座[2]！”师于是密契奥旨，述偈曰：“一位才彰五位分，君臣叶处紫云屯。夜明帘卷无私照，金殿重重显至尊。”衣称善，后住吉祥。

【注释】

［1］蚤夜：指昼夜、早晚。蚤：通“早”。宋代苏轼《谢中书舍人启》：“蚤夜以思，进退惟谷，恐惧战越，不知所裁。”

［2］实上座：指元实禅师，旧校本未画专有名词线，有误。冯国栋《〈五灯会元〉校点疏失类举》将“实上座”写为“石上座”亦有误。

投子道宣禅师

舒州投子道宣禅师，久侍天衣，无所契。衣叱之，师忘寝食者月余。

一夕，闻巡更铃声，忽猛省曰："住！住！一声直透青霄路，寒潭月皎有谁知，泥牛触折珊瑚树。"衣闻，命职藏司[1]。

住后，凡有所问，以拂子作摇铃势。

【注释】

［1］藏司：又作主经藏、藏主、知藏。于禅林中，主掌经藏之职称。为六头首之一。主事者须通义学。藏主为藏殿之主管，掌管禅院大众之阅藏看经。藏殿分为看经堂与经藏（指经堂），分别由看经首座与藏殿主掌理，此二者皆隶属于藏主。

第九节　青原下十五世

天童珏禅师法嗣

雪窦智鉴禅师

明州雪窦智鉴禅师，滁州吴氏子。儿时母与洗手疡[1]，因曰："是甚么?"对曰："我手似佛手。"长失恃怙[2]，依真歇于长芦。大休首众即器之。后遁象山，百怪不能惑。深夜开悟，求证于延寿，然复见大休。

住后，上堂："世尊有密语，迦叶不覆藏[3]。一夜落花雨，满城流水香。"

【注释】

［1］疡（yáng）：疮、痈、疽、疖等的通称，创伤。

［2］长失恃怙（hù）：年纪稍大就失去了双亲。恃怙：出自《诗·小雅·蓼莪》："无父何怙？无母何恃?"后因以"恃怙"为母亲、父亲的代称。

［3］覆藏：遮掩隐藏。又，谓诸众生本有真如法身之理，在第八识中，为无明烦恼之所隐覆，而不能见，故名隐覆藏。

【概要】

智鉴禅师（1105～1192年），宋代曹洞宗僧。安徽滁州人，俗姓吴。世称雪窦智鉴禅师。从小失去双亲，幼年出家。初习经教，兼及儒典。及长，转而学禅。初参长芦山真歇清了，甚为所重。后遁迹象山苦修，深夜开悟。乃复投天童宗珏，得嗣其法。绍兴二十四年（1154年），住于栖真寺。其后历住定水院、香山、报恩寺。淳熙十一年（1184年），住于雪窦山，以本色接人，四方来归，宗风大振。后退隐于寺之东庵。于绍熙三年示寂，世寿八十八。弟子有天童如净。

【参考文献】

《嘉泰普灯录》卷十七；《续传灯录》卷三十。

善权智禅师法嗣

超化藻禅师

越州超化藻禅师，开炉上堂："雪满寒窗，烧尽丹霞木佛；冰交野渡，冻杀陕府铁牛。直得寒灰发焰，片雪不留。任运纵横，现成受用。诸禅德要会么？衲帔蒙头坐，冷彬了无知。"

雪窦宗禅师法嗣

广福道勤禅师

泰州广福微庵道勤禅师，本郡俞氏子。

上堂，举："僧问同安：'如何是和尚家风？'同安曰：'金鸡抱子归霄汉，玉兔怀胎入紫微。'曰：'忽遇客来，将何祇待？'同安曰：'金果早朝猿摘去，玉华晚后凤衔来。'"师曰："广福即不然。有问：'如何是和尚家风？'只向他道：'翠竹丛边歌欸乃[1]，碧岩深处卧烟萝[2]。''忽遇客来，将何祇待？''没底篮儿盛皓月，无心碗子贮清风。'"

【注释】

［1］欸（ǎi）乃：象声词。泛指歌声悠扬。唐代刘言史《潇湘游》："野花满髻妆色新，闲歌欸乃深峡里。"

［2］烟萝：草树茂密，烟聚萝缠，谓之"烟萝"。借指幽居或修真之处。唐代裴铏《传奇·文箫》："一斑与两斑，引入越王山。世数今逃尽，烟萝得再还。"周楞伽辑注："烟萝，道家称隐居修真的地方。"